OPTIMIZATION THEORIES AND METHODS FOR LOGISTICS DISTRIBUTION

物流配送优化理论与方法

张得志　王煜恺　季　彬◎主编

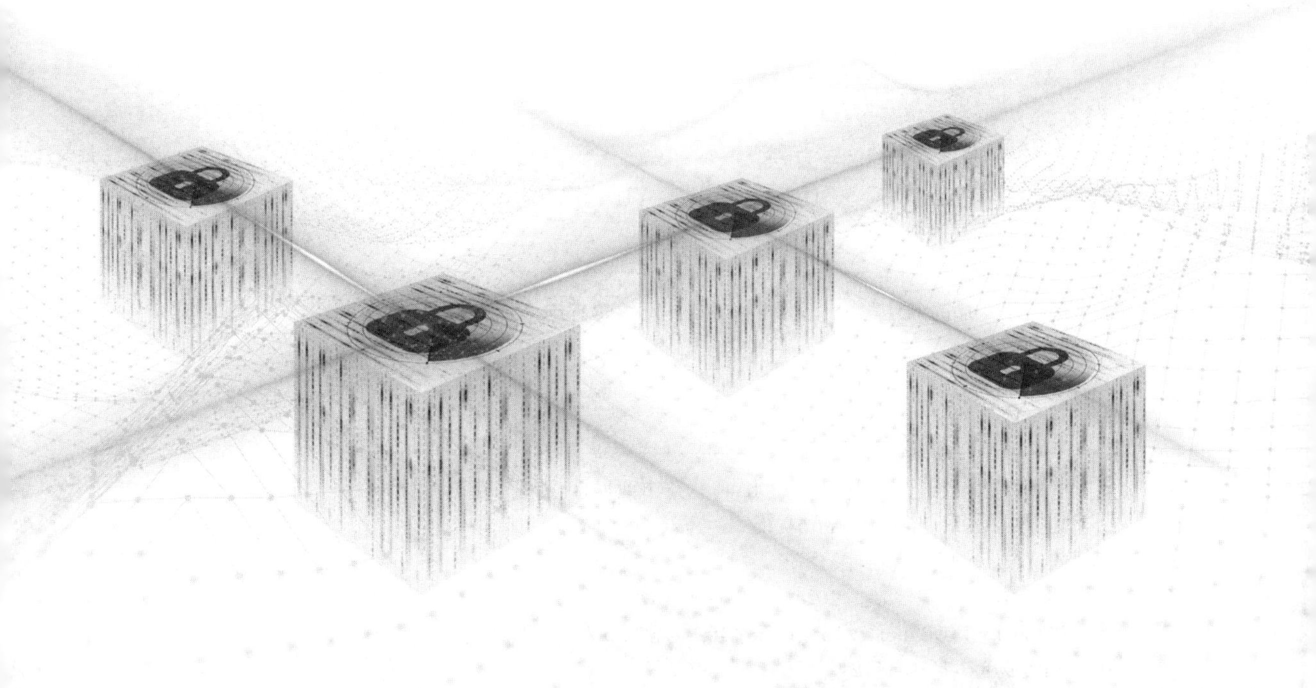

中国铁道出版社有限公司
CHINA RAILWAY PUBLISHING HOUSE CO., LTD.

内容简介

本书结合编者团队长期教学与科学研究积累,及当前物流行业发展动态和前沿科技,系统论述了物流配送优化领域基础理论、优化模型、求解算法,以及物流配送发展前沿方向。全书共12章,主要包括优化算法基础理论与方法、车辆路径问题、带时间窗约束的车辆路径问题、同时取送货的车辆路径问题、开放式车辆路径问题、库存路径联合优化问题、选址-路径问题、绿色车辆路径问题、带二维装载约束的车辆路径问题、两阶段车辆路径优化问题和基于人工智能的物流配送优化研究,各章之间既有联系,又自成体系。

本书适合作为物流工程、交通运输、工业工程、运筹与管理等专业高年级本科生和研究生的教材,也可作为相关专业领域科研工作者的参考书。

图书在版编目(CIP)数据

物流配送优化理论与方法 / 张得志, 王煜恺, 季彬主编. -- 北京 : 中国铁道出版社有限公司, 2024. 12.
ISBN 978-7-113-31612-9
Ⅰ. F252. 14
中国国家版本馆 CIP 数据核字第 2024UM3546 号

书　　名: 物流配送优化理论与方法
WULIU PEISONG YOUHUA LILUN YU FANGFA
作　　者: 张得志　王煜恺　季　彬

责任编辑: 荆　波　徐盼欣　　**编辑部电话:** (010)51873202
封面设计: 刘　颖
责任校对: 刘　畅
责任印制: 赵星辰

出版发行: 中国铁道出版社有限公司(100054,北京市西城区右安门西街 8 号)
网　　址: https://www.tdpress.com/51eds
印　　刷: 河北宝昌佳彩印刷有限公司
版　　次: 2024 年 12 月第 1 版　2024 年 12 月第 1 次印刷
开　　本: 787 mm×1 092 mm 1/16　**印张:** 16　**字数:** 388 千
书　　号: ISBN 978-7-113-31612-9
定　　价: 69.00 元

前　言

现代物流是支撑我国产业转型升级、经济高质量发展的重要基础，是推进物流降本增效、促进国民经济循环畅通的关键环节，也是“交通强国”“双循环战略”“乡村振兴”等国家重大战略的重要基石。在电子商务、数字经济、人工智能等应用与技术发展日新月异的今天，物流配送系统面临着前所未有的挑战与机遇。

本书结合编者多年教学、学术研讨与科研成果，沿着“问题分析—优化建模—算法设计—案例研究”的基本思路，以车辆路径优化问题为基础，结合库存管理、网络设计、装载优化以及大数据与人工智能新方法，并考虑绿色物流发展战略需求，系统论述了物流配送优化理论与方法。

全书共12章：第1、2章论述物流配送相关基本概念、要素、基本形式、发展趋势与前沿动态，以及物流配送优化涉及的相关基础理论与方法；第3章论述一般车辆路径问题常见的车辆路径表达形式及其分类方法；第4～6章论述带时间窗约束的车辆路径问题、同时取送货的车辆路径问题、开放式车辆路径问题等及其相关求解算法；第7～12章是基本车辆路径问题的扩展或者研究前沿问题，其中第7、8、10章分别将库存管理、选址决策优化、装载优化等问题融入车辆路径优化问题，论述库存路径、选址-路径、考虑装载约束的车辆路径问题；第9章结合近年来可持续交通与物流发展战略需要，论述绿色车辆路径问题相关决策模型及其算法；第11章论述目前在城市物流、多式联运、车机协同配送等场景中应用比较广泛的两阶段车辆路径问题模型及其求解；第12章结合人工智能论述目前物流配送优化前沿技术与方法以及重要的应用场景。

本书从物流配送的基本概念出发，从基本的车辆路径问题逐步深入到复杂的优化理论与实用技术。本书内容丰富、新颖，体现物流配送优化发展需求；侧重数学建模与算法设计，理论与实践相结合。希望通过本书，不仅让读者掌握物流配送优化的理论基础，更能启发其创新思维，提升其解决实际问题的能力。

本书适合作为物流工程、交通运输、工业工程、运筹与管理等专业高年级本科生和研究生的教材，也可作为相关专业领域科研工作者的参考书。

本书由张得志、王煜恺、季彬任主编，具体编写分工如下：张得志编写第1、3、6～9章，王煜恺编写第4、11、12章，季彬编写第2、5、10章。全书由张得志负责框架构建和统稿定稿。

特别感谢符卓教授，他是本书编者团队的引路人，带领编者及团队青年教师加入车辆路径优化问题及其应用相关的教学与科研工作。符卓教授无私地提供了多年积累的物流配送优化研究生教学PPT与相关教学案例资料，在此表示衷心感谢。

此外,研究生周赛琦、陈婉茹、黎雨菲、舒靖瑶、谢姝洁、王文婕、周少宇、罗湘钰等为本书的编写做了大量的资料收集、文档整理、文字校对、图表绘制等工作,在此对他们的辛勤付出表示感谢。

本书是中南大学高水平研究生教材项目研究成果(项目编号:2022JC007),书中部分成果来自中南大学高端智库项目研究成果(项目编号:2021znzk08)。本书的出版获得了中南大学交通运输工程学院相关专项经费资助,在此表示衷心感谢。

由于编者水平有限,书中难免存在疏漏及不妥之处,恳请广大读者批评指正。

编　者

2024 年 8 月

目　录

第5章 同时取送货的车辆路径问题

第6章 开放式车辆路径问题

第7章 库存路径联合优化问题

第8章 选址-路径问题

第9章 绿色车辆路径问题

第10章 带二维装载约束的车辆路径问题

第 11 章 两阶段车辆路径优化问题

第 12 章 基于人工智能的物流配送优化研究

第1章　概　　述

本章从运输与配送的定义及它们的关系出发，论述二者在物流系统中的地位与作用，分析配送系统与物流配送的各个要素，最后论述物流配送的发展历程、发展现状与发展前景。

1.1　运输与配送及其相互关系

运输与配送是物流管理中两个密切相关但有所区别的概念，它们都是将货物从某个地点送达另一个地点的物流环节，彼此间存在协作关系。在某些情况下，配送可以被看作运输过程的一个延伸或细化，特别是在面向消费者的环节。本节详细阐述运输与配送的定义、区别以及它们在物流系统中的地位与作用。

1.1.1　运输与配送的定义及其内涵

根据《物流术语》（GB/T 18354—2021），物流定义为："根据实际需要，将运输、存储、装卸、搬运、包装、流通加工、配送、信息处理等基本功能实施有机结合，使物品从供应地向接收地进行实体流动的过程。"

运输的定义为："利用载运工具、设施设备及人力等运力资源，使货物在较大空间上产生位置移动的活动。"

运输是物流系统中最基本和最具活力的功能要素，是物流过程中需要花费较多时间的环节，也是物流系统中费用最高的环节。

配送的定义为："根据客户要求，对物品进行分类、拣选、集货、包装、组配等作业，并按时送达指定地点的物流活动。"

一般来说，配送是在整个物流过程中的一种既包括集货、存储、拣货、配货、装货等一系列狭义的物流活动，也包括输送、送达、验货等以送货上门为目的的商业活动。

1.1.2　运输与配送的区别及其关系

运输是劳动者在运输线路上通过运输工具和设备实现人与物的空间位移，没有限定空间范围与运输的对象。配送是从最后一个物流节点到客户之间的物资空间移动过程。运输与配送都包含货物或者物品的空间移动，配送属于运输的范畴，是运输在功能上的延伸。

与运输相比，在空间范围方面，配送主要指城市内和区域内的运输；在运输对象方面，配送主要指配送中心到顾客之间的物品空间移动。配送是短距离、小批量、多品种、高频率的货物运输服务，是物流活动的末端。

运输分为干线运输和支线配送。配送是相对于干线运输的概念。从工厂仓库到配送中心的批量货物空间位移称为运输，从配送中心向最终客户之间的多品种、小批量、货物的空间位移称为配送。

配送以"送"为主,辅以其他多种增值服务,因此配送的附加功能要远远超过运输。配送不仅包括最后阶段的货物送达作业,而且包括按要求在物流节点设施内开展的流通加工、订单处理、货物分拣等作业活动。

运输与配送的区别见表1-1。

表1-1 运输与配送的区别

项目	运输	配送
运输性质	干线运输	支线运输、区域内运输、末端运输
在供应链位置	中间运输	前端或末端运输
运输距离	中长距离	短距离
物流特点	少品种、大批量、少批次	多品种、小批量、多批次
运输工具	大型货车或铁路运输、水路运输	小型货车
管理重点	效率优先	服务优先
功能类型	功能单一	功能综合

1.2 运输与配送在物流系统中的地位与作用

1.2.1 运输特性分析

1. 及时性

及时性是指按照用户需要的时间把商品送到消费地,或把货物及时地运到销售地,尽量缩短货物的在途时间。缩短流通时间的主要手段是改善交通,实现运输现代化。另外,应注意不同运输方式之间的衔接工作,及时发运货物;同时做好委托中转工作,及时把货物转运出去。

2. 经济性

经济性主要是从成本方面考虑的,即以最经济的方法调运商品,尽量降低运输成本。降低成本的方法很多,如缩短运输里程、减少中间环节、合理选择运输方式和路线等。

3. 准确性

准确性是指在货物的运输过程中,切实防止各种差错事故,准确无误地完成任务。由于货物品种繁多、规格不一,加上要经过多个运输环节,稍有疏忽,就容易发生差错。这就要求加强岗位责任制,并要有严密的检查制度。

4. 安全性

安全性是指保证商品在运输过程中的安全。一是注意运输、装卸过程中的振动和冲击等外力的作用,防止商品的破损;二是防止商品由物理、化学或生物学等自然原因引起的耗损和变质。

1.2.2 运输与社会经济互动关系分析

1. 运输对社会经济发展的影响

(1)运输基础设施建设带动投资和布局。运输基础设施是国民经济与社会各项事业发展的基础和先决条件,而交通运输行业的发展又取决于运输基础设施的建设与投资。便利的运输基础设施条件能够促进区域间及区域内部的经济社会发展,改善产业结构和生产力布局。

(2)运输成本下降推动社会经济发展。改善运输条件可以有效提升运输供给能力和服务水平,直接促进运输成本的下降和运输时间的节省。物流企业通过减少产品的在途时间、降低运输成本,既能加快产品流通,又能提高交付产品质量。此外,运输成本的降低有利于加快区域经济要素的流动,引起经济活动空间的调整。这些变化最终都会对社会经济的发展产生推动作用。

(3)交通区位重要度提升促进区域经济增长。社会经济是一个极为复杂的系统,影响社会经济发展的因素是多方面的。其中,交通运输的建设可以改变城市的区域地位,增强城市发展的区域地位优势,即改变交通区域地位的重要度,以促进社会经济快速发展。主要体现在该区域与其他区域之间联系的交通基础设施条件得到改善,从而缩短运输时间,节省运输成本,使区域之间经济交流更为方便快捷。交通区位重要度提升有助于区域经济的增长,有利于资源在区域间的合理配置。

2. 社会经济发展对交通运输的作用

(1)社会经济发展为交通运输发展提供驱动力。社会经济发展会对交通运输业产生较大的需求影响,特别是基于国内大循环为主体的战略会激发交通运输业的发展,以经济发展驱动和牵引交通发展的模式成为当前交通运输发展的新业态。未来交通运输将朝着适应经济全球化、运输网络化、科技化和信息化等方向发展,即交通运输发展顺应社会经济发展的需要。因此,社会经济发展对交通运输发展及交通基础设施建设又具备内生性驱动力和牵引需求。

(2)社会经济发展为交通运输发展提供物质资金支撑。社会经济的良性发展,不仅能够带动各个行业的充分发展,为全社会发展提供物资质资源保障,还能为社会各类基础设施建设提供资金支持。交通运输及运输基础设施建设是社会发展的基础性、先导性工程,既需要经济发展带来的资金支持,还需要社会提供物资支持。

1.2.3 物流配送地位与用途

现代物流是一个新兴的复合性产业,涉及运输、仓储、货代、联运、制造、贸易、信息等行业,作为新兴的生产性服务业,已经成为推动我国经济发展的重要因素。加快发展现代物流业,是我国应对经济全球化的迫切需要,对于提高我国经济运行质量和效益、优化资源配置、改善投资环境、增强综合国力和企业竞争力具有重要意义。

物流管理活动及物流管理技术的应用已渗透到经济活动的各个领域和环节。以制造业为例,引进高新制造业、发展现代物流业成为各大制造企业寻求产业升级和企业发展的有效手段。物流在农业、医药行业、商业流通、汽车行业、钢铁行业、食品行业、信息服务等各个产业及企业经营领域中也发挥着重要的作用。

物流在国民经济中占有重要地位。物流产业不仅包括公路、铁路、水运、空运等运输行业,也包括储备、邮政、电信等公共行业,它存在于各经济领域和各企业的经济活动中,是其他所有产业发展的支柱。近 15 年来我国物流总费用逐年增加,占 GDP 百分比为 14% ~ 19%。2023 年全国社会物流总费用 18.2 万亿元,同比增长 2.3%,占 GDP 百分比为 14.4%。其中超过一半的费用花在运输上,其次为仓储与管理。

1.2.4 电子商务与配送

目前,现代物流已发展到基于电子商务的物流时代,而配送在电子商务中发挥着基础作用。

电子商务由网上交易、网上结算、配送三个要素组成。根据电子商务的组成要素,电子商务所需的基础环境为通信基础设施、实现网上支付的金融环节以及物流配送。其中电信部门提供低成本的通信联系环境;金融部门提供低成本的支付转账环境;物流配送提供低成本的实体物品转移环境。我国电子商务近年来发展迅速,其中一个因素就是配送环节有了很大改善[1]。

1.2.5 配送作用及其形式

1. 配送的作用

配送的作用体现在以下几个方面:

(1)完善了运输和物流服务。配送环节处于支线运输,协调性好,可以在干线运输实现低成本化的基础上,完善物流服务,适应顾客的多品种、小批量需求特点,实现运输和仓储、装卸搬运等物流环节的合理化。

(2)提高了末端物流的经济效益。采用配送方式,可以通过增大订购批量实现经济批量。配送往往是将用户所需的各种商品及多个用户的小批量商品集中起来一起发货,既满足了用户的多品种、小批次的需求,也降低了物流运营成本,从而提高了末端物流经济效益。

(3)通过集中库存使企业实现低库存或零库存。实现高水平配送之后,尤其是采取准时制配送方式之后,生产企业可以完全依靠配送中心的准时配送而不需要保持自己的库存。或者,生产企业只需保持少量保险存储而不必留有经常性储备,这样就可以实现生产企业的零库存,减少企业库存储备,减少大量的储备资金,从而改善企业的财务状况。集中库存也可提高社会的经济效益,实现规模经济优势,降低单位产品的存货成本。

(4)简化手续、方便客户。通过提供集货、配送等服务,用户只需向配送中心一处订货,就能达到向多处采购的目的,减少了订货等一系列费用开支,简化了手续。同时,配送提高了供应保证程度,降低了因缺货而影响生产的风险。

2. 配送的形式

配送按不同的对象可分为不同的配送形式。

(1)按配送组织者不同分为商店配送、配送中心配送、仓库配送和生产企业配送。

(2)按配送商品种类及数量不同分为单品种、大批量配送,多品种、小批量配送,定时定量配送,定时、定路线配送和即时配送。

1.3 物流配送的构成要素与结构

1.3.1 配送系统构成要素

1. 备货

备货是物流配送的基础工作。备货工作包括筹集货源、订货或购货、集货、进货及有关的质量检查、结算、交接等。配送的优势之一就是可以集中用户的需求进行一定规模的备货。备货是决定配送成败的初期工作,如果备货成本太高,就会大大降低物流配送的效益。

2. 存储

物流配送中的存储主要有储备及暂存两种形态。

储备是按一定时期的配送经营要求形成的对配送的资源保证。这种形态的储备数量较大,储备结构也较完善,视货源及到货情况,可以有计划地确定周转储备及保险储备的结构及数量。配送的储备保证有时会在配送中心附近单独设库解决。

暂存是具体执行日配送时,按分拣配货要求,在理货场地所做的少量存储准备。由于总体存储效益取决于存储总量,因此这部分暂存数量只会对工作方便与否造成影响,而不会影响存储的总效益,因而在数量上控制并不严格。

3. 分拣及配货

分拣及配货是完善送货、支持送货的准备性工作,是不同配运企业在送货时进行竞争和提高自身经济效益的必然延伸,也可以说是送货向高级形式发展的必然要求。分拣及配货会大大提高送货服务水平,是决定整个物流配送系统水平的关键要素。

4. 配装

在单个用户配送数量不能达到车辆的有效载运负荷时,就存在如何集中不同用户的配送货物,进行搭配装载以充分利用运能、运力的问题,这就需要配装。通过配装送货可以大幅提高送货水平及降低送货成本。

5. 送达服务

配好的货运输到用户指定地点还不算配送工作的完结,这是因为送达货和用户接货往往还会出现不协调,使配送前功尽弃。因此,要圆满地实现运到之货的移交,并有效、方便地处理相关手续并完成结算,还应注意卸货地点、卸货方式等。送达服务是配送独具的特征。

6. 配送加工

在配送中,配送加工并不具有普遍性,但是往往是有重要作用的功能要素。主要原因是通过配送加工,可以大大提高用户的满意程度。配送加工是流通加工的一种,但配送加工不同于一般流通加工,它只取决于用户要求,其加工的目的较为单一。

1.3.2 配送系统结构

根据配送中心的类别不同,配送作业可分成备货、分拣、加工、配货、配装、送达服务等环节,物流配送系统功能流程如图 1-1 所示。

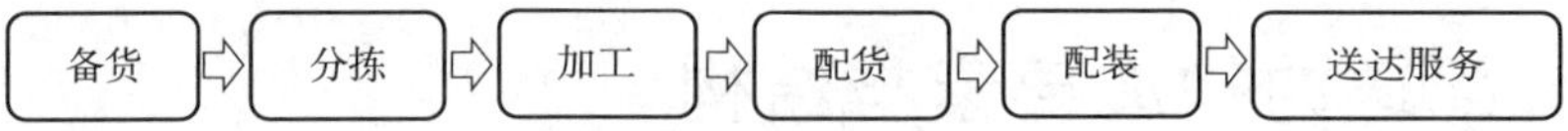

图 1-1　物流配送系统功能流程

1.3.3　物流配送构成要素

1. 货物

货物是配送的对象,可将每个客户需求(或供应)的货物看成一批货物。每批货物都包括性质、包装、重量、体积、要求送到(或取走)的时间和地点、能否分批配送等属性。

货物的性质和包装,是选用配送车辆的类型以及决定该批货物能否与其他货物装在同一车辆内的依据。例如,此货物因性质特殊需要使用专用车辆装运;一些货物因性质特殊不能与其他货物装在同一车辆内;一些货物虽然性质特殊,但由于包装条件很好,因此也能与其他货物装在同一车辆内。

货物的重量和体积是进行车辆装载决策的依据。当某个客户需求(或供应)货物的重量或体积超过配送车辆的最大装载重量或容积时,则该客户需求(或供应)的货物需要多台车辆进行配送。

货物的要求送到(或取走)时间和地点是制定车辆的出行时间和配送路线的依据。

允许分批配送,是指某个客户需求(或供应)的货物可以用多辆车分批送到(或取走),即使其需求(或供应)量在一辆车的装载量以下也是如此。

2. 车辆

车辆是货物的运载工具。其主要属性包括车辆的类型、装载量、单次配送的最大行驶距离、配送前的停放位置及完成任务后的停放位置等。

车辆的类型有通用车辆和专用车辆之分,通用车辆适于装运大多数普通货物,专用车辆适于装运一些性质特殊的货物。

车辆的装载量是指车辆的最大装载重量和最大装载容积,是进行车辆装载的依据。在某配送系统中。车辆的装载量可以相同,也可以不同。

对每台车辆单次配送的行驶距离的要求可分为以下几种情况:①无距离限制;②有距离限制;③有距离限制,但可以不遵守,只是不遵守时需另付加班费。

车辆在配送前的停放位置可以在某个停车场、物流中心或客户所在地。

车辆完成配送任务后,对其停放位置的要求可分为以下几种情况:①必须返回出发点;②必须返回某停车场;③可返回任意停车场;④可停放在任何停车场、物流中心或客户所在地。

3. 配送中心

配送中心是进行集货、分货、配货、配装、送货作业的地点,也可指具有相似功能的物流中心、仓库、车站、港口等。

在某配送系统中,配送中心的数量可以只有一个,也可以有一个以上;配送中心的位置可以是确定的,也可以是不确定的。对于某个配送中心,其供应的货物可能有一种,也可能有多种;其供应的货物数量可能能够满足全部客户的需求,也可能仅能满足部分客户的需求。

4. 客户

客户也称用户,包括分仓库、零售商店等。客户的属性包括需求(或供应)货物的数量、需求(或供应)货物的时间、需求(或供应)货物的次数及需求(或供应)货物的满足程度等。

在某个配送系统中,某个客户需求(或供应)货物的数量可能大于车辆的最大装载量,也可能小于车辆的最大装载量;而该系统全部客户的货物需求(或供应)总量可能超过全部车辆的总装载量,也可能低于全部车辆的总装载量。

客户需求(或供应)货物的时间,是指要求货物送到(或取走)的时间,对配送时间的要求可分为以下几种情况:①无时间限制;②要求在指定的时间区间(也称时间窗)内完成运输任务;③有时间限制,但可以不遵守,只是不遵守时要受到一定的惩罚。

客户需求(或供应)货物的次数可能仅有一次,即只需一次配送服务;也可能为多次,即需要多次配送服务。

客户对需求(或供应)货物的满足程度的要求可分为两种情况:①要求全部满足;②要求可以部分满足,但不满足时要受到惩罚。

5. 运输网络

运输网络是由顶点(指配送中心、客户、停车场)、无向边和有向弧组成的。边、弧的属性包括方向、权值和交通流量限制等。

某运输网络中可能仅有无向边;也可能仅有有向弧;还可能既有无向边,又有有向弧。

运输网络中边或弧的权值可以表示距离、时间或费用。边或弧的权值变化分为以下几种情况:①固定,即不随时间和车辆的不同而变化;②随时间不同而变化;③随车辆的不同而变化;④既随时间不同而变化,又随车辆不同而变化。对运输网络权值间的关系可以要求其满足三角不等式,即两边之和大于第三边,也可以不加限制。

对运输网络中顶点边或弧的交通流量要求分为以下几种情况:①无流量限制;②边、弧限制,即每条边、弧上同时行驶的车辆数有限;③顶点限制,即每个顶点上同时装、卸货的车辆数有限;④边、弧、顶点都有限制。

6. 约束条件

物流配送车辆调度问题应满足的约束条件主要包括以下几种:

(1)满足所有客户对货物品种、规格、数量的要求。

(2)满足客户对货物发到时间范围的要求。

(3)在允许通行的时间进行配送(如有时规定白天不能通行货车等)。

(4)车辆在配送过程中的实际载货量不得超过车辆的最大装载量。

(5)在配送中心现有运力范围内进行配送。

7. 目标函数

对物流配送车辆调度问题,可以只选用一个目标,也可以选用多个目标。经常选用的目标函数主要有以下几种:

(1)配送总里程最短。配送里程与配送车辆的耗油量、磨损程度以及驾驶员疲劳程度等直接相关,它直接决定运输的成本,对配送业务的经济效益有很大影响。由于配送里程计算简便,因此是确定配送路线时用得最多的指标。

(2)配送车辆的吨千米数最少。该指标将配送距离与车辆的载重量结合起来考虑,即以所有配送车辆的吨位数(最大载重吨位)与其行驶距离的乘积的总和最少为目标。

(3)综合费用最低。降低综合费用是实现配送业务经济效益的基本要求。在物流配送中与取送货有关的费用包括车辆维护和行驶费用、车队管理费用、货物装卸费用、有关人员工资费用等。

(4)准时性最高。由于客户对交货时间有较严格的要求。为提高配送服务质量,有时需要将准时性最高作为确定配送路线的目标。

(5)运力利用最合理。该目标要求使用较少的车辆完成配送任务,并使车辆的满载率最高,以充分利用车辆的装载能力。

(6)劳动消耗最低,即以驾驶员人数最少、工作时间最短为目标。

1.3.4 物流配送系统拓扑形式

根据配送车辆完成配送任务后是否必须返回原出发点以及返回的形式,可将问题分为闭合式和开放式两大类。在不须严格区分的场合,统称车辆路径问题(vehicle routing problem,VRP)。按照客户端的需求是只允许由一辆车完成,还是允许对其需求进行拆分由多辆车共同完成,可分为需求不可拆分的 VRP 和需求可拆分的 VRP。

当车辆完成运输任务后必须返回原出发点时(即车辆的行驶路线是闭合式的),称为闭合式车辆路径问题(closed VRP),通常简称为车辆路径问题(VRP),如图 1-2(a)所示。当不要求车辆完成任务后返回原出发点,或者是若要求返回原出发点,则沿原去程路线返回时(即车辆的行驶路线是开放式的),称为开放式车辆路径问题(open vehicle routing problem,OVRP),如图 1-2(b)所示。

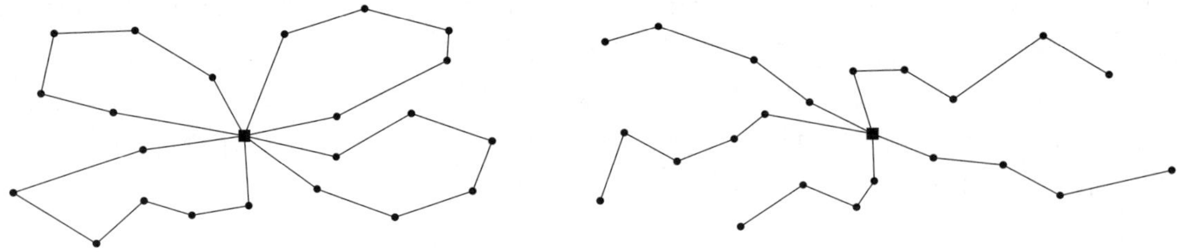

(a) VRP　　(b) OVRP

图 1-2 VRP 与 OVRP 的图形表示

1.4 物流配送的发展与展望

1.4.1 物流配送的发展历程

1. 萌芽阶段

物流配送出现于 20 世纪 60 年代初期,在该阶段物流配送的活动范围小,规模也不大。

此阶段开展配送活动的主要目的是促进产品销售和提高其市场占有率。因此,配送主要是通过促销手段的职能来发挥其作用的。

2. 发育阶段

物流配送发育于 20 世纪 60 年代中期。该阶段配送的货物种类日渐增多,活动范围不断扩大。

3. 成熟阶段

物流配送成熟于20世纪80年代以后。物流配送在该阶段演化成以高新技术为支撑手段的多功能供货活动。

具体表现为：配送区域进一步扩大；劳动手段日益先进；配送的集约化程度明显提高；配送方式日趋多样化。

4. 现代化阶段

发展成熟后，物流配送进入现代化阶段。在该阶段开始设置配送中心，集中进行配送，并且实行了计划配送制度，开展了共同配送活动。

5. 智能配送阶段

近年来，随机电子商务、网络零售、人工智能的广泛应用，基于“互联网+”的在线配送、智能配送成为研究和实践前沿。

1.4.2　城市物流配送现状与挑战

1. 城市物流配送现状分析

城市物流配送位于配送的最后环节，主要是多品种、多批次、小批量的配送，主要在干路上运输。对于城市物流配送的需求，主要目的在于减少配送时间、防止不必要的重复工作、提高货物的装配效率，使配送更加合理化，以此来提高物流的各方面效益。

（1）零售业配送现状

①自营配送设施设备老化严重。一些大型连锁商超的配送方式，如某超市，其建有两万平方米的大型配送中心，总库存可达90万箱，每天的周转量达19万箱，可以让80多辆大卡车同时作业与配送中心，服务半径为250 km，但配送中心更多的是靠人工作业，其中设施设备中较多有所损坏，为待更新设备。

②外包配送安全性不高。一些小型企业能力较低，自建配送中心成本太高，所以选择外包。但外包配送的成本不确定，无法提供个性化的服务，且有泄露商业机密的危险，所以很多企业无法放心地使用外包配送。

③共同配送普及率较低。规模可以创造效益，所以一些企业合作实行共同配送，通过“规模经济”来降低成本，提高配送的效率和服务水平。但是其在商业流通中应用率不高，没有成为普遍的配送模式。

（2）交易市场配送现状

①商品交易市场发展迅速，覆盖的种类越来越多。消费品的物流量逐年递增，尤其是生鲜、农产品等被广大消费者认可，这对商品交易市场的配送功能要求更高。但是大多数交易市场的规模都不大、组织化程度低。

②作业的环节复杂。在物流运作中，大部分只是传统的运输和存储，没有集成整合的功能，从而造成大量资源浪费。

（3）行业专业配送现状。行业专业配送在一些大城市已经有所发展，如医药、汽车等行业已经建立了专业的配送中心，主要针对本行业进行服务，使配送更加专业化。但是还有很多行业没有建立专业配送中心，如医疗器械行业，其物流配送现在还处于营销业务阶段，配送基础设施、自动化水平、配送技术等都有待完善和提升，没有形成完整的配送体系。

(4)快递物流配送现状。现代化的消费方式是产生大众配送需求的动力。近几年,我国电子商务发展迅速,对仓储和配送的要求更加严苛。随着电子商务不断发展,消费需求逐步上升,快递配送量更多,且对于配送的服务也会要求更高。所以,城市物流配送的最后阶段,即面向最终消费者的配送问题依然很大。尤其是节假日期间,经常发生爆仓、配送不及时等问题。

2. 城市物流配送面临的挑战

(1)城市配送政策支持有待进一步提高。物流的大力发展离不开政策的支持。目前,国内一些城市在推进共同配送、绿色配送等方面出台了一些激励政策;但目前我国大部分城市的可持续共同配送、低碳配送有待完善,特别是城市共同配送标准与政策措施亟待建设完善,以便推动我国物流配送的节能减排[2]。

(2)农产品配送专业化程度低。农产品的跨地域运输网络现在基本成型,但在城市中,"最后一公里"的配送问题依然不小。生鲜农产品为了保证新鲜,必须采用冷链物流配送,但是目前的低温冷链物流目前还不连贯,没有形成完整的体系,这导致在配送过程中有大量损耗,且配送成本太高[2]。

(3)共同配送发展缓慢。在共同配送方面,交通运输部门在一些城市试点城市绿色配送、共同配送,推进物流节能减排。但很多城市目前缺乏现代化、集成程度较高的配送中心,共同配送尚处于初级阶段。实行共同配送时,车辆驾驶员会减少约80%,车辆行驶的距离会减少约50%,车辆日配送量却会大幅增加。

(4)快递物流配送服务不能满足电子商务的发展。消费方式逐渐改变,城市快递物流配送服务的发展要与社会经济的发展相同步,且在服务质量和资源分布方面还需发展在社会经济之前。目前,电子商务发展极其迅速,但是物流配送方面的发展趋于落后,无法跟上电子商务发展的步伐。在最末段的配送问题不断涌现,配送量、配送成本等问题无法合理地分配解决。这严重影响了电子商务企业的发展[3,4]。

(5)物流专业人才稀缺。物流在我国发展时间较短,专业化人才极其缺乏。目前物流配送行业缺乏高水平高专业化的技术人员,缺乏思维开阔经验丰富的管理人员,这也是物流配送发展的重大障碍。

1.4.3 智慧可持续物流配送发展前沿

智慧物流指以物联网技术为基础,综合运用大数据、云计算、区块链及相关信息技术,通过全面感知、识别、跟踪物流作业状态,实现实时应对、智能优化决策的物流服务系统。

1. 智慧配送系统

智慧配送系统包括智慧配送信息处理子系统、智能配载和送货路径规划子系统、配送车辆智能追踪子系统、智慧客户管理子系统。

智慧配送信息处理子系统将"取货信息、送货信息、配送信息"等信息进行收集、整理后,分发到智能配载和送货路径规划子系统中;智能配载和送货路径规划子系统根据运送货物的地理位置分布,应用地理编码和路径规划技术,分析出每辆车的最佳行驶路线,然后根据行驶路线来规划货物配载;配送车辆智能追踪子系统将移动的车辆信息纳入信息网,并将该系统与地面信息系统构成一个整体,及时收集路面信息、行驶信息,帮助配送规划系统根据路况随时优化车辆行驶路线;智慧客户管理子系统将客户信息及配送信息纳入数据库,并进行智能分析,为以后作业流程改进、提高客户满意度和系统优化提供帮助。

2.“互联网+”智慧物流

(1)“互联网+”物流配送新技术。当前,物流末端配送与互联网技术的关联越来越紧密,呈现出“互联网+”物流配送的快捷、高效等特点。互联网技术在现代物流业中的运用效益凸显,“互联网+”物流配送成为新形势下物流业的重要特点之一[5]。

“互联网+”促进物流业利用互联网资源进行技术创新、流程改造,物流末端配送积极运用互联网技术,实现了物流末端配送交易的便捷、高效,提高了物流末端配送的服务质量与效率。物流配送流程技术含量与信息化水平逐步提高,满足了日益精准、个性化的消费需求,提升了物流末端配送的价值创造能力。图1-3为以“互联网+”为基础的物流发展模式示意图。

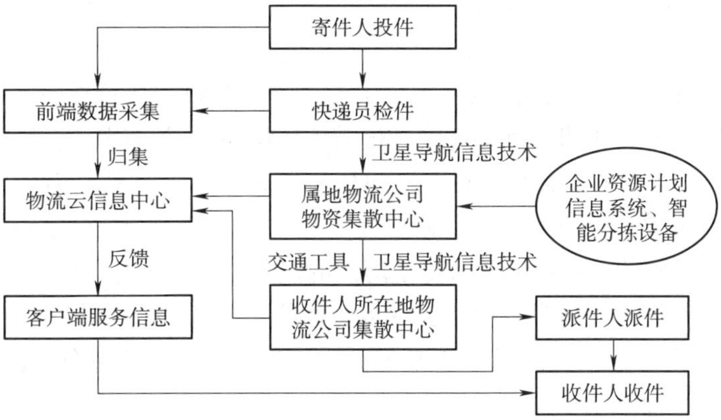

图1-3 以“互联网+”为基础的物流发展模式示意图

大数据技术是指从各种类型的巨量数据中,快速获取有价值信息的技术。目前所说的“大数据”不仅指数据本身的规模,也包括采集数据的工具、平台和数据分析系统。大数据研发目的是发展大数据技术并将其应用到相关领域,通过解决巨量数据处理问题促进其突破性发展。因此,大数据时代带来的挑战不仅体现在如何处理巨量数据并从中获取有价值的信息,也体现在如何加强大数据技术研发,抢占时代发展的前沿。

物流末端配送应充分发挥大数据优势,将互联网技术与物流技术融合发展,适应与满足“互联网+”物流配送的新要求,把消费体验需求的大数据分析运用到物流末端配送过程中,注重大数据与互联网结合的创新发展,提高物流末端配送的质量,加强信息化建设,优化综合服务水平,从大数据分析中获得物流末端配送价值创造能力的不断提升。

互联网时代,消费者要求实时查询物流末端配送的信息,物流末端配送大数据能够实现消费者与物流末端配送商之间信息沟通无障碍和透明化,有效帮助消费者及时了解和掌握物流在途状况,提高信息匹配效率,提升物流末端配送的消费者满意度,帮助物流企业实现更好的价值创造。

适应互联网经济的发展需求,配送企业应该从消费者物流末端配送体验的实际需求出发,注重物流末端配送业与其他产业的融合协同发展,优化其运营环境,加强物流末端配送的大数据分析运用与互联网技术水平的提高;注重消费体验需求的拓展,满足消费者多样化的物流末端配送体验需求,获得更好的物流末端配送效益,实现物流末端配送价值创造能力的提升。

(2)物流配送自动化设备。物流自动化是指在一定的时间和空间内,将输送工具、工业机器人、仓储设施及通信联系等高性能设备,利用计算机网络控制系统相互制约,构成具有特定功能的整体系统。该系统由无人引导小车、高速堆垛机、工业机器人、输送机械系统、计算机仿真联调中心监控系统组成。这里主要介绍无人配送车+智能配送站与无人机两种自动化配送设备。

相较于传统送件模式,无人配送车反应快、运行稳、覆盖范围更广,可送货物品种更多,“在岗”时间更长。无人配送车能克服恶劣天气因素,可24小时全天候运转,解决“最后一公里”的难题。无人配送车集合了很多高配置,不仅包括物联网、人工智能(artificial intelligence,AI)、云计算等科技元素,还有效结合了激光雷达、面阵雷达、卫星定位系统、惯性导航传感器等,因此拥有高精度定位和导航,可以规划出安全、高效的路径。

2018年618期间,京东配送机器人(无人配送车)正式从封闭园区走向开放道路,实现全场景规模化应用,2024年京东已经在全国30余个城市实现落地。京东物流已经在近30座城市开展智能配送车的运营,服务范围覆盖社区、商圈的快递配送和揽收。京东物流第六代智能配送车货箱容积可达4 m^3,最大可载1 000 kg,通过模块化设计支持搭载多种格口组合货箱,满足不同业务场景下不同规格物品的装载需求。充满电后可续航160 km,最高车速60 km/h,集成了高精度定位、融合感知、行为预测、仿真、智能网联等10大核心技术,具备目前行业内最具规模化L4级别自动驾驶落地的场景[6]。

无人机快递也称无人飞行器快递,指快递公司使用无人飞行器将小型包裹送到客户手中。为解决偏远地区“最后一公里”投递难度大的问题,一部分快递企业已经进行了无人机投递试验。无人机内置导航系统,工作人员预先设置目的地和路线,飞行器自动将包裹送达目的地,误差能够控制在2 m以内。根据企业反馈,采用无人机进行偏远地区的投递工作,单个包裹的平均投递成本远低于现在的交通和人力成本。

虽然无人机配送存在政策、安全性和成本等诸多局限,但考虑到不断提高的人力、土地和燃油等成本,无人机配送或许比传统人工配送更具成本优势,主要应用在人口密度相对较小的区域(如农村配送)。未来无人机的载重、航时将会不断突破,感知、规避和防撞能力不断提升,软件系统、数据收集与分析处理能力将不断提高,应用范围将更加广泛。

参考文献

[1] 马卫民. 物流配送在线调度[M]. 北京:清华大学出版社,2017.
[2] 朱学军. 北京城市物流配送问题研究[J]. 赤峰学院学报(自然科学版),2022,38(5):45-48.
[3] 李静芳. 现代物流管理[M]. 北京:清华大学出版社,2009.
[4] 宋学文,庄子萱. 交通运输与社会经济发展互动关系分析[J]. 江西建材,2022(1):217-218.
[5] 殷延海,焦刚. 互联网+物流配送[M]. 上海:复旦大学出版社,2019.
[6] 第六代无人车技术发布!京东物流将规模化布局搭载大模型的智能配送车[EB/OL]. https://www.jdl.com/news/4929/content02282.

第 2 章　优化算法基础理论与方法

本章主要论述算法定义、算法复杂度、算法性能分析指标等算法的基础理论，以及车辆路径优化中常用的启发式算法和精确算法，前者主要涵盖遗传、模拟退火算法、禁忌搜索算法、自适应大规模邻域算法等，后者则主要包括分支定界算法、列生成算法、分支定价算法、拉格朗日松弛算法、次梯度算法等。

2.1　算法基础理论

2.1.1　算法概述

算法是一系列解决问题的清晰指令，可以被计算机或其他设备用来执行特定的任务或操作。算法通常包括一系列步骤，每一步都被精心设计，以确保能够有效解决问题。算法可以用来完成各种任务，如排序数据、搜索信息、加密数据等。在计算机科学中，算法非常重要，因为它们提供了解决各种问题的有效方法。

优化算法是一类用于寻找最优解或近似最优解的算法。这些算法通常应用于求解需要在给定约束条件下最大化或最小化某个目标函数的问题。优化算法被广泛应用于各种领域，包括工程、经济学、物理学、生物学等[1]。优化算法的目标通常是在搜索空间中找到一个点，使得目标函数的值达到最大或最小。这个搜索空间可能是有限的，也可能是无限的。优化算法可以基于不同的搜索策略和技巧，如梯度下降、遗传、模拟退火、粒子群优化等来寻找最优解或近似最优解。这些算法的选择取决于问题的特性、搜索空间的结构以及算法的性能需求。优化算法的设计和改进是一个活跃的研究领域，不断涌现出新的方法和技术来解决各种复杂的优化问题。

1. 优化算法分类

优化算法可以根据其工作原理、搜索策略、遗传机制等进行分类[2]。以下是一些常见的优化算法分类：

(1)传统优化算法。①梯度下降法：通过沿着梯度方向更新参数，在寻找最优解的过程中逐步逼近最小值点。②拟牛顿法：基于梯度信息和二阶导数信息构建近似的 Hessian 矩阵来加速收敛速度。③整数规划算法：针对具有整数约束条件的优化问题进行求解。④动态规划：将复杂问题分解为简单的子问题，并通过递推的方式求最优解。

(2)进化算法。①遗传算法：模拟生物进化过程中的自然选择、交叉、变异等机制进行优化搜索。②粒子群优化算法：模拟鸟群或鱼群寻找食物的行为，通过个体之间的协作进行全局搜索。③蚁群算法：模拟蚂蚁寻找食物过程中的信息交流和合作，通过启发式搜索来找到最优路径。④人工免疫算法：模拟免疫系统的学习和记忆机制，通过克隆、突变等操作进行搜索优化。

(3)元启发式算法。①蚁群算法。②模拟退火算法:模拟金属退火过程,通过随机接受负梯度方向的解来寻找全局最优解。③粒子群优化算法。④蜂群算法:模拟蜜蜂寻找食物的过程,通过信息传递和更新来优化搜索。

以上是一些常见的优化算法分类,不同的算法在解决不同类型的优化问题时具有各自的优势和适用性。选择合适的算法可以帮助提高问题求解的效率和准确性。

2. 设计优化算法的步骤

(1)确定问题定义:明确定义目标函数以及约束条件,清晰地描述优化问题的目标和限制条件。这可以帮助确定需要优化的参数或变量,并建立数学模型。

(2)选择适当的优化算法:根据问题的特性和要求,选择适合的优化算法。常见的优化算法包括梯度下降算法、遗传算法、模拟退火算法、粒子群优化算法等。不同的算法适用于不同类型的问题,因此需要根据问题特点来选择最合适的算法。

(3)实现算法:根据选定的优化算法,编写相应的程序代码来实现算法。可能需要对算法进行调整和优化,以适应特定的问题和数据。

(4)调试和验证:对编写的算法进行调试和验证,确保算法能够正确地运行并得到符合预期的结果。可以通过使用一些已知的测试问题来验证算法的正确性和效果。

(5)参数调优:一些优化算法需要调整参数来达到最佳的优化效果。通过调整参数值,可以优化算法的性能和收敛速度,以获得更好的结果。

(6)分析结果:分析优化算法得到的结果,评估算法的性能和效果。可以根据分析结果对算法进行优化和调整。

设计优化算法是一个充满挑战的过程,需要结合理论知识、实践经验和创新思维,不断尝试不同的方法和技巧,不断改进和优化算法,以提高算法性能和适用性。

3. 人工智能与其他优化算法

优化算法在过去几十年里取得了巨大的发展。下面我们来看一些当前较为流行和前沿的优化算法。

(1)深度学习算法。深度学习是一种基于人工神经网络的机器学习方法,已经在图像识别、自然语言处理等领域取得了巨大成功[3]。深度学习算法通过多层次的神经网络学习数据的表示和特征,可以应用于各种优化问题。

(2)自适应优化算法。自适应优化算法能够根据问题的特性和数据自动适应搜索策略和参数。例如,自适应遗传算法、自适应粒子群优化等算法可以在求解复杂、动态优化问题时表现更好。

(3)多目标优化算法。多目标优化算法用于解决具有多个目标函数的复杂优化问题,常见的算法包括多目标遗传算法、多目标粒子群优化等[4]。这些算法可以有效处理多目标之间的冲突和权衡问题。

(4)混合优化算法。混合优化算法将不同的优化方法结合起来,以获得更好的性能和鲁棒性。例如,混合遗传算法、模拟退火算法、混合粒子群优化算法和人工免疫算法等。

(5)量子优化算法。量子优化算法是基于量子计算原理的一类优化算法,如量子遗传算法、量子粒子群优化算法等[5]。这些算法可以在一定程度上利用量子计算的并行性和叠加性来加速求解优化问题。

随着科技的不断进步和发展,优化算法也在不断演化和改进,以应对越来越复杂和多样化的优化问题。新的算法不断涌现,旧的算法也在不断优化和改进,以更有效地解决实际问题并取得更优的结果。

2.1.2 算法复杂度分析

算法复杂度是衡量算法性能的一个重要指标,用于评估算法在解决问题时所需的时间和空间资源。算法复杂度通常包括时间复杂度和空间复杂度两个方面。

1. 时间复杂度

时间复杂度是指算法执行所需的时间资源。通常用 O 记法[6]表示,表示算法执行时间与输入数据规模之间的关系。时间复杂度反映了算法执行效率的高低,常见的时间复杂度有 $O(1)$、$O(\log_2 n)$、$O(n)$、$O(n\log_2 n)$、$O(n^2)$ 等,其中 $O(1)$ 表示常数时间复杂度,$O(\log_2 n)$ 表示对数时间复杂度,$O(n)$ 表示线性时间复杂度,$O(n\log_2 n)$ 表示线性对数时间复杂度,$O(n^2)$ 表示平方时间复杂度等。

时间复杂度通常通过分析算法中基本操作执行次数的增长情况来确定。一般采用最坏情况下的分析方法。基本步骤如下:

(1)找出基本操作:确定算法中的基本操作,通常是循环、条件判断、赋值等。

(2)确定执行次数:分析每个基本操作的执行次数,通常考虑最坏情况下的执行次数。

(3)建立时间复杂度表达式:根据执行次数,建立基本操作的数量与问题规模之间的关系,然后用 O 记法表示。

例如,对于一个包含一个简单循环的算法,假设该循环执行了 n 次,其中包含了一些常数操作,那么时间复杂度可以表示为 $O(n)$。

2. 空间复杂度

空间复杂度是指算法执行所需的内存空间。通常也用 O 记法来表示,表示算法所需的额外存储空间与输入规模之间的关系。空间复杂度关注算法在运行过程中所占用的内存空间大小,衡量了算法的内存资源消耗情况。

空间复杂度主要通过确定算法中的变量和其所占空间大小来计算,基本步骤如下:

(1)分析算法中的变量:确定算法中所使用的数据结构、变量以及其占用的内存空间大小。

(2)建立空间复杂度表达式:根据变量的个数以及其所占用的空间大小,建立与问题规模之间的关系。

例如,对于一个只使用了常数额外空间的算法,空间复杂度可以表示为 $O(1)$。

总之,计算算法复杂度需要分别分析算法的时间复杂度和空间复杂度,找出基本操作或者使用的空间,然后建立与问题规模之间的关系,并用 O 记法表示。

通过分析算法的时间复杂度和空间复杂度,可以评估算法在处理不同规模数据时的效率和性能表现。通常情况下,我们希望选择时间复杂度较低且空间复杂度适中的算法来解决问题,以提高算法的执行效率和资源利用率。

2.1.3 算法性能分析

算法性能分析是评估和比较算法在解决特定问题时的效率和资源利用情况的过程[7]。它通常涉及对算法时间复杂度和空间复杂度的评估,以便了解算法在不同输入规模下的运行时间和内存消耗情况。

1. 算法性能分析的主要目的

(1)评估算法的速度。通过分析算法的时间复杂度,可以估计算法在不同规模下解决问题所需的时间。这对于选择最适合特定应用场景的算法至关重要。

(2)评估算法的内存消耗。通过分析算法的空间复杂度,可以了解算法在执行过程中所需的额外内存空间。这对于内存受限的环境或大规模数据处理问题尤为重要。

(3)比较不同算法的性能。通过对比不同算法的时间复杂度和空间复杂度,可以选择最优算法来解决特定问题。

(4)预测算法在实际应用中的表现。通过算法性能分析,可以预测算法在实际应用中的表现,帮助开发者做出更好的设计和优化决策。

2. 算法性能分析指标

算法性能分析通常涉及理论分析和实际测试两个方面。理论分析主要通过分析算法的代码结构和操作次数来推导时间复杂度和空间复杂度;而实际测试则通过在真实或模拟环境中运行算法并测量其执行时间和内存占用来验证理论分析的结果[8]。综合利用理论分析和实际测试,可以更全面地评估算法的性能,并为算法选择、设计和优化提供指导。

算法性能分析通常使用以下指标来评估算法的效率和资源利用情况:

(1)时间复杂度。

(2)空间复杂度。

(3)最坏情况复杂度:描述在最坏情况下算法执行所需的时间复杂度和空间复杂度。这是对算法性能的保守估计,可以帮助评估算法在最坏情况下的表现。

(4)平均情况复杂度:描述算法在平均情况下执行所需的时间复杂度和空间复杂度。通常通过概率分析来计算,更能反映算法在实际应用中的表现。

(5)最佳情况复杂度:描述在最佳情况下算法执行所需的时间复杂度和空间复杂度。通常用于理论研究或算法设计。

(6)稳定性:描述算法在不同输入情况下是否保持相同的执行效率。一个稳定的算法,在不同输入情况下不会有太大的性能波动。

(7)可扩展性:描述算法在处理大规模数据时是否可以保持良好的性能,包括时间和空间的效率。一个具有良好可扩展性的算法能够有效利用资源,处理大规模数据并适应不同的应用场景。

以上指标通常被用于算法性能分析,以帮助评估、比较和选择最合适的算法来解决特定问题。不同的应用场景可能会重点考虑其中的某些指标,根据实际需求选择最合适的算法。

通过上面内容,我们已经了解了算法的基础理论,尤其是对算法性能的指标进行了了解。接下来的两节将重点介绍在车辆路径优化中常用的启发式算法和精确算法。

2.2 启发式算法

启发式算法是一种基于直观或经验构造的算法,旨在以可接受的计算成本找到待解决组合优化问题的可行解,但无法保证找到最优解。启发式算法在计算机科学和人工智能领域中具有重要意义,它通过简化搜索过程并依据经验规则快速提供解决方案,特别适用于那些复杂到无法用精确算法有效求解的问题。在实际问题中,合理应用启发式算法可以极大地提升求解效率和效果。

2.2.1 遗传算法

遗传算法(genetic algorithm,GA)是一种基于生物进化论原理的优化搜索算法[9],最早由美国的 John Holland 于 20 世纪 70 年代提出,它是模拟达尔文生物进化论的自然选择和遗传学机理的生物进化过程的计算模型,通过模拟自然选择和遗传中的复制、交叉、变异来实现"优胜劣汰",最终找到最优解。

1. 遗传算法基本原理

遗传算法从代表问题的潜在解集的一个种群开始,而种群由基因编码的一定数目的个体组成。个体是染色体带有特征的实体,染色体由多个基因组成,也可以把基因描述成未编码之前的优化变量。每一代都根据个体适应度选择个体,借助自然遗传学的遗传算子进行组合交叉和变异来更新种群,整个过程模拟自然进化,末代种群的最优个体通过解码就是问题的最优解,其算法流程图如图 2-1 所示。

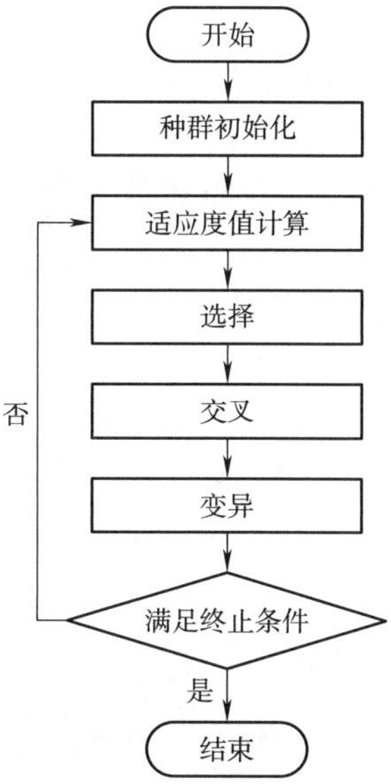

图 2-1 遗传算法流程图

2. 遗传算法的优点

(1)全局搜索能力强。遗传算法从一组初始解开始搜索,而不是从单个解开始,这使得算法能够搜索整个解空间,具有全局搜索能力。

(2)并行性。遗传算法在搜索过程中可以同时处理多个个体,这使得算法能够同时探索多个解空间,提高了搜索效率。

(3)鲁棒性强。遗传算法不依赖问题的具体领域,对问题的依赖性较小,因此具有很强的鲁棒性。算法只需要适应度函数来评估个体的优劣,而不需要其他辅助信息。

(4)适用于复杂问题。遗传算法适用于处理复杂的优化问题,特别是那些难以用传统优化算法求解的问题。例如,对于非线性、非凸、多峰等复杂函数优化问题,遗传算法能够找到较好的解。

(5)易修改性。当问题的目标函数或约束条件发生变化时,遗传算法只需要对适应度函数进行相应的修改,而不需要对整个算法进行大的调整。这使得算法具有很好的适应性和灵活性。

3. 遗传算法的缺点

(1)编程实现复杂。遗传算法需要对问题进行编码和解码操作,且三个算子的实现(选择、交叉、变异)也有许多参数需要设置,如交叉率和变异率等。这些参数的选择对解的品质有很大影响,目前这些参数的选择大部分是依靠经验。

(2)时间成本高。遗传算法需要大量样本才能求解,因此时间成本较高。此外,由于算法采用随机搜索策略,因此可能需要多次迭代才能找到较优解。

(3)容易陷入局部最优解。在搜索过程中,遗传算法可能会陷入局部最优解而无法找到全局最优解。这主要是由于算法的选择机制可能导致某些优秀个体在后续迭代中逐渐消失。

(4)解释性差。遗传算法的求解结果往往难以解释,因为算法的输出是一组经过编码的个体,而不是直接的问题解。因此,对于需要解释性结果的问题,遗传算法可能不是最佳选择。

4. 实践案例:优化物流配送路径

遗传算法在物流配送优化问题中应用广泛。下面通过一个具体案例来介绍如何使用遗传算法来优化物流配送路径。

案例背景:某物流公司负责为多个零售点进行货物配送。该公司每天都需要根据订单和库存情况,制定最佳的配送路线和时间表。由于订单数量庞大、配送点众多以及道路交通情况的不确定性,公司面临着巨大的挑战。

问题描述:假设有 n 个零售点和 m 辆配送车辆,每个零售点的货物需求量已知,每辆配送车辆的载重量和最大行驶距离也已知。目标是找到一种最优的配送方案,使得所有零售点的货物需求都能得到满足,并且总配送距离最短。

首先来梳理遗传算法求解过程。

(1)编码方式。

①每个个体(即一个解)可以表示为一个配送方案,该方案由一系列配送路径组成。

②每条配送路径可以表示为一个序列,其中包含了多个零售点的编号(按顺序访问的零售点)。

③配送中心(通常编号为0)在每个序列的开头和结尾,表示每辆车从配送中心出发并最终返回配送中心。

(2)初始化种群。

①随机生成多个配送方案作为初始种群。

②确保每个方案都满足车辆载重量和最大行驶距离的限制。

(3)适应度函数。

①定义一个适应度函数来评估每个配送方案的优劣。

②适应度函数可以是总配送距离的倒数(或其他与总配送距离成反比的函数),以便使得总配送距离越短的方案适应度越高。

(4)选择操作。

①使用锦标赛选择等方法从当前种群中选择优秀的个体进行遗传操作。

②被选中的个体有更大的机会将其优秀特征遗传给下一代。

(5)交叉操作。

①选择两个父代个体进行交叉操作,生成新的子代个体。

②交叉操作可以通过部分匹配交叉(partial-mapped crossover,PMX)、顺序交叉(order crossover,OX)等方法实现。

③在交叉过程中,需要确保新的配送方案仍然满足车辆载重量和最大行驶距离的限制。

(6)变异操作。

①对新生成的子代个体进行变异操作,以增加种群的多样性。

②变异操作可以是插入变异、逆转变异等。

③在变异过程中也需要确保新的配送方案满足约束条件。

(7)迭代和终止条件。

①重复上述选择、交叉和变异操作,不断生成新的种群。

②在每次迭代后,评估新种群中个体的适应度值,并更新最优解。

③当出现预设的迭代次数或种群适应度值在一定代数内没有明显改善时,算法停止运行并输出最优解。

结果输出:算法最终会输出一个最优的配送方案,该方案包含了所有零售点的货物配送路径和时间表。通过这个方案,物流公司可以更加高效地进行货物配送,降低运输成本并提高客户满意度。

2.2.2　模拟退火算法

模拟退火(simulated annealing,SA)算法是一种基于概率的算法,它源于固体退火原理。这种算法将固体加温至充分高,再让其徐徐冷却,加温时,固体内部粒子随温升变为无序状,内能增大,而徐徐冷却时粒子渐趋有序,在每个温度都达到平衡态,最后在常温时达到基态,内能减为最小[9]。模拟退火算法利用这一原理,将热力学的理论套用到统计学上,将搜寻空间内每一点想象成空气内的分子,分子的能量就是它本身的动能,而搜寻空间内的每一点也带有“能量”,表示该点对命题的适宜程度。

1. 模拟退火算法实现原理

模拟退火算法是一种通用的优化算法,它从一个较高的初始温度开始,通过温度参数的逐渐降低,结合概率突跳特性在解空间中随机寻找目标函数的全局最优解。在每一步中,算法先选择一个“邻居”(即解空间中的一个新点),然后计算从现有位置到达“邻居”的概率。如果新解比当前解更优,或者根据某种概率准则(如 Metropolis 准则)接受新解,那么就用新解替换当前解。这个过程不断重复,直到满足终止条件(如连续若干新解都没有被接受)时,算法输出当前解作为最优解。

模拟退火算法流程图如图 2-2 所示。

2. 模拟退火算法的优点

(1)全局优化能力强。模拟退火算法在搜索过程中不仅接受使目标函数值变“好”的试探点,而且能够以一定的概率接受使目标函数值变“差”的试探点。这种策略有助于避免搜索过程陷入局部最优解,从而提高了全局优化的能力。

(2)鲁棒性强。模拟退火算法对初始值不敏感,且具有较强的鲁棒性。这意味着在不同的初始条件下,算法都能得到较为满意的解。

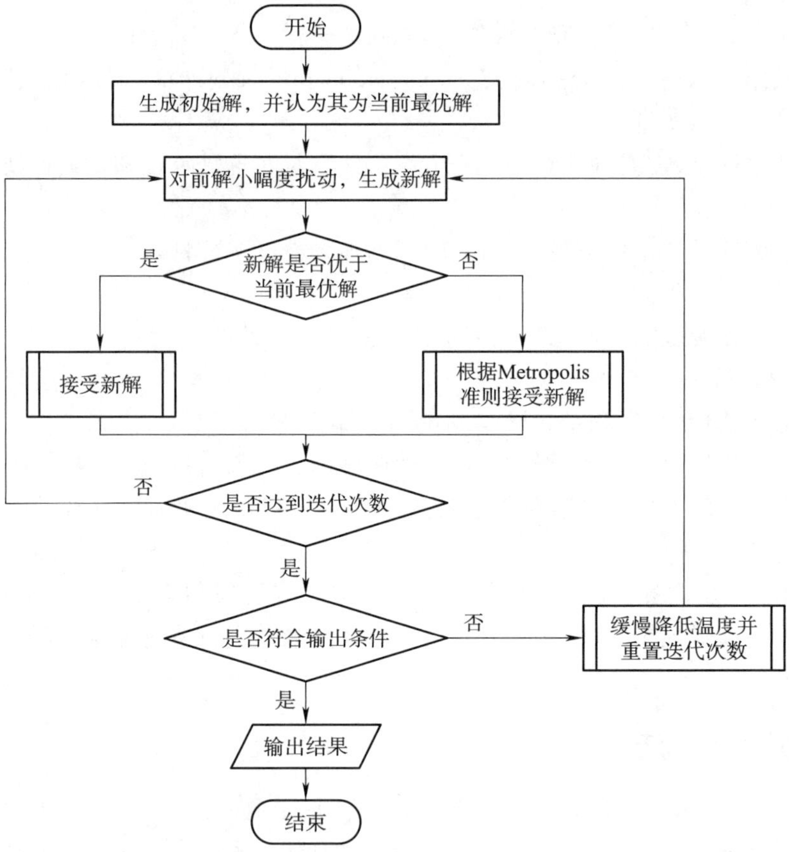

图 2-2 模拟退火算法流程图

(3)适用范围广。模拟退火算法可以应用于各种优化问题,包括连续变量优化、离散变量优化以及组合优化等。其通用性强,可以灵活处理不同类型的优化问题。

(4)易于实现。模拟退火算法的计算过程相对简单,且易于编程实现。这使得该算法在实际应用中具有较强的可操作性。

3. 模拟退火算法的缺点

(1)收敛速度慢。模拟退火算法的收敛速度较慢,需要较长的计算时间才能得到较为满意的解。这主要是算法在搜索过程中需要不断尝试新的解,并进行接受或舍弃的判断。

(2)对参数敏感。模拟退火算法的性能受参数设置的影响较大。例如,初始温度、降温速率、每个温度下的迭代次数等参数的设置都会影响算法的搜索效果和收敛速度。因此,在实际应用中需要根据具体问题选择合适的参数设置。

(3)可能陷入局部最优。虽然模拟退火算法具有一定的全局优化能力,但在某些情况下仍然可能陷入局部最优。这主要是算法在搜索过程中接受"差"解的概率随温度的下降而逐渐减小,从而导致算法在后期难以跳出局部最优。

2.2.3　禁忌搜索算法

禁忌搜索(tabu search,TS)算法是一种元启发式(meta-heuristic)随机搜索算法,它从一个初始可行解出发,选择一系列的特定搜索方向(移动)作为试探,以找到实现让特定的目标函数值变化最多的移动[10]。TS 算法模仿人类的记忆功能,在搜索过程中标记已经找到的局部最优解及求解过程,并于之后的搜索中避开它们。算法通过禁忌策略实现记忆功能,通过破禁准则继承 LS(最小二乘法)算法的强局部搜索能力,使得 TS 算法既具备高局部搜索能力,又能防止算法在优化中陷入局部最优。

1. TS 算法主要构成要素

(1)评价函数(evaluation function):用来评价邻域中的邻居、判断其优劣的衡量指标。

(2)邻域移动(move operator):进行解转移的关键,又称"算子",影响整个算法的搜索速度。

(3)禁忌表(tabu table):记录被禁止的变化,以防出现搜索循环、陷入局部最优。对其设计中最关键的因素是禁忌对象(禁忌表限定的对象)和禁忌步长(对象的禁忌在多少次迭代后失效)。禁忌表是禁忌搜索算法的核心,禁忌表的对象、步长及更新策略在很大程度上影响着搜索速度和解的质量。若禁忌对象不准确或者步长过小,算法避免陷入局部最优的能力会大打折扣;若禁忌表步长过大,搜索区域将会受到限制,好的解就可能被跳过。

(4)邻居选择策略(neighbor selection strategy):选择最佳邻域移动的规则。目前广泛采用的是"最优解优先策略"及"第一个改进解优先策略"。

(5)破禁准则(aspiration criterion):对于禁忌表的适度放松。当某个被禁忌的移动可得到优于未被禁忌的移动得到的最优邻域解和历史所得到的最优解时,算法应接受该移动,不受禁忌表的限制。

(6)停止规则(stop criterion):禁忌搜索中停止规则的设计多种多样,如最大迭代数、算法运行时间、给定数目的迭代内不能改进解或组合策略。

TS 算法流程图如图 2-3 所示。

2. TS 算法的优点

(1)具有较强的局部开发能力。

(2)收敛速度很快,且易于理解和实现。

(3)具有较强的通用性。

3. TS 算法的缺点

(1)全局开发能力相对较弱。

(2)搜索结果可能依赖初始解和邻域的映射关系。

(3)有时可能陷入局部最优。

2.2.4　自适应大邻域搜索算法

自适应大邻域搜索算法(adaptive large neighborhood search,ALNS)是一种元启发式优化算法,它结合了局部搜索和破坏-重建策略的思想[11]。ALNS 算法在搜索过程中不断调整邻域结构,以适应问题的特点,从而有效避免陷入局部最优。此外,ALNS 算法还具有自适应性,能够根据搜索过程中的信息动态调整搜索策略,进一步提高搜索效率。

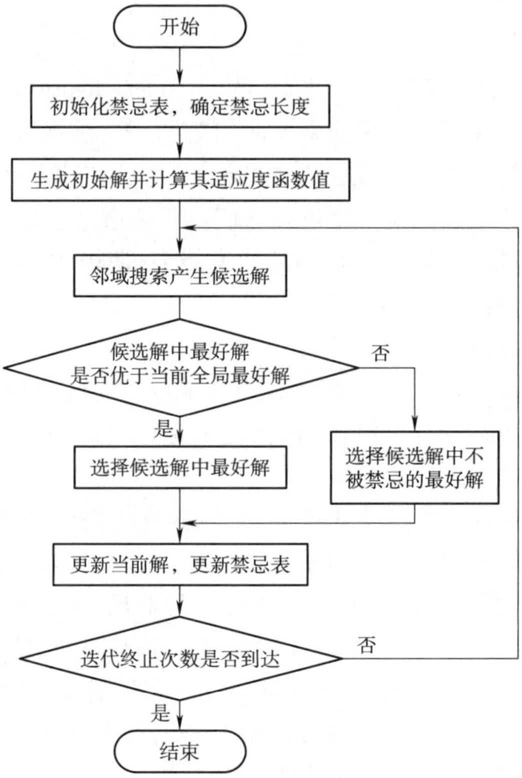

图 2-3　TS 算法流程图

1. ALNS 算法原理

ALNS 算法的核心思想是在搜索过程中维护一个候选解集合，通过不断迭代更新候选解。在每个迭代步骤中，算法执行以下操作：

（1）从候选解集合中选择一个解作为当前解。

（2）根据当前解的特点选择一个合适的邻域结构。

（3）在选定的邻域结构内执行局部搜索，以找到更好的解。

（4）根据一定策略，对当前解进行破坏和重建，生成新的候选解。

（5）将新生成的候选解加入集合，并根据一定准则进行筛选。

通过不断迭代上述过程，ALNS 算法能够在解空间内进行有效搜索，找到高质量的解，其流程图如图 2-4 所示。

2. ALNS 算法应用场景

自适应大邻域搜索算法适用于多种优化问题，如车辆路径问题、工作调度问题、生产排程等。这些问题通常具有复杂的约束条件和优化目标，需要高效的优化算法来求解。ALNS 算法具有灵活性和自适应性，能够很好地处理这类问题。

3. ALNS 算法优化策略

为了进一步提高 ALNS 算法的性能，可以采取以下优化策略：

（1）设计有效的邻域结构。针对具体问题，设计合适的邻域结构是提高算法性能的关键。通过设计多样化的邻域结构，可以扩大算法的搜索范围，增大找到优质解的概率。

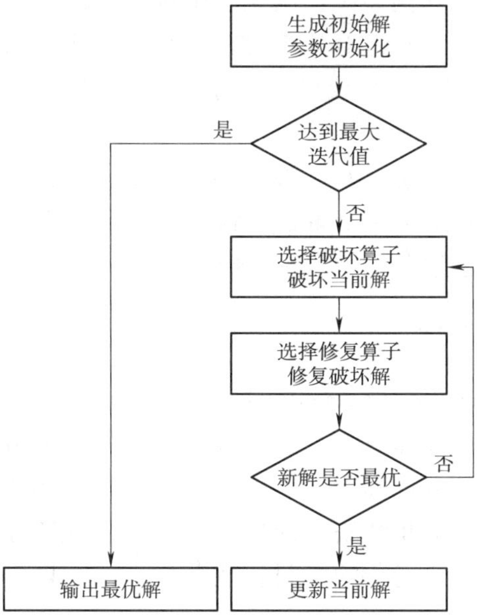

图 2-4　ALNS 算法流程图

(2)自适应调整参数。ALNS 算法中的参数(如候选解集合的大小、邻域结构的选择策略等)对算法性能有重要影响。通过自适应调整这些参数,可以根据问题的特点和搜索过程中的信息,动态优化搜索策略,提高算法效率。

(3)结合其他优化技术。可以将 ALNS 算法与其他优化技术相结合,如启发式搜索、模拟退火等,以提高算法的整体性能。

4. ALNS 算法的优点

(1)具有自适应性。ALNS 算法具有高度的自适应性,能够动态地调整搜索策略,以更好地适应不同的问题和不同的搜索阶段。这种自适应性使得算法能够更有效地搜索解空间,提高找到全局最优解的概率。

(2)大邻域搜索。ALNS 算法基于大邻域搜索的思想,能够在较大的邻域范围内搜索解空间,从而更容易发现高质量的解。这种大邻域搜索的特性使得算法在处理具有大量局部最优解的问题时表现出色。

(3)具有灵活性:ALNS 算法具有很高的灵活性,可以方便地集成不同的破坏和修复算子,以适应不同类型的优化问题。此外,ALNS 算法还可以方便地与其他优化算法结合使用,形成混合优化算法,进一步提高性能。

(4)具有可扩展性:ALNS 算法具有很好的可扩展性,可以方便地扩展到大规模问题中。通过引入并行计算和分布式计算等技术,可以进一步提高算法的运行效率和求解质量。

(5)具有广泛适用性:ALNS 算法已经成功应用于多种优化问题中,包括车辆路径规划、生产调度、物流配送、旅行商问题等。这表明算法具有很好的广泛适用性,能够处理各种不同类型的优化问题。

5. ALNS 算法的缺点

(1)参数敏感性强。ALNS 算法的性能受到参数设置的影响较大。包括破坏和修复算子的选择、评估函数的设计、搜索策略的调整等参数都需要根据具体问题进行调整。如果参数设置不当，可能会导致算法性能下降甚至无法找到全局最优解。

（2）计算复杂度高。由于 ALNS 算法需要在较大的邻域范围内搜索解空间，并动态地调整搜索策略，因此其计算复杂度相对较高。这可能导致算法在处理大规模问题时需要较长的计算时间。

（3）可能陷入局部最优。虽然 ALNS 算法通过自适应调整搜索策略来避免陷入局部最优，但在某些情况下仍然可能陷入局部最优。这可能是由于算法在搜索过程中接受“差”解的概率设置不当或搜索策略选择不当等原因导致的。

2.2.5 NSGA-Ⅱ算法

NSGA-Ⅱ（non-dominated sorting genetic algorithm Ⅱ）算法是一种非常流行的多目标遗传算法，它在 NSGA（非支配排序遗传算法）的基础上进行了重要的改进，以提高算法的性能和效率。NSGA-Ⅱ算法是由 Srinivas 和 Deb 在 2000 年提出的，用于解决多目标优化问题[12]。与传统的遗传算法相比，NSGA-Ⅱ算法在处理多目标问题时具有更好的收敛性和多样性保持能力。它被广泛应用于各种复杂的多目标优化问题中，如工程设计、机器学习、控制系统等。

1. NSGA-Ⅱ算法的原理

NSGA-Ⅱ算法的主要原理包括以下几个方面：

（1）初始化种群：使用随机生成的个体组成初始种群。

（2）评估适应度：对每个个体进行适应度评估，即计算个体在各个目标函数上的值。

（3）非支配排序：根据个体的非支配关系，将种群中的个体划分为多个等级。非支配关系指的是一个个体在所有目标上都至少好于另一个个体。

（4）计算拥挤度：对于每个等级的个体，计算其在目标空间中的拥挤度。拥挤度表示个体在目标空间中的密集程度，用于保持种群多样性。

（5）选择操作：根据非支配排序和拥挤度分配的策略，选择下一代个体。优先选择非支配序较小的个体，如果非支配序相同，则选择拥挤度较大的个体。

（6）基因操作：对选择出来的个体进行遗传操作，包括交叉和变异。交叉操作通过随机选择两个个体，交换部分基因信息以产生新的个体；变异操作通过改变个体的某些基因信息来引入新的变化。

（7）替换操作：将新生成的个体替换掉原来的个体，形成下一代种群。

（8）迭代终止：当满足终止条件（如达到最大迭代次数或满足收敛条件）时，算法终止并输出最优解集

NSGA-Ⅱ算法流程图如图 2-5 所示。

2. NSGA-Ⅱ算法的优点

（1）处理多目标优化问题的有效性：NSGA-Ⅱ算法特别适用于处理具有多个冲突目标的问题，能够找到一组帕累托（Pareto）最优解，满足多个目标的同时优化。

（2）快速收敛：该算法通过快速非支配排序和精英策略，能够快速收敛到 Pareto 前沿，提高算法的执行效率。

（3）保持种群多样性：NSGA-Ⅱ算法引入了拥挤度和拥挤度比较算子，在搜索过程中能够保持种群的多样性，避免陷入局部最优。

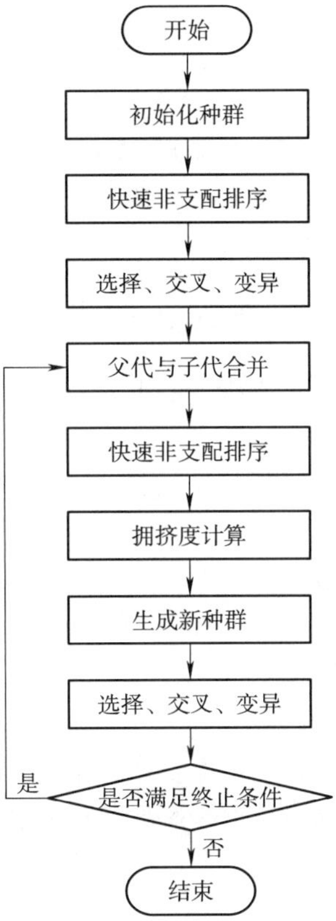

图 2-5　NSGA-Ⅱ算法流程图

(4)支持并行计算:NSGA-Ⅱ算法的计算过程可以并行化,适合在大规模问题上进行并行处理,进一步提高算法的执行效率。

(5)鲁棒性强:由于算法引入了精英策略,能够保留优良个体,使得算法对初始种群和参数选择不太敏感,具有较强的鲁棒性。

3. NSGA-Ⅱ算法的缺点

(1)参数选择敏感:NSGA-Ⅱ算法中有一些参数(如交叉概率、变异概率、种群大小等)需要根据具体应用场景进行调整。如果参数选择不当,可能会导致算法性能下降。

(2)可能陷入局部最优:虽然 NSGA-Ⅱ算法通过拥挤度等机制保持了种群多样性,但在某些情况下,如果初始种群不够优秀或问题本身存在多个局部最优解,算法可能会陷入局部最优。

(3)对复杂问题的处理能力有限:在处理非凸、多峰、高维等复杂问题时,NSGA-Ⅱ算法可能会出现搜索效率低下、收敛速度慢等问题。

(4)对约束条件的处理能力有限:NSGA-Ⅱ算法对于带有约束条件的优化问题的处理能力有限,可能需要额外的处理机制来处理约束条件。

(5)计算资源消耗大:由于 NSGA-Ⅱ算法在搜索过程中需要维护多个非支配层级的个体,并计算每个个体的拥挤度等信息,因此可能会消耗较多的计算资源和存储空间。

2.3 精确算法

精确算法是一类用于寻找某个目标函数的最优解算法，这些算法在给定的问题和约束条件下能够找到全局最优解或局部最优解，其通常使用数学建模和迭代计算来逐步优化目标函数，以求得最优解。

2.3.1 精确算法求解整数规划问题的基本思想

精确算法包括但不限于线性规划、整数规划、动态规划等[13]。精确算法在工程、经济等领域被广泛应用于解决各种实际问题。

在介绍精确算法求解整数规划问题基本思想之前，首先以最小化问题为例介绍几个基本概念。

(1)整数规划:决策变量为整数。

(2)解空间:所有可行解范围。

(3)线性松弛:将整数变量线性化。

(4)切割:额外约束，用于缩小解空间。

(5)上界:对于最小化目标问题，目标值大于或等于最优解的整数解、可行解。

(6)下界:对于最小化目标问题，目标值小于或等于最优解的松弛解，一般为不可行解。

精确算法求解的基本进程如图 2-6 所示，通过不断逼近上下界以获得最优解。

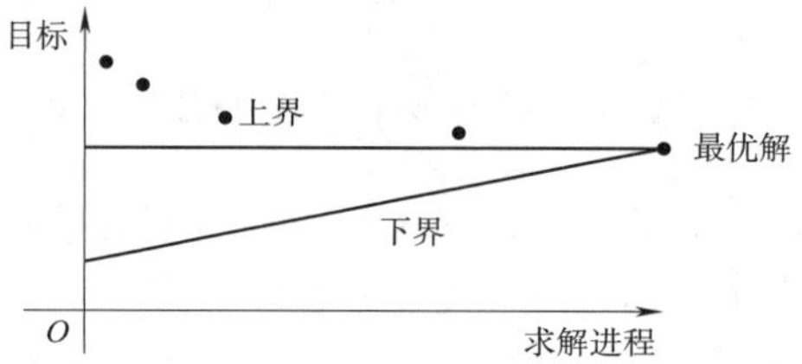

图 2-6 精确算法求解整数规划问题基本进程

基于精确算法求解整数规划问题基本思想主要包括松弛 + 限制、松弛 + 逼近、松弛 + 逼近 + 限制三类，如图 2-7 所示。

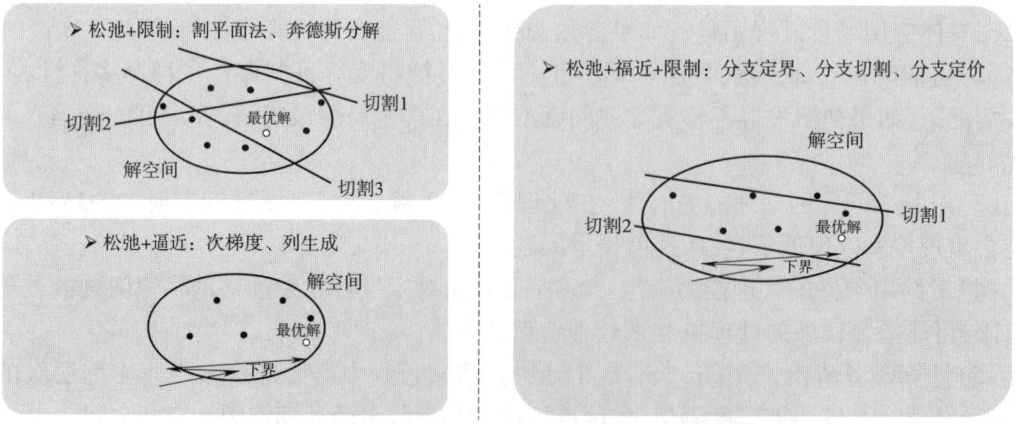

图 2-7 基于精确算法求解整数规划问题基本思想分类

(1)松弛 + 限制。通过对整数变量进行线性松弛，能够直接使用线性规划方法求解。然后，通过对松弛后的问题不断增加限制条件或切割约束，一步步缩小问题的解空间，从而找到原整数规划问题的最优解。运用这一思想的典型方法有割平面法、奔德斯分解算法等。

(2) 松弛 + 逼近。通过对整数变量进行线性松弛，能够直接使用线性规划方法求解。然后，通过调整参数使得求解结果不断逼近原整数规划问题的最优解，最终得到原问题最优解。运用这一思想的典型方法有次梯度算法、列生成算法等。

(3) 松弛 + 逼近 + 限制。综合运用多种手段，在不断缩小解空间的同时，控制和调整搜寻方向朝着原整数规划问题最优解方向逼近，从而得到问题的最优解。运用这一思想的典型方法有分支定界算法、分支切割算法、分支定价算法等。

2.3.2　分支定界算法

分支定界算法是一种用于解决离散优化问题的精确算法。它通常用于解决整数规划问题，其中变量被限制为整数。分支定界算法通过逐步分解问题空间，并在每一步中使用线性规划或整数规划求解最优解，同时利用上下界来缩小问题的搜索范围[14,15]。具体来说，分支定界算法首先通过线性规划或者松弛整数规划来获得一个可行解，然后根据该解对问题空间进行分支，每个分支又进行求解，不断缩小解空间，直到找到最优解。

分支定界算法在解决组合优化问题和排程问题等离散优化问题时被广泛使用，尤其在问题规模较小或者中等的情况下，它可以保证找到最优解。然而，对于大规模问题，由于算法涉及搜索空间的分支和剪枝，其计算复杂度较高，因此可能难以在合理时间内找到最优解。

分支定界算法的基本流程如下：

(1) 初始化：将问题空间初始化为整个可行解空间，并设置一个初始上下界。

(2) 分支：选择一个问题空间中的未分支节点，进行分支操作，将问题空间划分为两个子空间。

(3) 求解：对每个子空间，使用线性规划或整数规划等方法求解最优解，同时更新各自的上下界。

(4) 剪枝：根据分支过程中得到的结果，对问题空间进行剪枝操作，排除一些子空间，从而加快算法的收敛速度。

(5) 终止条件：当问题空间为空或者找到的最优解满足一定条件时，算法结束，输出最优解。

(6) 重复：若未满足终止条件，则继续进行分支、求解和剪枝的操作，直到找到最优解或者确定无解为止。

分支定界算法通过不断地分支问题空间、求解子问题、剪枝和更新上下界来逐步缩小解空间，最终找到问题的最优解。算法的关键在于如何选择分支策略、求解方法和剪枝条件，以及如何有效地管理和更新问题空间的上下界。

下面通过一个实例介绍分支定界算法求解整数规划问题的步骤。

首先给定如下最小化问题：

$$\min z = -x_1 - 5x_2$$

$$\text{s.t.}\begin{cases} x_1 - x_2 \geqslant -2 \\ 5x_1 + 6x_2 \leqslant 30 \\ x_1 \leqslant 4 \\ x_1, x_2 \in \mathbf{Z}_+ \end{cases}$$

显然，当$x_1 = x_2 = 0$时，为原问题一个可行整数解，此时，$z = 0$为原问题的一个整数解，即上界。

首先，对整数约束进行松弛，得到如下根节点线性松弛问题：

$$\min z = -x_1 - 5x_2$$

$$\text{s. t.} \begin{cases} x_1 - x_2 \geqslant -2 \\ 5x_1 + 6x_2 \leqslant 30 \\ x_1 \leqslant 4 \\ x_1, x_2 \geqslant 0 \end{cases}$$

如图 2-8 所示，解得$x_1 = \frac{18}{11}, x_2 = \frac{40}{11}$，为原问题一个不可行的松弛解，此时，$z = -\frac{218}{11}$，为当前根节点的在最优解和原问题的一个下界。

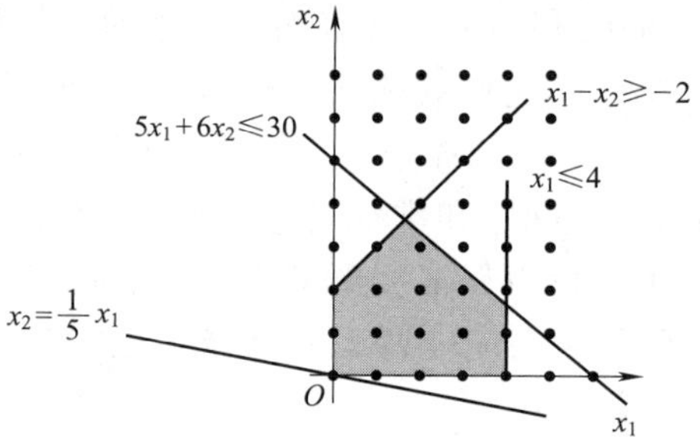

图 2-8　线性规划求解根节点

如图 2-9 所示，对 x_1进行分支，分别令$x_1 \leqslant \left| \frac{18}{11} \right| = 1$ 和$x_1 \geqslant \left| \frac{18}{11} \right| = 2$ 得到两个支节点。然后继续求解各支节点并进行分支和更新原问题上下界操作，剪去最优解大于上界的支节点，直到找到原问题整数最优解停止。其中，大写 UB、LB 表示整个搜索树的上下界，小写 ub、lb 表示搜索树节点的上下界。

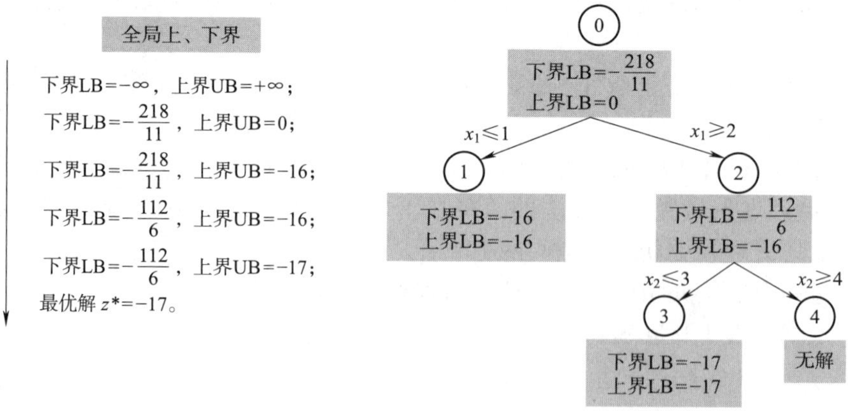

图 2-9　分支定界示意图

最后，得到原问题的最优解为$x_1 = 2, x_2 = 3, z = -17$。

2.3.3　列生成算法

列生成算法(column generation algorithm)是一种解决大规模优化问题的方法,在每次迭代中逐步生成变量(也称列或策略),以有效地减少问题规模[16,17]。列生成算法适用于求解一类每个决策方案对应整体规划模型中约束矩阵的一列的组合优化问题。该算法不是直接同时处理所有的候选方案,而是基于当前生成的列的子集(在 VRP 中,列即对应一条可行路径),通过限制主问题进行优化求解;其余的候选方案可以改善限制主问题当前最优解时(机会成本为负),才会进入该子集。列生成算法适用于求解较大规模问题。

列生成算法步骤如下:

(1)初始化:将原问题离散化为一个线性规划松弛主问题,仅包含部分变量和约束。

(2)解最小化问题:求解最初定义的线性规划松弛主问题,得到最优解。如果得到的解满足最优条件,则算法结束。

(3)生成列:在当前解中找到对偶变量(松弛变量)非零的约束,求解子问题,生成新的变量(列)。

(4)修正问题:将生成的有效变量(列)添加到原松弛主问题中,形成一个新的更大的问题。

(5)重复迭代:重复步骤(2)~(4),直到收敛或满足终止准则。

(6)结束算法:输出最终的最优解或者近似最优解。

总的来说,列生成算法的流程是不断生成新列,添加到原始问题中,然后重新求解得到更优的解,如图 2-10 所示。通过这种方式,算法可以高效地解决大规模优化问题。

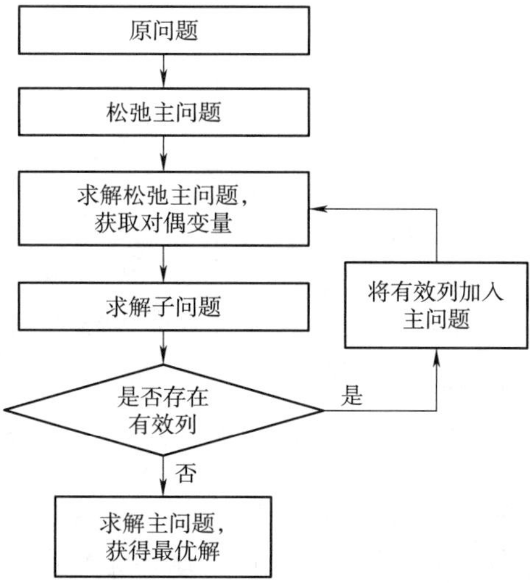

图 2-10　列生成算法流程

为了进一步描述列生成算法的求解过程,以车辆路径问题求解为例进行说明。

定义符号和变量如下:

- Ω:表示所有可行路径集合;
- c_r:表示路径 $r \in \Omega$ 的成本,且$c_r = \sum_{i \in V} \sum_{j \in V} c_{ij} x_{ijr}$;

- a_{ir}:常量,为 1 时表示路径 r 经过客户点 $i \in N$,否则为 0;N 表示客户点集合;
- λ_r:整数变量,表示路径 r 使用的次数。

$$\min z = \sum_{r \in \Omega} c_r \lambda_r \tag{2-1}$$

$$\text{s. t.} \quad \sum_{r \in \Omega} a_{ir} \lambda_r = 1, \quad \forall i \in N \tag{2-2}$$

$$\sum_{r \in \Omega} \lambda_r \leqslant |K| \tag{2-3}$$

$$\lambda_r \in \mathbf{Z}_+ \tag{2-4}$$

其中,目标函数(2-1)表示最小化车辆总成本;约束函数(2-2)表示每个客户点必须且只能被服务一次;约束函数(2-3)表示路径总数不能超过车辆数;约束函数(2-4)表示变量取值范围。

如果把所有可行路径枚举出来存入集合 Ω 中,则其中必定包含最优解的全部路径,可直接使用集合划分模型求得最优解。

假设某算例中包含 20 个客户,每辆车服务不超过 8 个客户,则可行路径共有多少条?是否存在不需要枚举完所有路径的方式找到最优解? 显然,全部枚举所有路径是不实际的。为此,如图 2-11 所示,使用列生成算法基于已知路径(列)的信息,获取能降低总成本的其他路径(有效列)加入路径集合 Ω 中,如此循环,直到不存在能降低总成本的其他路径,得到问题的最优解或近似解。

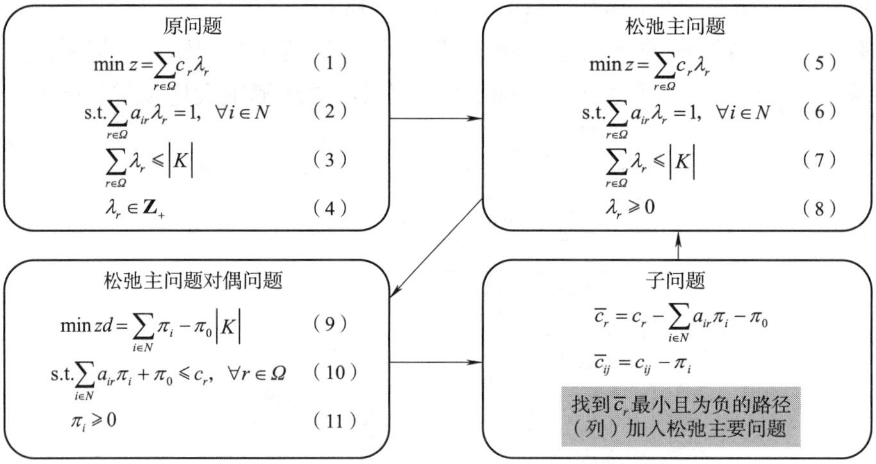

图 2-11　列生成算法求解车辆路径问题集合划分模型

子问题为找到$\bar{c}_r$最小且为负的路径(列)加入松弛主问题。如图 2-12 所示,由于$\bar{c}_{ij}=c_{ij}-\pi_i$,弧的费用可能为负值,这增加了在新的完全图中求解最短路径的难度。已有的方法均是基于动态规划的思想,对所有路径进行枚举,效率较低。求解带负权值边的大规模最短路径问题的高效方法有待探索。

此外,使用列生成算法求解得到的当前最优解中,如果存在λ_r或x_{ij}不为整数,则当前解不可行,需要进行分支定界获取整数最优解。而由列生成算法和分支定界算法组合的方法称为分支定价算法,在下节进行具体介绍。

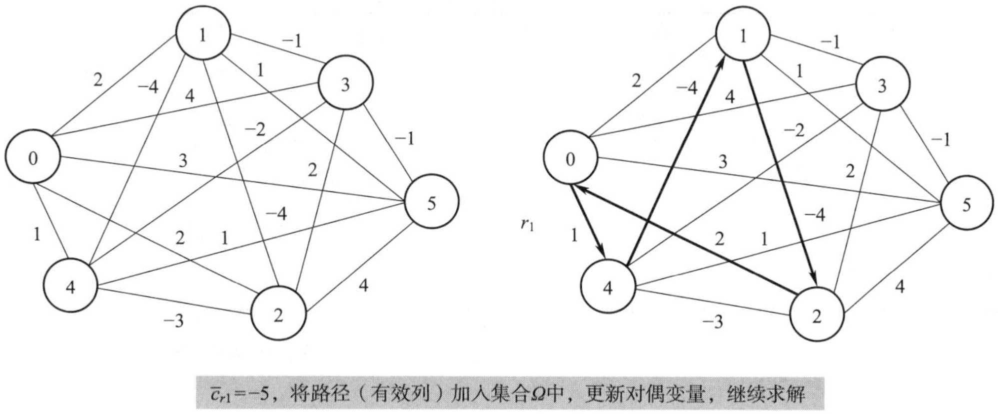

图 2-12　子问题

2.3.4　分支定价算法

分支定价算法(branch and price method)是一种用于解决组合优化问题的算法,特别适用于那些包含大量可行解的问题。它结合了分支定界(branch and bound)和列生成(column generation)的思想,以有效地处理问题的指数级复杂度[18]。

分支定价算法的基本流程如下:

(1)初始化:将原始问题离散化为一个线性规划松弛主问题,并应用列生成技术生成初始列。

(2)解决线性规划问题:求解当前线性规划问题,得到最优解。

(3)检查最优性:检查最优解是否满足终止条件。如果满足,则算法结束;否则,执行下一步。

(4)分支:根据当前最优解的结构,选择一个变量进行分支。这意味着在该变量的取值空间中,选择一个子集作为一个分支。这样就形成了两个(或多个)子问题。

(5)定价:对每个子问题应用列生成技术,生成新的变量(列)。这些变量通常称为定价变量,它们被用来改善子问题的线性规划松弛解。

(6)合并:将生成的定价变量合并到父问题中,并形成一个更大的线性规划问题。

(7)重复迭代:重复步骤(2)~(6),直到满足终止条件。

(8)更新最优解:在整个过程中,保持跟踪全局最优解。

(9)结束算法:输出最终的最优解或者近似最优解。

总的来说,分支定价方法通过分支、定价和合并的过程来逐步改善解的质量,直到找到最优解或者满足停止条件。它是一种强大的组合优化算法,适用于处理大规模问题[19]。

下面以求解车辆路径问题为例,介绍分支定价算法的应用流程。

某配送中心(编号为0)需要给5(编号分别为1、2、3、4、5)个客户配送货物。配送中心有三辆相同的车,每辆车的容量均为45。配送中心和客户点的位置信息和需求信息见表2-1。在满足所有客户需求的条件下,求使得总成本最小的车辆最优路径。

表 2-1　配送中心和客户信息

客户点	横坐标	纵坐标	需求量
0	30	40	0
1	37	52	7
2	49	49	30
3	52	64	16
4	20	26	9
5	40	30	21

解　由题意可知 $N=\{1,2,3,4,5\}$，$Q=45$，$K=3$，建立该问题的集合划分模型，并进行松弛：

$$\min z = \sum_{r\in\Omega} c_r \lambda_r$$

$$\text{s.t.} \quad \sum_{r\in\Omega} a_{ir}\lambda_r = 1, \quad \forall i \in N$$

$$\sum_{r\in\Omega} \lambda_r \leqslant |K|$$

$$\lambda_r \geqslant 0$$

将所有服务单个客户的列（路径）加入列池 Ω 中，见表 2-2。

表 2-2　初始列池

r	a_{ir}	c_r
0—1—0	$a_{11}=1$	$c_1=27.78$
0—2—0	$a_{22}=1$	$c_2=42.05$
0—3—0	$a_{33}=1$	$c_3=65.12$
0—4—0	$a_{44}=1$	$c_4=34.41$
0—5—0	$a_{55}=1$	$c_5=28.28$

求得对偶变量及其取值分别为 $\pi_0=0$，$\pi_1=27.78$，$\pi_2=42.05$，$\pi_3=65.12$，$\pi_4=34.41$，$\pi_5=28.28$。

通过求解子问题获得新列 0—4—2—0（$a_{46}=a_{26}=1$，$c_6=75.24$，$\bar{c}_6=-1.22$），加入列池中，求解松弛主问题，并求解对偶问题更新对偶变量及其取值为 $\pi_0=0$，$\pi_1=27.78$，$\pi_2=42.05$，$\pi_3=65.12$，$\pi_4=33.19$，$\pi_5=28.28$。

继续求解子问题获得新列 0—1—3—5—0（$a_{17}=a_{37}=a_{57}=1$，$c_7=83.30$，$\bar{c}_7=-37.88$），加入列池中，求解松弛主问题，求解对偶问题更新对偶变量及其取值为 $\pi_0=0$，$\pi_1=27.78$，$\pi_2=42.05$，$\pi_3=55.12$，$\pi_4=33.19$，$\pi_5=0$。

至此，求解松弛主问题解得 $\lambda_1=\lambda_2=\lambda_3=\lambda_4=\lambda_5=0$，$\lambda_6=\lambda_7=1$，$z=158.54$。同时，子问题没有新的有效列加入松弛主问题，松弛主问题的解为整数解，即原问题最优解，如图 2-13 所示。

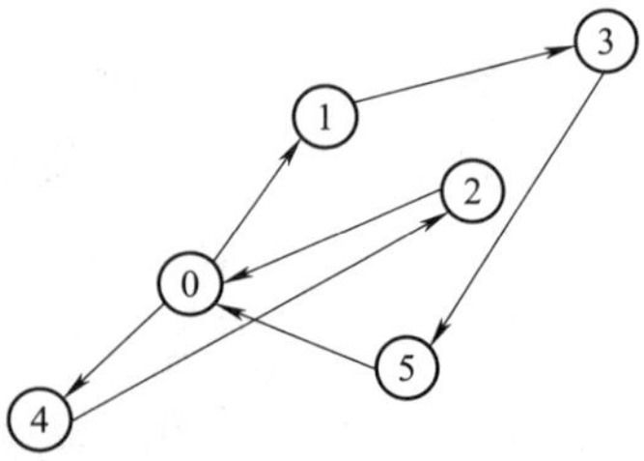

图 2-13　案例最优路线

分支定价算法在处理大规模组合优化问题时表现出色，能够有效地搜索解空间。算法可以根据问题的特性进行调整和优化,因此适用于多种不同类型的问题。通过有效的分支和定价策略,算法通常能够在合理的时间范围内找到较优解。

然而,实施分支定价算法需要较高的技术水平,算法实现和调优难度较大。算法在搜索解空间时会占用大量的计算资源,尤其是在处理大规模问题时。对于某些问题,可能需要特定的分支和定价策略,由于问题的特殊性,算法可能并不总是适用。

随着计算能力的提升和算法技术的不断发展,分支定价算法在资源利用率、求解效率等方面可以进一步改进。分支定价算法在生产调度、运输优化、资源分配等领域有广泛应用,随着问题的复杂化和要求的提高,分支定价算法将在更多领域得到应用[20]。将分支定价算法与其他优化算法(如启发式算法、元启发式算法等)结合,可能会得到更好的解决方案[21]。总的来说,分支定价算法作为一种强大的优化算法,有着较好的应用前景,但也需要不断改进以适应不同类型的问题。在未来,随着算法技术的不断发展和应用领域的拓展,分支定价算法将继续发挥重要的作用。

2.3.5　拉格朗日松弛算法

拉格朗日松弛算法(Lagrangian relaxation method)由 Marshall L. Fisher 提出[22],于 1981 年发表在管理学顶级期刊 *Management Science* 上,论文题目为 *The Lagrangian Relaxation Method for Solving Integer Programming Problems*。该论文自发表以来,被广泛地应用于求解各类大规模整数规划问题,在 2004 年被评为 *Management Science* 首个 50 年中十大最具影响力的主题之一。该方法与算法研究、资源分配等主题联系较为紧密。具体而言,在理论层面,该方法与动态规划、整数规划、凸优化和启发式算法等知识都有较为紧密的联系。在应用层面,该方法在机组组合、资源分配、调度、供应链和设施选址等领域都有应用。

面对大规模整数规划/混合整数规划,往往需要对大规模整数规划/混合整数规划问题先进行分解和松弛,然后进一步采用如割平面法和分支定界法来帮助求解。整数规划问题的分解/松弛的主流的方法有 Dantzig-Wolfe decomposition [23](丹齐格—沃尔夫分解算法,属于列生成算法)、Benders decomposition[24](奔德斯分解算法,为行生成 + 割平面方法)、Lagrangian decomposition(主要思想是拉格朗日分解算法)三种。

拉格朗日松弛算法的基本原理:将造成问题难的约束吸收到目标函数中,并使得目标函数仍保持线性,使得变换后的问题可以在多项式时间求解或者尽管不能在多项式时间求解但由于规模较小而可以快速求解,从而为原问题的求解提供帮助。

考虑如下线性整数规划问题:

$$\min\ \mathrm{MP} = c^{\mathrm{T}}x$$

$$\text{s.t.}\ Ax \leqslant b \tag{2-5}$$

$$D_i x_i \leqslant e_i,\quad i = 1,2,\cdots,n \tag{2-6}$$

$$x \in \mathbf{Z}_+^n \tag{2-7}$$

约束函数(2-5)可以看作"难处理"的约束,约束函数(2-6)可以看作"容易处理"的约束。

将"难处理"的约束函数(2-5)吸收到目标中得到如下松弛模型:

$$\min\ \mathrm{RMP} = c^{\mathrm{T}}x + \lambda^{\mathrm{T}}(Ax - b)$$

$$\text{s.t.}\ D_i x_i \leqslant e_i,\quad i = 1,2,\cdots,n$$

$$x \in \mathbf{Z}_+^n$$

则将松弛后的问题目标函数中的 x 按照 x_1,x_2和 x_3分解可以等价变换为如下的问题:

$$\min \text{RMP}(\lambda) = c^T x_1 + c^T x_2 + c^T x_3 + \lambda^T (A x_1 + A x_2 + A x_3 - b)$$
$$\text{s.t. } D_1 x_1 \leqslant e_1$$
$$D_1 x_2 \leqslant e_2$$
$$D_1 x_3 \leqslant e_3$$

进一步可将上述问题按照x_1,x_2和 x_3分解为三个子问题,由于目标函数和约束函数都是关于按照x_1,x_2和 x_3可分的,故这一步也是等价变换。

子问题 1:

$$\min \text{RMP}_1(\lambda) = c^T x_1 + \lambda^T (A x_1 - b)$$
$$\text{s.t. } D_1 x_1 \leqslant e_1$$

子问题 2:

$$\min \text{RMP}_2(\lambda) = c^T x_2 + \lambda^T (A x_2 - b)$$
$$\text{s.t. } D_1 x_1 \leqslant e_2$$

子问题 3:

$$\min \text{RMP}_3(\lambda) = c^T x_3 + \lambda^T (A x_3 - b)$$
$$\text{s.t. } D_1 x_3 \leqslant e_3$$

可以看到,在拉格朗日松弛的基础上,拉格朗日分解将原问题拆分为了不含复杂约束的子问题,从而可以通过求解较易的子问题来对原问题进行近似。拉格朗日松弛之后得到的问题下界要大于等于直接将 0、1 整数变量松弛为[0,1]连续变量的下界。一言以蔽之,就是拉格朗松弛得到的下界的质量要更好。如果问题具有耦合约束(linked/coupling constraints),那么采用拉格朗日松弛之后可以使得问题被分解,进而可以大大降低问题的计算复杂度。采用拉格朗日松弛之后会得到拉格朗日乘子,拉格朗日乘子反映了对偶的信息,用这个对偶信息可以做很多事情。拉格朗日松弛时选择松弛的约束十分关键。选择恰当的约束吸收到目标不仅可以分解问题以降低求解难度,还能获得较优的松弛下界。反之,若选择不恰当的约束吸收到目标函数中,反而会使得问题的下界难以在迭代过程中得到改进。基于拉格朗日松弛技术后,可针对问题特征对子问题添加额外的切割以进一步改进下界。

由于将约束 $Ax \leqslant b$ 吸收到了目标函数中,通过求得的子问题不一定满足该约束,此时,可以通过不断改变拉格朗日乘子λ^T的数值以增加或降低对该部分目标的惩罚值,从而求得原问题的最优解。

2.3.6 次梯度算法

次梯度算法(subgradient algorithm)的基本原理是将原问题进行拉格朗日松弛后,通过次梯度来更新拉格朗日乘子,从而迭代地搜索问题最优解[25]。对于可导的凸函数,通常使用常规的梯度下降法处理,但当目标函数不可导(在某些点上导数不存在)时,就无法使用常规的梯度下降法处理。于是引入次梯度(subgradient)来解决此类目标函数并不总是处处可导的问题。

如图 2-14 所示,次梯度可以直观地理解为点 x 处的一个非垂直支撑线。不断调整次梯度的步长和方向,可以使得$f(x) + g^T(y - x)$逐步逼近$f(x)$的最优解。

次梯度相关定义如下:

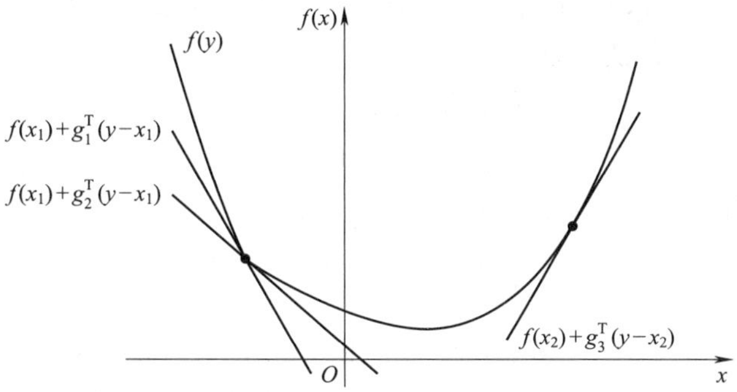

图 2-14　次梯度原理示意图

定义 1　对于函数 $g:\mathbf{R}^m\rightarrow\mathbf{R}$ 满足 $g(\alpha x^1+(1-\alpha)x^2)\leqslant\alpha g(x^1)+(1-\alpha)g(x^2)$，$\forall x^1$，$x^2\in\mathbf{R}^m$，$0<\alpha<1$，则称 $g(x)$ 为凸函数。（证明略）

定义 2　函数 $g:\mathbf{R}^m\rightarrow\mathbf{R}$ 为凹函数，且在点 $x^*\in\mathbf{R}^m$ 处，向量 $s\in\mathbf{R}^m$ 满足 $g(x^*)+s^{\mathrm{T}}(x-x^*)\geqslant g(x)$，$\forall x\in\mathbf{R}^m$，则称 $s\in\mathbf{R}^m$ 为函数 $g(x)$ 在 x^* 处的一个次梯度。记 $g(x)$ 在 x^* 处的所有次梯度集合为 $\Theta g(x^*)$。（证明略）若函数 $g(x)$ 为凹函数，则 x^* 为 $\max\{g(x)\mid x\in\mathbf{R}^m\}$ 的最优解的充分必要条件是 $0\in\Theta g(x^*)$。（证明略）

基于以上定义，次梯度算法流程图如图 2-15 所示。

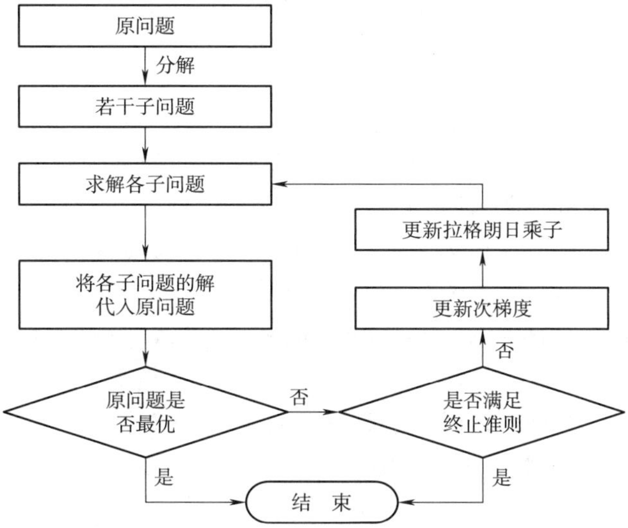

图 2-15　次梯度算法流程图

次梯度的计算流程如下：

（1）任意选择一个初始拉格朗日乘子 λ^1，设置 $t=1$。

（2）针对本次迭代的 λ^t，求解对偶问题内层的最小化问题，并从 $\Theta\mathrm{RMP}(\lambda^t)$ 中任选一个 $s^t=Ax^t-b$；若 $s^t=0$，则 λ^t 达到最优解，停止计算；否则，$\lambda^{t+1}=\max\{\lambda^t,\lambda^t+\theta_t s^t\}$，设置 $t=t+1$，重复步骤（2）。

（3）实际应用中不可能迭代无穷多次，故必须给出步长 θ_t 的计算方法和算法停止的条件。

实际计算的目的是尽快得到一个可以接受的下界，故常采用启发式的方法进行确定。θ_t的确定方法主要有以下两类方法：

（1）使得θ_t以指数速度下降，迭代次数较少。

$$\theta_t = \theta_o \rho^t, \quad 0 < \rho < 1$$

（2）用对偶问题的上下界的差修正θ_t变化的速度

$$\theta_t = \frac{\text{UB}(\text{RMP}(\lambda)) - \text{LB}(\text{RMP}(\lambda))}{\| S^t \|^2} \beta_t$$

其中，UB（RMP（λ））为模型的上界，可由启发式方法获得；LB（RMP（λ））为模型的当前下界，一般取 LB（RMP（λ））= RMP（λ^t）。$0 \leqslant \beta_t \leqslant 2$，当 RMP（$\lambda$）改善时，$\beta_t$不变，否则减半。

算法停止的条件主要包括以下四种方式：

（1）达到指定迭代次数。

（2）$\| S^t \|^2 \leqslant \varepsilon$，其中 ε 为一足够小的正数，当 ε 为 0 时，为理想最优解。

（3）UB（RMP（λ））= LB（RMP（λ）），即求得最优解。

（4）λ^t在指定步数内变化不超过一个给定的值，对应目标函数值基本不再变化。

下面以一个实例对次梯度求解整数规划问题进行介绍。

求解如下整数规划问题：

$$\begin{aligned} \max\ & z = 16x_1 + 10x_2 + 4x_4 \\ \text{s.t.}\ & 8x_1 + 2x_2 + x_3 + 4x_4 \leqslant 10 \\ & x_1 + x_2 \leqslant 1 \\ & x_3 + x_4 \leqslant 1 \\ & x_1, x_2, x_3, x_4 \in \{0, 1\} \end{aligned}$$

以上面的模型为例，松弛第一个约束条件，利用次梯度算法求解。

设拉格朗日乘子 $u \geqslant 0$，对于该最大化问题，松弛第一个约束对应的目标函数为

$$\max z = 16x_1 + 10x_2 + 4x_4 + u[10 - (8x_1 + 2x_2 + x_3 + 4x_4)]$$

简化为

$$\max z = (16 - 8u)x_1 + (10 - 2u)x_2 + (-u)x_3 + (4 - 4u)x_4$$

原问题可分解为

$$\begin{aligned} \max\ & z_1(u) = (16 - 8u)x_1 + (10 - 2u)x_2 \\ \text{s.t.}\ & x_1 + x_2 \leqslant 1 \\ & x_1, x_2 \in \{0, 1\} \end{aligned}$$

和

$$\begin{aligned} \max\ & z_2(u) = (-u)x_3 + (4 - 4u)x_4 \\ \text{s.t.}\ & x_3 + x_4 \leqslant 1 \\ & x_3, x_4 \in \{0, 1\} \end{aligned}$$

则使用次梯度算法求解上述问题的步骤如下：

（1）设拉格朗日乘子 $u = 0$。

（2）分别求解$z_1(u)$和$z_2(u)$，得到x_1, x_2, x_3, x_4。

（3）令 UB $= z_1(u) + z_2(u)$，计算$s^t = 8x_1 + 2x_2 + x_3 + 4x_4 - 10$，步长$\theta^t$设为 1。

（4）更新拉格朗日乘子 $u = \max\{u, u + \theta_t s^t\}$。

(5)判断是否达到终止条件,若达到终止条件,则 $z = UB$;否则,转步骤(3)。

通过代码编程分别对两个子问题进行求解,并通过次梯度更新拉格朗日乘子 u 得到迭代结果。

最终通过拉格朗日松弛和次梯度算法得到的最优可行解的目标值为 10。然而,这明显不是最优解(最优解应该是 16,$x_1 = 1$,其余变量为 0)。因为松弛了一个约束,所以通过拉格朗日松弛和次梯度算法得到的不一定是最优解。可以进一步调整次梯度或设计改进策略提高算法的性能[26]。特别是遇到一些很难求解的模型,但又不需要去求解其精确解时,拉格朗日松弛和次梯度算法就能有效降低求解难度。

调整次梯度或设计改进策略可以从以下几方面入手:

(1)选择恰当的约束进行松弛。

(2)改变次梯度步长β_t、ρ^t或次梯度方向S^t的变化规则。

(3)设置更为精确的算法终止准测。

(4)通过启发式方法获得更好的整数解以改进次梯度。

(5)在松弛子问题中加入切割。

次梯度算法是一种用于求解非光滑优化问题的算法,特别适用于目标函数不可导或目标函数导数难以计算的情况。这种算法在某些方面与传统的梯度下降法相似,但适用于更广泛的问题,包括线性规划、凸优化等。

次梯度算法的一些主要应用前景:

(1)机器学习和数据科学:在机器学习领域,特别是在处理含有大量稀疏数据的大规模问题时,次梯度方法常用于求解包含非光滑罚项(如 L1 正则化)的优化问题[27]。这有助于特征选择,从而可以提高模型的解释性和泛化能力。

(2)信号处理:在信号处理中,常常需要解决一些稀疏信号恢复的问题,如压缩感知。次梯度算法适用于处理这类问题中的 L1 正则化,有助于恢复原始信号。

(3)运筹学和最优化:在运筹学领域,次梯度算法被用于求解各种线性和非线性的规划问题,尤其是当目标函数或约束条件不充分光滑时。这包括一些具有决策变量的整数规划问题。

(4)网络优化:次梯度方法可用于网络流量的优化,如在不完全信息下的路由选择,或者在电信网络中的带宽分配问题。

(5)分布式计算:由于次梯度算法的迭代特性和对问题结构的较少依赖,它非常适合分布式计算环境。在多个节点上并行运行次梯度方法可以有效处理大规模优化问题。

(6)强化学习:在强化学习中,次梯度方法可以应用于解决具有非光滑目标函数的优化问题,如在带有连续动作空间的策略优化中[28]。

(7)能源管理:在能源管理,特别是在智能电网的优化调度中,次梯度算法可以用来处理需求响应、存储优化和可再生能源的集成等问题。

总之,次梯度算法由于其在处理非光滑问题方面的强大能力和灵活性,在许多科学和工程领域都有广泛的应用。随着计算技术的进步和优化需求的增加,次梯度算法在未来的应用前景看好。在实际应用中,对算法进行适当的调整和优化以适应具体问题的特点,可以进一步提高其效率和效果。

参考文献

[1] 吴沛锋. 智能优化算法及其应用[D]. 沈阳:东北大学, 2012.

[2] 王凌. 智能优化算法及其应用[M]. 北京: 清华大学出版社, 2004.

[3] 张沛阳. 深度学习理论综述与研究展望[J]. 网络安全技术与应用, 2020(4): 43-44.

[4] 徐康宇, 刘元, 李密青, 等. 进化高维多目标优化研究综述[J]. 控制工程, 2023, 30(8): 1436-1449.

[5] 王鹏, 王方. 量子视角下的智能优化算法综述[J]. 电子科技大学学报, 2022, 51(1): 2-15.

[6] 科尔曼,雷瑟尔森,李维斯特,等. 算法导论(第3版)[M]. 殷建平, 徐云, 王刚, 等译. 北京:机械工业出版社, 2012.

[7] 王丽萍, 任宇, 邱启仓, 等. 多目标进化算法性能评价指标研究综述[J]. 计算机学报, 2021, 44(8): 1590-1619.

[8] RIQUEIME N, LÜCKEN CV, BARAN B. Performance metrics in multi- objective optimization[C]//2015 Latin American computing conference (CLEI). IEEE, 2015: 1-11.

[9] 史峰, 王辉, 郁磊, 等. MATLAB 智能算法 30 个案例分析[M]. 北京:北京航空航天大学出版社, 2011.

[10] 李进,傅培华,李修琳,等. 低碳环境下的车辆路径问题及禁忌搜索算法研究[J]. 中国管理科学, 2015,23(10):98-106.

[11] ROPKE S, PISINGER D. An adaptive large neighborhood search heuristic for the pickup and delivery problem with time windows[J]. Transportation Science,2006,40(4):455-472.

[12] DEB K. Multiobjective optimization using evolutionary algorithms[M]. London:Springer London,2011.

[13] SCHRIJVER A. Theory of linear and integer programming[M]. New York:John Wiley & Sons, 1998.

[14] BOYD S, MATTINGLEY J. Branch and bound methods[J]. Notes for EE364b, Stanford University, 2007, 2006(7).

[15] 李敏敏, 高岳林. 一种整数线性乘积规划问题的分支定界算法[J]. 应用数学, 2024, 37(1): 1-14.

[16] LÜBBECKE M E. Column generation[J]. Wiley Encyclopedia of Operations Research and Management Science, 2010, 17: 18-19.

[17] 罗凤娥, 张鑫, 赵强, 等. 列生成算法的改进策略研究[J]. 现代计算机, 2023, 29(11): 56-59.

[18] 季彬, 周赛琦, 张政. 分支定价方法求解带二维装箱约束的车辆路径问题[J]. 控制理论与应用, 2023, 40(3): 409-418.

[19] SAVELSBERGH M. A branch- and- price algorithm for the generalized assignment problem[J]. Operations research, 1997, 45(6): 831-841.

[20] 周赛琦. 二维装载约束下车辆路径问题优化方法研究[D]. 长沙:中南大学, 2022.

[21] VÁCLAVÍK R, NOVÁK A, ŠŮCHA P, et al. Accelerating the branch- and- price algorithm using machine learning[J]. European Journal of Operational Research, 2018, 271(3): 1055-1069.

[22] FISHER M L. The Lagrangian relaxation method for solving integer programming problems[J]. Management science, 1981, 27(1): 1-18.

[23] TONBARI ME, AHMED S. Consensus- based Dantzig-Wolfe decomposition [J]. European Journal of Operational Research, 2023, 307(3): 1441-1456.

[24] RAHMANINI R, CRAINIC T G, GENDREAU M, et al. The Benders decomposition algorithm: aliterature review[J]. European Journal of Operational Research, 2017, 259(3): 801-817.

[25] BOYD S, XIAO L, MUTAPCIC A. Subgradient methods[Z]. Lecture Notes of EE392o, Stanford University, Autumn Quarter, 2003, 2004(1).

[26] 杨金信，沈春根，宇振盛. 关于求解平方根损失函数回归问题的自适应邻近梯度-次梯度算法的收敛性分析[J/OL]. 运筹学学报，1-19. http://kns.cnki.net/kcms/detail/31.1732.O1.20230608.0949.028.html.

[27] LI W J, CHEN Z H, LOU Y C, et al. On the convergence properties of a distributed projected subgradient algorithm[J]. IEEE Transactions on Automatic Control, 2023, 68(12): 7546-7559.

[28] KRUTIKOV V, GUTOVE S, TOVBIS E, et al. Relaxation subgradient algorithms with machine learning procedures[J]. Mathematics, 2022, 10(21): 3959.

第3章　车辆路径问题

在物流配送实践中，车辆路径问题是一个经典的组合优化问题，涉及如何有效地分配一组车辆有序访问多个客户点，并在满足约束条件的情况下最小化总行驶距离或总成本。本章主要论述车辆路径问题的由来、基本要素、常用数学模型，并在此基础上论述车辆路径问题在不同场景下的拓展分类及其相关数学模型。

3.1　车辆路径问题及其要素

在各种运输方式的运输过程中，都要面对一个共同的问题：如何有效地使用载运工具(列车、汽车、轮船和飞机，以下统称车辆)，来运送各站点间的旅客和货物。该问题要求确定哪些旅客或货物该由何种车辆、按何顺序、在何时运送，才能在满足车辆装载能力、车辆路线长度和时间窗等限制条件下，使总费用为最小。运筹学界将此类问题统称为车辆路径问题(VRP)。此类问题也广泛存在于生产和生活的其他方面，如城市物流配送车辆线路优化确定、连锁超市门店的送货车线路优化确定、校车线路优化确定、垃圾车线路优化确定等。

VRP问题最早由Dantzig和Ramser于1959年提出[1]，针对加油站加油问题，采用求解算法进行了初步设计。经典的车辆路径规划是为车队内的一组车辆确定最优路径，从不同的地点将一种或多种产品提供给多个客户。现实生活中，许多VRP非常复杂，因为它们受到各种限制条件的限制，这些条件会随着服务客户数量的增加而变得更加困难，这些问题往往被归类为NP-hard问题(所有NP问题都能在多项式时间复杂度内归约到的问题)。

车辆路径问题的核心要素包括[2]运输(配送)网络、客户、场站节点(车场)、车辆、驾驶员、路径编排方案的限制条件、行驶费用和行驶时间、优化目标。

1. 运输(配送)网络

运输(配送)网络是车辆路径问题一个核心要素，其应用场景涉及非常广泛，如城市道路网络(城市物流配送)、铁路运输网络(旅客或货物运输)、地铁网络(地铁物流配送)等。上述运输(配送)网络通常可以通过有向或者无向网络图表示，其中，图中的弧表示网络中运输弧度，而点则对应于网络中的交叉点，主要包括场站节点和客户点。线路根据运输(配送)网络中的运行要求，可分为单行线和双行线，其相应的弧可分为有向弧和无向弧。每条弧对应着一个费用，通常表示其距离，或运行时间与运行成本。

2. 客户

客户用网络图上中的点表示，每个客户对应一个需要运送或收取的货物量，可能有不同的品类。对于带时间窗的车辆路径问题，不同的客户所要求提供服务的时间段不同。在某些车辆路径问题中，对客户点交付或提取货物所花费的时间有明确的要求。有时，每个客户的需求不可能全部得到满足。在这种情况下，运送或收取的货物量可以减少，或者是一部分客户得不到服务。对于这类情形，可以根据其客户是部分还是全部得不到服务，引入相应的优先权或惩罚。

3. 车场

车场主要是指服务运输配送任务的节点基础设施，如物流中心、配送中心与综合型的物流园区等。服务各客户的车辆行驶路线开始并终止于一个或多个车场，车场也用道路图中的点来表示。每个车场的特征由所配备的车辆种类和数量，以及所能处理的货物总量来表示。在某些实际应用中，客户被事先按照车场进行划分，于是在每次完成货物的取送任务后，车辆必须返回它们的配属场站。在这种情况下，整个 VRP 可以分解为几个独立的 VRP，每个问题都对应于一个不同的车场。

4. 车辆

广义的车辆是指运输配送任务的载运工具，包括不同吨位的配送卡车、轨道交通列车、不同载运容量的自动导向车(automated guided vehicle，AGV)、载货无人机、船舶等。狭义的车辆一般是指用于城市物流配送任务的配送卡车。一般而言，配送车辆具有以下几个方面的典型特性：

(1)车辆的配属车场，完成任务后是否要求返回其所属的车场。

(2)车辆的容量，通常以最大的载重量，或容积，或可装载的托盘数来表示。

(3)车辆运输成本(单位距离、单位时间、每辆车或每条线路等)。

5. 驾驶员

给运输配送车辆驾驶员安排相应的运输配送任务时，必须符合工作合同和公司规章制度的有关规定(如每天的工作时间、工作期间的短暂休息次数和时间、最大的连续驾驶时间、加班时间等)。上述有关驾驶员要求，一般都需要考虑相应的车辆路径问题约束条件。

6. 路径编排方案的限制条件

在编制运输配送车辆路由方案线时，需要考虑哪些限制条件，通常取决于所运送的货物性质、服务质量水平，以及客户和车辆的特点等。通常涉及以下几种情景：

(1)装载约束：每条线路上，相应车辆的当前装载量不能超过车辆的载重量。

(2)取送货任务约束：客户只要求送货、取货，或取送货兼有。

(3)访问时间窗约束：只能在客户所要求的时间窗以及相应车辆驾驶员的工作时间内为客户提供服务。

(4)访问优先顺序约束：访问客户的顺序要求可以作为先后次序限制。一种类型的次序限制是要求同一线路上的某一给定的客户要服务于另一组给定的其他客户，因此该客户必须在该组客户之前(或之后)被访问。例如，所谓的取(集)、送货问题(pickup and delivery problems, PDPs)就属于这种情形，在这类问题中，车辆既进行取货作业，又进行送货作业，即从取货点所收取的货物必须由同一辆车送往相应的交货点。另一种类型的次序限制是如果在同一线路上有不同种类的客户，则其访问顺序是固定的。例如，这种情况出现在所谓的带回程运输的 VRP 中，虽然此时车辆也既进行取货作业，又进行送货作业，但由于装卸作业的限制和沿途必须对车上所装载的货物进行调整的困难，所有的送货作业必须在进行取货作业之前完成。

7. 行驶费用和行驶时间

为了评价一组配送线路的总费用和检查其相应的运营限制，必须知道客户与客户之间。

车场与客户之间的行驶费用和行驶时间。为此,原始道路图一般被转变为一个完备图,其中的点还是原始道路图中的点,对应客户和车场。对于完备图中的每一点对 i 和 j,定义一条弧 (i,j),其费用 c_{ij} 等于原道路图中从点 i 到点 j 的最短路径的费用,而其行驶时间 t 则为原始道路图中从点 i 到点 j 的最短路径上各条弧的行驶时间之和。

8. 优化目标

车辆路径问题通常需要考虑以下几个目标:

(1)最小化总运输成本,其大小取决于服务所有客户所需要的车辆数、总行驶距离,以及所使用的车辆有关的固定费用。

(2)均衡各线路上的行驶时间和车辆载重量。

(3)最小化车辆运输配送产生的外部成本(如 CO_2 排放环境成本)。

(4)最小化与客户的不完全服务等有关的惩罚值。

(5)上述目标的任何加权组合。

3.2 基本车辆路径问题的数学模型

车辆路径问题的数学模型(建模方法)都属于基于分配变量的建模,可根据被分配变量含义的不同分为集覆盖模型、物资流模型和车辆流模型[3]三种。

3.2.1 集覆盖模型

VRP 的任意一条可行路径都是一条哈密顿路径,VRP 的任意一个可行解都可以看作一个包含全部用户的多条哈密顿路径的组合,而所有的可能组合就构成了 VRP 的可行解集合。从图论的角度来看,任意一个可行解就是对这个集合的一种划分,而最优解则是对应于最小成本的一个(多个)集合划分。可以为每条可行路径分配一个二进制变量,用于表示该路径是否出现于最优解中,从而建立 VRP 的集覆盖模型(set partitioning model)。

假设用有向图 $G=\langle V,E\rangle$ 表示配送网络;$V=\{0,1,\cdots,n\}$ 表示节点集;节点 0 表示站点;$V\backslash\{0\}$ 表示用户;$E=\{\langle i,j\rangle \mid i,j\in V,i\neq j\}$ 表示路径集,$\langle i,j\rangle$ 表示从节点 i 到 j 的一条路径;R 表示全部可行路径的集合;$\boldsymbol{r}_i$ 表示可行路径 i;Q 表示车辆的容积;m 表示所需车辆数;d_i 表示用户 i 的配送量;c_i 表示路径 i 的配送成本;并引入决策变量如下:

$$x_i=\begin{cases}1, & \text{当且仅当路径 } i \text{ 出现在最优解中}\\ 0, & \text{其他}\end{cases}$$

$$a_{ij}=\begin{cases}1, & \text{当且仅当节点 } i \text{ 出现在路径 } j \text{ 中}\\ 0, & \text{其他}\end{cases}$$

则可得 VRP 问题的集覆盖模型(模型 3-1),如下:

$$\min z = \sum_{i\in\mathbf{R}} c_i x_i \tag{3-1}$$

$$\text{s.t.} \sum_{j\in\mathbf{R}} a_{ij}x_j = 1, \quad \forall i \in V\backslash\{0\} \tag{3-2}$$

$$\sum_{i\in\mathbf{R}} x_i = m \tag{3-3}$$

$$\sum_{i\in r_j} d_i \leqslant Q, \quad \forall r_j \in \mathbf{R} \tag{3-4}$$

$$a_{ij}=0 \text{ 或 } 1, \quad \forall j \in \mathbf{R}, \forall i \in V \tag{3-5}$$

$$x_i=0 \text{ 或 } 1, \quad \forall i \in \mathbf{R} \tag{3-6}$$

其中,式(3-1)表示目标函数;式(3-2)表示访问唯一性约束;式(3-3)表示所需车辆数;式(3-4)表示容积约束;式(3-5)与式(3-6)表示引入的决策变量。

集覆盖模型具有形式简单、理解容易的优点,然而求解集覆盖模型需要搜索可行路径的全部可能组合,而 VRP 是 NP-hard 问题,其组合数会随着问题规模增长呈指数级增长,因此集覆盖模型通常只适用于小规模问题($n \leqslant 25$)的建模与求解。

3.2.2 货物流模型

货物流模型(commodity flow formulation,CFF)是近年来发展起来的一类 VRP 的建模方法,这类建模方法为路径上的每条路径分配变量,用于表示经过该路径送达目的用户的物资量,如用变量 y_{ij}^l 表示经过路径 $\langle i,j \rangle$ 送往用户 l 的物资量,与其他建模方法不同的是,这里分配给每条路径的变量不必是二进制变量。

假设用有向图 $G=\langle V,E \rangle$ 来表示配送网络;$V=\{0,1,\cdots,n\}$ 表示节点集;节点 0 表示站点;$V \backslash \{0\}$ 表示用户;$E=\{\langle i,j \rangle \mid i,j \in V, i \neq j\}$ 表示路径集,$\langle i,j \rangle$ 表示从节点 i 到 j 的一条路径;m 表示所需车辆数;Q 表示车辆的容积;d_i 表示用户 i 的需求量;c_{ij} 表示路径 $\langle i,j \rangle$ 上的配送成本;y_{ij}^l 表示经过路径 $\langle i,j \rangle$ 配送给用户 l 的物资量;并引入决策变量如下:

$$x_{ij}=\begin{cases}1, & \text{如果} \langle i,j \rangle \text{被访问} \\ 0, & \text{否则}\end{cases}$$

则可建立 VRP 的物资流模型(模型 3-2),如下:

$$\min z = \sum_{\substack{i,j \in V \\ i \neq j}} c_{ij} x_{ij} \tag{3-7}$$

$$\text{s.t.} \quad \sum_{i=0}^{n} x_{ij} = 1, \quad \forall j \in V \backslash \{0\} \tag{3-8}$$

$$\sum_{j=0}^{n} x_{ij} = 1, \quad \forall i \in V \backslash \{0\} \tag{3-9}$$

$$\sum_{j=0}^{n} x_{0j} = \sum_{i=1}^{n} x_{i0} = m \tag{3-10}$$

$$\sum_{i=0}^{n} y_{ij}^l - \sum_{i=0}^{n} y_{ji}^l = \begin{cases} d_l, & j=l, \forall l \in V \backslash \{0\} \\ 0, & j \neq l, \forall j,l \in V \backslash \{0\} \\ -d_l, & j=0, \forall l \in V \backslash \{0\} \end{cases} \tag{3-11}$$

$$y_{ij}^l \leqslant d_l x_{ij}, \quad \forall i,j \in V, i \neq j, \forall l \in V \backslash \{0\} \tag{3-12}$$

$$\sum_{j=1}^{n} \sum_{l=1}^{n} y_{ij}^l \leqslant Q - d_i, \quad \forall i \in V \tag{3-13}$$

$$y_{ij}^l \geqslant 0, \quad \forall i,j \in V, i \neq j, \forall l \in V \backslash \{0\} \tag{3-14}$$

$$x_{ij}=0 \text{ 或 } 1, \quad \forall i,j \in V, i \neq j \tag{3-15}$$

其中,式(3-7)表示目标函数;式(3-8)和式(3-9)表示访问唯一性约束;式(3-10)表示站点约束;式(3-11)~式(3-13)表示物资流模型的容积约束,用于保证每个节点的需求都被满足,并且任一路径上任意时刻的配送量都不超过车辆最大容积;式(3-14)表示物资流变量;式(3-15)表示引入的决策变量。

可以利用物资流模型来刻画配送网络中各类物资的物流总量及物流路线，因而物资流模型在物流、能流等领域具有广阔的应用前景，然而由于为其分配的变量并非二进制变量，因此目前物资流模型在变量描述和模型求解等方面尚不成熟，仍然有待改进。

3.2.3 车辆流模型

相比于前两种模型，车辆流模型（vehicle flow formulation, VFF）是目前 VRP 中最常用的数学模型，它具有约束条件拓展容易、适用范围广等优点。在车辆流模型中，为每条路径分配一个二进制变量，用于表示该路径是否被车辆访问，由于标准 VRP 中每个用户只能被访问一次且仅有一次，因此这个二进制变量同时也表示车辆经过该路径的次数，车辆流的称呼便由此而来。常见的车辆流模型根据变量下标数量及含义的不同，又可以分为二下标模型和三下标模型，其中二下标模型中变量只有路径的起点和终点两个下标，三下标模型除了这两个下标外，还引入了车辆下标，下面分别进行介绍。

假设用有向图 $G=\langle V,E\rangle$ 来表示配送网络；$V=\{0,1,\cdots,n\}$ 表示节点集；节点 0 表示站点；$V\backslash\{0\}$ 表示用户；$E=\{\langle i,j\rangle \mid i,j\in V,i\neq j\}$ 表示路径集，$\langle i,j\rangle$ 表示从节点 i 到 j 的一条路径；Q 表示车辆的容积；d_i 表示用户 i 的需求量；c_{ij} 表示路径 $\langle i,j\rangle$ 上的配送成本；并引入决策变量：

$$x_{ij}=\begin{cases}1, & 若\langle i,j\rangle 被访问\\ 0, & 否则\end{cases}$$

则可以得到 VRP 的二下标车辆流模型（模型 3-3），如下：

$$\min z = \sum_{\substack{i,j\in V\\ i\neq j}} c_{ij}x_{ij} \tag{3-16}$$

$$\text{s.t.} \quad \sum_{i=0}^{n} x_{ij} = 1, \quad \forall j \in V\backslash\{0\} \tag{3-17}$$

$$\sum_{j=0}^{n} x_{ij} = 1, \quad \forall i \in V\backslash\{0\} \tag{3-18}$$

$$\sum_{j=1}^{n} x_{0j} = \sum_{x=1}^{n} x_{i0} \tag{3-19}$$

$$\sum_{i,j\in S,i\neq j} x_{ij} \leqslant \|S\|-1, \quad \forall S \subseteq V\backslash\{0\}, \|S\|\geqslant 2 \tag{3-20}$$

$$\sum_{i=1}^{n} \left(d_i \sum_{j=0}^{n} x_{ij}\right) \leqslant Q \tag{3-21}$$

$$x_{ij}=0 \text{ 或 } 1, \quad \forall i,j\in V,i\neq j \tag{3-22}$$

其中，式(3-16)表示目标函数；式(3-17)和式(3-18)表示访问唯一性约束；式(3-19)表示站点约束；式(3-20)表示次回路消除条件；式(3-21)表示容积约束；式(3-22)表示引入的决策变量。

假设用有向图 $G=\langle V,E\rangle$ 来表示配送网络；$V=\{0,1,\cdots,n\}$ 表示节点集；节点 0 表示站点；$V\backslash\{0\}$ 表示用户；$E=\{\langle i,j\rangle \mid i,j\in V,i\neq j\}$ 表示路径集，K 表示配送车辆集；q_k 表示车辆 k 的容积；d_i 表示用户 i 的需求量；c_{ijk} 表示车辆 k 在路径 $\langle i,j\rangle$ 上的配送成本；并引入决策变量如下：

$$x_{ijk}=\begin{cases}1, & 如果车辆 k 访问弧(i,j)\\ 0, & 否则\end{cases}$$

则 VRP 的三下标车辆流模型可以表示为模型 3-4，如下：

$$\min z = \sum_{k=1}^{m}\sum_{i=0}^{n}\sum_{j=0}^{n} c_{ijk}x_{ijk} \tag{3-23}$$

$$\text{s. t.} \quad \sum_{k=1}^{m}\sum_{j=0}^{n} x_{ijk} = 1, \quad \forall j \in V\backslash\{0\} \tag{3-24}$$

$$\sum_{k=1}^{m}\sum_{j=0}^{n} x_{ijk} = 1, \quad \forall i \in V\backslash\{0\} \tag{3-25}$$

$$\sum_{k=1}^{m}\sum_{i=1}^{n} x_{i0k} = \sum_{k=1}^{m}\sum_{j=1}^{n} x_{0jk} \tag{3-26}$$

$$\sum_{i=0}^{n}\left(d_i \sum_{j=0}^{n} x_{ijk}\right) \leqslant q_k, \quad \forall k \in K \tag{3-27}$$

$$\sum_{i,j\in S, i\neq j} x_{ijk} \leqslant \|S\| - 1, \quad \forall S \subseteq V\backslash\{0\}, \|S\| \geqslant 2, \forall k \in K \tag{3-28}$$

$$x_{ijk} = 0 \text{ 或 } 1, \quad \forall i,j \in V, i\neq j, \forall k \in K \tag{3-29}$$

其中，式(3-23)表示目标函数；式(3-24)和式(3-25)表示访问唯一性约束；式(3-26)表示站点约束；式(3-27)表示容积约束；式(3-28)表示次回路消除条件；式(3-29)表示引入的决策变量。

对比三下标车辆流模型和二下标车辆流模型可以发现，二下标模型实际上可以看作三下标模型的简化形式。由于三下标模型中引入了车辆下标，可以刻画出异质车型下的配送环境，因此不仅适用于处理单车型问题，还适用于处理多车型问题；而二下标模型则只能适用于处理单车型问题。在 VRP 的车辆流模型中，常见的约束条件如下：

(1)访问唯一性约束。即每个客户只能被一辆车服务，且仅服务一次，从图论的角度来说，即每个客户的入度和出度均为 1。如模型 3-4 中的式(3-24)表示任意客户的入度为 1，式(3-25)表示任意客户的出度为 1，则式(3-24)和式(3-25)合起来即为访问唯一性约束。

(2)站点约束。即车辆从站点出发，完成配送任务后必须返回出发站点。也就是说模型 3-4 中的式(3-26)表示从站点出发的车辆总数必须等于返回站点的车辆总数。

(3) 容积约束。即任意路径上客户的需求量之和不得超过车辆的最大容积，这是 VRP 区别于旅行商问题(traveling salesman problem，TSP)问题的基本约束。模型 3-4 的式(3-27)中的 $\sum_{j=0}^{n} x_{ijk}$ 表示客户 i 是否被车辆 k 访问，$\sum_{i=0}^{n}\left(d_i \sum_{j=0}^{n} x_{ijk}\right)$ 即可表示车辆 k 服务的客户的需求量之和，因此式(3-27)即表示容积约束。

(4)次回路消除条件。标准 VRP 问题中将不满足站点约束的回路称为次回路，如果集合 S 中的用户节点构成次回路，设集合 S 的总路径数为 Arc，则必有 $\text{Arc} \geqslant |S| - 1$，其中 $|S|$ 表示集合 S 中的节点总数，因此模型 3-4 的式(2-28)可以用于判断是否存在次回路。

(5)其他约束条件。可以根据具体问题的需要进行添加，常见的有时间窗约束、最大里程限制等。

3.3　车辆路径问题分类及其扩展

关于车辆路径问题的拓展问题种类繁多，本节仅对几类重要的车辆路径拓展问题进行梳理,具体分类如图 3-1 所示。

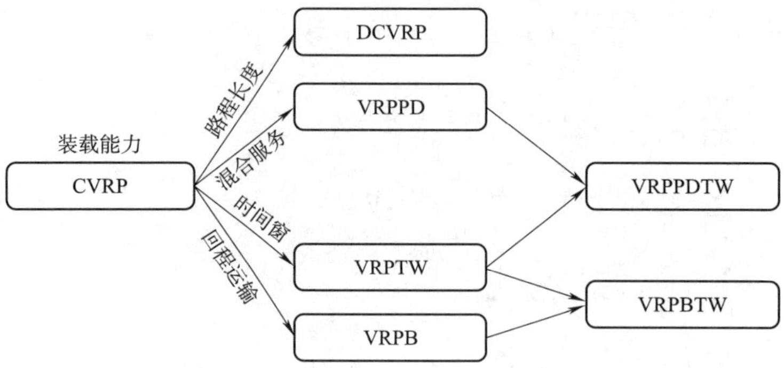

图 3-1　车辆路径问题的拓展问题分类 1

带装载容量约束的车辆路径问题(capacitated vehicle routing problem,CVRP)是基础,由此可以拓展出很多相关的车辆路径问题,具体如下:

(1)考虑取送货需求的混合服务的车辆路径问题(vehicle routing problem with pick-up and delivery, VRPPD)。

(2)考虑时间窗约束的带时间窗车辆路径问题(vehicle routing problem with time-windows,VRPTW)。

(3)考虑回程运输服务需求的车辆路径问题(vehicle routing problem with backhaul, VRPVB)。

(4)考虑需求动态变化的动态车辆路径问题(dynamic vehicle routing problem, DCVRP)。

(5)考虑时间窗与回程运输的车辆路径问题(vehicle routing problem with backhaul and time-windows,VRPVBTW)。

(6)考虑时间窗与取送货服务的车辆路径问题(vehicle routing problem with pick-up and delivery and time-windows,VRPPDTW)。

还可以从另外几个维度对车辆路径问题进行分类,如图 3-2 所示。

(1)客户点服务特征。客服的服务特征,可以有以下几种划分依据:①需求来源:单一来源与需求可拆分的车辆路径问题;②需求特征:静态需求与动态需求;③时间属性:带时间窗的车辆路径问题;④取送货特征:考虑取送的车辆路径。

(2)线路回路特征。依据线路回路特征,可以分为闭合式车辆路径问题与开放式车辆路径问题。

(3)车场特征。依据车场特征,可以划分为单车场车辆路径与多车场车辆路径问题。

(4)车辆特征。依据车辆类型与服务特征,可以划分为同质车辆路径问题(同一种车辆类型)、异质车辆路径问题(多种不同车辆类型)、单车程与多车程的车辆路径问题。

总的来说,过去几年中,出现了各种各样的 VRP 的变型。VRP 变型的趋势中开始出现现实生活中的限制和假设,这使得模型更现实,解决方案更适用于实践。

此外,现实生活中的条件,如现金运输、小包装运输、垃圾收集或驾驶员工时的社会立法,促使研究人员建立具体的数学模型和求解方法。事实上,大多数作者还强调量身定做的方法不同用于其他 VRP 的变型,其中提出相关参数以为已有的实例(或基准实例)提供更好的效果。因此，许多解决方法可以很容易地应用到其他条件或现实生活中。

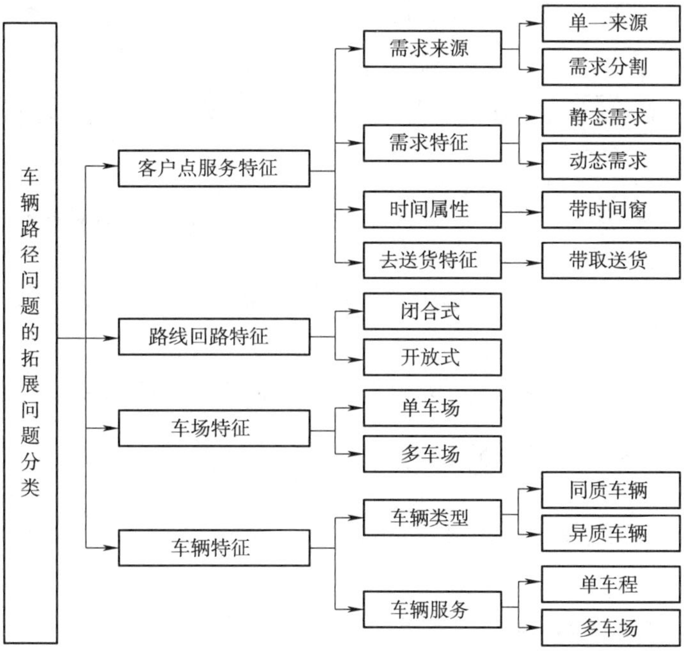

图 3-2　车辆路径问题的拓展问题分类 2

在相关文献中，只有少数文章提出了通用的算法，可以解决 VRP 的多个变型。并行迭代的拓扑搜索的元启发式算法适用于经典的 VRP、PVRP、MDVRP、站点依赖性的 VRP 和带时间窗的变型。Gutierrez 等[4]提出了一种混合启发式算法，结合了分割方法与迭代局部搜索启发式方法，应适用于六种不同的变型 VRP。Salavati-Khoshghalb 等[5]的遗传搜索算法可以解决大规模 VRPTW 及其扩展，如周期性 VRPTW、多仓库 VRPTW、汽车站依赖 VRPTW 及其组合问题，而 Vidal 等统一的混合遗传算法有效地解决了多达 29 个变型的 VRP。

3.3.1 带装载容量约束的车辆路径问题概述

在一个典型的带装载容量约束的车辆路径问题（CVRP）中，一辆车被允许在一组路线上访问和服务每位客户一次。车辆在原车辆段开始和结束其访问，以使总旅行成本（距离或时间）最小化，并且不超过车辆总容量。这形成了车辆路径的基本问题。因为 VRP 没有容量约束，且只有一辆车，所以也可以看作旅行商问题[6]。CVRP 在 VRP 的基础上增加了容量约束，还需要综合考虑车辆数量、货物分配和路径规划的相互关系，以实现最短的总行驶距离。

CVRP 问题示例如图 3-3 所示。

用数学模型表示，CVRP 可以描述为配送中心 0 的 n 辆车辆为 m 个客户服务的问题。让g_i成为客户 i 的需求，x_{ij}为客户 i 到客户 j 的运输成本，b_s是车辆 s 的负载。

$$x_{ij}^{s}=\begin{cases}1, & \text{车辆 } s \text{ 服务于客户 } i\text{，然后是客户 } j\\0, & \text{其他}\end{cases}$$

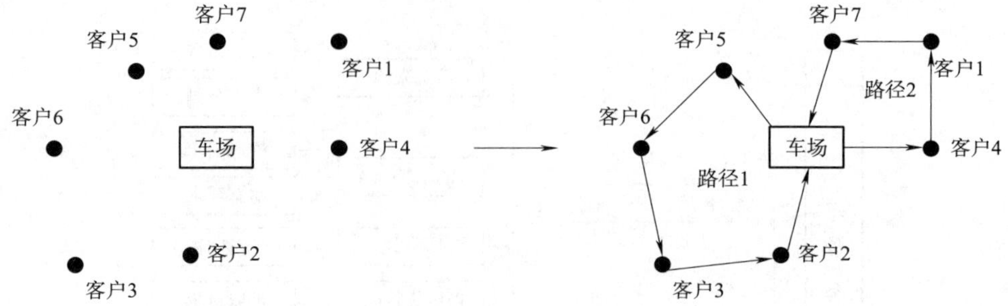

图 3-3　CVRP 问题示例

CVRP 的目标是为车队寻找最优运输路径,使运输成本 J 达到最小值,即

$$\min J = \sum_{s=1}^{n}\sum_{i,j=0}^{m} c_{ij}\, x_{ij}^{s} \tag{3-30}$$

$$\text{s. t.} \quad \sum_{j=1}^{m} x_{0j}^{s} = \sum_{j=1}^{m} x_{j0}^{s} = 1, \quad s \in (1,2,\cdots,n) \tag{3-31}$$

$$\sum_{s=1}^{n}\sum_{\substack{j=0\\ j\neq i}}^{m} x_{ij}^{s} = 1, \quad i \in (1,2,\cdots,m) \tag{3-32}$$

$$\sum_{s=1}^{n}\sum_{\substack{i=0\\ i\neq j}}^{m} x_{ij}^{s} = 1, \quad j \in (1,2,\cdots,m) \tag{3-33}$$

$$\sum_{i=1}^{m} g_i \sum_{\substack{j=0\\ j\neq i}}^{m} x_{ij}^{s} \leqslant b_s, \quad s \in (1,2,\cdots,n) \tag{3-34}$$

其中,式(3-31)表示车辆必须从车辆段出发,完成任务后返回车辆段;式(3-32)和(3-33)表示每个客户只能访问一次;式(3-34)表示每辆车对客户的服务不超过其自身负荷。

3.3.2　带时间窗约束的车辆路径问题概述

带时间窗约束的车辆路径问题(VRPTW)一般包含最早服务时间和最晚服务时间,具体数值由实际情况决定,要求车辆在该时间范围内为客户服务。通常分为带硬时间窗的 VRP、带软时间窗的 VRP 和模糊时间窗的 VRP 三类。硬时间窗要求车辆在时间窗口内开始为客户服务,提前到达必须等待,迟到将被拒绝;软时间窗不必在时间窗口内开始服务客户,但在时间窗口外开始服务将受到惩罚。

Solomon 等[7] 在 1987 年提出了带时间窗约束的车辆路径问题,他指出送货车辆必须在顾客要求的时间内提供服务,并给出了经典模型。

设 $S=\{1,2,\cdots,n\}$ 是仓库的集合,$I=\{1,2,\cdots,m\}$ 是仓库的客户集,$V=\{0,I\}$ 是仓库(定义为0)和所有客户的集合。V_s是由车辆 s 访问的包含客户集,c_{ij}($c_{ij}>0,c_{ij}=0,i,j\in V$)是客户点之间的距离,$C$ 是车辆的最大负载,g_i($i\in V$)是每个客户所需的载重量,x_{ij}^{s}表示车辆 s 在服务客户 i 后是否服务客户 j($x_{ij}^{s}=1$ 表示服务,$x_{ij}^{s}=0$ 表示不服务),y_i^{s}表示车辆 s 是否服务客户 i($y_i^{s}=1$ 表示服务,$y_i^{s}=0$ 表示不服务),$[a_i,b_i]$是客户 i 的时间窗口限制,a_i是客户 i 的允许服务开始时间,b_i是客户 i 的终止时间,s_i是客户 i 的开始服务时间。

优化目标函数如下：

$$\min\{F_1, F_2\} = \min\left\{\sum_{j\in V_s}\sum_{s\in S} x_{0j}^s, \sum_{k\in S}\sum_{i\in V_s}\sum_{j\in V_s\setminus\{i\}} c_{ij} x_{ij}^s\right\} \tag{3-35}$$

式中，F_1 为车辆数量，F_2 为所有车辆的总行驶距离。

$$\sum_{j\in V_s\setminus\{i\}} x_{ij}^s = y_i^s, \quad \forall i \in V, \forall s \in S \tag{3-36}$$

$$\sum_{i\in V_s\setminus\{j\}} x_{ij}^s = y_i^s, \quad \forall j \in V, \forall s \in S \tag{3-37}$$

$$\sum_{i\in V_s} q_i y_i^s \leqslant C, \quad \forall s \in S \tag{3-38}$$

$$\sum_{j\in I} x_{0j}^s = \sum_{i\in N} x_{i0}^s = 1, \quad \forall s \in S \tag{3-39}$$

$$\sum_{s\in S} y_i^s = 1, \quad \forall i \in I \tag{3-40}$$

$$\sum_{i,j\in V_s} x_{ij}^s \leqslant |V_s| - 1, \quad \forall s \in S \tag{3-41}$$

$$a_i \leqslant s_i \leqslant b_i, \quad \forall i \in I \tag{3-42}$$

$$x_{ij}^s \in \{0,1\}, \quad \forall i,j \in V; \forall s \in S$$

$$y_i^s \in \{0,1\}, \quad \forall i \in I; \forall s \in S$$

其中，式(3-36)表示车辆在服务于客户 i 之后直接服务于客户 j；式(3-37)表示车辆在服务于客户 j 之前仅服务于一个客户 i；式(3-38)表示每辆车不得超过最大载客量；式(3-39)表示车辆在服务之后必须返回车辆段；式(3-40)表示每个客户只能由一辆车服务；式(3-41)表示避免在服务过程中产生子循环；式(3-42)表示硬时间窗约束。

3.3.3　动态车辆路径问题概述

实时技术如智能转换系统(intelligent transportation systems, ITS)、先进车队管理系统(advanced fleet management, AFM)和全球定位系统等的发展，使动态车辆路径问题(dynamic vehicle routing problem, DVRP)成为近年的热门话题。在 DVRP 中，输入会持续更新。基于这些新的输入，车辆路线会被动态调整。

经典 VRP 模型中的信息是不变的，就目前的研究来看，动态车辆路径问题主要分为如下四个方面：

(1)客户需求动态性。Solomon 等[7]考虑了当配送车辆到达客户位置时产生需求，并可随时接受未知的需求信息的 DVRP。

(2)周期动态性。经典的 VRP 模型中周期为 1，但在周期性车辆路径问题中，周期往往大于 1。周期性车辆路径问题的最优路径不是一个周期内的路径，而是由多个周期内的不同路线组合而成的。

(3)交通环境动态性。交通状况信息会实时变化，受到交通事故、天气状况等多种因素的影响，车辆路径规划会受到限制。

(4)动态客户需求和动态交通环境信息混合。最后一种类型同时包含了客户信息的实时更新和交通环境的变化，情况最为复杂。例如，外卖配送车辆路径优化问题[8]，配送员在服务的过程中，需要根据实时更新的客户订单和交通状况进行路径规划。

动态车辆路径问题示意图如图 3-4 所示。

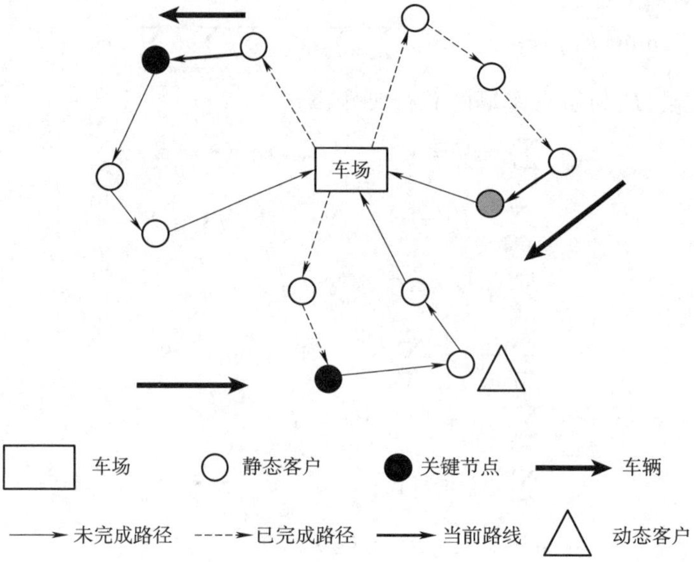

图 3-4　动态车辆路径问题示意图

模型目标函数如下：

$$\min z = \min f(x) = \sum_{i=0}^{n}\sum_{j=0}^{n}\sum_{k=1}^{K} c_{ij}\xi_{ijk} \tag{3-43}$$

约束条件：

$$\sum_{k=1}^{K}\sum_{j=1}^{n}\xi_{ijk} = 1, \quad \forall j \in C, i \neq j \tag{3-44}$$

$$\sum_{k=1}^{K}\sum_{j=1}^{n}\xi_{ijk} = 1, \quad \forall i \in C, i \neq j \tag{3-45}$$

$$\sum_{i=0}^{n}\sum_{k=1}^{K}\xi_{ijk} - \sum_{i=0}^{n}\sum_{k=1}^{K}\xi_{jik} = 0, \quad \forall j \in V \tag{3-46}$$

$$\sum_{j=1}^{n}\xi_{0jk} = \sum_{i=1}^{n}\xi_{i0k} \leqslant K, \quad \forall k = 1,2,\cdots,K \tag{3-47}$$

$$\sum_{i=0}^{n}\sum_{j=0}^{n} q_i\xi_{ijk} \leqslant Q_k, \quad \forall k = 1,2,\cdots,K \tag{3-48}$$

$$a_j = \sum_{i=0}^{n}\sum_{k=1}^{K}\xi_{ijk}(a_i + s_i + t_{ij}), \quad \forall j \in C, a_0 = e_0 \tag{3-49}$$

$$e_0 \leqslant a_i \leqslant l_0, \quad \forall i \in C \tag{3-50}$$

$$\xi_{ijk} \in \{0,1\} \tag{3-51}$$

其中，式(3-43)为目标函数，表示车辆从配送中心出发所行的路程最短；式(3-44)和(3-45)确保每个客户有且仅有一辆车为其服务；式(3-46)表示车辆访问每个客户后须从该客户点驶离；式(3-47)表示限定车辆必须从配送中心出发最终再返回配送中心，且服务车辆数不能超过车辆总数 K；式(3-48)为每辆车的配送总量不能超过其容量；式(3-49)为车辆到达每一个客户点的时间；式(3-50)限制车辆必须在工作日内完成所有客户的配送；式(3-51)为决策变量的取值范围。

3.3.4　带需求分割的车辆路径问题概述

在传统的 VRP 中,所有的任务点只能接受一次服务,而且大多数车辆都没有满载。任务点的收发货需求密不可分,物流服务中部分或全部任务点的收发货需求可能很大,但车辆运力很小,因此车辆无法一次完成任务。如何解决这类问题值得研究。

目前,对 VRP 的研究大多预先设定了一个条件,即每个客户的需求(小于车辆最大承载能力)必须在一辆车和一次服务中完成。

Dror 和 Trudeau[9] 首次提出了分割交货 VRP(split delivery vehicle routing problem, SDVRP),并讨论了带需求分割的纯交货问题。然后,比较了需求拆分和需求不可分的解决方案,证明了当配送中心将产品交付给客户点时,如果允许客户点的需求被拆分和分配,就行驶距离和使用车辆数量而言,这比一辆车只能满足客户需求的情况要好[10]。此后,许多学者对 SDVRP 算法进行了改进,并对算例进行了比较,在不同的问题情况下得到了较好的解。

数学模型如下:

假设 I 是一组客户点,$I=\{1,2,\cdots,m\}$,$I_0=0$ 表示配送中心,即仓库。d_{ij}是集合 i 和I_0中任意两点 i,j 之间的距离。$g_i(i=1,2,\cdots,m)$是客户的需求 i,C 是车辆的最大承载能力,R 是完成任务所需的车辆数量,其值为

$$R=\left\lceil \sum_{i=1}^{m}\frac{g_i}{C}\right\rceil \tag{3-52}$$

"⌈ ⌉"表示向上取整数。$x_{ij}^r(c=1,2,\cdots,R;i,j=0,1,\cdots,m$ 且 $i\neq j)$ 是决策变量。当且仅当 r 路线中的车辆通过弧(i,j),$x_{ij}^r=1$,否则,$x_{ij}^r=0$。$y_I^r(r=1,2,\cdots,R;i=1,2,\cdots,m)$是 r 行中客户 i 的需求。S^r表示在 r 路径中服务的客户集合,$|S^r|$表示集合 S 中包含的元素数。

模型假设如下:

(1)任意两点之间的距离是对称的,即$d_{ij}=d_{ji}$。

(2)点之间的距离关系符合三角形不等式,即$d_{ik}+d_{kj}>d_{ij}$。

(3)所有车辆必须从车辆段出发,完成任务后返回车辆段。

(4)必须满足每个客户的需求,但可以由一辆或多辆车来满足。

约束条件(目的):合理安排车辆路径,使车辆运行成本尽可能低。

最小总行驶距离如下:

$$\min J=\sum_{r=1}^{R}\sum_{i=0}^{m}\sum_{j=0}^{m}d_{ij}x_{ij}^r \tag{3-53}$$

流量守恒,即进入一个点的车辆数等于离开该点的车辆数,如下:

$$\sum_{i=0}^{n}x_{ik}^r=\sum_{j=0}^{m}x_{kj}^r,\quad k=0,1,\cdots,m;r=1,2,\cdots,R \tag{3-54}$$

确保每个点至少访问一次并满足要求,如下:

$$\sum_{r=1}^{R}\sum_{i=0}^{m}x_{ij}^r\geqslant 1,\quad j=0,1,\cdots,m \tag{3-55}$$

$$\sum_{r=1}^{R}y_i^r=g_i,\quad i=1,2,\cdots,m \tag{3-56}$$

每条线路中待服务客户之间的弧边数等于待服务客户点数减去 1,如下:

$$\sum_{i \in S^r} \sum_{j \in S^r} x_{ij}^r = \| S^r \| - 1, \quad r = 1,2,\cdots,R; S^r \subseteq I - I_0 \tag{3-57}$$

车辆容量限制如下：

$$\sum_{i=1}^{m} y_i^r \leqslant C, \quad r = 1,2,\cdots,R \tag{3-58}$$

只有当且仅当车辆经过时，才能为客户 i 提供服务如下：

$$\sum_{j=0}^{m} x_{ij}^r g_i \geqslant y_{ri}, \quad r = 1,2,\cdots,R; i = 1,2,\cdots,m \tag{3-59}$$

其中

$$x_{ij}^r \in \{0,1\}, \quad i,j = 1,2,\cdots,m; r = 1,2,\cdots,R \tag{3-60}$$

$$g_i \geqslant y_i^r \geqslant 0, \quad i = 1,2,\cdots,m; r = 1,2,\cdots,R \tag{3-61}$$

3.3.5 其他类型的车辆路径问题概述

根据生产生活的需要，在物流实践中，结合不同的约束条件，衍生出许多种不同类型的 VRP。下面简单介绍一些适合于不同场景（如公共图书、环保、危险材料装运等）的 VRP。

1. 同时取送货的车辆路径问题

在经典的 VRP 中，车辆在配送之后直接返回出发地，然而现实生活存在很多需要同时取送货的问题。如快递员不仅将快递投递给客户，还会从客户手中拿走需要寄出的快递，还有电商物流中的退换货环节。这一类需要对客户需求点同时取送货的问题称为同时取送货的车辆路径问题（vehicle routing problem with simultaneous deliveries and pickups，VRPSDP）。该问题最早是 Min 等[11]提出的，目的是解决公共图书馆的问题。

2. 开放式车辆路径问题

在开放式车辆路径问题（OVRP）中，车辆在访问最后一位客户后不需要返回原车辆段。如果返回，则必须按相反的顺序拜访相同的客户，通常此类问题使用的车辆为租赁车辆。OVRP 通常有使用的车辆数量最少和总行驶距离最短两个优化目标。Lalla-Ruiz 等[12]提出了一个基于两个指标的多中心开放式车辆路径问题（multi-depot open vehicle routing problem，MDOVRP）的模型，并增强了对替代子运行的消除约束，Soto-Mendoza 等[13]提出了一种混合 Grasshopper 优化算法，使车辆总数最小化，总行驶距离最短。

其应场景有：包裹和报纸配送上门、校车路线、煤矿资源路径或危险材料的装运。对于经典 VRP，车辆需要在为最后一个客户端提供服务后返回车场，但对于 OVRP，在为最后一个客户端提供服务后路线完成的情况并非如此。事实上，经典 VRP 与 OVRP 的区别如图 3-5 所示。在 OVRP 中，车辆从一个仓库出发，在访问其路线上的所有客户后停在任一客户点处，换句话说，车辆遵循哈密顿路径（开放路线）。在现实生活中，OVRP 通常应用于没有车队的公司，这些公司通过第三方物流公司外包车辆，此外，他们通过仅支付从仓库到最后一个客户的运输费用来降低运输成本。

3. 绿色车辆路径问题

绿色车辆路径问题（green vehicle routing problem，GVRP）的研究主要分为关于污染路径问题的研究和关于新能源车路径问题的研究两个部分。

关于污染路径问题的研究目的在于设计一个产生污染较少的调度方案，降低碳排放量。根据碳排放影响因素的不同，建立不同的碳排放测算模型，进而降低碳排放量。Guo 等[14]

考虑车辆的负载和行驶距离,建立相应的碳排放模型并将其作为优化目标,随后,对随机出现动态客户的硬时间窗多目标车辆路径问题进行建模,并提出了一种鲁棒的两阶段动态多目标车辆路径算法。

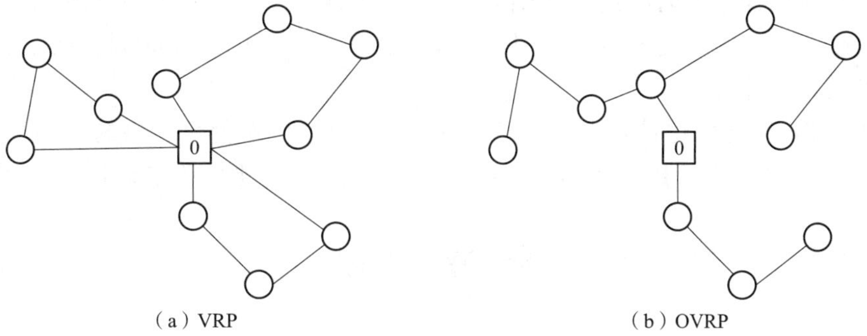

图 3-5　经典 VRP(左)与 OVRP(右)的区别

近几年,随着电动车和替代燃料汽车的兴起与流行,关于新能源车路径问题的研究逐渐深入。物流配送过程中车辆类别逐渐多元化,混合车队配送的情况普遍出现。部分学者研究了混合车队路径中进行充电或者燃料补给的车辆路径问题。

4. 多行程车辆路径问题

多行程车辆路径问题(multi-trip vehicle routing problem,MTVRP)由 Fleischmann 于 1990 年首次提出[15],车辆从配送中心出发,运送完货物后允许车辆中途返回配送中心进行补给,然后再出发继续服务其他客户。通过在配送中心和路径客户点之间进行多次往返以完成配送任务,MTVRP 能够有效降低车辆的使用数量并减少运输成本。由于其显著的经济效益,近年来,这一问题在学术界引起了广泛关注。

Nguyen 等[16]针对具有时间窗的多区域多行程车辆路径问题,提出了一种禁忌搜索的元启发式算法。两种类型的邻域,对应于问题的两组决策,以及控制搜索特定阶段邻域类型选择的策略,提供了建立和组合搜索的勘探和开发能力的方法。该禁忌搜索算法得到了非常高质量的解,改进了现有的算法。

5. 带回程车辆路径问题(VRPB)

带回程车辆路径问题(vehicle routing problem with backhauls,VRPB)考虑了车辆在配送过程中需要同时处理配送(drop-offs)和取货(pick-ups)的情况。在 VRPB 中,车辆不仅需要将货物从配送中心运送到客户点,还需要从客户点取回货物返回配送中心。

Belloso 等[17]分析了带回程的车队混合车辆路径问题,在该问题中,配送和提货客户都由一个中心仓库使用一个异构且可配置的车队来服务,提出了一种基于多阶段有偏随机启发式的求解方法。采用了三种有偏随机过程:一是车辆类型的选择;二用于对储蓄清单进行排序;三是定义必须从同质车队子解决方案中选择的路径数量。

6. 时间依赖型车辆路径问题

大多数理论认为仓库和客户之间的旅行时间是确定不变的或客户间的距离是相同的。在现实生活中,可变的旅行时间(由于拥塞)是普遍的。时间依赖型车辆路径问题(time-dependent vehicle routing problem,TDVRP)假定旅行时间可以确定但不再是常数,即是当前时间的一个函数。因此,可以确定拥塞的总路线时间、车辆的数量和运输成本的影响。

研究 TDVRP 的文章都满足非传递性，也称先进先出（first input first output，FIFO）的特性，更早离开客户的车就能更早抵达目的地。时间依赖性的旅行时间在 Akpinar 等[18]的文章中得以建模，其中，工作日被划分为几个阶段，将恒定的速度分配给每个时间间隔，导致速度成为一个所有路径出发时间的阶梯函数。时间间隔越大，该模型越贴近现实，因为旅行速度将逐渐改变。两个客户之间的旅行时间取决于第一个客户的出发时间和两个客户之间关联路径的车辆行驶速度。

研究 TDVRP 的文章对时间窗进行了假设。大部分时间窗都是严格的，限制了客户的服务时间。除了 Sze 等[19]考虑了不可预见的事件，其他学者考虑的都是确定的 TDVRP。

参考文献

[1] DANTZIG G B, RAMSER J H. The truck dispatching problem[J]. Management science, 1959, 6(1): 80-91.

[2] 符卓. 开放式车辆路径问题及其应用研究[D]. 长沙:中南大学,2003.

[3] 杨善林,周永务,李凯,等. 制造工程管理中的优化理论与方法[M]. 北京:科学出版社,2012.

[4] GUTIERREZ A, DIEULLE L, LABADIE N, et al. A hybrid metaheuristic algorithm for the vehicle routing problem with stochastic demands[J]. Computers & Operations Research, 2018, 99: 135-147.

[5] SALAVATI-KHOSHGHALB M, GENDREAU M, JABALI O, et al. A hybrid recourse policy for the vehicle routing problem with stochastic demands[J]. EURO Journal on Transportation and Logistics, 2019, 8(3): 269-298.

[6] FLOOD M M. The traveling-salesman problem[J]. Operations Research, 1956, 4(1):61-75.

[7] SOLOMON M M. Algorithms for the vehicle routing and scheduling problems with time window constraints [J]. Operations research, 1987, 35(2): 254-265.

[8] 李桃迎,吕晓宁,李峰,等. 考虑动态需求的外卖配送路径优化模型及算法[J]. 控制与决策,2019,34(2):406-413.

[9] DROR M, TRUDEAU P. Savings by split delivery routing[J]. Transportation Science, 1989, 23(2): 141-145.

[10] DROR M, TRUDEAU P. Split delivery routing[J]. Naval Research Logistics (NRL), 1990, 37(3): 383-402.

[11] MIN H. The multiple vehicle routing problem with simultaneous delivery and pick-up points[J]. Transportation Research Part A: General, 1989, 23(5): 377-386.

[12] LALLA-RUIZ E, MES M. Mathematical formulations and improvements for the multi-depot open vehicle routing problem[J]. Optimization Letters, 2021, 15(1): 271-286.

[13] SOTO-MENDOZA V, GARCÍA-CALVILLO I, RUIZ-Y-RUIZ E, et al. A hybrid grasshopper optimization algorithm applied to the open vehicle routing problem[J]. Algorithms, 2020, 13(4): 96.

[14] GUO Y N, CHENG J, LUO S, et al. Robust dynamic multi-objective vehicle routing optimization method [J]. IEEE/ACM transactions on computational biology and bioinformatics, 2017, 15(6): 1891-1903.

[15] FLEISCHMANN B. The vehicle routing problem with multiple use of vehicles [J]. Fachbereich Wirtschaftswissenschaften, Universität Hamburg, 1990.

[16] NGUYEN P K, CRAINIC T G, TOULOUSE M. A tabu search for time-dependent multi-zone multi-trip vehicle routing problem with time windows[J]. European Journal of Operational Research, 2013, 231(1): 43-56.

[17] BELLOSO J, JUAN A A, FAULIN J. An iterative biased-randomized heuristic for the fleet size and mix vehicle-routing problem with backhauls[J]. International Transactions in Operational Research, 2019, 26

(1): 289-301.
[18] AKPINAR S. Hybrid large neighbourhood search algorithm for capacitated vehicle routing problem[J]. Expert Systems with Applications, 2016, 61: 28-38.
[19] SZE J F, SALHI S, WASSAN N. The cumulative capacitated vehicle routing problem with min-sum and min-max objectives: an effective hybridisation of adaptive variable neighbourhood search and large neighbourhood search[J]. Transportation,Research Part B: Methodological, 2017, 101: 162-184.

第 4 章　带时间窗约束的车辆路径问题

带时间窗约束的车辆路径规划问题(VRPTW)是车辆路径规划问题(VRP)的一个重要变种,它在传统的 VRP 基础上增加了服务时间窗口的限制,要求车辆在指定的时间范围内到达客户点提供服务。VRPTW 在快递配送、公共交通路线规划等领域应用广泛,通过有效的时间和空间规划优化运输成本和服务效率。

本章首先论述带时间窗约束的车辆路径问题的应用背景;在此基础上系统地论述带硬时间窗约束的车辆路径问题、带软时间窗约束的车辆路径问题、带模糊时间窗约束的车辆路径问题,并给出三类拓展问题数学模型的构建过程及其常用求解算法;最后,以食品配送为例,对 VRPTW 进行案例分析。

4.1　带时间窗约束的车辆路径问题应用背景

车辆路径规划问题(VRP)自 1959 年被提出[1],便引起了研究者的关注。随着经济和电子商务的快速发展,VRP 已成为众多学者研究的热门问题之一。经过多年的研究,VRP 已经拓展出许多更具有实际意义的研究问题,带时间窗约束的车辆路径问题(VRPTW)便是其中之一。Solomon[2]首次在车辆路径问题中添加时间窗约束,提出带时间窗约束的车辆路径问题,即客户只在某一段固定时间接受送达的货物,超过这个时间段则拒绝接受货物,在此约束下找到一条最优路径。VRPTW 在现实生活中有着广泛应用,涉及人们日常生活的方方面面,如超市配送、快递、冷链物流等时效性要求较高的配送服务路径规划,校车、公司班车的行车路线规划,邮政投递的路线规划等。

带时间窗的车辆问题,依据其时间窗满足要求特性,可分为硬时间窗的车辆路径问题(vehicle routing problem with hard time windows, VRPHTW)与带软时间窗的车辆路径问题(vehicle routing problem with soft time windows, VRPSTW)。其中,带硬时间窗约束的车辆路径问题中车辆必须在每个客户指定的时间窗内到达,既不能迟到也不能提前,更适用于服务对象对时间要求严格的运输问题;后者可以超出时间窗,但会影响服务质量或者考虑一定的惩罚成本[5]。

Solomon 提出的带时间窗约束的车辆路径问题首先考虑的是硬时间窗约束,即客户对车辆的服务时间极为严格,车辆早到需等待,迟到客户则拒绝接受服务。后来 Koskosidis 等[3]将硬时间窗约束转为软时间窗约束,即客户允许车辆迟到或早到,但需支付相应的惩罚费用。之后,随着研究者对带软时间窗限制的车辆路径问题的深入研究,更多时间窗的特征被发掘,形成了模糊时间窗,软-硬混合时间窗等一系列问题。

4.2　带硬时间窗约束的车辆路径问题及建模

带硬时间窗约束的车辆路径问题(VRPHTW)可以具体描述为:车辆从配送中心出发依次访问客户,规定每个客户只能由一辆车访问且只能访问一次,每个客户有一定数量的需求并规定了车辆相应的服务时间窗,车辆必须在该时间窗内到达客户点。合理规划车辆行驶路径,使得在满足载重量约束和客户时间窗约束下完成运输任务,达到总行驶里程最短、车辆总配送成本最小等目的[4]。

4.2.1　模型假设

在建立 VRPHTW 数学模型之前,做出如下假设:

(1)配送车辆提供送货服务。

(2)客户数量及每个客户的需求和位置信息是不变且已知的,每个客户的需求量不超过单个车辆的最大载重量。

(3)调用的车辆数量不超过配送中心拥有的最大车辆数。

(4)客户的需求不可拆分,每个客户只能由一辆车服务一次,且当次服务满足客户需求。

(5)每条配送路线上的客户需求总量不超过负责该条路线车辆的最大载重量限制。

(6)不考虑车辆行驶过程中的突发状况和环境因素。

(7)所有被调配的车辆始终点都是配送中心。

(8)车辆访问客户点的时间必须在客户点规定的时间窗内,否则客户不接受服务。

4.2.2　参数和变量定义

首先定义数学模型中的参数和变量,具体见表 4-1。

表 4-1　VRPHTW 数学模型参数/变量与说明

参数/变量名称	说　　明
V	节点集合,且 $V=\{0,1,\cdots,n\}$,0 为配送中心,1,2,…,n 为客户节点
R	客户节点集合,$R=\{1,2,\cdots,n\}$
K	车辆集合
α	单位运输距离的运输成本
β	单位车辆启用成本
Q	车辆的载重能力
v	车辆的平均行驶速度
c_{ij}	节点 i 和节点 j 间的距离
q_i	客户节点 i 的需求量
s_i	客户节点 i 的服务时长
w_i	客户节点 i 的等待时长
$[e_i,l_i]$	客户节点 i 的时间窗,e_i,l_i 分别为车辆最早和最迟开始服务的时间
P_1	车辆早到的单位时间惩罚系数

续上表

参数/变量名称	说　明
P_2	车辆迟到的单位时间惩罚系数
t_{ik}	决策变量,车辆到达客户节点 i,并为其开始服务的时刻
x_{ijk}	决策变量,当车辆 k 服务完节点 i 后服务节点 j 时取 1,否则取 0
y_{ik}	决策变量,车辆为客户 i 提供服务时取 1,否则取 0

4.2.3 相关函数与约束条件

1. 时间窗惩罚函数

硬时间窗约束可以从惩罚函数的角度描述:图 4-1 中,横坐标 t 表示时间,纵坐标 $P(i)$ 表示因车辆早到或延误而产生的惩罚费用,$[e_i,l_i]$为客户 i 规定的时间窗,e_i为客户 i 允许的最早服务时间点,l_i为客户 i 规定的最晚服务时间点。如果车辆没有在时间窗内到达,则在客户点 i 会产生管理者无法接受的惩罚费用 $P(i)$,M 作为一个很大的正值,表示车辆被客户 i 拒绝服务。

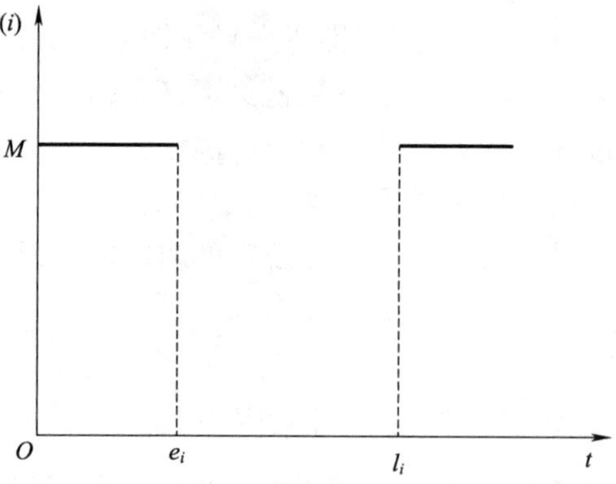

图 4-1　硬时间窗惩罚函数图

因此,硬时间窗的惩罚函数 $P(i)$ 可以表示为

$$P(i)=\begin{cases}M, & e_i>t_{ik}\text{或 }t_{ik}>l_i\\0, & e_i\leqslant t_{ik}\leqslant l_i\end{cases}$$

2. 目标函数

以车辆配送成本为优化目标,配送成本由车辆行驶费用、车辆固定费用和惩罚成本构成。运输距离变动成本是指车辆在取送货过程中随着车辆行驶里程的增加而增大的各种费用;车辆固定成本主要是指车辆的购置成本,以及与行驶距离无关的成本。因此,硬时间窗的目标函数为

$$\min F(i,j,k)=\alpha\sum_{i=0}^{n}\sum_{j=0}^{n}\sum_{k=1}^{m}c_{ij}x_{ijk}+\beta\sum_{j=1}^{n}\sum_{k=1}^{m}x_{0jk} \tag{4-1}$$

3. 约束条件

$$y_{ik}=1,\quad i\in R,k\in K \tag{4-2}$$

$$\sum_{i=1}^{n} x_{ijk} = \sum_{i=1}^{n} x_{jik}, \quad j \in R, i \neq j, k \in K \tag{4-3}$$

$$\sum_{j=1}^{n} x_{jik} \leqslant M y_{ik}, \quad i \in R, i \neq j, k \in K \tag{4-4}$$

$$y_{ik} \leqslant M \sum_{j=1}^{n} x_{jik}, \quad i \in R, i \neq j, k \in K \tag{4-5}$$

$$s_i + t_{ik} + w_i + M(x_{ijk} - 1) = t_{jk}, \quad i, j \in R, i \neq j, k \in K \tag{4-6}$$

$$e_i \leqslant t_{ik} \leqslant l_i, \quad i \in R, k \in K \tag{4-7}$$

$$\sum_{i=1}^{n} y_{ik} q_i \leqslant Q, \quad k \in K \tag{4-8}$$

$$x_{ijk} = \{0,1\}, \quad i, j \in R, i \neq j, k \in K \tag{4-9}$$

$$y_{ik} = \{0,1\}, \quad i \in R, i \neq j, k \in K \tag{4-10}$$

$$t_{ik} \geqslant 0, \quad i, k \in K \tag{4-11}$$

式(4-1)表示物流配送运输成本与车辆固定成本之和(总成本)最少;式(4-2)表示一个客户点只能接受一辆车的访问,且仅能被访问一次;式(4-3)表示流平衡;式(4-4)和式(4-5)限制客户点被服务时一定有弧与之相连;式(4-6)表示每个客户节点间的时间递推关系;式(4-7)表示车辆访问客户点的时间必须在该客户点规定的时间窗内;式(4-8)表示路线上的客户需求总量不得超过负责该条路线车辆的最大装载量;式(4-9) ~ 式(4-11)为决策变量的取值约束。

4.3　带软时间窗约束的车辆路径问题及建模

带软时间窗约束的车辆路径问题(VRPSTW)针对一些客户愿意放宽时间要求的具体问题,可以对时间窗约束进行松弛,引入惩罚函数来描述车辆到达时刻偏离时间窗的程度,即为软时间窗车辆路径问题[6]。带软时间窗约束的车辆路径问题可以描述为:以车辆配送成本为优化目标,一个配送中心中若干数量的车辆为一定数量的客户点提供配送服务,所有客户点各自有一定数量的需求和货物送达的期望时间窗,配送车辆需要在满足客户需求的同时,尽量在客户时间窗内提供服务,如果车辆早于客户期望的最早开始服务时间点到达,则需支付相应的早到惩罚成本;如果车辆晚于客户期望的最晚开始服务时间点到达,则会产生相应的晚到惩罚成本[7]。

4.3.1　模型假设

在建立 VRPSTW 数学模型前,做出如下假设:

(1)配送车辆提供送货服务。

(2)客户数量及每个客户的需求和位置信息是不变且已知的,每个客户的需求量不超过单个车辆的最大载重量限制。

(3)调用的车辆数量不超过配送中心拥有的最大车辆数。

(4)客户的需求不可拆分,每个客户只能由一辆车服务一次,且当次服务满足客户需求。
(5)每条配送路线上的客户需求总量不超过负责该条路线车辆的最大装载量。
(6)不考虑车辆行驶过程中的突发状况和环境因素。
(7)所有被调配的车辆始终点都是配送中心。
(8)车辆可以提前或延后到达客户点进行服务。

4.3.2 相关函数与约束条件

1. 时间窗惩罚函数

惩罚费用与车辆提前或延误的时间长短成正相关软时间窗的惩罚函数如图 4-2 所示,横坐标 t 表示时间;纵坐标 $P(i)$ 表示惩罚费用;$[e_i, l_i]$ 为客户 i 规定的时间窗;e_i 为客户 i 允许的最早服务时间点;l_i 为客户 i 规定的最晚服务时间点。

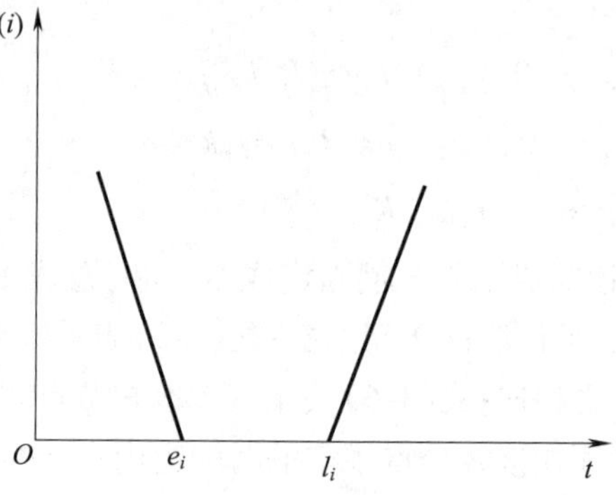

图 4-2　软时间窗惩罚函数

因此,软时间窗的惩罚函数 $P(i)$ 可表示为

$$P(i)=\begin{cases} p_1(e_i-t_{ik}), & e_i>t_{ik} \\ 0, & e_i\leqslant t_{ik}\leqslant l_i \\ p_2(l_i-t_{ik}), & t_{ik}>l_i \end{cases}$$

2. 目标函数

以车辆配送成本为优化目标,配送成本由车辆行驶费用、车辆固定费用和惩罚成本构成。运输距离变动成本是指车辆在取送货过程中随着车辆行驶里程的增加而增大的各种费用;车辆固定成本是指随着运输过程中车辆使用数量的增多而增加的成本。因此,软时间窗的目标函数为

$$\min F(i,j,k) = \alpha\sum_{i=0}^{n}\sum_{j=0}^{n}\sum_{k=1}^{m} c_{ij}x_{ijk} + \beta\sum_{j=1}^{n}\sum_{k=1}^{m} x_{0jk} + \sum_{i=1}^{n}P(i) \tag{4-12}$$

3. 约束条件

$$y_{ik}=1,\quad i\in R,k\in K \tag{4-13}$$

$$\sum_{i=1}^{n} x_{ijk} = \sum_{i=1}^{n} x_{jik},\quad j\in R,i\neq j,k\in K \tag{4-14}$$

$$\sum_{j=1}^{n} x_{jik} \leqslant M y_{ik}, \quad i \in R, i \neq j, k \in K \tag{4-15}$$

$$y_{ik} \leqslant M \sum_{j=1}^{n} x_{jik}, \quad i \in R, i \neq j, k \in K \tag{4-16}$$

$$s_i + t_{ik} + w_i + M(x_{ijk} - 1) = t_{jk}, \quad i,j \in R, i \neq j, k \in K \tag{4-17}$$

$$P(i) = p_1 \max\{e_i - t_{ik}, 0\} + p_2 \max\{t_{ik} - l_i, 0\}, \quad i \in R, k \in K \tag{4-18}$$

$$\sum_{i=1}^{n} y_{ik} q_i \leqslant Q, \quad k \in K \tag{4-19}$$

$$x_{ijk} = \{0,1\}, \quad i,j \in R, i \neq j, k \in K \tag{4-20}$$

$$y_{ik} = \{0,1\}, \quad i \in R, i \neq j, k \in K \tag{4-21}$$

$$t_{ik} \geqslant 0, \quad i,k \in K \tag{4-22}$$

式(4-13)表示一个客户点只能接受一辆车的访问,且仅能被访问一次;式(4-14)表示流平衡;式(4-15)和式(4-16)限制客户点被服务时一定有弧与之相连;式(4-17)表示每个客户节点间的时间递推关系;式(4-18)计算了客户点上的时间窗惩罚量;式(4-19)表示路线上的客户需求总量不得超过负责该条路线车辆的最大装载量;式(4-20)~式(4-22)为决策变量的取值约束。

4.4 带模糊时间窗约束的车辆路径问题及建模

带模糊时间窗的车辆路径问题(vehicle routing problem with fuzzy time windows, VRPFTW)可以描述为:在配送系统中,存在一个配送中心,该配送中心拥有若干数量的同类型配送车辆为若干有配送需求的客户提供配送服务;该配送系统中的客户需求是已知的,并且每个客户会给出一个期望时间窗和一个最大容忍时间窗,若车辆在期望时间窗内开始服务,则不产生惩罚费用;若超出期望时间窗但在最大容忍时间窗内,则根据时间长短产生惩罚费用;若超出最大容忍时间窗,则客户拒绝接受服务;通过制定合理的车辆配送路线,满足所有客户的配送需求和时间要求的同时,实现车辆配送成本最小化[8]。

4.4.1 模型假设

在建立 VRPHTW 数学模型之前,做出如下假设。

(1)配送车辆只提供送货服务。

(2)客户数量及每个客户的需求和位置信息是不变且已知的,每个客户的需求量不超过单个车辆的最大装载量。

(3)调用的车辆数量不超过配送中心拥有的最大车辆数。

(4)客户的需求不可拆分,每个客户只能由一辆车服务一次,且当次服务满足客户需求。

(5)每条配送路线上的客户需求总量不超过负责该条路线车辆的最大装载量。

(6)不考虑车辆行驶过程中的突发状况和环境因素。

(7)所有被调配的车辆始终点都是配送中心。

(8)车辆可以提前或延后到达客户点进行服务,但不得超过客户的最大容忍时间窗。

4.4.2 相关函数与约束条件

1. 时间窗惩罚函数

如图 4-3 所示,横坐标 t 表示时间;纵坐标 $P(i)$ 表示惩罚费用;M 表示一个很大的正数;e_i 为客户 i 期望车辆最早开始服务的时刻;l_i 为客户 i 期望车辆最晚开始服务的时刻;E_i 为客户 i 能容忍的最早开始服务时刻;L_i 为客户 i 能容忍的最晚开始服务时刻。

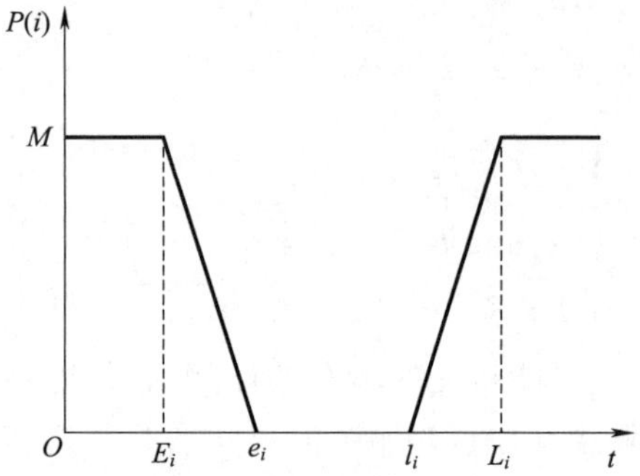

图 4-3　模糊时间窗惩罚函数

模糊数时间窗的惩罚函数可以表示为

$$P_H(i)=\begin{cases}M, & E_i>e_i\\ p_1(e_i-t_{ik}), & E_i\geqslant e_i>t_{ik}\\ 0, & e_i\leqslant t_{ik}\leqslant l_i\\ p_2(l_i-t_{ik}), & L_i\geqslant t_{ik}>l_i\\ M, & L_i<t_{ik}\end{cases}$$

2. 目标函数

以车辆配送成本为优化目标,配送成本由车辆行驶费用、车辆固定费用和惩罚成本构成。运输距离变动成本是指车辆在取送货过程中随着车辆行驶里程的增加而增大的各种费用;车辆固定成本是指随着运输过程中车辆使用数量的增多而增加的成本。因此,模糊时间窗的目标函数为

$$\min F(i,j,k)=\alpha\sum_{i=0}^{n}\sum_{j=0}^{n}\sum_{k=1}^{m}c_{ij}x_{ijk}+\beta\sum_{j=1}^{n}\sum_{k=1}^{m}x_{0jk}+\sum_{i=1}^{n}P(i) \tag{4-23}$$

3. 约束条件

$$y_{ik}=1,\quad i\in R,k\in K \tag{4-24}$$

$$\sum_{i=1}^{n}x_{ijk}=\sum_{i=1}^{n}x_{jik},\quad j\in R,i\neq j,k\in K \tag{4-25}$$

$$\sum_{j=1}^{n}x_{jik}\leqslant My_{ik},\quad i\in R,i\neq j,k\in K \tag{4-26}$$

$$y_{ik} \leqslant M\sum_{j=1}^{n} x_{jik},\ i \in R, i \neq j, k \in K \tag{4-27}$$

$$s_i + t_{ik} + w_i + M(x_{ijk} - 1) = t_{jk},\quad i,j \in R, i \neq j, k \in K \tag{4-28}$$

$$E_i \leqslant t_{ik} \leqslant L_i,\quad i \in R, k \in K \tag{4-29}$$

$$P(i) = p_1 \max\{e_i - t_{ik}, 0\} + p_2 \max\{t_{ik} - l_i, 0\},\quad i \in R, k \in K \tag{4-30}$$

$$\sum_{i=1}^{n} y_{ik} q_i \leqslant Q,\quad k \in K \tag{4-31}$$

$$x_{ijk} = \{0,1\},\quad i,j \in R, i \neq j, k \in K \tag{4-32}$$

$$y_{ik} = \{0,1\},\quad i \in R, i \neq j, k \in K \tag{4-33}$$

$$t_{ik} \geqslant 0,\quad i,k \in K \tag{4-34}$$

式(4-24)表示一个客户点只能接受一辆车的访问,且仅能被访问一次;式(4-25)表示流平衡;式(4-26)和式(4-27)限制客户点被服务时一定有弧与之相连;式(4-28)表示每个客户节点间的时间递推关系;式(4-29)表示车辆访问客户点的时间必须在该客户点规定的最大容许时间窗内;式(4-30)计算了客户点上的时间窗惩罚量;式(4-31)表示路线上的客户需求总量不得超过负责该条路线车辆的最大装载量;式(4-32)~式(4-34)为决策变量的取值约束。

4.5　求解带时间窗约束的车辆路径问题的常用算法

带时间窗约束的车辆路径规划问题(VRPTW)因其应用广泛性和重要经济价值性,吸引了大量学者的深入研究,该类问题求解算法的研究一直是重点和难点。求解 VRPTW 的算法大致可分为精确算法、启发式算法和元启发式算法三类。使用精确算法可以求得最优解,但仅限于求解中小规模的车辆路径问题,原因是精确算法的计算时间会随着问题规模的扩大呈指数增长。因此,当求解大规模 VRPTW 问题时,研究者一般使用启发式算法或元启发式算法来寻找问题的满意解或近似最优解。VRPTW 常用求解算法分类如图 4-4 所示。

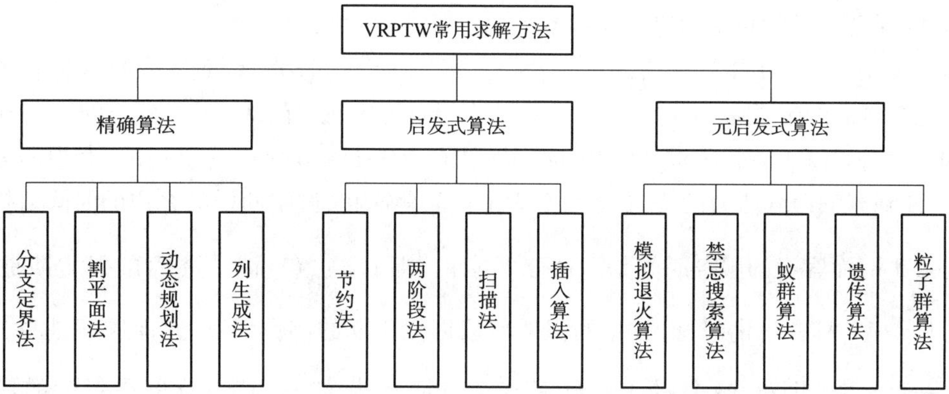

图 4-4　VRPTW 常用求解算法分类

常见的精确算法有分支定界算法、动态规划算法、割平面法以及列生成算法等。但由于精确算法的计算量会随问题规模的扩大而呈指数增长，且问题适应性较差，只能用于求解小规模的特定问题，实际应用范围有限。

启发式算法又称经典启发式算法，是相对于精确算法被提出的，该类算法不能得到精确的最优解，而是在可行域中搜索满意解或近似最优解。常见的启发式算法有节约算法、两阶段算法、扫描算法和插入算法。

元启发式算法主要是指一类通用的启发式算法。这类算法的各种具体实现方式是相对独立提出的，相互之间有一定的区别。常见的元启发式算法有：模拟退 火算法、禁忌搜索算法、蚁群算法、遗传算法和粒子群算法。上述几种常见的元启发式算法在车辆路径优化领域得到了广泛应用和深入研究，每种算法都具有自身的优势，也存在一些不足之处。几种元启发式算法的性能对比见表4-2。

表4-2　几种元启发式算法的性能对比

算法名称	优　缺　点	适　应　性
模拟退火算法	可以跳出局部最优，但收敛速度慢	对既有的路径做改进
禁忌搜索算法	能够充分利用现有搜索数据，跳出局部最优	适合求解较小规模的问题
蚁群算法	具有并行性、全局搜索能力，易于与其他启发式算法相结合，但缺乏初期信息，搜索速度慢，易陷入局部最优	适合复杂的优化问题
遗传算法	并行性、鲁棒性强	适合复杂多目标优化问题
粒子群算法	计算规则简单、收敛速度快	适用于大规模的优化问题

4.6　带时间窗约束的车辆路径问题应用案例

VRPTW 有着广阔的应用前景和研究价值，现实生活中的许多组合优化问题可转化为车辆路径问题实现求解。

本节展示了带时间窗的车辆路径问题在生鲜食品配送中的应用案例[9]。所建SVRPTW模型是在考虑生鲜食品配送过程中的随机性的基础上，获得最优配送路径、载货量、车辆安排以及从配送中心配送生鲜食品的出发时间。目的是使车辆调度的固定成本、运输成本、货损成本、能耗及违反时间窗的违约成本达到最小。

本案例使用了一个矩形网格，一个仓库坐落于坐标系(0,0)，代表着安排车辆将餐盒配送到本地零售商的配送中心。案例的对象是50 km^2的区域，包括50个客户的一些随机特性，如地点、时间窗约束和需求；客户的时间窗在6:20—11:00之间随机选取，客户的需求范围在10件到车辆运载能力的25%之间。为了使问题简化，假定同样的客户的时间窗持续时间均为1.5 h，而客户的服务时间是取决于需求的，即$u_i=\frac{d_i}{20}$(min)。餐盒的保质期是24 h，温度要求是18 ℃。简化起见，餐盒的保质率根据保质期的倒数估算，此保质期是在合适温度下的一个常数；此外，概率累计函数$F(\cdot)$可以简化为$\frac{\Delta y}{1\ 440}$，其中分母是餐盒的保质期(min)。本节进一步假设因车厢门打开而导致的食物腐坏率是因运输时间而导致的2倍，即

$G(d_i)=\frac{u_i}{1\ 440}=\frac{d_i}{28\ 800}$。总配送成本方程的参数的基础值,时间窗约束根据采访配送中心的管理者而得到。物流配送优化相关参数的初始值见表 4-3。

表 4-3　参数初始值

符　　号	定　　义	初　始　值
τ	平均车速/(km/h)	30
f^l	车辆固定成本(元/车)	75 000
P	物品单位成本(元/单位)	50
$\bar{q}$	每小时能源成本(元/h)	30
K^l	车辆容载(物品数)	300
$F(\cdot)$	$f(y)$的累积概率密度函数	$\frac{\Delta y}{1\ 440}$
$G(d_i)$	打开车门的变质率	$\frac{d_i}{28\ 800}$
p	A′路径拥堵的概率	0.5
β_0		1/100
β_1		1/100
β_2		1/120
μ	餐盒的保质期/h	24

为了进行对比,此处引入未考虑能耗、货损成本的传统 VRPTW 问题,为了选择最优配送路径,其中设三个权重集为$(\delta_1,\delta_2,\delta_3)=(0.5,0.5,0),(0.4,0.4,0.2),(0.3,0.3,0.4)$来观察关键参数的变量对最优解的影响。表 4-4 展示了分别考虑了确定性运输时间和随机运输时间的基本模型的解,结合模型,能耗与货损成本能影响可变的δ_3的值。总货损成本分为:(1)由于运输导致的货损成本;(2)由打开车厢门导致的货损成本。

表 4-4 通过总配送成本的百分比比较了不同的成本。总的货损成本占有最高的百分比 33%,而因运输导致的货损成本占 29%,因打开车厢门导致的货损成本占 4%。货损成本和能耗成本占百分比之和为 37%。参数δ_3代表了管理者在规划路径中,考虑到配送顺序,对客户的时间窗约束加的权重。δ_3的值越大,需要的车辆越少,车辆的固定成本也越低。如果不考虑时间窗的顺序,即$\delta_3=0$,则需要更多的车,而因运输导致的货损成本会比δ_3值更大,因此在货损成本和安排车辆的总成本之间存在权衡。一个合适的δ_3值不仅反映了时间窗约束对服务客户的顺序的影响,也导致总配送成本更低。$\delta_3=0.15$,$(\delta_1,\delta_2,\delta_3)=(0.4,0.4,0.2)$分别使得考虑了能耗和货损成本与未考虑能耗和货损成本的确定性模型的总配送成本最低。

传统的 VRPTW 问题没有考虑能耗、货损成本,安排车辆的运输成本及固定成本便成为总配送成本的最关键影响因素。而应用了本节所提出的模型后,显示出总能耗和货损成本在总成本中占了一个较大的比重,即 37%,意味着对配送路径使用传统的 VRPTW 问题的解并非最优。此外,使用未考虑能耗和货损成本的平均总配送成本为 15 440 元,比考虑了这些因素的模型的平均总配送成本 15 116 元更高。对于均考虑了能耗和货损成本,运输时间分别为确定的和随机的模型之间的比较,得出随机运输时间模型的总配送成本更高。这意味着时间窗约束更加苛刻,在运输时间不确定的情况下,需要更多的车辆来满足客户的需求。使用随机运输时间的模型的库存,能量和运输成本均比使用确定运输时间的模型高。

表 4-4　硬时间窗下的基本模型结果(单位:元)

参数			货损成本		能耗	运输成本	车辆固定成本	总配送成本
			①	②				
确定的运输时间	考虑了食物损失及能耗	$\delta_3=0$	3 600	500	549	1 530	9 000	15 180
		$\delta_3=0.15$	4 100	550	556	1 557	8 250	14 963
		$\delta_3=0.3$	5 050	450	568	1 639	7 500	15 206
	未考虑食物损失及能耗	$(\delta_1,\delta_2,\delta_3)=(0.5,0.5,0)$	3 550	550	585	1 597	9 000	15 281
		$(\delta_1,\delta_2,\delta_3)=(0.4,0.4,0.2)$	4 350	650	624	1 397	8 250	15 270
		$(\delta_1,\delta_2,\delta_3)=(0.3,0.3,0.4)$	5 550	650	512	1 557	7 500	15 769
随机的运输时间		$\delta_3=0.15$	5 350	500	708	1 750	9 000	17 308
总配送成本占总承包的百分比			33%	4%	10%	53%	100%	

表 4-5 是带软时间窗修正模型的仿真结果。可以看出软时间窗模式下,因违反了时间窗约束导致的罚金上涨了。在表 4-4 中,$\delta_3=0.15$ 下使用软时间窗的车辆固定成本会更低,这表明放宽时间约束要求的配送车辆更少。而延迟配送可能会导致更高的货损成本。考虑了时变性的运输和温度,考虑在不同时间段的方程变量的影响,因此总配送成本及库存,能力和运输成本均比没有考虑时变性的运输和温度低。表 4-5 同样展示了软时间窗下考虑了时变性的温度和运输时间的模型的车辆路径的服务客户的次序与每辆车的成本组成。配送者违反了十个客户的时间窗,需缴纳一定的罚金,即 178 元;这表明大部分客户能容忍违反其时间窗。VRPSTW 能够在某些硬时间窗模型不适用的情况下使用。紧缩的时间窗和小型车队可能导致不能按时满足所有客户的需求。

表 4-5　带有软时间窗修正模型的仿真结果(单位:元)

参数	货损成本		能耗	罚金成本	运输成本	车辆固定成本	总配送成本
	①	②					
修正模型 a	5 050	450	619	103	1 834	7 500	15 453
修正模型 b	4 500	500	538	178	1 426	6 750	13 713
路径序列							
0→35(16)→40(26)→1(56)→30 *(32)→24(14)→50(42)→10(21)→49(24)→46(13)→23(35)→0	600	50	67	16	184	750	1 651
0→32(54)→5(43)→42(27)→28(49)→25(27)→16(74)→0	750	50	63	0	168	750	1 781
0→7→0(31)	50	0	14	0	82	750	896
0→15(58)→11 *(63)→6 *(74)→12 *(46)→13(22)→36(18)→0	300	100	49	33	138	750	1 337

续上表

参 数	货损成本		能耗	罚金成本	运输成本	车辆固定成本	总配送成本
	①	②					
0→43(65)→20(60)→14＊(41)→27(36)→37(58)→26(23)→0	600	100	64	0.4	115	750	1 629
0→33(16)→31(17)→38(61)→3(31)→47(66)→2(32)→39(22)→29＊(42)→0	550	50	69	52	196	750	1 615
0→48(36)→21(50)→4＊(25)→41＊(39)→44(21)→17＊(24)→19＊(35)→0	950	50	97	76	253	750	2 100
0→18(54)→34(51)→0	200	0	48	0	105	750	1 103
0→9(67)→45(72)→22(61)→8(71)→0	500	100	66	0	186	750	1 602

注:圆括号中的数字指的是客户需求,带有“＊”的客户代表违反了该客户的时间窗要求。a为软时间窗下的模型;b为软时间窗、温度变化、运输时间变化下的模型。

在此类情况下,VRPSTW模型可能会得出某些客户不能按时被满足的解。自然,这种解不能满足硬时间窗的模型,但是至少配送者会有另一个可行解。这个可行解可以使用或者可以通过合适的时间窗来调整,为更多的甚至所有的客户提供按时服务。

参考文献

[1] DANTZING G, RAMSER J. The truck dispatching problem[J]. Management Science, 1959,10(6): 80-91.

[2] SOLOMON M M. Algorithms for the vehicle routing and scheduling problems with time window constraints [J]. Operations Research, 1987, 35(2): 254-265.

[3] KOSKOSIDIS Y A, POWELL W B, SOLOMON M M. An optimization-based heuristic for vehicle routing and scheduling with soft time window constraints[J]. Transportation Science, 1992,26(2):69-85.

[4] 李宁,邹彤,孙德宝. 带时间窗车辆路径问题的粒子群算法[J]. 系统工程理论与实践,2004(4):130-135.

[5] 吴天羿,许继恒,刘建永,等. 求解有硬时间窗车辆路径问题的改进遗传算法[J]. 系统工程与电子技术,2014,36(4):708-713.

[6] BRAYSY O, GENDREAU M. Vehicle routing problem withtime windows, Part Ⅱ: Metaheuristics[J]. TransportationScience, 2005, 39 (1) :119-139.

[7] 符卓,刘文,邱萌. 带软时间窗的需求依订单拆分车辆路径问题及其禁忌搜索算法[J]. 中国管理科学,2017,25(5):78-86.

[8] 杨翔,范厚明,张晓楠,等. 基于模糊时间窗的多中心开放式车辆路径问题[J]. 计算机集成制造系统,2016,22(7):1768-1778.

[9] HSU CI, HUNG S F, LI H C. Vehicle routing problem with time-windows for perishable food delivery [J]. Journal of Food Engineering, 2007,80(2): 465-475.

第 5 章　同时取送货的车辆路径问题

同时取送货的车辆路径问题在物流和供应链管理领域具有重要意义，它旨在通过综合考虑送货和取货任务，优化配送车辆的路线安排，以减少运输成本和时间。

本章论述同时取送货的车辆路径问题的定义、数学模型和求解算法，最后给出了相关应用案例分析，并运用两种算法进行求解和分析。通过本章内容，可基本掌握同时取送货的车辆路径问题的发展现状和应用前景，并了解该问题的未来研究方向。

5.1　问题背景

随着物流业向全球化、信息化及一体化的发展，配送在整个物流系统中的作用变得越来越重要。其中，运输线路是否合理直接影响到配送成本和效益。选取恰当的车辆路径方案，可以提高服务质量，增强客户对物流环节的满意度，因此车辆路径优化问题得到了学者和物流企业的高度关注。在配送运输中，由于配送用户多，城市交通路线比较复杂，因此，如何组成最佳路线，如何使配装和配送路线有效搭配等问题，一直是配送运输的难点。

一般描述是：对一系列给定的客户（送货点或取货点），在满足一定的约束条件下（如车辆容量限制、行驶里程限制、时间限制、顾客需求量、交发货时间等）确定合适的配送车辆行驶路线，使其从配送中心出发，依次服务每个节点，最终返回配送中心，达到路程最短、费用最少等目标。传统的 VRP 只考虑了车辆运行中单纯的送货或者单纯的取货过程，而并不能将取送过程结合起来考虑。带回程取货的车辆路径问题（VRPB）虽然考虑到了取货客户的需求，但是要求车辆必须先服务所有的送货客户后再服务取货客户，因此当车辆服务同时具有取货与送货需求的客户时会产生车辆运行路线的迂回，增加运输成本。同时，取送货的车辆路径问题（VRPSDP）是传统 VRP 的变型，是 VRPB 的延伸。相对于 VRPB，VRPSDP 没有取送货先后顺序的要求，而是将运输过程中的送货与取货过程作为一个整体进行考虑，减少了车辆运输距离，提高了企业经营效益。因此，VRPSDP 在配送中心货物配送与回收、门对门快递服务以及逆向物流领域有着广阔的应用前景和研究价值。

5.2　问题描述及其特征分析

下面首先介绍车辆路径问题的相关基本概念，如配送网络、客户、车场、车辆、行驶费用和行驶时间、优化目标等；在此基础上，对同时取送货车辆路径问题及其特征进行描述。

5.2.1　相关基本概念

在车辆路径优化时，通常会涉及配送网络、客户、车场、车辆、路径编排约束条件、行驶费用和行驶时间、优化目标等相关基本要素，相关定义介绍在第 3 章中进行了详细描述，在此不再赘述。

5.2.2　问题描述

同时取送货的车辆路径问题(VRPSDP)是带能力约束的车辆路径问题(CVRP)的扩展,该问题可以描述为图 5-1 所示的图论问题。

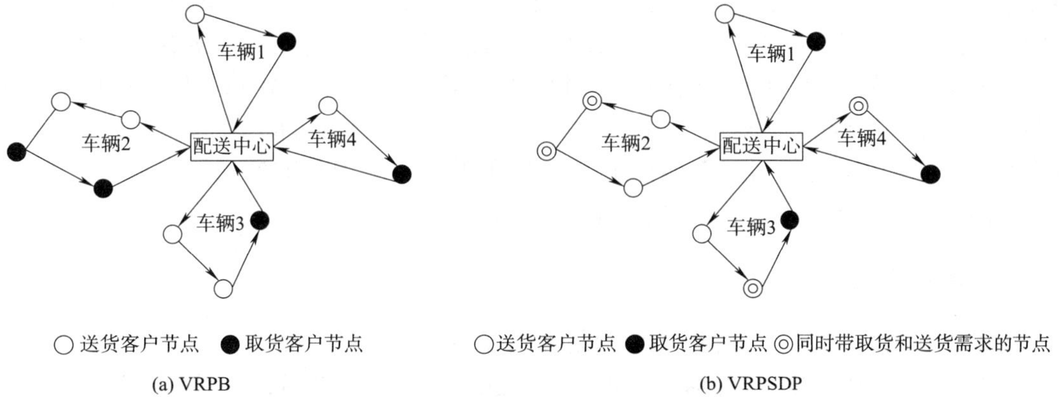

图 5-1　VRPB 和 VRPSDP 示意图

设 $G=(V,A)$ 为一个完备图,其中 $V=\{0,1,\cdots,n\}$ 为顶点集,A 是弧集。顶点 $i=1,2,\cdots,n$ 表示客户,而顶点 0 表示车场,有时车场用顶点 $n+1$ 来表示。每个客户 i 对应着两个量d_i和p_i,分别表示客户 i 的送货需求和取货需求量。每条弧对应着一个非负的费用c_{ij},表示从点 i 到点 j 的行驶费用。不失一般性,将弧$(i,j)\in A$ 的费用c_{ij}定义为顶点 i 和 j 的两点间的欧几里得距离。易知费用矩阵是对称的,并满足三角不等式$c_{ik}+c_{kj}\geqslant c_{ij}$,$\forall i,j,k\in V$。在车场 0 备有若干辆相同类型的车辆,每辆的装载能力为 Q。为确保问题可行,对每个客户 i,$d_i\leqslant Q$ 且 $q_i\leqslant Q$。每辆车最多只能执行一条线路上的送货任务。在每个客户点 i 规定送货作业先于取货作业进行,即先卸后装。因此,车辆在到达某一指定地点之前的当前负载,等于初始负载减去所有已卸载送货量,加上所有已装载取货量。VRPSDP 是求一个具有最小总费用的若干简单回路组成的集合,其中每个回路对应于一条车辆行驶线路,总费用定义为回路上各条弧的费用之和,并满足以下四个条件:

(1)每个回路从车场出发并返回车场。

(2)每个客户点只被一辆车服务。

(3)每个客户点只被访问一次。

(4)全程运输过程中,车辆的当前负载必须保持非负且不超过车辆装载能力。

带回程运输的 VRP(VRPB)和 VRPSDP 的区别特征在于客户和路径编排中的限制条件。在 VRPB 中,客户集 $V\backslash\{0\}$ 按照不同需求被分为去程送货客户子集 L 和回程取货客子集 B,且当线路上同时存在这两种客户时,要求所有去程送货客户必须在所有回程取货客户之前得到服务。与 VRPB 相比,VRPSDP 没有送货客户点先于取货客户点服务这一限制条件,因此路径选择方案更为复杂。此外,当$p_i=0$ 或$d_i=0$ 时,VRPSDP 转化成一般的 CVRP。VRPSDP 是 CVRP 的特殊情形,属于 NP-hard 问题。

5.3 数学模型

VRPSDP 可以描述如下:有 n 个客户节点$(1,2,\cdots,n)$,客户节点 i 的取货需求量为p_i,送货需求量为d_i。配送中心派出载重量为 C 的若干车辆来承运,将配送中心的货物运往各有送货需求的客户节点,同时将带取货需求的客户的货物运回配送中心。所有的车辆要求必须从配送中心出发,最后回到配送中心。当车辆不能满足客户的送货和取货需求时,或无法满足负载约束等限制时,即返回货物中心,直到服务完所有客户为止。已知$d_i \leqslant Q$ 且 $q_i \leqslant Q$,每个客户只能被一辆车服务且只能被服务一次,目标是在满足所有客户取送货需求以及车辆负载能力的约束条件下找出成本最小的优化路线。

5.3.1 模型假设

为了将现实的 VRPSDP 抽象为数学模型,需要建立如下假设:

(1)只有一个配送中心,每辆车都从配送中心出发,完成任务后又回到配送中心。

(2)配送及回收的货物可以混装。

(3)每个客户节点的需求量(包括送货需求量和取货需求量)已知。

(4)任一客户必须得到服务且只能被服务一次。

(5)每辆车辆的载重能力为已知且相同。

(6)每个客户的具体位置已知,即各客户节点之间以及客户与配送中心之间的距离已知。

(7)每个客户只能由一辆车服务,且每辆车只服务一条路线。

(8)在客户节点可以同时完成取货和送货任务。

(9)各客户的货物取送需求均不超过车辆的载重能力。

5.3.2 参数和变量定义

通过对 VRPSDP 的描述和基本假设,进行参数和变量的定义,见表 5-1。

表 5-1 VRPSDP 数学模型参数和变量定义与说明

参数/变量名称	说明
V	节点集合,且 $V=\{0,1,\cdots,n\}$,0 为配送中心,$1,2,\cdots,n$ 为客户节点
R	客户节点集合,$R=\{1,2,\cdots,n\}$
K	车辆集合
α	单位运输距离的运输成本
β	单位车辆启用成本
Q	车辆的载重能力
c_{ij}	节点 i 和节点 j 间的距离
p_i	客户节点 i 的取货需求量
d_i	客户节点 i 的送货需求量
x_{ijk}	决策变量,当车辆 k 服务完节点 i 后服务节点 j 时取 1,否则取 0
y_{ijk}	决策变量,车辆 k 由节点 i 至节点 j 时的货物载重

5.3.3 优化模型

1. 优化目标

以车辆运输总成本最小为例,其中,成本包括运输距离变动成本和车辆启用数量变动成本。运输距离变动成本是指车辆在取送货过程中随着车辆行驶里程的增加而增大的各种费用;车辆启用数量变动成本是指随着运输过程中车辆使用数量的增多而增加的成本。

$$\min F(i,j,k) = \alpha \sum_{i=0}^{n} \sum_{j=0}^{n} \sum_{k=1}^{m} c_{ij} x_{ijk} + \beta \sum_{j=1}^{n} \sum_{k=1}^{m} c_{ij} x_{0jk} \tag{5-1}$$

2. 约束条件

$$\sum_{i=1}^{n} \sum_{k=1}^{m} x_{ijk} = 1, \quad i,j \in R, i \neq j \tag{5-2}$$

$$y_{ijk} \leqslant Q x_{ijk}, \quad i,j \in R, i \neq j, k \in K \tag{5-3}$$

$$\sum_{j=1}^{n} y_{0jk} = \sum_{i=0}^{n} \sum_{j=1}^{n} d_i x_{ijk}, \quad i,j \in R, i \neq j, k \in K \tag{5-4}$$

$$\sum_{i=1}^{n} y_{i0k} = \sum_{i=0}^{n} \sum_{j=1}^{n} p_i x_{ijk}, \quad i,j \in R, i \neq j, k \in K \tag{5-5}$$

$$\sum_{i=0}^{n} y_{ijk} + (p_i - d_i) \sum_{i=0}^{n} x_{ijk} = \sum_{i=0}^{n} y_{jik}, \quad i,j \in R, i \neq j, k \in K \tag{5-6}$$

$$\sum_{j=1}^{n} y_{0jk} \leqslant Q x_{ijk}, \quad i,j \in R, i \neq j, k \in K \tag{5-7}$$

$$\sum_{i=1}^{n} y_{i0k} \leqslant Q x_{ijk}, \quad i,j \in R, i \neq j, k \in K \tag{5-8}$$

$$x_{ijk} = \{0,1\}, \quad i,j \in R, i \neq j, k \in K \tag{5-9}$$

$$y_{ijk} \geqslant 0, \quad i,j \in R, i \neq j, k \in K \tag{5-10}$$

约束条件式(5-2)表示每个客户节点都要被服务且只被访问一次;约束条件式(5-3)表示车辆在任意点的装载量不能超过车辆载重的最大限度;约束条件式(5-4)表示车辆从配送中心出发时的载重量为该车在本次配送路线中各送货节点的送货需求量总和;约束条件式(5-5)表示车辆完成各节点服务任务后回到配送中心时的载重量为该车在本次配送路线中各取货节点的取货需求量总和;约束条件式(5-6)表示车辆在任意点的载重量满足在该点取货需求量与送货需求量代数求和的恒等式关系;约束条件式(5-7)表示车辆出发时的载重量不大于车辆的载重限制;约束条件式(5-8)表示车辆回到配送中心时的载重量不大于车辆的载重限制;约束条件式(5-9)和式(5-10)限制了决策变量的取值范围。

5.4 求解算法

VRPDP 是一个 NP-hard 问题,只有在需求点数和路段数较少时才有可能寻求其精确解。因此,如何针对车辆路径问题的特点,构造运算简单、寻优性能优异的大规模问题算法,对于配送系统及可转化为车辆路径问题求解的组合优化问题具有十分重要的意义。

5.4.1 启发式算法

1. 插入算法

插入算法是指通过第 k 步迭代,将第 k 个节点插入路线中。算法的关键在于确定在第 $k+1$ 步可以被插入路线中的点以及该点的最佳插入位置。因此,该算法由两个关键部分组成:第一部分是节点选择阶段,即确定下一步被插入路线中的客户节点;第二部分是路径插入阶段,即确定所选择的客户节点在路线中的最佳插入位置。根据不同的节点选择规则,可以得到不同的插入算法。比如,最短距离插入算法(nearest insertion)选择离路线中的任意一点距离最短的点插入路线中;最低耗费插入算法(cheapest insertion)选择插入后子路线费用最低的点插入路线中。

2. 节约算法

节约算法是最为经典的构造型启发式算法之一。该算法由 Clark 和 Wright 在 1964 年提出,通常简称为 C-W 算法。该算法的思想是:根据客户点之间连接可以节省的距离(节约值)最大的原则,将不在线路上的客户点依次插入路线中,直到所有的点都被安排进路线为止。根据不同的模型可以对节约值进行不同的定义,以辅助求得相应模型的较优解。C-W 算法中对节约值的定义为 $s(i,j)=c_{i0}+c_{0j}-c_{ij}$,即依次服务 i 和 j 比分开单独服务 i 和 j 可以节省的值算法开始时,以所有客户节点均采用直接往返的送货方式作为初始可行安排,然后计算任意两个节点的节约量 $s(i,j)$,并将节约量按由大到小的顺序进行排列,在初始安排的基础上进行调整。如果两个客户节点连接后线路的货运量之和不超过车辆的载重限制,则连接该两个客户节点并寻找剩下节点中与该两个节点之间节约量最大的点,重复上述操作;如果所在线路的货运量之和超过了车辆载重的限制,则不连接该两个客户节点,转而判断节约量稍小的另外两个客户节点之间能否连接,重复上述步骤直到没有路线可进一步合并为止。

3. 扫描算法

扫描算法由 Gillett 和 Miller 于 1974 年提出。该算法的思想是:在地理平面上建立极坐标,以仓库作为坐标中心,确定所有需求点的极坐标,将所有节点按照极坐标角的大小进行排序。接着,自配送中心开始向任意一个方向外画一条直线,并沿着顺时针(逆时针)方向进行旋转,与某一个客户节点 i 产生相交。判断在该线路上增加该节点 i 是否满足车辆的载重限制,如果满足则将该点加入当前路线中,继续旋转直线寻找下一个客户节点 j,并再次累加计算节点 j 的货运量是否满足车辆的载重限制,重复上述过程,直到当前路线运输量超过车辆载重限制;如果客户节点 i 的需求量超过车辆载重的限制,则剔除该节点,并在剩余客户节点旋转直线选择新的节点,直到所有节点均被安排在不同的路线中。

5.4.2 元启发式算法

1. 禁忌搜索算法

禁忌搜索(TS)的思想由 Glover 于 1986 年提出,是拟人类智力过程的一种全局逐步寻优算法。TS 的基本思想是给定一个当前解(初始解)和候选解产生函数(邻域结构),然后在当前解的邻域中确定若干候选解。若最佳候选解对应的目标值优于目前为止搜索到的“最好解”(best-so-far),则忽视其禁忌特性,用其替代当前解和“最好解”。若不存在上述候选解,则在候选解集中选择非禁忌的最佳候选解为新的当前解，而无视它与当前解的优劣。两种情况下都将相应的对象加入禁忌表，并修改禁忌表中各对象的任期。重复上述迭代搜索过程，直到满足停止准则。禁忌搜索算法流程图如图 5-2 所示。

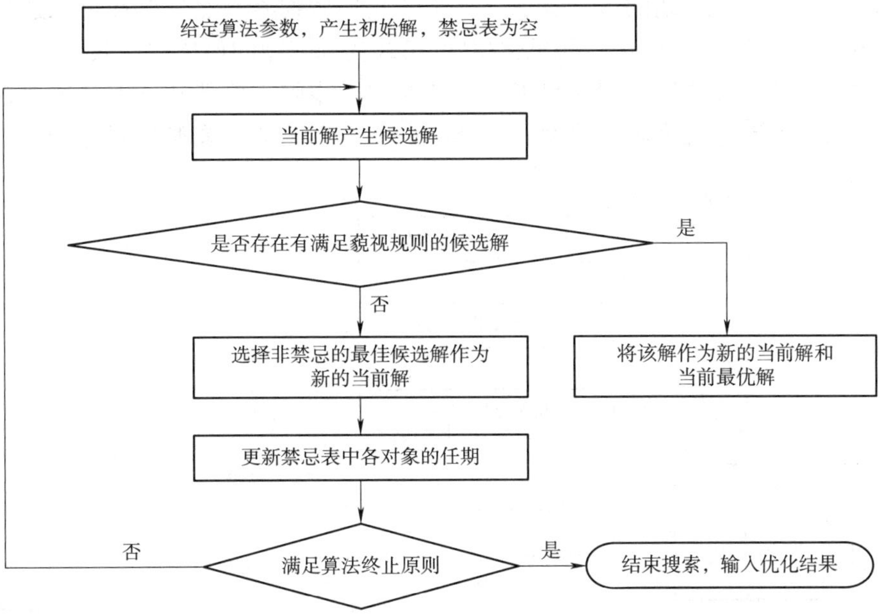

图 5-2　禁忌搜索算法流程图

2. 模拟退火算法

模拟退火（SA）算法的思想是 Metropolis 受到物理退火过程的启发于 1953 年提出的随机搜索方法。它通过允许在一定条件下接受恶化解，达到改进局部搜索方法、避免搜索过程陷入局部最优的目的。以最小化目标函数为例，SA 在由初始解开始的一系列迭代过程中重复以下步骤：按照新解产生机制由当前解x_i的邻域产生新解x_j，并计算相应的目标函数值，然后计算新解与当前解的目标函数值之差 $\Delta f = f(x_j) - f(x_i)$。如果 $\Delta f < 0$，则接受新解x_j作为当前解。反之，按照一定概率决定是否接受新解。这一概率通常由表达式 $\exp(-\Delta f/t)$ 计算，其中 t 为一种控制参数。迭代开始时，t 初始值为比较大的t_0，从而可以接受大多数新解，随着迭代的进行，t 逐渐衰减，恶化解被接受的概率越来越小。在每个 t 值下，进行 L 次迭代，相邻 t 值间的关系一般为$t_{i+1} = at_i$，$0 < a < 1$，当满足一定条件时，迭代过程终止。参数t_0，a，L 和终止条件称为模拟退火过程的冷却进度表，是模拟退火算法应用的关键参数。

3. 蚁群算法

蚁群算法是一种生物仿生算法，该算法是 20 世纪 90 年代由 M. Dorigo 等学者从自然界蚁群觅食行为中受到启发而提出的一种优化算法。研究发现，尽管单只蚂蚁的觅食能力有限，但整个蚁群却能够在觅食的过程中互通信息，最后发现从蚁巢到食物源的最短路径。每当蚂蚁发现一条通往食物源的路径时，它们便会在路径上释放一种“信息素”，同时它们根据信息素的浓度来决定它们的移动方向。开始时，不同路径上的信息素浓度一样；当蚂蚁沿着一条路到达终点时，它们便会原路返回。这样，短的路径上的蚂蚁来回的频率就高，信息素的浓度也自然增高，于是吸引更多的蚂蚁，散发更多的信息素，如此形成正反馈，最后越来越多的蚂蚁被吸引到较短的路径上，于是找到最佳路径。

4. 遗传算法

遗传算法(genetic algorithm,GA)是美国人 J. Holland 于 20 世纪六七十年代提出,该算法是以达尔文自然进化论与遗传变异理论为基础来求解复杂全局优化问题的仿生型算法,是一种通用的解决最优化问题的搜索算法。该算法利用生物界自然选择和自然遗传机制,以概率论为基础,在解的空间中进行随机化搜索,最终找到问题的最优解。其主要特征是群体搜索策略和群体中个体之间的信息交换。遗传算法的步骤主要涉及五大基本要素:参数编码、初始种群的设定、适应度函数的设计、遗传操作的设计和控制参数的设定,基本流程图如图 5-3 所示。

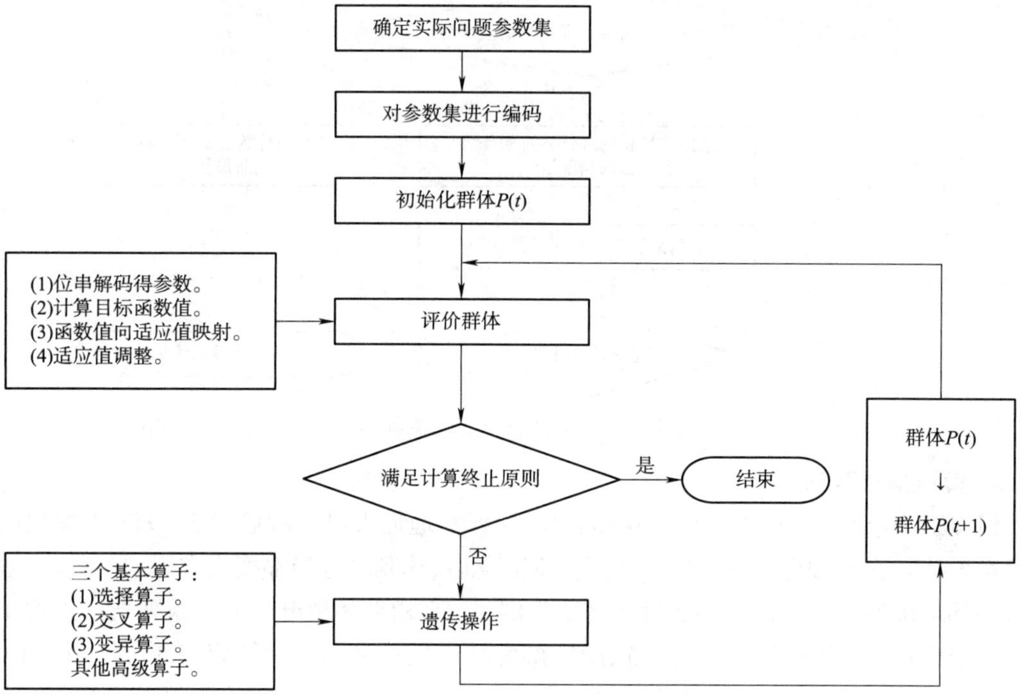

图 5-3 遗传算法基本流程图

5.4.3 算法对比

启发式算法和人工智能算法在不同应用场景下有各自的优点,下面对两类求解算法进行比较分析,见表 5-2。

表 5-2 求解算法对比

类别	基本方法	优 点	缺 点	适 用 性
启发式算法	节约算法	提高车辆利用率,可以解决大规模问题	不一定得到最优解,可以得到相对最优解	可以解决大规模问题
	插入算法	结合了节约法和最邻近法,使原问题的等待时间缩短	速度慢,得到的解并非最优解	适用于小规模问题
	扫描算法	穿插插入法,将二者有机结合起来	扫描每一个点,速度慢	适用于小规模问题

续上表

类别	基本方法	优　　点	缺　　点	适 用 性
人工智能算法	禁忌搜索	可以通过规则提高搜索效率	可能搜索到局部最优解	适用于大规模问题
	模拟退火	随机松弛技巧	搜索结果不能证是全局最优	适用于改造已有路径
	蚁群算法	鲁棒性强,易于与其他方法结合	需要不断调整变量和较长的搜索时间,易出现早熟现象	适用于多目标问题
	遗传算法	具有鲁棒性且全局搜索能力强,所需时间少	不保证每次搜索结果一样,容易陷入局部最优解	适用解决复杂问题

通过对比分析,可以看出不同优化算法的优缺点与适用范围。总结来说,插入算法、节约算法和扫描算法等启发式算法根据特定规则能够一次性地生成可行解,但在求解某些大规模问题时,求解过程速度较慢,且很难得到比较好的效果。因此,在实际应用中,通常将其作为初始解生成算法。人工智能算法作为近年来较为流行的求解算法,在解决大规模问题上具有不可比拟的优势,具有算法的性能相对稳定、搜索能力强、鲁棒性强以及计算效率高等特点,适用于解决 VRPSDP 的大规模优化问题。

5.5　案例分析

本节设计一个服务于 20 个客户的相关配送案例,来进一步验证上述模型及其算法的有效性。主要内容包括算例说明、算法设计(禁忌搜索算法、遗传算法)和算例结果分析。

5.5.1　算例说明

我们采用随机生成数据的方式生成该仿真算例。设某配送问题有 20 个客户,这些客户分布在 xy 坐标均为[0,20]的一个区域内,车场坐标为(14.5,13);共有 8 辆车进行配送服务,每辆车最大载重为 5 t,所有客户的需求总量为 40,要求最大路线长度不得超过 50 km,具体数据见表 5-3。为了方便测算,在算例中以最小化运输距离为优化目标。

表 5-3　算例客户数据

编号	x 坐标	y 坐标	需求量	编号	x 坐标	y 坐标	需求量
1	12.8	8.5	2	11	6.7	16.9	2
2	18.4	3.4	2	12	14.8	2.6	2
3	15.4	16.6	2	13	1.8	8.7	3
4	18.9	15.2	1	14	17.1	11	1
5	15.5	11.6	3	15	7.4	1	1
6	3.9	10.6	2	16	0.2	2.8	3
7	10.6	7.6	1	17	11.9	19.8	1
8	8.6	8.4	3	18	13.2	15.1	4
9	12.5	2.1	1	19	6.4	5.6	1
10	13.8	5.2	4	20	9.6	14.8	1

5.5.2 禁忌搜索算法设计

针对 SDVRP 的整数规划模型，设计一个两阶段启发式算法来求解：第一阶段利用启发式算法形成一个具有一定质量的初始解；第二阶段利用禁忌搜索对初始解进行优化。

1. 基于最近邻的初始解生成方法

如图 5-4 所示，基于最近邻的初始解生成方法的基本思想是：以离车场最近的点 i 为构建路线的起始点，搜索距离该点最近的点 j 作为下一个点并插入路线，然后考察车辆的载重情况。若车辆尚未满载，则继续搜索下一个最近点；若车辆正好满载，则将该路线中的点移出，并开始构建下一条路线；若车辆已超载，则将该点 j 的需求拆分，形成点 j_1 和 j_2，将包含 j_1 的路线中的点移出，以 j_2 为起始点构建新的路线，j_2 的需求为超载部分。如此循环往复，直至所有的点均包含入路线中。构架完成后，每条路线都应是满载路线，若最后一条路线尚未满载，则建立一个虚客户点，该点的需求为车辆满载量与最后一条路线已有需求之差，该虚客户点到任何一点的距离均为 0。

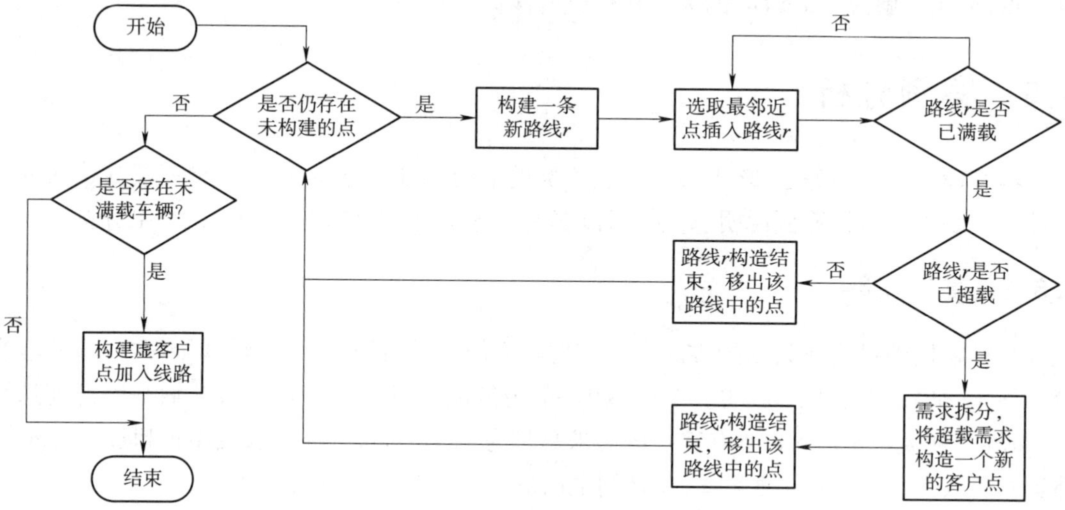

图 5-4　基于最近邻的初始解生成方法

2. 解的编码

本算法中，采用按客户点和客户需求对应排列的方式来表示解。例如，对于一个车辆载重量为 6 的问题，解为客户点排列（032401504670）、客户需求排列（031202402220），表示该解共有三条路线，其中 0 表示车场，第一条路线为 0—3（3）—（1）—4（2）—0，第二条路线为 0—1（2）—5（4）—0，第三条路线为 0—4（2）—6（2）—7（2）—0，括号内为该点在该条路线内的需求。这种排列方式在编程实现时占用计算机资源空间较少，容易实现，也利于进行邻域搜索。

3. 解的评价

解的评价主要反映两方面的内容：一是解的目标函数值，在本算例中指运输距离；二是解是否可行，在本算例中指是否违反载重约束和最大线路长度。对于违反部分，需要给予惩罚以使得搜索朝着可行方向收敛。

4. 邻域搜索算子

由于车辆满载的要求及需求拆分的存在，一般的搜索操作或不可行或可能产生过多的需求拆分而使得大量搜索到的解不可行。如果将需求分解为多个需求全为 1 的点进行操作，则计算量的急剧增加又使人难以接受。因此必须设计符合问题特点的搜索算子。

在线路间采用需求量相等的 1 对 n 点交换操作，采用该操作的目的在于既保证充分的交换来寻找更优解，又保证需求不会被过度拆分而产生大量的不可行解。具体操作描述如下：

（1）随机选择当前解 R 中的某条路线 r 上的某一点 j(j 可以是一个需求未拆分的点，也可以是需求已被拆分的点）为交换的一方，j 的需求 1 为 wr。

（2）搜索当前解 R 中的另一条路线 l，找到其中的在一个或多个连续的点，这些点的需求量之和 wl 等于 wr。

（3）将两条路线中的点进行对应交换，生成新的解 R'。

除了线路间的点交换操作有可能得到更优化的解以外，线路内的点交换位置也可能带来解的优化。因此，除了 1 对 n 点交换操作外，还利用二交换法来进行线路内的交换搜索。

5. 禁忌对象和禁忌表

禁忌搜索算法中禁忌对象指的是禁忌表中被禁忌的那些变化的元素。大多数情况下，当一个客户在同一条路线中位置变化对整个解的影响一般小于它从该路径中移出对整个解的影响，因此本算法中将客户在某个路线中作为禁忌对象。如果已将一客户从一条路线中移出，则在一定数目的迭代搜索中不允许将这一客户插回到该路线中，以减少算法设计的复杂性，并能同时提高算法的效率。

禁忌表长度也是禁忌表设计时需要考虑的关键因素。由于禁忌表执行的是先进先出的操作，因此禁忌表长度代表着被禁对象不允许被选取的迭代步数。禁忌表长度过短会导致搜索过程中出现循环，长度过长会导致太多的禁忌从而降低搜索效率。目前关于禁忌表长度还没有一套确定的理论，一般由算法设计者或使用者根据问题规模大小和禁忌对象的结构进行选择。在本算法中，禁忌表长度的确定公式为 $2\lceil \sqrt{N} \rceil$，其中 N 为客户数量。若某个处于禁忌中的解好于当前的最佳解，则将该解免禁。

5.5.3　遗传算法设计

将客户需求看作多个需求为 1 个单位的客户，这些客户之间的距离为 0，由此可以将 SDVRP 简化为一个 VRP 进行求解。需求拆分为单位客户后，遗传算法的染色体编码变得非常简单且容易编程实现，为遗传算法的设计提供了有利的条件。由于遗传算法的特点决定了它具有很好的全局搜索能力而局部搜索能力较弱，因此有必要对遗传算法得到的最终解进行进一步局部优化，从而保证最后得到的解的质量。

综上所述构造了一个两阶段启发式算法：在第一阶段利用遗传算法对问题进行求解；在第二阶段对各条路线进行路线内的优化。

1. 染色体编码

算法的染色体采用自然数编码。首先对客户点用自然数进行编号，其次将该编号在染色体中直接代表客户点。对于一条线路来说，相同编号的点的数量即表示该客户在这条路线内的需求量。染色体的长度为问题中总的需求量,从染色体的起始点开始,每相当于车辆最大载重量的点的组合表示一条线路。

例如,在一个 SDVRP 中有 6 个客户,客户的需求总量为 15,配送车辆的最大载重量为 5,该问题中有三条路线分别为 0—3(3)—2(2)—0、0—1(3)—2(1)—6(1)—0、0—5(2)—4(2)—6(1)—0,则其染色体编码如图 5-5 所示。

3	3	3	2	2	1	1	1	2	6	5	5	4	4	6

图 5-5　染色体编码

2. 初始群体生成策略

对于遗传算法来说,初始群体是进化的起点,具有非常重要的作用。由质量较高的初始解组成的初始群体产生好的进化的可能性也较大。但是,全部由较高质量的解组成的初始群体容易陷入局部收敛。因此,在生成初始群体的时候既要考虑初始解的质量,又要考虑初始解的多样性,需要做到:

(1)保证初始解的可行性。

(2)保证产生初始解的随机性。

(3)保证初始群体中的一部分解具有较好的质量。

由此,确定产生初始群体的策略如下:确定一个较好质量解在整个群体中所占的比例,在这个比例内,按最近邻插入法构建初始解;在这个比例外,按随机插入法构建初始解。

随机插入法构建初始解的过程可描述如下:

(1)开始一条新的路线,该路线内的点目前为空。

(2)随机选择一个客户点加入当前路线,比较该客户需求和当前路线的剩余载重量,若剩余载重量大于等于客户需求,则从候选客户中删除该客户,转下一步;若剩余载重量小于客户需求,则将超载需求设为该客户新的需求量,并转到第(1)步。

(3)候选客户为空则结束;否则转到第(2)步。

(4)若最后一条路线仍有剩余载重量,则构建一个虚客户,其需求量等于剩余载重量。

3. 适应度函数

在遗传算法中,适应度用于区分群体中个体好坏的标准,是算法进化过程的驱动力。评价个体适应度的一般步骤如下:

(1)个体编码进行解码处理,得到个体的表现型。

(2)由个体的表现型计算出对应个体的目标函数值或评价值。

(3)根据优化问题的类型,由目标函数值或评价值按一定的转换规则求出个体的适应度。

在遗传算法中,某些复制策略要求适应度是非负的,而且适应度越大表明个体的性能越好。因此,对于目标函数取最小的组合优化问题,在设计其适应度函数时需要将原始目标函数或评价值做适当的变换,以转化成极大化情形,并且保证适应度非负。个体的适应度取为评价值的倒数。

4. 遗传算子

遗传算子设计是遗传算法设计的核心部分,它的好坏在很大程度上决定了算法的寻优能力。遗传算子一般包括复制算子、交叉算子和变异算子,其中又以交叉算子的设计最为复杂和关键。

复制算子也称再生算子,其目的是把优化的个体直接传到下一代或通过配对交叉产生新的个体再遗传到下一代。本算法中,当所有染色体都选择完成后,找出适应度最差的染色体,用上一代中最好的染色体替代。

交叉操作也称基因重组操作,它是把两个父代个体的部分结构加以替换重组而产生新个体的操作。在本算法中采用顺序交叉方法,且要求第一双亲中被选中的子串包含完整的客户点信息。

变异操作是对染色体个体的某些基因值做变动。在本算法中采用二交换变异操作,即按变异概率选择要进行变异的第一个点,并随机在同一个染色体个体中选择另一个变异点,之后交换两点的值。

5. 最终解的路线内优化

遗传算法的特点决定了它对路线内部的优化能力较弱,尽管引入了变异操作,但在很多情况下,这一缺陷仍不能得到很好的弥补,因此有必要对最终解进行路线内的进一步优化。路线内优化相当于求解一个旅行商问题,本算法采用节约启发式算法来进行路线内优化。

节约启发式法的基本思路是:对 n 个客户生成 n 条从车场到客户的路线,计算合并任意两条路线以后可以节约的成本量,然后根据排序的结果和可行性选择节约成本值大的路线进行合并,直到无法找到更好的解。

5.5.4　算例求解结果

1. 禁忌搜索算法求解结果

算法的参数设置如下:最大迭代次数为 1 000;禁忌表长度为 15;违反路线长度的惩罚权重为 100;拆分不可行的惩罚权重为 100;运行 5 次得到算例的最优解见表 5-4。

表 5-4　禁忌搜索算法求解结果

车辆(线路)	路　径
1	0—1(2)—10(1)—12(2)—0
2	0—13(3)—6(2)—0
3	0—18(2)—11(2)—20(1)—0
4	0—18(2)—17(1)—3(2)—0
5	0—2(2)—10(3)—0
6	0—5(3)—(141)—4(1)—0
7	0—8(1)—19(1)—16(3)—0
8	0—9(1)—15(1)—8(2)—7(1)—0

得到的线路总长度为 186. 4 km,运算时间为 166 s,找到最佳解时的迭代次数为 881。

2. 遗传算法求解结果

设置算法参数如下:最大进化代数为 1 000;群体规模为 30;交叉概率为 0. 7;变异概率为 0. 03。进行 5 次求解后得到的最优解,见表 5-5。

表 5-5　遗传算法求解结果

车辆(线路)	路　径
1	0—1(2)—10(3)—0
2	0—10(1)—12(2)—2(2)—0
3	0—18(2)—11(2)—20(1)—0
4	0—3(2)—17(1)—18(2)—0
5	0—5(3)—14(1)—4(1)—0
6	0—6(2)—13(3)—0
7	0—8(1)—19(1)—15(1)—(1)—7(1)—0
8	0—8(2)—16(3)—0

得到的线路总长度为 183. 2 km,运算时间为 295 s,找到最佳解时的迭代次数为 921。

3. 求解结果对比

禁忌搜索算法和遗传算法 5 次运算的详细求解结果见表 5-6。

表 5-6　禁忌搜索和遗传算法求解结果对比

实验次数	禁忌搜索			遗传算法		
	线路长度/km	运行时间/s	迭代次数/次	线路长度/km	运行时间/s	迭代次数/次
1	193. 1	163	537	231. 1	290	420
2	189. 2	175	805	183. 2	295	921
3	197. 9	170	966	190. 9	293	805
4	186. 4	166	881	198. 0	310	857
5	195. 0	169	946	207. 5	295	363
平均值	192. 32	168. 6	827	202. 14	296. 6	673. 2

虽然遗传算法求得的最优解质量要略优于禁忌搜索算法,但利用遗传算法求得的解的平均值要大于禁忌搜索算法,前者为 202. 14 km,后者为 192. 32 km。因此可以认为利用遗传算法求得的解的整体质量不如采用禁忌搜索算法求得的解的质量,并且由于遗传操作比较复杂,迭代相同步数所需要的时间也较长。

参 考 文 献

[1] 李华峰,黄樟灿,张蔷,等. 求解需求可拆分车辆路径问题的改进的金字塔演化策略[J]. 计算机应用,2021,41(1):300-306.

[2] 卿东升,邓巧玲,李建军,等. 基于粒子群算法的满载需求可拆分车辆路径规划[J]. 控制与决策,2021,36(6):1397-1406.

[3] 邱萌,符卓. 需求可离散拆分车辆路径问题及其禁忌搜索算法[J]. 哈尔滨工程大学学报,2019,40(3):525-533.

[4] 张得志,何亦扬,龚浩翔. 随机需求订单可拆分的多目标车辆路径问题[J]. 铁道科学与工程学报,2018,15(5):1323-1332.

[5] 胡钟骏,周泓. 改进遗传算法的需求可拆分车辆路径优化研究[J]. 计算机仿真,2018,35(3):80-83.

[6] 潘雯雯,郭海湘,周光勇,等. 基于两阶段算法的需求可拆分多车型车辆路径问题[J]. 中国管理科学,

2016,24(增刊 1):55-61.

[7] 刘旺盛,杨帆,李茂青,等. 需求可拆分车辆路径问题的聚类求解算法[J]. 控制与决策,2012,27(4):535-541.

[8] 杨文哲. 基于蚁群算法的需求可拆分车辆路径问题研究[D]. 长春:吉林大学,2020.

[9] 李三彬. 基于禁忌搜索算法的开放式车辆路径问题的研究[D]. 郑州:郑州大学,2010.

[10] 谢毅. 需求可拆分的物流车辆路线问题研究[D]. 上海:同济大学,2006.

[11] BOLDUC M C , LAPORTE G , RENAUD J , et al. A tabu search heuristic for the split delivery vehicle routing problem with production and demand calendars[J]. European Journal of Operational Research, 2010, 202(1):122-130.

[12] YONG W A , QIN L B , XG C , et al. Collaborative multi-depot pickup and delivery vehicle routing problem with split loads and time windows[J]. Knowledge-Based Systems, 2021, 231(14): 107412.

[13] REN T, LUO T, JIA B, et al. Improved ant colony optimization for the vehicle routing problem with split pickup and split delivery[J]. Swarm and Evolutionary Computation, 2023, 77: 101228.

第 6 章　开放式车辆路径问题

开放式车辆路径问题(OVRP)是一种不要求车辆完成运输任务后返回原出发点的路径规划问题。OVRP 不仅是交通运输和运筹学领域的重要研究方向,也是实际应用中许多运输优化问题的基础模型。

本章首先论述 OVRP 的研究背景,并对目前 OVRP 国内外研究现状进行综述;在此基础上,分析 OVRP 的主要分类及其应用场景;其次,本章论述 OVRP 的数学模型及其求解算法;最后,对 OVRP 的几个应用案例进行介绍。

6.1　开放式车辆路径问题概述

下面从开放式车辆路径问题的问题背景、研究现状、问题分类三个方面对其进行总体介绍。

6.1.1　开放式车辆路径问题背景

随着第三方物流配送服务的发展,以及基于封闭式配送背景下车辆路径问题(VRP)的大量研究基础,开放式车辆路径问题(OVRP)逐渐引起学者的关注。在实际的物流配送如报纸、外卖等,以及交通工具路径优化如高速列车、校车、救援车辆等方面,OVRP 都有广泛的应用前景[1-3]。然而,现存资料中从 OVRP 角度思考的文献比较缺乏,也没有学者专门针对 OVRP 的研究动态展开综述,因此本节的论述对于丰富 OVRP 理论以及促进其应用问题的解决具有重要现实意义。

VRP 是物流配送的关键工作和重要领域,其中 OVRP 是 VRP 研究的延伸,也是难点之一。对于经典 VRP,车辆需要在为最后一个客户端提供服务后返回车场,但对于 OVRP,在为最后一个客户端提供服务后路线完成的情况并非如此。

在 OVRP 中,车辆从一个仓库出发,在访问了其路线上的所有客户后停在任一客户点处,换句话说,车辆遵循哈密顿路径(开放路线)。在现实生活中,OVRP 通常应用于没有车队的公司,这些公司通过第三方物流公司外包车辆;此外,它们通过仅支付从仓库到最后一个客户的运输费用来降低运输成本。

6.1.2　开放式车辆路径问题研究现状

自芝加哥大学的 Schrage[4] 于 1981 年首次提出 OVRP 后,许多运筹学、计算机领域的学者在 OVRP 求解算法、鲁棒性优化、拓展问题等方面进行了大量研究。目前 OVRP 论文大多数发表在国际权威期刊,表 6-1 中列出了所选文献的期刊来源和数量分布,以及相应期刊的主要信息。

表 6-1　OVRP 文献主要期刊来源

序号	期　刊　名	分区	国家	影响因子	论文数量
1	*Journal of Cleaner Production*	Q1	美国	9.297	1
2	*Swarm and Evolutionary Computation*	Q1	荷兰	7.177	1
3	*Expert Systems with Applications*	Q1	英国	6.954	3
4	*Applied Soft Computing*	Q1	荷兰	6.725	1
5	*Neural Computing and Applications*	Q1	美国	5.606	1
6	*Transportation Research Part A*	Q1	英国	5.594	1
7	*Computers & Industrial Engineering*	Q1	英国	5.431	3
8	*European Journal of Operational Research*	Q1	荷兰	5.334	4
9	*Networks*	Q1	美国	5.059	1
10	*Computers & Operations Research*	Q2	英国	4.008	5
11	*Journal of the Operational Research Society*	Q2	英国	2.860	8
12	*International Journal of Business Analytics*	Q4	美国	1.708	1

通过分析已有研究论文的发表情况可知，按照 JCR 分区，大部分文献发表在一区（Q1）和二区（Q2）SCI 收录期刊，期刊主办方集中在欧美国家，且英国占比最大。由于多数文献集中于研究 OVRP 的求解算法问题，因此期刊来源中许多与计算机领域有关。随着学者的持续研究，开放式车辆路径问题拓展至更宽领域，会与带时间窗车辆路径问题[5]、绿色车辆路径问题[6]等相结合，从而对各类衍生问题的研究引起了广泛关注。

6.1.3　开放式车辆路径问题描述与分类

在 OVRP 中车辆不会返回起始点，每条路线都是哈密顿路径，等价于旅行商问题，而非 VRP 中的哈密顿循环，易知 OVRP 是 NP-hard 问题。基本 OVRP 问题可描述为：已知配送中心和各个客户点的位置坐标，车辆需要从配送中心即车场出发，在不同路径上为每个客户点提供服务，配送过程中每个客户点只能被一辆车服务，每辆车具有最大载重量限制，车辆在完成服务后不需要返回车场。此外，OVRP 拓展问题还会添加其他限制，如每辆车有最大行驶距离限制、客户点具有时间窗、多车场等，最终的优化目标与 VRP 类似，均为最小化总运输成本（行驶距离、车辆数、时间窗惩罚成本等）。

不同类型的 OVRP 模型会有一定差异，随着社会经济的发展，对 OVRP 增加限制进而拓展问题，使其更贴近实际生活的物流配送服务，这是学者所关注的问题。由于 OVRP 除了考虑车辆选择、客户要求、固定约束等限制外，还需考虑多车场条件下车辆起止点分配，将现存文献中 OVRP 的分类情况[7]整理，见表 6-2。

表 6-2　OVRP 分类及特征概述

分类依据	OVRP 类别	特 征 说 明
车场	单车场 OVRP	只有一个配送中心
	多车场 OVRP（MDOVRP）	多车场需要考虑如何将客户点分配给车场，可通过聚类方法转换成单车场问题
客户时间窗	带硬时间窗 OVRP（OVRPHTW）	要求车辆必须在时间窗内到达客户点
	带软时间窗 OVRP（OVRPSTW）	可以不在时间窗范围，但需要惩罚成本

续上表

分类依据	OVRP 类别	特 征 说 明
客户需求	静态 OVRP	已知信息与约束信息是固定不变的
	动态 OVRP	客户需求量、时间窗要求随时间发生变化
优化目标	单目标 OVRP	只有一个优化目标
	多目标 OVRP	有两个或以上优化目标,组合优化
车辆信息	单车型 OVRP	配送货物的车辆只有一种类型
	多车型 OVRP	有多种车型,可与客户需求、距离等匹配

6.2 开放式车辆路径问题数学模型

根据前文对 OVRP 的描述,可建立基础 OVRP 的数学模型。首先运用图论知识,将原问题以无向带权图 $G=(V,E)$ 表示,$V=\{0,1,\cdots,n\}$ 为点集,其中 0 表示车场,$V\backslash\{0\}$ 表示客户点,$E=\{(i,j)\mid i,j\in V,i\neq j\}$ 表示边的集合,每辆车的最大载重量为 Q,每个客户点 i 的需求量为 q_i,d_{ij}表示客户点 i 到客户点 j 的距离,车辆集合为 $M=\{1,2,\cdots,m\}$,定义决策变量x_{ijk},y_{ik}为

$$x_{ijk}=\begin{cases}1, & \text{车辆 } k \text{ 从点 } i \text{ 行驶到点 } j, i\neq j\\ 0, & \text{其他}\end{cases} \tag{6-1}$$

$$y_{ik}=\begin{cases}1, & \text{客户点 } i \text{ 的任务由车辆 } k \text{ 配送}\\ 0, & \text{其他}\end{cases} \tag{6-2}$$

基本开放式车辆路径问题包括以下约束:

(1)每辆车从车场出发,完成服务后不返回车场,可以停在最终服务的客户点处。

(2)每个客户点的需求量必须得到满足,且每个客户点有且仅被一辆车服务。

(3)每辆车载重不能超过车辆的最大载重量。

优化目标为总行驶距离最小,因此建立数学模型如下:

$$\min F(i,j,k) = \sum_{k\in M}\sum_{j\in V}\sum_{i\in V} d_{ij}\, x_{ijk} \tag{6-3}$$

$$\text{s. t.} \sum_{k\in M}\sum_{i\in V} x_{ijk}=1, \quad \forall j\in\{1,2,\cdots,n\} \tag{6-4}$$

$$\sum_{k\in M}\sum_{j\in V} x_{ijk}, \quad \forall i\in\{1,2,\cdots,n\} \tag{6-5}$$

$$\sum_{k\in M} y_{ik}=1, \quad \forall i\in\{2,3,\cdots,n\} \tag{6-6}$$

$$\sum_{j\in V} x_{ijk}=y_{ik}, \quad \forall i\in\{2,3,\cdots,n\} \tag{6-7}$$

$$\sum_{j\in V} x_{jik}=y_{ik}, \quad \forall i\in\{2,3,\cdots,n\} \tag{6-8}$$

$$\sum_{j\in V} x_{0jk}=1, \quad \forall k\in\{1,2,\cdots,m\} \tag{6-9}$$

$$\sum_{i\in V} x_{i0k}=0, \quad \forall k\in\{1,2,\cdots,m\} \tag{6-10}$$

$$\sum_{i\in V} y_{ik}q_i\leqslant Q, \quad \forall k\in\{1,2,\cdots,m\} \tag{6-11}$$

式(6-3)表示目标函数;式(6-4)~式(6-6)表示每个客户点有且仅被一辆车服务;式(6-7)和式(6-8)表示车辆完成服务后离开;式(6-9)表示车辆必须从车场出发;式(6-10)表示车辆无须返回车场;式(6-11)为最大载重量限制。

Salari 等[8]将运输成本最小化作为目标函数,考虑了车辆的最大行驶距离限制,通过插入附加点和序列来重新分配模型,并开发了一种改进的整数线性规划启发式算法程序加以求解。Cao 等[9]考虑了具有模糊需求的开放式车辆路径问题(OVRPFD),用三角模糊数来表示客户需求量,运用模糊算法设计了模糊机会约束模型,并在后续的研究中针对其鲁棒性优化对模型进行了改善[10],提出 ROVRP 模型和四种不同的鲁棒性改善策略,并设计改进差分进化算法对该组合优化问题进行求解。

6.3　开放式车辆路径问题求解算法

开放式车辆路径问题作为一类典型的 NP-hard 问题,自提出以来就有许多学者致力于研究该问题及其拓展问题的求解优化算法,多数文献中提出的是利用启发式算法求解。

对于 OVRP 的求解方法与经典 VRP 是类似的,主要可分为精确求解算法和启发式算法两种。精确算法中包括了分支定价算法,适用于求解小规模 OVRP,对于较大规模的问题时,由于计算复杂度高而不适用。Letchford 等[11]提出了分支定价的精确求解算法,并将测试结果与启发式算法进行结果比对和效果评估。

自 2000 年以来已经开发的算法主要基于启发式算法[12],包括两阶段算法、邻域搜索算法、智能优化算法,其中智能优化算法主要包括蚁群算法、遗传算法、粒子群算法、萤火虫算法[13]等,其大概思想是:先产生一个初始解,再通过优化策略进行局部扰动以寻求更优解,之后不断迭代直至求得最佳解。这类算法采用全局搜索的策略,可以避免局部搜索造成的局部最优不足。

6.3.1　两阶段算法

Sariklis 和 Powell[14]针对 OVRP 提出了两阶段启发式求解算法:在第一阶段,对客户进行聚类,考虑到容量限制并尝试创建最少数量的类别,根据给定的规则和降低运输成本的目标,将客户重新分配到不同的类别;在第二阶段,每个类别都被转换成一条开放式路径,从最小生成树(minimum spanning tree,MST)开始,目标是将其转换为最小成本路径。杨翔等[15]针对模糊需求下多中心开放式车辆路径问题,采用"先路径后分组"策略,设计了一种两阶段禁忌搜索算法进行求解。

6.3.2　邻域搜索算法

Brandão[16]设计了禁忌搜索(TS)启发式算法来解决 OVRP,并限制车辆通行能力和最大运输路径长度。

Niu 等[6]考虑第三方物流背景下的燃料消耗问题,基于综合模态排放模型描述了带时间窗的绿色开放车辆路径问题,并设计了一种涉及多邻域搜索策略的混合禁忌搜索算法来进行求解。

Fleszar 等[17]针对 OVRP 提出了一种有效的变邻域搜索(variable neighborhood search,

VNS)启发式方法,采用最佳拟合递减(best fit decreasing)需求启发式方法生成解,测试结果表明该方法具有高效求解功能。

Soto 等[18]考虑了多车场开放式车辆路径问题,开发了一种多邻域搜索和禁忌搜索混合算法(MNS-TS)对该双目标问题进行求解,邻域是在路径移动和弹射链中生成的。

Atefi 等[19]考虑了带解耦点的开放式车辆路径问题,开发了一种定制的迭代局部搜索(iterated local search,ILS)算法来处理问题的特殊特征,通过在一组经典 OVRP 实例上获得所有最著名的解决方案并针对一个实例对其进行改进,证明了 ILS 的效率。

6.3.3 智能优化算法

Li 等[20]提出了一种基于蚁群优化的元启发式算法来解决 OVRP,通过定义信息轨迹作为随机搜索程序,设计节点概率选择模型,再用禁忌搜索进行后优化,通过测试实验对算法性能及鲁棒性进行分析,并和其他算法结果进行比对与评估。

Mirhassani 和 Abolghasemi[21]利用粒子群算法进行求解,在粒子群算法中,许多粒子被放置在某个问题的搜索空间中,每个粒子都评估其当前位置的目标函数,通过一些随机扰动来确定其在搜索空间中的运动,移动所有粒子后,将进行下一次迭代,最终尽可能达到接近于最佳适应度函数,通过实验表明该方法用于求解 OVRP 是有效的。

大黄蜂交配优化(BBMO)算法是一种相对较新的群体智能算法,Marinakis 和 Marinaki[22]提出了其改进算法用于解决开放式车辆路径问题,使用两组基准实例来测试所提出的算法,结果表明该算法可有效求解 OVRP 问题。

6.3.4 开放式车辆路径问题求解算法总结

总结归纳 OVRP 及其拓展问题一些重要的求解算法,见表 6-3。

表 6-3 OVRP 及其拓展问题的求解算法

求解算法	作者(年份)	问题说明
分支定价算法	Letchford et al. (2006)[11]	COVRP:用精确算法求解小规模问题,并对启发式算法结果评估
启发式算法	Sariklis and Powell (2000)[14]	COVRP:有装载容量约束的拓展问题,并提出两阶段算法进行求解
单参数启发式算法	Tarantilis et al. (2005)[23]	OVRP:开发单参数元启发式算法,通过拓展一系列阈值改进局部搜索
宽邻域启发式算法	Zachariadis and Kiranoudis (2010)[24]	OVRP:创新局部搜索启发式算法检测宽解邻域
混合元启发式算法	Repoussis et al. (2010)[30]	OVRP:基于记忆的轨迹局部搜索改进新后代,开发混合启发式算法
禁忌搜索算法	Brandão(2004)[16]	OVRP:用禁忌搜索求解并比较测试结果,随机期限比固定的效果好
禁忌搜索启发式算法	Aksen et al. (2007)[25]	OVRP-d:路径终点规定特殊节点(driver nodes),限制最大运输时长
蚁群优化与禁忌搜索	Li et al. (2009)[20]	OVRP:运用蚁群优化算法求解,混合利用禁忌搜索算法进行局部搜索
多邻域与禁忌搜索	Soto et al. (2017)[18]	MDOVRP:考虑多车场,用弹射链处理邻域,混合使用禁忌搜索求解

续上表

求解算法	作者(年份)	问题说明
改进的Kruskal算法	Dutta et al. (2019)[26]	OVRP:利用遗传算法和改进的Kruskal算法用于局部优化,并做测试
变邻域搜索算法	Fleszar et al. (2009)[17]	OVRP:将局部搜索中的静态编码用动静结合的符号替换进行求解
多相振荡变邻域搜索	Şevkli and Güler(2017)[27]	OVRP:基于变邻域搜索算法求解真实世界的开放式车辆路径问题
重力仿真局部搜索	Hosseinabadi et al. (2018)[28]	OVRP:结合重力仿真与局部搜索算法进行求解,与粒子群算法作对比
迭代局部搜索算法	Atefi et al. (2018)[19]	OVRP-DP:考虑路径中有库存缓冲点,用迭代局部搜索算法进行求解
迭代局部搜索算法	Brandão(2018)[5]	OVRPTW:考虑时间窗问题,采用迭代局部搜索算法和扰动程序求解
随机密钥遗传算法	Ruiz et al. (2019)[29]	COVRP:在遵守容量和最大距离约束的同时,最小化车辆行驶总距离
粒子群优化算法	Mirhassani and Abolghasemi(2011)[21]	OVRP:运用粒子群优化算法求解,采用单点移动寻求最优解并做测试
黄蜂交配优化算法	Marinakis and Marinaki(2014)[22]	OVRP:运用新的群智能算法,提出改进的BBMO算法求解并做测试

6.4 开放式车辆路径问题案例

在开放式车辆路径问题的理论研究和实际应用中,研究人员在把生活现象抽象为OVRP模型时通常会考虑一些更贴近生活的问题特征和条件约束[31]。基本OVRP及其拓展问题可以应用于列车调度[32],如Fu和Wright[33]探究了1994年英吉利海峡海底隧道开通后,高速货运列车的路径规划问题,采用两阶段算法进行求解;还能应用于二次灾害中应急救援问题,如Bauer和Lysgaard[34]将OVRP应用于解决海上风电场中阵列电缆的布局实际问题,并将其视作平面OVRP,设计跳跃索引整数规划算法求解。

OVRP现实应用场景类型见表6-4。这些研究成果对现实生活中处理实际问题具有重要指导意义。

表6-4 OVRP现实应用场景类型

序号	应用场景	相关文献	简介
1	校车调度	Li and Fu (2002)[3]	使用中国香港某幼儿园测试数据,目标为最小化校车数及最小化等车和行程时间,采用启发式算法求解该多目标组合优化问题
2	公交规划	López-Sánchez et al. (2014)[36]	应用于西班牙某国际营运公司,建立路线平衡与最小行程时间(BOVRP)模型,提出多启动算法,分两阶段进行求解
3	电缆布局	Bauer and Lysgaard(2015)[34]	考虑海上风电场的电缆布局问题,增加平面性约束(POVRP),用实际涡轮机与变压器坐标信息作测试,应用Clarke & Wright启发式算法进行求解
4	报纸物流	Russell等(2008)[1]	研究对象为塔尔萨世界报业公司,考虑报纸生产和发行问题,建立具有时间窗和分区约束的OVRP,采用禁忌搜索算法求解

续上表

序号	应用场景	相关文献	简介
5	外卖配送	王静(2019)[2]	分析众包环境下的O2O外卖业务配送模式服务特点，建立带单侧软时间窗的静态和动态开放式外卖配送路径优化模型
6	低碳物流	Niu et al. (2018)[6]	基于第三方物流背景研究燃料消耗造成的碳排放问题，建立基于综合模态排放模型描述GOVRPTW，采用混合算法求解
7	家具配送	庞燕等(2020)[35]	基于第三方物流配送构建家具配送的OVRP模型，设计改进的两阶段禁忌搜索算法进行求解，测试邻域算子，结果表明第三方物流比自营物流配送更节省成本
8	越库配送	陈晓玲(2019)[37]	考虑越库配送(cross-docking)的闭合与开放模式，设计遗传算法求解CDOVRP
9	应急救援	谭洁等(2021)[38]	建立应急物资调度的OVRP模型，用三角模糊数刻画需求量和运输时间的不确定性，用改进变邻域搜索算法(MVNS)求解
10	共享出行	Zhen et al. (2021)[39]	研究"最后一公里"配送体系，考虑共享经济和出行即服务，建立具有订单半径决策的OVRP模型，采用列生成方法进行求解

6.4.1 第三方物流配送

随着共享经济的快速发展，将物流业务外包给第三方物流已成为降低货运成本的有效方式。它可以视作开放式车辆路径问题(OVRP)的一个变体，其中车辆在为客户提供服务后不返回站点。

国有制造业逐渐由传统的自有物流运输向第三方物流运输转型，将非核心业务如运输、仓储、配送等外包给专门物流企业，有助于制造业务的专一性发展和服务水平的提高，庞燕等[35]对家具制造市场下的配送问题抽象为OVRP，通过设计求解算法和测试，验证了第三方物流的高效性。随着全球环境问题的加剧，物流业面临着减少碳排放的压力，Niu等[6]基于第三方物流租用车辆考虑最小化总成本(包括燃料消耗、CO_2排放量和驾驶员工资)来建立优化模型，然后通过成本构成分析并证明外包物流的优势。随着互联网经济的快速发展，人们对外卖平台的依赖程度和消费需求日益提高，外卖订单的配送效率是各平台竞争优势的重要影响因素，商家的众包配送服务也逐渐发展，王静[2]对兼职配送环境下的外卖配送路径优化进行研究，有助于为第三方平台和配送人员提供路径规划技术支持，也有利于提高配送效率和客户满意度。

6.4.2 交通工具路径优化

通常，经典OVRP的目标是首先最小化所需路线(即车辆)的数量，其次是最小化总成本，López-Sánchez等[36]考虑西班牙营运的某国际公司，为优化于多个地点接载大量员工的巴士服务，建立平衡最大运输时间约束与最小路线数的BOVRP模型，设计了一种新的多启动算法求解，测试规模62～363个公交车站(包括工作地点)和214～1 347名员工，测试结果表明了算法的有效性与鲁棒性。在自然灾害频发的环境下，重大灾害通常伴随着一些二次灾害的发生，考虑二次灾害的应急物资调度问题显得尤为重要，谭洁等[38]考虑二次灾害中供应点的失效问题和受灾点的服务时间，探究应急救援下多车场开放式车辆路径问题，设计了改进的变邻域搜索算法求解，结果表明应急物资调度物流系统在考虑供应点失效风险情况下的稳定性更高。在共享经济和出行即服务时代,涌现出许多新的运营模式和新政策,对于基于共享出行的"最后一公里"配送,临时车辆(或快递员)的调度本质上是一个开放车辆路径问题(OVRP),Zhen 等[39]研究某物流公司利用公共共享车辆将货物从仓库运送到服务区域内的客户,公司将客户的送货单分发到以车场为中心的区域,分析可利用车辆附近相关客户需求(一般以车辆为中心,一定距离为半径画圈进行任务探测),圈内车辆有机会接单完成配送任务,由于考虑使用车辆数与距离半径,因此在 OVRP 基础上建立决定订单传播半径的非线性混合整数规划模型,并基于列生成的方法求解,有利于实现降低"最后一公里"的距离和时间成本。

参考文献

[1] RUSSELL R, CHIANG W C, ZEPEDA D. Integrating multi-product production and distribution in newspaper logistics[J]. Comput. Oper. Res. ,2008,35: 1576-1588.

[2] 王静. 众包环境下基于改进蚁群算法的外卖配送路径优化研究[D]. 合肥:合肥工业大学,2019.

[3] LI L Y O , FU Z. The school bus routing problem: a case study[J]. Journal of the Operational Research Society, 2002, 53(5):552-558.

[4] SCHRAGE L. Formulation and structure of more complex/realistic routing and scheduling problems[J]. Networks,1981, 11: 229-232.

[5] BRANDÃO J. Iterated local search algorithm with ejection chains for the open vehicle routing problem with time windows[J]. Comput. Ind. Eng. ,2018,120: 146-159.

[6] NIU Y, YANG Z, CHEN P, et al. Optimizing the green open vehicle routing problem with time windows by minimizing comprehensive routing cost[J]. J. Clean. Prod. ,2018,171:962-971.

[7] 谷俊辉. 开放式车辆调度问题的参数控制蚁群算法的研究[D]. 合肥:合肥工业大学,2017.

[8] SALARI M, TOTH P, TRAMONTANI A. An ILP improvement procedure for the open vehicle routing problem [J]. comput. Oper. Res. ,2010, 37: 2106-2120.

[9] CAO E, LAI M. The open vehicle routing problem with fuzzy demands[J]. Expert Syst. Appl. ,2010, 37: 2405-2411.

[10] CAO E, LAI M, YANG H. Open vehicle routing problem with demand uncertainty and its robust strategies [J]. Expert Syst. Appl. ,2014,41: 3569-3575.

[11] LETCHFORD A N, LYGSGAARD J, EGLESE, R W. A branch-and-cut algorithm for the capacitated open vehicle routing problem[J]. J. Oper. Res. Soc. ,2007, 58: 1642-1651.

[12] LI F, GOLDEN B, WASIL E. The open vehicle routing problem: algorithms, large-scale test problems, and computational results[J]. Comput. Oper. Res. ,2007, 34: 2918-2930.

[13] 孙俊成,李丹. 基于改进萤火虫算法的开放式车辆路径问题[J]. 数学的实践与认识,2018,48(4): 182-190.

[14] SARIKLIS D, POWELL S. A heuristic method for the open vehicle routing problem[J]. J. Oper. Res. Soc. ,2000, 51: 564-573.

[15] 杨翔,范厚明,徐振林,等. 模糊需求下多中心开放式车辆路径优化[J]. 计算机集成制造系统,2019,25(2):469-479.

[16] BRANDÃO J. A tabu search algorithm for the open vehicle routing problem[J]. Eur. J. Oper. Res. ,2004, 157: 552-564.

[17] FLESZAR K, OSMAN I H, HINDI K S. A variable neighbourhood search algorithm for the open vehicle

routing problem[J]. Eur. J. Oper. Res. ,2009, 195: 803-809.

[18] SOTO M, SEVAUX M, ROSSI A, et al. Multiple neighborhood search, tabu search and ejection chains for the multi-depot open vehicle routing problem[J]. Comput. Ind. Eng. ,2017, 107: 211-222.

[19] ATEFI R, SALARI M Coelho L C, et al. The open vehicle routing problem with decoupling points[J]. Eur. J. Oper. Res. ,2018, 265: 316-327.

[20] LI X Y, TIAM P, LEUNG S C H. An ant colony optimization metaheuristic hybridized with tabu search for open vehicle routing problems[J]. J. Oper. Res. Soc. ,2009, 60: 1012-1025.

[21] MIRHASSAMI S A, ABOIGHASEMI N. A particle swarm optimization algorithm for open vehicle routing problem[J]. Expert Syst. Appl. ,2011, 38: 11547-11551.

[22] MARANTILIS Y, MARINAKI M. A bumble bees mating optimization algorithm for the open vehicle routing problem[J]. Swarm Evol. Comput. ,2014, 15: 80-94.

[23] TRAANTILIS C D, IOANNOU G, KIRANOUDIS C T, et al. Solving the open vehicle routeing problem via a single parameter metaheuristic algorithm[J]. J. Oper. Res. Soc. ,2005, 56: 588-596.

[24] ZACHARIADIS E E, KIRANOUDIS C T. An open vehicle routing problem metaheuristic for examining wide solution neighborhoods[J]. Comput. Oper. Res. ,2010, 37: 712-723.

[25] AKSEN, D, ÖZYURT Z, ARAS N. Open vehicle routing problem with driver nodes and time deadlines[J]. J. Oper. Res. Soc. ,2007, 58: 1223-1234.

[26] DUTTA J, BARMA P S, KAR S, et al. A modified kruskal's algorithm to improve genetic search for open vehicle routing problem[J]. Int. J. Bus. Anal. ,2019, 6: 55-76.

[27] ŞEVKLI A Z, GÜLER B. A multi-phase oscillated variable neighbourhood search algorithm for a real-world open vehicle routing problem[J]. Appl. Soft Comput. J. ,2017, 58: 128-144.

[28] HOSSEINABADI A A R, VAHIDI J, BALAS V E, et al. OVRP_GELS: solving open vehicle routing problem using the gravitational emulation local search algorithm[J]. Neural Comput. Appl. ,2018, 29: 955-968.

[29] RUIZ E, SOTO-MENDOA V, RUIZ-BARBOSA, A. E. , et al. Solving the open vehicle routing problem with capacity and distance constraints with a biased random key genetic algorithm[J]. Comput. Ind. Eng. , 2019, 133: 207-219.

[30] REPOUSSIS P P, TARANTILIS C D, BRÄYSY O, et al. A hybrid evolution strategy for the open vehicle routing problem[J]. Comput. Oper. Res. ,2010, 37: 443-455.

[31] 杨翔. 多中心开放式 VRP 拓展问题建模及算法研究[D]. 大连:大连海事大学,2019.

[32] 符卓. 开放式车辆路径问题及其应用研究[D]. 长沙:中南大学,2003.

[33] FU Z, WRIGHT M. Train plan model for british rail freight services through the channel tunnel[J]. J. Oper. Res. Soc. ,1994, 45: 384-391.

[34] BAUER J , LYSGAARD J. The offshore wind farm array cable layout problem: a planar open vehicle routing problem[J]. J. Oper. Res. Soc. ,2015, 66: 360-368.

[35] 庞燕,罗华丽,夏扬坤. 基于第三方物流的家具配送开放式车辆路径问题[J]. 信息与控制,2020,49(2):233-241.

[36] LÓPEZ-SÁNCHEZ A D, HERNÁNDEZ-DÍAZ A G, VIGO D, et al. A multi-start algorithm for a balanced real-world open vehicle routing problem[J]. Eur. J. Oper. Res. ,2014, 238: 104-113.

[37] 陈晓玲. 考虑越库配送的开放式车辆路径问题研究[D]. 重庆:重庆交通大学,2019.

[38] 谭洁,李文莉,刘康康. 考虑二次灾害的开放式应急物流车辆路径问题[J]. 系统工程,2021,39(2):61-71.

[39] ZHEN L, TAN Z, WANG S, et al. Shared mobility oriented open vehicle routing with order radius decision. [J] Transp. Res. Part A Policy Pract. ,2021, 144: 19-33.

第7章　库存路径联合优化问题

作为供应链管理中的重要课题,库存路径联合优化问题(简称库存路径问题)结合了库存控制和配送路径优化两个方面,其核心目标是在满足客户需求的同时,最小化整体库存和运输成本,从而提高供应链的效率和响应速度。

本章首先系统论述库存控制的基本概念、控制目的与存储策略等,在此基础上,进一步详细论述确定性存储和随机型存储两类储备决策模型;其次,分析对库存路径问题的产生背景、问题描述以及特征分类,给出其相应的数学模型,并分析求解库存路径问题的启发式算法和精确算法;最后,给出一个库存路径问题的应用案例。

7.1　库存控制问题

库存控制是供应链管理中的一个重要组成部分,它涉及对库存水平的监控、评估和调整,以确保企业能够满足客户需求,同时避免过度库存带来的成本增加问题。本节将对库存控制问题的基本概念、控制目的与存储策略进行详细描述。

7.1.1　库存控制问题概述

1. 库存作用

库存是企业为维持连续的正常生产、应付不确定性需求所必须持有的物[1],库存的主要作用有以下几点:

(1)存储是社会物质生产及生活顺利进行的必要条件。

①存储调节供需平衡。当需求与生产能力不均衡时,企业可以利用库存来调节需求变化。如对季节性的需求,可以在淡季建立库存,以供旺季时使用,这样通过预设库存使生产能力保持均衡,从而更好地利用生产能力。

②分离生产过程中的作业。库存可以使生产过程中密切相关的加工、装配阶段的作业活动相对独立,使生产效率不同的各加工阶段、作业活动可以更独立和经济的方式运行,而且不会因生产过程中某一加工阶段或作业活动的中断而导致整个生产过程停止。

③满足不确定的顾客需求。顾客对产品的需求在时间和空间上均有不确定性,库存可以满足部分随时发生的顾客需求。

(2)存储可以创造时间价值。

①降低单位订购费用与生产准备费用。订购一批物品或生产一批物品,订购费用或生产费用只与订购或生产的次数有关,如果大量订购或生产,会使单位物品或产品的费用降低。同时,对生产过程,如果大批量生产,还会使单位产品的生产准备时间减少,提高生产过程能力的利用,“瓶颈”环节更是如此。

②利用数量折扣。通常供应商为了刺激销售,对于达到一定采购量的生产商提供价格

优惠,采购量越大优惠幅度越大。

③避免价格上涨。存储价格上涨的物品,可以降低成本。

(3)存储可能增加企业经营风险。

存储在企业经营中是一个重要的环节,它有助于企业应对市场波动和需求变化,但不适当的存储也可能带来一定的风险。

①存储环节的增加会导致成本的上升。包括仓储设施的建设、维护、人员管理等直接成本,以及物品在存储过程中可能发生的损耗等间接成本。

②存储需要占用企业的流动资金,这可能会影响企业的正常运营和资金周转,特别是在流动资金紧张的情况下,过多的库存可能会对企业的财务造成压力。

③存储的风险不仅表现在增加了成本、占用了流动资金,而且表现为存储品的价值减少。存储过程中物品将出现有形损耗,也可能出现无形损耗。有形损耗指的是物品在存储过程中由于物理或化学变化导致的损耗,一些物品的存储有一定期限,如食品类物品有保质期,过了保质期,商品就失去了社会价值。无形损耗是指由于技术进步或市场变化导致的物品价值下降,这在高新技术行业尤其明显,如计算机产品,近年来降价很迅速。

④存储好比一把双刃剑,既要看到其有利的一面,也必须积极防止其有害的一面。企业需要平衡存储带来的成本和风险,以及它在应对市场变化时的灵活性和优势。

2. 库存分类

库存有不同的形式,从不同的角度可以对库存进行不同的分类[2],如图 7-1 所示。

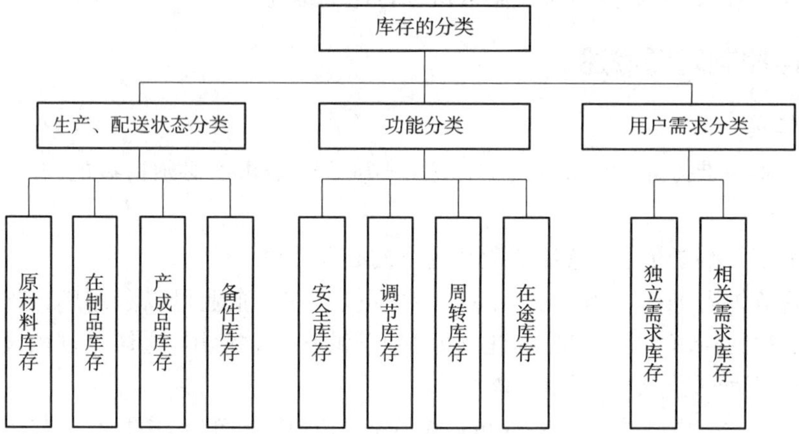

图 7-1 库存的分类

下面结合图 7-1 具体介绍库存的分类。

(1)按库存在生产过程和配送过程中所处的状态进行分类,库存可分为原材料库存、在制品库存、产成品库存和备件库存。

①原材料库存:用来制造成品中组件的钢铁、木料、面粉、布料或其他物料,包括原料、零件和部件。这部分库存可能是符合生产者自己标准的特殊商品。

②在制品库存:工厂中正在加工或待加工的物料和组件,包括在产品生产不同阶段的半成品。

③产成品库存:备货生产工厂中的已完工物品或订货生产工厂中准备按某一订单发货

给客户的完工货物。

④备件库存:主要用于售后服务的零部件库存,以便提高该产品的市场售后响应速度与服务水平。

(2)按库存的功能分类,库存可分为安全库存、调节库存、周转库存和在途库存。

①安全库存:为了应对需求、生产周期或供应周期等可能发生的意外变化而设置的一定量的缓冲库存。

②调节库存:为了调节供应或需求的不均衡、生产速率与供应速率不均衡及各生产阶段的产出不均衡而设置的库存。如为了迎接一个高峰销售季节,企业需要在淡季调节库存。

③周转库存:在相邻两次订货之间即订货周期内,企业需要持有一定的库存以避免缺货,由批量周期性形成的库存即为周转库存。

④在途库存:正处于运输途中以及停放在相邻两个工作地点之间或相邻两个组织之间的库存。这种库存存在的原因是运输需要时间。

(3)按用户对库存的需求特性分类,库存可分为独立需求库存和相关需求库存。

①独立需求库存:用户对某种库存物品的需求与其他种类库存无关,表现出对这种库存需求独立性。独立需求库存是随机的,企业自身无法控制,而是由市场决定。

②相关需求库存:与其他需求有内在相关性的需求。相关需求的需求数量和需求时间与其他变量存在一定的关系,可以通过一定的数学关系推算得出。

除以上分类外,还有一种目前较为流行的供应链库存,供应链库存涉及供应商的库存、制造商生产过程中半成品和产成品库存,以及分销商中的库存,如图 7-2 所示。

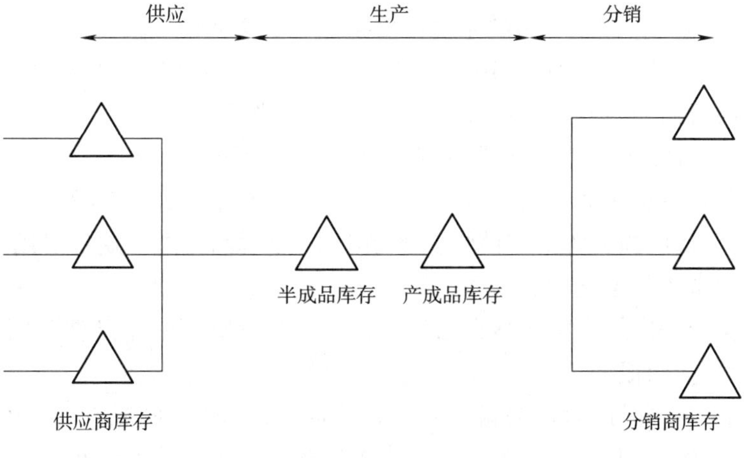

图 7-2　供应链库存示意图

7.1.2　基本概念与存储策略

1. 基本概念

(1)库存:指一切目前闲置的、用于未来的、有经济价值的资源[3]。

(2)库存控制:指为了达到企业的财务运营目标,特别是现金流运作,通过优化整个需求和供应链管理流程,合理设置 EPR 控制策略,并辅之以相应的信息处理手段、工具,在保障及时交货前提下,减少库存积压、报废和贬值风险[4]。

(3)需求:为满足需要,从存储中取出一定数量存储物的过程,需求相当于存储系统的输出。

①需求量:单位时间内的需求,一般用 R 或 r 表示。

②需求方式:间断成批;均匀连续。

③需求量规律:确定性;随机性,但服从某种概率分布;无规律。

(4)补充(订购或生产):可以是向外订购,也可以是自己生产。补充相当于存储系统的输入。

①订购(生产)量 Q:指定周期内的订货(生产)量。

②拖后时间(提前时间):从订货到货物入库所需要的时间。该时间的长短可以是确定性的,也可以是随机性的。

(5)订货后库存量 S:也称名义库存量,指发出订货要求后的在库库存量与在途库存量之和。

(6)报警点 s:当库存量下降到该点时,必须立即订货。

(7)安全库存量 ss:为防止在所订货物尚未到达之前,因不可预知的突发需求增量而造成缺货,所预留的一部分储备。有时用安全库存量 ss 控制缺货的可能性,不再附加报警点 s 进一步控制。

(8)服务水平:确定恰当的安全库存量,使用户的需求满足到一定程度,这种满足需求的程度,称为服务水平,或服务质量指标。

(9)安全系数 K:用来计算安全库存量 ss 的系数,由服务水平指标推算得到。

(10)库存成本:库存控制优劣的主要评价指标[5]。主要由以下几部分组成:

①存储费 c_1:包括税收、仓库使用费、货物保管费、占用流动资金的利息、货物损坏变质、折旧等费用。即每件存储物在单位时间内所分摊到的费用。

②缺货费 c_2:存储物供不应求时所引起的有关损失。即每件短缺物品在单位时间内的损失费用,包括货物脱销而造成的机会损失(少得的利益),延期交货所支付的罚金,商业信誉降低所造成的无形的损失等。有些情况下是不允许缺货的,这时缺货费用可视为无穷大。一般情况下,缺货费用很难度量。

③进货费:按照是向外订货还是自己生产,分为“订货费”和“生产费”两种情形。

进货费由两部分组成:

①固定费用(c_3):即订购费(装备费),包括订货和收到货品的成本。具体包括订购手续费、催货跟踪费、运输费用、收货费等。与订货次数有关而与订货数量无关。

②可变费用(kQ):即货物的成本费用,与订货的数量有关。

若每次订购费用为 c_3,货物单价为 k,订货数量为 Q,则进货费为 c_3+kQ。

以上几种库存费用经常相互冲突,要确定某种产品的库存策略,就需要对相关费用进行权衡,以达到整体最优。

2. 存储策略

存储策略是指确定多长时间补充一次以及每次补充的数量。

常见的存储策略有:

(1)定期订货策略。

①t-循环策略。每隔一个固定时间 t 补充存储量 Q。

②周期性补货策略，也称(T,S)策略。每隔一个固定的时间 T 补充一次，把名义库存量提高到最大库存量 S。每次补充的数量 Q 不固定。适用于金额比较高、比较重要的物资；安全库存量较高，但管理工作量较小。

(2)定点订货策略。定点订货策略也称(s,Q)策略。经常检查库存量，当库存量达到或低于最低库存量 s 时，就立即以订货批量 Q 进行订货。适用于可随时进行订货的物资；适用于需求不稳定，市场需求量较大以及缺货惩罚成本较高的情形；安全库存量少，但管理工作量大。

(3)定期定点混合订货策略。定期定点混合订货策略也称(t,s,S)策略。每隔时间 $t(t \leqslant T)$ 检查库存量，当库存量达到或低于最低库存量 s 时就进行补充，把名义库存量提高到最大库存量 S。每次补充的数量 Q 不固定。适用于可随时进行订货的物资；管理工作量比(s,Q)策略小一些。

7.1.3　确定型存储模型

确定型 IRP 模型是确定和静态的，因为需求消耗是固定的，并且事先已知。IRP 模型是 NP-hard 问题，因为它包含了经典的 VRP。在衡量存储策略的优劣时，需要计算并比较其平均费用。

1. 瞬时进货，不允许缺货

(1)假设条件。

①当存储降至零时，立即补充。

②由于不允许缺货，故缺货费用可看作无穷大。

③需求是均匀连续的，即需求速度(单位时间需求量)R 为常数，则 t 时间内的需求量为 R_t。

④单位存储费不变。

⑤每次订购费(固定费用)不变，每次订购量相同(可变费用相同)。

(2)存储状态图如图 7-3 所示。

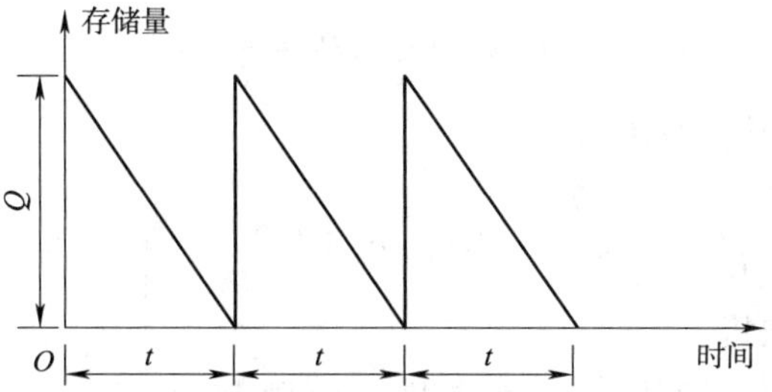

图 7-3　瞬时进货，不允许缺货确定型存储模型存储状态图

(3)建立模型 1 并求解。

$$总费用 = 订货费 + 存储费 + 缺货费(不考虑缺货)$$

①订货费。

因订货量 Q 必须满足 t 时间内的需求，故有

$$Q = Rt \tag{7-1}$$

每次订货费为

$$c_3 + kQ = c_3 + kRt \tag{7-2}$$

单位时间内的订货费为

$$\frac{c_3 + kRt}{t} = \frac{c_3}{t} + kR \tag{7-3}$$

②单位时间内的存储费。

在 t 时间内的平均存储量为

$$\frac{1}{2}Qt = \frac{1}{2}(Rt)t = \frac{1}{2}Rt^2 \tag{7-4}$$

单位时间内的存储量为$\frac{1}{2}Rt$,存储费用为$\frac{1}{2}c_1Rt$,在 t 内的平均总费用如式(7-5)所示,其中 t 为存储策略变量之一。

$$C(t) = \frac{1}{2}c_1Rt + \frac{c_3}{t} + kR \tag{7-5}$$

对上式求导可得

$$\frac{\mathrm{d}C(t)}{\mathrm{d}t} = \frac{1}{2}c_1R - \frac{c_3}{t^2} = 0 \tag{7-6}$$

解该方程可得

$$t_0 = \sqrt{\frac{2c_3}{c_1R}}$$

而每次的订购量为

$$Q_0 = Rt_0 = R\sqrt{\frac{2c_3}{c_1R}} = \sqrt{\frac{2c_3R}{c_1}} \tag{7-7}$$

上式就为存储论中的经济订购批量公式(economic ordering quantity),简称 E. O. Q. 公式,该模型也称 E. O. Q. 模型。

t 和 Q 这两个变量的上述取值就为最优的存储策略。

至此,“多少时间补充一次”和“每次补充多少”这两个基本问题就得到了解决。因 k、R 是常数,在总费用函数中略去 kR 项不会影响费用分析,于是

$$C(t) = \frac{1}{2}c_1Rt + \frac{c_3}{t} \tag{7-8}$$

将t_0代入上式,得最低总费用为

$$C(t_0) = \frac{1}{2}c_1R\sqrt{\frac{2c_3}{c_1R}} + c_3\sqrt{\frac{c_1R}{2c_3}} = \sqrt{2c_1c_3R} \tag{7-9}$$

2. 瞬时进货,允许缺货

(1)假设条件。除允许缺货外,其余条件与模型 1 相同。

(2)存储状态图如图 7-4 所示。

(3)建立模型 2 并求解。

在 t 内的平均存储量为

$$\frac{1}{2}St_1 = \frac{1}{2} \cdot \frac{S^2}{R} \tag{7-10}$$

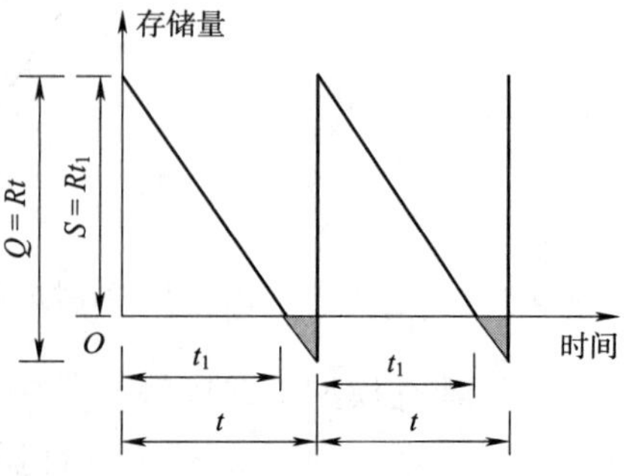

图 7-4　瞬时进货,允许缺货确定型存储模型存储状态图

在 t 内的平均缺货量为

$$\frac{1}{2}(Rt-S)(t-t_1)=\frac{1}{2}\cdot\frac{(Rt-S)^2}{R} \tag{7-11}$$

在 t 内的平均总费用为

$$C(t,S)=\frac{1}{t}\left[\frac{1}{2}\frac{c_1S^2}{R}+\frac{1}{2}\cdot\frac{c_2(Rt-S)^2}{R}+c_3\right] \tag{7-12}$$

分别求函数 $C(t,S)$ 对 t 和 S 的偏导数并令其为 0，得

$$t_0=\sqrt{\frac{2c_3}{c_1R}}\sqrt{\frac{c_1+c_2}{c_2}} \tag{7-13}$$

$$S_0=\sqrt{\frac{2Rc_3}{c_1}}\sqrt{\frac{c_2}{c_1+c_2}} \tag{7-14}$$

$$Q_0=Rt_0=\sqrt{\frac{2Rc_3}{c_1}}\sqrt{\frac{c_1+c_2}{c_2}} \tag{7-15}$$

$$C(t_0,S_0)=\sqrt{2c_1c_3R}\sqrt{\frac{c_2}{c_1+c_2}} \tag{7-16}$$

可得在 t_0 内的最大缺货量为

$$S'=Q_0-S_0 \tag{7-17}$$

3. 有一定生产时间，不允许缺货

(1)假设条件。

①一定时间 t_p 内生产批量 Q，单位时间产量(生产速率)以 P 表示。

②需求速度为 R，应满足 $P>R$。

(2)存储状态图如图 7-5 所示。

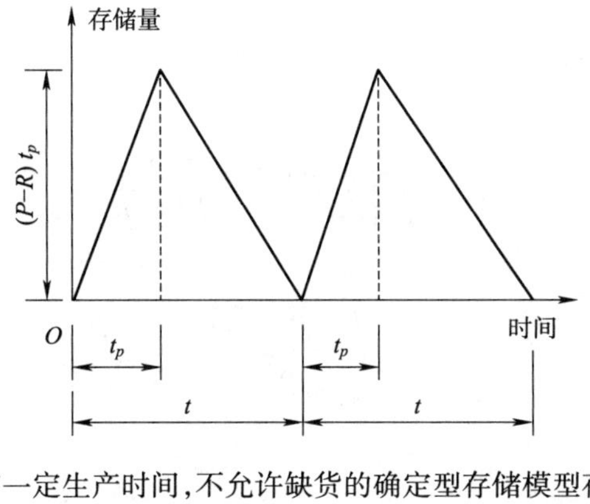

图 7-5　有一定生产时间，不允许缺货的确定型存储模型存储状态图

(3)建立模型 3 并求解。

在 t 内的平均存储量为

$$\frac{1}{2}(P-R)t_p\cdot t=\frac{1}{2}\frac{(P-R)}{P}Rt^2 \tag{7-18}$$

在 t 内的平均总费用为

$$C(t)=\frac{1}{t}\left[\frac{1}{2}c_1\frac{(P-R)}{P}Rt^2+c_3\right] \tag{7-19}$$

最佳生产循环时间为

$$t_0 = \sqrt{\frac{2c_3}{c_1R}}\sqrt{\frac{P}{P-R}} \tag{7-20}$$

最佳生产批量为

$$Q_0 = Rt_0 = \sqrt{\frac{2c_3R}{c_1}}\sqrt{\frac{P}{P-R}} \tag{7-21}$$

最小平均总费用为

$$C(t_0) = \sqrt{2c_1c_3R}\sqrt{\frac{P-R}{P}} \tag{7-22}$$

当 $P\to\infty$,则上面几式与模型 1 相同。

4. 有一定生产时间,允许缺货

(1)假设条件。这是前面三种模型的综合形式。

(2)存储状态图如图 7-6 所示。

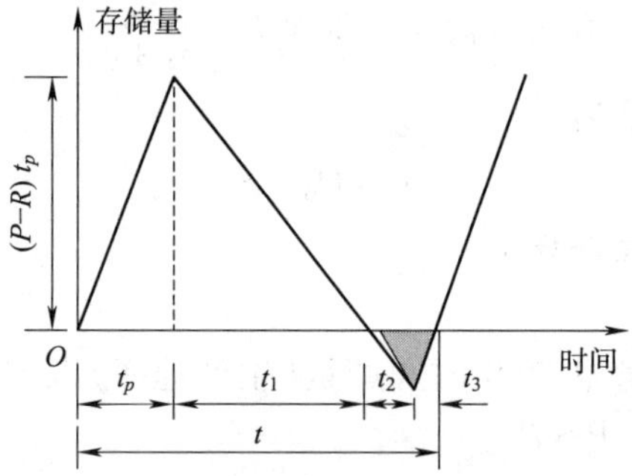

图 7-6　有一定生产时间,允许缺货的确定型存储模型存储状态图

(3)建立模型 4 及求解。

最佳生产循环时间为

$$t_0 = \sqrt{\frac{2c_3}{c_1R}}\sqrt{\frac{c_1+c_2}{c_2}}\sqrt{\frac{P}{P-R}} \tag{7-23}$$

最佳生产批量为

$$Q_0 = Rt_0 = \sqrt{\frac{2c_3R}{c_1}}\sqrt{\frac{c_1+c_2}{c_2}}\sqrt{\frac{P}{P-R}} \tag{7-24}$$

最小平均总费用为

$$C(t_0) = \sqrt{2c_1c_3R}\sqrt{\frac{c_2}{c_1+c_2}}\sqrt{\frac{P-R}{P}} \tag{7-25}$$

7.1.4　随机型存储模型

需求量、提前订货时间(拖后时间)二者全部或部分为随机变量的库存系统称为随机型存储系统。与确定型模型不同,不允许缺货的条件只能从概率的意义方面理解,如需求满足率为 90% 等。

1. 基本概念

存储策略的优劣:按系统期望总费用最小或按既定服务水平确定。

(1)服务水平。

需求次数满足率为

$$P_1=\frac{\text{得到及时满足的需求次数}}{\text{总需求次数}}\times 100\% \tag{7-26}$$

需求数量满足率为

$$P_2=\frac{\text{得到及时满足的需求数量}}{\text{总需求次数}}\times 100\% \tag{7-27}$$

(2)安全系数 K。

用P_1确定 K 值。P_1越大,服务水平越高,安全系数 K 也越大。

设需求量 x 服从正态分布,$\bar{x}$为需求量均值,σ_x为其标准差,则报警点为

$$s=\bar{x}+K\sigma_x \tag{7-28}$$

安全库存量为

$$ss=K\sigma_x \tag{7-29}$$

经理论推导可知,当需求量服从正态分布时,不论其均值和标准差为何值,都可由查标准正态分布表,即可直接得到安全系数 K 值,见表 7-1。

表 7-1　标准正态分布表

满足率P_1	99%	98%	97%	95%	90%	80%	70%
安全系数 K	2. 33	2. 06	1. 89	1. 65	1. 29	0. 89	0. 53

2. (T,S)制随机型存储模型

(1)监控方式。

每次在固定的时间段(库存检查周期 T)检查库存状态,然后发出订单进行订货。

(2)变量特点。

①订货间隔期 T 一旦确定,在较长时间内不再变动。

②需求量 R、从订货到实际到货的提前订货时间 t 是随机变化的。

③每次实际订货量 Q 不是常量,要根据最高库存量 S、当时在库库存量 I、已订货未到的在途库存量、已发生的缺货数量等确定。

(3)存储状态图如图 7-7 所示。

(4)确定库存控制参数。

①按既定服务水平确定 T,S。

订货间隔期 T:若可由存储系统自行决定,则经济订货批量的理论值为:

$$Q_0=\sqrt{\frac{2c_3\overline{R}}{c_1}} \tag{7-30}$$

再按式(7-31)计算,然后适当取整和调整。其中$\overline{R}$为需求量均值。

$$T=\frac{Q_0}{\overline{R}} \tag{7-31}$$

最高库存量 S 为

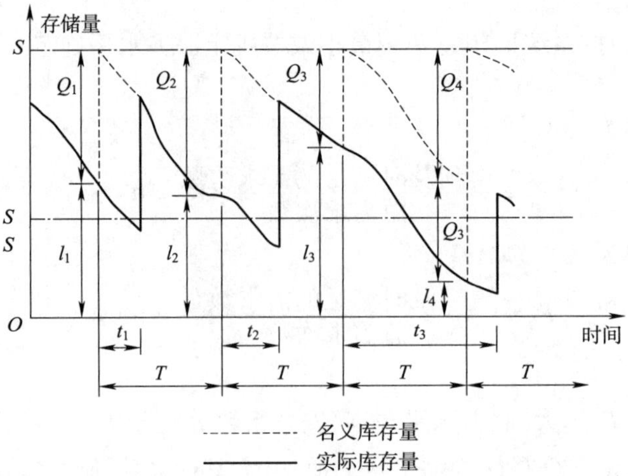

图 7-7 (T,S)制随机型存储模型存储状态图

$$S = Q + ss \tag{7-32}$$

一个订货间隔期的平均需求量为

$$Q = T\overline{R} \tag{7-33}$$

考虑到$(T+t)$时间内的需求量是随机变化的，所以(T,S)制的安全库存量为

$$ss = \overline{Rt} + K\sigma_{R(T+t)} = \overline{Rt} + K\sqrt{\overline{R}^2\sigma_{(T+t)}^2 + (T+\bar{t})\sigma_R^2} \tag{7-34}$$

因为 T 一经确定，就不再变动，因此有

$$\sigma_{T+t} = \sigma_t \tag{7-35}$$

$$ss = \overline{Rt} + K\sqrt{\overline{R}^2\sigma_t^2 + (T+\bar{t})\sigma_R^2} \tag{7-36}$$

所以，最高库存量为

$$\begin{aligned} S &= Q + ss = T\overline{R} + \overline{Rt} + K\sqrt{\overline{R}^2\sigma_t^2 + (T+\bar{t})\sigma_R^2} \\ &= (T+\bar{t})\overline{R} + K\sqrt{\overline{R}^2\sigma_t^2 + (T+\bar{t})\sigma_R^2} \end{aligned} \tag{7-37}$$

例 1　某种配件一年中各月的实际需求量见表 7-2。

表 7-2　某种配件各月的实际需求量

月份	1	2	3	4	5	6	7	8	9	10	11	12
需求量	317	254	213	182	178	160	264	258	420	217	376	137

提前订货时间 t 的均值为 1 个月，标准差$\sigma_t = 1.2$ 月，已知存储费$c_1 = 0.30$ 元/月，每次订货费$c_3 = 112$ 元。现决定采用(T,S)制，并希望需求满足率$P_1 = 95\%$（服务水平），求订货周期 T、最高库存量 S。

解　查标准正态分布表，得安全系数 $K = 1.65$。

月平均需求量及方差为

$$\overline{R} = \frac{1}{12}(317 + 254 + \cdots + 376 + 137)\text{个/月} = 248\text{ 个/月}$$

$$\sigma_R^2 = \frac{1}{11}\sum_{i=1}^{12}(R_i - \bar{R})^2 = \frac{1}{11}[(317-248)^2 + \cdots + (137-248)^2](个/月)^2$$
$$= 7\ 511.5(个/月)^2$$

$$Q_0 = \sqrt{\frac{2c_3R}{c_1}} = \sqrt{\frac{2\times112\times248}{0.30}}个 \approx 430 个$$

$$T = \frac{Q_0}{R} = \frac{430}{248} \approx 1.7 月(51 天)$$

$$S = (T+\bar{t})\bar{R} + K\sqrt{\bar{R}^2\sigma_t^2 + (T+\bar{t})\sigma_R^2}$$
$$= [(1.7+1)\times248 + 1.65\times\sqrt{248^2\times1.2^2 + (1.7+1)\times7\ 511.5}]个$$
$$= (669.6+544.37)个 \approx 1\ 214 个$$

若将需求满足率降为 $P_1 = 90\%$，即 $K = 1.29$，则

$$S = [(1.7+1)\times248 + 1.29\times\sqrt{248^2\times1.2^2 + (1.7+1)\times7\ 511.5}]个$$
$$= (669.6+425.60)个 \approx 1\ 095 个$$

若因管理方面需要，预先规定 $T = 1$ 个月，$P_1 = 90\%$，即 $K = 1.29$，则

$$S = (T+\bar{t})\bar{R} + K\sqrt{\bar{R}^2\sigma_t^2 + (T+\bar{t})\sigma_R^2}$$
$$= [(1+1)\times248 + 1.29\times\sqrt{248^2\times1.2^2 + (1+1)\times7\ 511.5}]个$$
$$= (496+415)个 \approx 911 个$$

②按存储系统总费用最小原则确定 T, S。运用该方法时，必须知道每次缺货一件需支付的缺货费。但对于缺货费很难计量的某些物品，一般都是用服务水平来衡量，该方法就不太适用。

7.2　库存路径问题概述

库存路径问题是指在供应链中，确定最优的库存存放位置、数量和运输路线，以最小化成本并满足需求。它涉及库存分配、运输和存储决策，旨在实现效率和响应性的平衡。本节将详细介绍库存路径问题的背景、分类和模型的定义。

7.2.1　库存路径问题背景

为了提高供应链的效能，人们提出供应商管理库存（vendor managed inventory，VMI）的模式。VMI 允许供应商在保证（部分或全部）满足下游客户需求前提下，自主确定向下游客户送货的时间及数量。这就需要同时协调解决库存和运输两个问题。

库存和运输协调研究已经成为理论和实践必须解决的问题，其中一个热点称为库存路径联合优化问题（inventory routing problem，IRP）。库存决策问题主要解决多长时间补货和补货量为多少这两个问题。而车辆路径决策问题（VRP）主要解决根据需求确定车辆行驶路径问题。

实际生产活动中，因库存、运输有其自身的相对独立性，很长时间以来，对它们的研究一般是分开进行的。从供应链管理的角度看，由于库存和运输存在效益背反（trade-off）关系，

分开的库存控制或运输路径优化很可能不利于从整体上控制物流成本。

IRP 集成了库存管理、车辆路线和交付调度决策。IRP 是 VRP 的变体，是物流管理决策者在作战和战术层面面临的核心问题之一。该问题由相互关联的车辆路线和库存决策组成。库存路径决策的传统目标是最大化总物流利润或最小化总物流成本。然而，与许多其他领域一样，从经济、环境和社会角度来看，以可持续的方式追求与运输和库存管理相关的运营已受到研究人员和从业者越来越多的关注。

这项研究源于 Bell 等[6]发表的一篇开创性论文，最初是在 VRP 模型的运输成本中添加库存成本的考虑而提出的，是 VRP 的扩展，除了考虑路由决策之外还考虑库存管理，供应商必须在每个时期决定何时向每个客户交付，向这些客户交付多少，以及选择哪些交付路线。

IRP 需要建立一个分销计划的问题，该计划覆盖给定的规划范围，其中商品从供应商分发到一组地理上分散的客户，这些客户面临每个时期的需求。有一个车队可以用来运送货物，而且必须保证每一个客户在规划期内的每一个时期都能满足其需求。目标是确定分配计划，使总成本最小化，总成本由运输（或路线）成本和库存持有成本的总和给出。Archetti 和 Speranza[7]通过一项计算研究分析了整合运输和库存管理的好处，结果表明，与整合相关的平均节省约占总成本的 24%。IRP 在研究界如此受欢迎的第二个原因与寻找其解决方案相关的科学挑战有关。事实上，IRP 将路由与库存管理（即补货决策）结合了起来。

IRP 模型方法做出三个决策：何时为客户提供服务、车辆将在哪些路线上分配，以及应向每个车辆发送多少并存储在仓库中。

7.2.2 库存路径问题分类与模型定义

下面从实践层面出发，对库存路径问题的分类进行细分，便于更细化该问题的实践特征，为其模型定义奠定基础。

1. 库存路径问题分类

IRP 的最初被定义为使用一定数量的车辆将产品从仓库分发给一些客户，其中每辆车（从仓库开始和结束）每个时间段最多只能在一条路线上使用，并且不能超过其自身容量。问题的目标是最小化总成本，包括库存和分销成本，同时满足客户的需求，确保库存水平既不超过最大容量，也不变为负值[8]。

IRP 涉及的情况非常复杂，可以根据拓扑结构、货物品种、需求类型、决策方式、约束（目标）、成本、求解方法等特征进行分类，见表 7-3。

表 7-3 库存路径问题（IRP）研究分类一览表

特　征	可能属性选项
拓扑结构	两层级：1-1，1-M（M-1），M-M
	三层级：1-1-1，1-1-M，1-M-M，M-1-M，M-M-M
计划期	单周期，有限多周期，无限期
需求类型	货物品种：单品种，多品种
	数量随时间：常数，变化（周期变化，随机）
	配送方式：需求不拆分，需求可拆分
决策方式	时间（时点），频率（周期）

续上表

特　征	可能属性选项
约束/目标	车辆类型:相同,不同
	车辆容量:有限,无限
	车辆数量:给定,决策变量,无限
	供应或存储能力:有限,无限
成本	库存成本:持货,缺货,订货
	运输成本:固定,距离,装卸点
求解方法	问题分解:时间,分区-路径
	分区依据:时间,频率,距离
	寻优方法:精确法,近似法,启发式算法

IRP 解决了两阶段供应链中库存和运输决策的协调问题。IRP 的相关文献描述了三种主要类型的分销网络,这些网络根据所涉及的供应商和客户的数量而有所不同,如下:

(1)一对一:一名供应商为一名客户提供服务。

(2)一对多:一名供应商服务一组客户。

(3)多对多:多个供应商服务一组客户。

图 7-8 给出了具有一对多结构的 IRP 的通用表示。

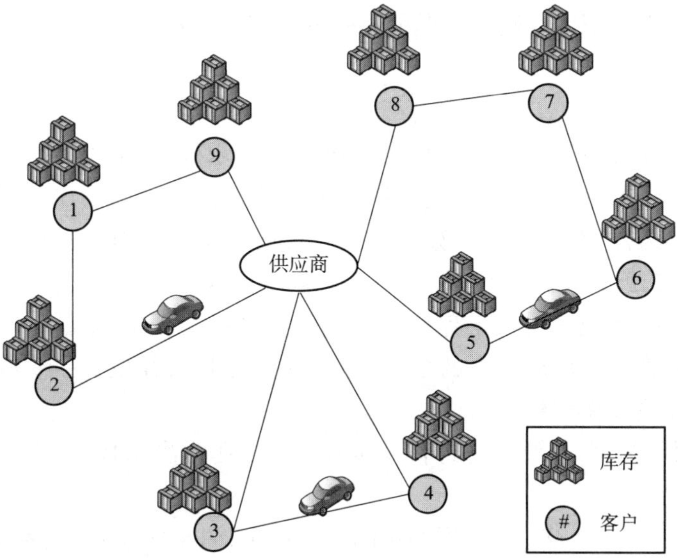

图 7-8　一对多结构的 IRP 的通用表示

2. 库存路径问题模型定义

IRP 的特点是,交货是在没有预定时间表情况下进行的,在任何时候向任何客户交货的数量都是一个决策变量。交付给客户的数量必须满足客户的库存能力。

在库存路径问题的术语中,供应商通常扮演着仓库的角色,而零售商则扮演着客户的角色。基本的 IRP 定义在一个有向图上,其中一个顶点代表一个供应商,其他顶点代表零售商。给出一个离散的规划范围,供应商的可用数量和每个零售商在该期限内的需求量是已知的。每个零售商都有其最大库存持有能力。库存持有成本可从供应商和零售商处获得。不允许缺货，即在每个时期，每个零售商的库存必须足以满足需求。目标是使总的配送成本最小，其中包括路由成本和相关的库存持有成本。Archetti 等[9]提出了单个车辆的基本库存路径问题。该问题的正式定义如下：

基本的 IRP 模型定义在图 $G=(V,E)$ 中，其中 $V=\{0,1,\cdots,n\}$ 是顶点的集合，$E=\{(i,j):i,j\in V,i\neq j\}$ 是边的集合。顶点 0 代表供应商，其余顶点代表客户，供应商和客户每个时期都会产生单位持有库存成本 $h_i(i\in V)$，每个客户都有一定的库存持有能力 C_i。问题的规划期限长度为 p，在每个时间周期 $t\in T=\{1,2,\cdots,p\}$ 中，供应商供货能力为 r^t。假设供应商有足够的库存能够满足规划期内的需求，且不允许出现负库存。变量 I_0^t 和 I_i^t 分别代表供应商和客户点在周期 t 末尾的库存水平，在规划周期开始时，决策者已知当前的供应商和客户库存水平 I_0^0 和 I_i^0，同时已知每个客户每个时间段的需求 d_i^t。集合 $K=\{1,2,\cdots,k\}$ 代表可用车辆，每辆车的容量限制是 Q_k，每辆车能够在每个时间段执行一条规划好的线路，将产品从供应商交付给客户，每条边的运输成本为 C_{ij}。

7.3 库存路径问题求解算法

IRP 是 VRP 的深化发展，VRP 已经是著名 NP-hard 问题，IRP 在 VRP 的基础上还整合了库存管理，依然是 NP-hard 问题。因此，探索有效的求解方法，一直是 IRP 研究的重点、难点和热点。本节将详细介绍库存路径问题的相关的精确算法和启发式算法。

7.3.1 精确算法

精确算法的主要思想是用一个线性目标函数依次求解不同的 IRP，该函数在最小化路由成本和最大化交付数量之间交替，直到满足最优性条件。可以看出，收敛性是保证的，并且存在一个最优性条件，在此条件下算法停止。目前用来求解 IRP 问题的常见精确算法包括决策树算法、分支定界算法、列生成算法、动态规划算法等。

Sindhuchao 等[10]提出用分支定界算法来求解小规模的 IRP 问题。Coelho 和 Laporte[11]研究了一个供应商管理库存模式下的多周期库存路径问题，并设计了一种分支切割算法来解决所建立的混合整数规划模型。

以 IRP-LR 问题为例，介绍一种迭代精确算法[12]，在每次迭代中，求解一个具有线性目标函数的 IRP 模型。

首先，定义一些符号。$D_{\max}$ 表示可交付的最大数量，由车辆总容量、需求和库存能力基础决定。FR_{IRP} 表示由约束条件定义的可行域。$z(R)$ 表示总路径成本，$z(D)$ 表示总交付数量。$z^*(R)$ 是最小路径成本，$z^*(D)$ 是最大总交付数量，LB_n 是第 n 次迭代时目标函数下界，$D_n^{\min}$ 是第 n 次迭代必须交付的最小数量，r_{best} 是得到的最优目标值。

在每次迭代过程中，最小交付数量首先被设置为 0，在每次迭代的过程中增加，确定 $D_n^{\min}$ 下具有最小路由成本 $z^*(R)$ 的交付方案，然后找出 $z^*(R)$ 下交付数量的最大可能。具体步骤如下：

（1）根据 FR_{IRP} 和 $z(D)\geqslant D_n^{\min}$，确定 $z(R)$ 最小的解决方案，如果解决方案不可行，算法终止，找到的是最优目标值。

(2) 更新LB_n。在每次迭代中，得到的$z^*(R)$是解的路由代价的下界，而目标函数的下界为$z^*(R)/D_{max}$。

(3) 在可行域FR_{IRP}中，可能存在和$z^*(R)$相等的不同解$z(R)$，下一步是在可行域中搜索和$z^*(R)$相等且$z(D)$最大的解。重新计算相应的目标函数值，更新当前最优值。如果解小于或等于下界，算法停止，找到最优解。否则，$D_n^{min} = z^*(D) + 1$，并重新开始迭代。

IRP-LR 迭代精确算法伪代码如算法 7-1 所示。

算法 7-1　IRP-LR 迭代精确算法

输入：问题数据、D_{max}、FR_{IRP}、最大迭代次数
输出：最优目标值r_{best}

$n = 0$
$r_{best} = +\infty$
$D_0^{min} = 0$
重复以下步骤
解决在满足FR_{IRP}约束下最小化$z(R)$的问题，且$z(D) \geq D_n^{min}$
如果问题是不可行的，则
　　停止并返回r_{best}
end if
设$z^*(R)$为最优解
解决在满足FR_{IRP}约束下最大化$z(D)$的问题，且$z(R) \leq z^*(R)$
设$z^*(R)$为最优解
如果$z^*(R)/z^*(D) < r_{best}$则
$r_{best} = z^*(R)/z^*(D)$
end if
$n = n + 1$
$D_n^{min} = z^*(D) + 1$
$LB_n = z^*(R)/D_{max}$
直到$r_{best} \leq LB_n$
返回r_{best}

7.3.2　启发式算法

求解 IRP 问题时，可以采用启发式算法。与精确算法相比，启发式算法在求解大规模问题时具有明显的效率优势。

针对库存路径问题，Savelsbergh 等[13]基于整数规划算法改进了随机贪婪启发式算法，用于求解 IRP 问题。傅成红和符卓[14]研究了一个单周期、离散随机需求的 IRP 问题，并将问题转化为一般的车辆路径问题，并用遗传算法进行求解。吕雄伟等[15]研究了一个带有时间窗和随机需求的 IRP 问题，针对建立的模型设计了遗传算法加以求解。Bertazzi 等[16]分别提出了遗传算法和三阶段元启发式算法来处理该问题。李家斌等[17]设计了保留精英的改进遗传算法。杨华龙等[18]对于需求不确定情况下的多品种燃油海运库存路径（maritime inventory routing problem,MIRP)问题,提出新的船舶配送策略,并设计了改进的混合自适应遗传算法求解 MIRP 模型,通过算例证明了模型和算法的正确性。Meysam 等[19]开发了一种改进的自适应遗传算法来求解多产品多周期的 IRP 问题,在 VMI 模式下,选用多车型进行配送安排,通过随机生成的实例证明了该算法的优越性。

NSGA-Ⅱ是一种启发式算法,最早由 Deb 等[20]提出,用于解决各种多目标调度问题。NSGA-Ⅱ中设计的非支配排序算子(NS)和拥挤距离算子(CD)保证了其核心竞争力。具体而言,基于 NS 算子可以准确地评价解决方案之间的主导关系,评价结果可以直接反映个体的素质水平。对于具有相同质量水平的解决方案,可以通过计算其 CD 值来消除解决方案。通过使用 NS 和 CD 算子,算法可以将一定数量的竞争个体从当前迭代保存到下一代。

为了解决 NSGA-Ⅱ由于缺乏局部搜索算子而产生的收敛性能不足的问题。Abdelmaguid[21]提出了一种改进的 NSGA-Ⅱ(MNSGA)来解决其所研究的 PISP 问题。该算法的伪代码和自适应交叉策略伪代码如算法 7-2 和算法 7-3 所示。

算法 7-2 MNSGA 伪代码

输入:种群大小 PS,交叉率 CR,变异率 MR,执行局部搜索的操作算子数量 LSN

输出:帕累托前沿集合 P^*

初始化种群 $P_0=\{p_1,p_2,\cdots,p_{PS}\}$ 并计算它们的适应度值;

PF←$\varnothing$;k←1;alpha←1;

当停止准则未满足时,执行以下循环:

P_0'←执行选择(NS)和交叉(CD)操作;

P_1←在 P_0' 上执行二元锦标赛选择以选择 PS/2 个个体;

对于 $i=1\to$PS/2:

[pos1,pos2]←从 1 到 PS/2 中随机选择两个位置;

$C_1\leftarrow P_1\text{pos}_1$;$C_2\leftarrow P_1\text{pos}_2$;

如果 rand < CR 则

    [C_1,C_2]←在 C_1 和 C_2 上执行交叉操作

end if

如果 rand < MR 则

    [C_1,C_2]←在 C_1 和 C_2 上执行变异操作

end if

计算 C_1 和 C_2 的适应度值;

PF←[PF,C_1,C_2];

结束循环;

PF←[PF,P_0]:

PF←移除 PF 中的重复项(具有相同目标的解);

PF′←在 PF 上执行 NS 和 CD 操作以提取最优的帕累托解;

根据算法 2 更新 alpha;

对于 $j=1\to\min\{||\text{PF}'||,\text{LSN}\}$

C_3←在PF'_j上执行局部搜索操作

如果 C_3 比PF'_j好,则$\text{PF}'_j\leftarrow C_3$;end if

结束循环

使用 PF′在 PF 中的最优帕累托解并执行精英选择来生成 P_0；

$k \leftarrow k+1$；

结束总循环

$P_0' \leftarrow$在 P_0上执行 NS 和 CD 操作；

$P^* \leftarrow$从 P_0'中提取帕累托前沿解；

返回（P^*）

算法 7-3　自适应交叉策略伪代码

输入：
PF($k-1$)，PF(k)：第($k-1$)次和第 k 次迭代的帕累托前沿集合
alpha($k-1$)：第($k-1$)次迭代的 alpha 值
EV：信息向量
k：迭代次数

输出：alpha(k)：第 k 次迭代的 alpha 值

计算 C(PF(k)，PF($k-1$))和 C(PF($k-1$)，PF(k))：% PF(k)是第 k 次迭代的前沿解集合；

如果 C(PF(k)，PF($k-1$)) > C(PF($k-1$)，PF(k))，则 EV = [EV，1]；否则 EV = [EV，0]
　　end if % EV 是一个支配 PF(k)和 PF($k-1$)关系的信息向量

如果||EV|| = =10 则

　　des←EA 中值 1 出现的次数

如果 des = =0 则 alpha(k) =1；end if

如果 1≤des≤5 则 alpha(k) = max([0.5，alpha($k-1$) $-H$])；end if

如果 des >5 则 alpha(k) = alpha($k-1$)；end if

EV(1) = [ ]

否则：

　　alpha(k) = alpha($k-1$)

end if

返回 alpha(k)

7.4　数值仿真算例

前面几节详细介绍了库存控制问题的相关内容，本节将通过一个案例来对库存控制问题进行描述分析。本仿真案例主要来源于肖青等[22]的相关内容。

7.4.1　案例数据

假设供应商设置了一个配送中心将货物配送至多个零售商处。配送中心和零售商的地理位置是已知的，其中节点 0 代表配送中心，其余节点代表零售商。各节点之间的距离矩阵见表 7-4。库存管理方式为供应商管理库存(VMI)。配送中心拥有 2 种车型，不同车型有不同的容量限制和单位行驶成本，相关参数参考文献[23]，小车的最大装载数量为 550 件、最大载质量为1 100 kg、固定启用成本为100 元次、单位行驶成本为1.2 元/(t · km)，大车的最

大装载数量为 800 件、最大载质量为 2 000 kg、固定启用成本为 95 元/次、单位行驶成本 1.1 元/(t · km)。整个计划期长度为 20 d,各零售商每日的销售量见表 7-5。零售商的库存持有成本假设为 1 元/(d · 件),零售商的缺货成本为 10 元/件,每件货物的质量为 2 kg。假设各零售商的最大库存量服从均值为 300 的泊松分布,初始库存量为最大库存量的 1/2,补货点为最大库存量的 1/4。

表 7-4 各节点之间的距离矩阵

单位:km

节点	节点															
	0	1	2	3	4	5	6	7	8	9	10	11	12	13	14	15
0	0	99	50	81	78	191	91	64	138	45	179	105	69	103	149	50
1	99	0	49	59	25	127	19	44	85	65	96	35	86	39	143	89
2	50	49	0	47	28	152	41	21	101	24	133	58	57	57	134	50
3	81	59	47	0	38	110	40	27	57	35	101	36	31	31	89	43
4	78	25	28	38	0	128	13	19	80	41	105	32	62	33	127	64
5	191	127	152	110	128	0	117	132	53	146	45	96	129	95	97	148
6	91	19	41	40	13	117	0	29	71	51	93	21	68	24	125	73
7	64	44	21	27	19	132	29	0	80	22	115	41	45	39	116	45
8	138	85	101	57	80	53	71	80	0	93	56	51	77	48	73	96
9	45	65	24	35	41	146	51	22	93	0	134	61	34	58	114	26
10	179	96	133	101	105	45	93	115	56	134	0	74	128	76	124	144
11	105	35	58	36	32	96	21	41	51	61	74	0	67	6	110	77
12	69	86	57	31	62	129	68	45	77	34	128	67	0	62	81	20
13	103	39	57	31	33	95	24	39	48	58	76	6	62	0	105	73
14	149	143	134	89	127	97	125	116	73	114	124	110	81	105	0	99
15	50	89	50	43	64	148	73	45	96	26	144	77	20	73	99	0

表 7-5 各零售商每日销售量

节点	节点														
	1	2	3	4	5	6	7	8	9	10	11	12	13	14	15
1	42	28	40	25	30	37	25	44	28	41	36	44	36	39	29
2	86	71	84	79	87	94	58	73	80	87	92	83	84	81	92
3	38	66	56	58	50	69	47	59	53	69	38	61	41	69	41
4	40	73	32	71	44	67	42	66	44	76	47	64	46	58	43
5	45	20	39	25	24	28	42	21	48	16	46	27	53	33	52
6	15	26	22	26	12	21	17	27	18	23	15	22	17	30	20
7	14	24	13	27	16	35	20	17	18	32	24	26	12	33	12
8	38	50	34	45	31	39	35	54	28	41	30	43	39	47	45
9	43	37	31	33	42	36	27	37	30	56	38	39	40	39	44
10	28	33	26	45	26	41	43	45	35	56	37	48	28	52	39
11	110	133	131	150	122	94	116	125	118	114	121	118	129	121	136

续上表

节点	节　点														
	1	2	3	4	5	6	7	8	9	10	11	12	13	14	15
12	124	131	131	149	142	158	112	150	120	154	143	128	128	147	123
13	85	152	97	146	87	157	98	153	96	155	104	172	118	159	92
14	64	63	51	74	42	69	49	87	47	77	71	97	53	65	59
15	45	94	64	77	59	79	49	77	48	80	50	83	59	73	36
16	48	49	65	52	57	72	38	58	53	44	59	58	61	40	58
17	28	61	24	47	26	49	26	66	28	54	24	54	18	65	29
18	28	48	21	39	32	31	18	34	23	30	26	31	20	45	25
19	7	13	5	10	5	8	10	8	4	10	2	5	7	12	8
20	6	6	5	13	3	12	3	5	7	5	5	15	5	10	5

7.4.2　运算结果

采用遗传算法进行求解，运行结果将计划期划分成 9 个配送周期，计划期内各配送周期长度集合为[2,6,2,1,1,1,1,1,5]。计算结果表明，调整配送周期的长度有利于使供应链整体获利。

配送路径及车型选择见表 7-6。对配送周期数量限制下不同策略的成本对比见表 7-7。

表 7-6　各周期配送路径

配送周期	配 送 路 径
1	小型车:0—5—10—0—0;大型车:0—14—8—0—1;0—13—11—0—1;0—6—1—0—1;0—9—3—0—1;0—12—15—0—1;0—2—4—7—0—1
2	小型车:0—14—0—0;大型车:0—2—6—4—0—1;0—10—8—12—0—1
3	小型车:0—5—0—0;大型车:0—9—15—0—1;0—13—11—0—1;0—7—1—3—0—1
4	小型车:0—10—0—0
5	小型车:0—6—1—0—0;0—4—7—0—0;0—14—0—0;大型车:0—8—5—0—1;0—9—2—0—1;0—3—13—11—0—1;0—15—12—0—1
6	小型车:0—10—0—0
7	小型车:0—15—12—0—0;0—7—6—0—0;大型车:0—12—8—6—0—1
8	大型车:0—2—14—0—1;0—4—11—13—0—1
9	小型车:0—12—15—0—0;大型车:0—1—6—0—1;0—8—3—0—1;0—10—5—0—1;0—7—9—0—1

表 7-7　限制配送周期数量下不同策略的成本对比

配送周期数量	周期可变最优策略	成本/元		节约比例/%
		固定策略最优值	周期可变策略最优值	
2	[12,8]	132 740. 72	130 466. 45	1. 70
4	[4,7,2,7]	123 897. 11	71 436. 29	42. 30
5	[3,7,2,2,6]	97 507. 92	68 754. 07	29. 50

计算结果表明，即使在限定配送周期数量的情况下仍可通过对配送周期的长度进行调

整从而降低系统总成本，且节约比例与周期数量有很大的关系，如下：

节约比例 =（周期固定最优值 − 周期可变最优值）/周期固定最优值

节约比例可以直观反馈周期可变策略相对于周期固定策略的优化效果。

对参数进行调整分析，将库存持有成本提升 10 倍，周期划分方式从[2,6,2,1,1,1,1,1,5]变为[3,7,2,2,6]；将车辆使用成本提升 10 倍，周期划分方式从[2,6,2,1,1,1,1,1,5]变为[3,7,1,1,1,2,5]，发现当配送成本增加或单位库存持有成本增加时，供应商都将减少配送次数。周期与车型调整后的成本对比见表 7-8。

表 7-8　周期与车型调整后的成本对比

计划期长度	配送周期长度	多车型成本最优值/元	同车型成本最优值/元	节约比例（周期）/%	节约比例（车型）/%
20	可变	63 015.33	64 289.93	0.00	2.00
	2	68 487.71	69 753.29	8.00	1.80
	4	97 507.92	99 186.03	35.40	1.70
	5	123 897.11	125 168.38	49.10	1.00
	10	132 740.72	134 003.38	52.50	0.90

表 7-8 中可变表示周期可变策略；数字表示周期固定策略。计划期内每一个配送周期长度与计划期内各配送周期长度集合中对应顺序数字的数值大小相等。采用多车型周期可变策略总成本的最优值为 63 015.33 元，采用多车型周期长度固定为 10，总成本最优为 132 740.72 元，节约比例最高可达 52.5%。可以看出周期可变策略相比于周期固定策略，系统总成本明显下降，证明了模型和算法的有效性。

对各周期策略下配送方案的车型进行考虑，结果表明采用多车型进行配送的方案明显优于采用同车型进行配送的方案，其原因是多车型相较于同车型可以为供应商提供更加灵活的配送方案。同时发现周期策略对总成本的影响程度大于车型对总成本的影响程度。

参 考 文 献

[1] 沃尔特斯. 库存控制与管理（原书第 2 版）[M]. 李习文，李斌，译. 北京：机械工业出版社，2008.

[2] 黄鑫. 制造企业库存控制方法研究[D]. 北京：北京交通大学，2007.

[3] 张得志，李双艳. 装配型制造企业库存协同优化理论与方法[M]. 长沙：中南大学出版社，2017.

[4] 程晓华. 制造企业库存控制技巧[M]. 北京：中国物资出版社，2006.

[5] 赵红立. 存储空间有限制的库存决策方法研究[D]. 大连：大连海事大学，2008.

[6] BELL W J, DALBERTOL M, FISHER M L, et al. Improving the distribution of industrial cases with an on-line computerized routing and scheduling optimizer[J]. Interfaces, 1983, 13 (6): 4-23.

[7] ARCHETTI C, SPERANZA M G. The inventory routing problem: the value of integration[J]. International Transactions in Operational Research, 2016, 23 (3): 393-407.

[8] COELHO L C, CORDEAU J-F, LAPORTE G. Thirty years of inventory routing[J]. Transportation Science, 2014, 48 (1): 1-19.

[9] ARCHETTI C, BERTAZZI L, LAPORTE G, et al. A branch-and-cut algorithm for a vendor managed inventory-routing problem[J]. Transportation Science, 2007, 41: 382-391.

[10] SINDHUCHAO S, ROMEIJN H E, AKÇALI E, et al. An integrated inventory-routing system for multi-item

joint replenishment with limited vehicle capacity[J]. J. Global Optimization,2005,32(1):93-118.

[11] COELHO L C,LAPORTE G. A branch-and-cut algorithm for the multi-product multi-vehicle inventory routing problem[J]. International Journal of Production Research,2013,51(23-24):7156-7169.

[12] ARCHETTI C,COELHO L C,SPERANZA M G. An exact algorithm for the inventory routing problem with logistic ratio[J]. Transportation Research Part E-Logistics and Transportation Review,2019,131: 96-107.

[13] SAVELSBERGH M,SONG J-H. An optimization algorithm for the inventory routing problem with continuous moves[J]. Computers and Operations Research,2006,35(7):2266-2282.

[14] 傅成红,符卓.单周期离散随机需求的库存-运输整合优化[J].系统工程 2007,25(1):9-12.

[15] 吕雄伟,孙斌锋,李军.随机需求下带时间窗 IRP 问题的遗传算法研究[J].商业研究,2008,377(9): 8-10.

[16] BERTAZZI L,COELHO L C,MAIO A D,et al. A matheuristic algorithm for the multi-depot inventory routing problem[J]. Transportation Research Part E: Logistics and Transportation Review,2019,122: 524-544.

[17] 李家斌,何世伟,刁丹丹,等. 物流包装租赁系统配送库存路径模型与算法[J]. 计算机工程与应用, 2021,57(22): 263-272.

[18] 杨华龙,吴艳华,孙奕伦. 多品种燃油海运库存路径问题鲁棒优化模型与算法[J].交通运输系统工程与信息,2022,22(3): 238-246.

[19] MEYSAM M,SAJJAD F S,SOODABEH M,et al. A modified adaptive genetic algorithm for multi-product multi-period inventory routing problem[J]. Sustainable Operations and Computers,2022,3(3): 1-9.

[20] DEB K,PRATAP A,AGARWAL S,et al. A fast and elitist multiobjective genetic algorithm: NSGA-II[J]. IEEE Transactions on Evolutionary Computation,2002,6 (2): 182-197.

[21] ABDELMAGUID T F. Bi-objective dynamic multiprocessor open shop scheduling for maintenance and healthcare diagnostics[J]. Expert Systems with Applications,2021,186: 115777.

[22] 肖青,宁志敏,王燕玲,等. 周期可变下考虑多车型的库存路径优化研究 [J]. 包装工程,2023,44(17): 213-219.

[23] 陈妍,单汨源,王秋凤. 多车型集配货一体化车辆路径问题研究[J]. 中南大学学报(自然科学版), 2015,46(5): 1938-1945.

第8章　选址-路径问题

选址-路径问题(location-routing problem,LRP)是物流与供应链管理中重要的组合优化问题,该问题的目标是在满足客户需求的同时,通过合理地选择设施位置和规划运输路径来实现总成本最小优化目标。随着技术的发展和市场需求的变化,LRP已成为目前国内外学者研究热点之一,并在实践中发挥越来越重要的作用。

本章首先论述选址-路径问题的研究背景及其相关应用场景;其次,在梳理近10年以来的选址-路径优化问题的国内外相关研究现状基础上,系统论述选址-路径优化问题相关的数学模型及其求解算法;最后,对选址路径优化实际应用案例进行分析与讨论。

8.1　选址-路径问题的研究背景与应用场景

下面将从选址-路径问题的研究背景与应用场景进行相应介绍。

8.1.1　选址-路径问题的研究背景

物流设施选址(location problem)与运输配送任务安排(routing problem)是物流系统优化中两个重要的关键科学问题,二者相互影响;在选址决策时需要考虑未来不同场景下的车辆路径安排;而物流设施选址对线路安排与车辆排班有重要影响。因此,将选址和路径两个问题进行联合考虑,有利于降低整个系统的成本,提升物流效能。

近年来,各公司和学者纷纷开始将选址问题和路径问题结合起来进行更加深入复杂的研究。将仓库选址问题和车辆路径问题相结合的想法大致可以追溯到20世纪60年代。当时,这两类优化问题之间的相互关联性开始得到重视,但那个年代的优化能力和计算机的性能还没有发展到可以用一种综合算法来解决两类决策的联合问题[1]。一些研究表明,对选址和路径问题单独建模研究会导致只得到次优解而非最优解。这一发现以及后来随着科学技术的发展,以及计算机性能的不断提升,解决选址-路径联合问题的研究不断涌现,相关的研究不断成熟,算法的性能也不断提高,应用领域也不断扩展[2]。

8.1.2　选址-路径问题的应用场景

选址-路径问题在现实生活中应用比较广泛。城市物流配送系统的物流配送中心选址与配送任务安排、应急物流配送系统中的应急储备库与应急物资配送路由、时效性产品供应链网络设计中的区域配送中心与配送任务协同设计方面、新能源车配送系统中的充电桩布局与车辆路径优化、大型自动化智能化分拨中心的AGV充电站与AGV路径规划等应用场景,其本质都是选址-路径优化问题。

万孟然等[3]提出双层规划应急资源调度选址-路径优化模型,上层规划以供应站建设和运营总成本最低为目标,下层规划以配送路径成本最小化为目标。Wei等[4]考虑了用户收到急救物资的软时间窗，目标函数中包含了对违反时间窗的惩罚，运用混合蚁群算法确定了仓库的位置和车辆的运输路线。也有一些学者在研究应急物资运输时，在模型中加入了不确定性因素，如需求量不确定性和运输时间不确定性[5-7]。

生鲜电商配送的选址-路径问题也被广泛研究。丁乔[8]根据居民日常出行数据，采用均值漂移聚类算法选择出交付点的最佳位置，并采用粒子群算法求解优化模型得到最优车辆路径。马帅[9]在优化模型中加入了两个相互博弈的因素：仓库容量和未满载惩罚。马艳芳等[10]将客户模糊时间窗纳入模型当中，把主导层的系统总体成本最小化作为目标，而附属层以降低运输成本为目标。另外，也有学者在解决生鲜运输 LRP 问题时，找出了生鲜产品需求量的影响因素，并以此建立了一个多维度影响因素指标体系[11]。

电动车换电站的选址路径也已经存在大量的相关研究。王琪瑛等[12]考虑了时间窗、车辆载货能力、续航能力等约束条件，设计了一个以总成本最小为目标的 LRP 模型。张永学和张婕姝[13]在电动车换电站 LRP 模型中加入了环境因素，设计了新能源配送汽车换电站的选址和车辆路径优化模型。Li 等[14]则针对电动公交车，设计了一个框架，可以解决电动公交车运营的 LRP 及其调度的联合问题。对于公交站点的选址，尚尔康[15]针对固定公交站点和随机公交站点分别建立了选址模型。

8.2　选址-路径问题研究现状分析

下面对选址-路径问题国内外研究现状进行详细分析，首先对 2013 年以来近十多年的国内外研究文献进行可视化分析，在此基础上，从“研究作者、研究主题、文献互引”不同视角进行相应总结分析，以了解其相关研究进展及其发展趋势。

8.2.1　选址-路径问题文献分析及可视化

本章选取了自 2013—2021 年选址-路径问题的一些文献[3-47]，包含 33 篇中文文献和 12 篇英文文献，下面对这 45 篇文献展开总结与归纳。图 8-1 展示了本综述分析的关于选址路径问题的文献在各个年份中的分布情况，可以看出所选文献随时间呈递增的趋势，大部分来自 2020 年和 2021 年，分别为 15 篇和 11 篇，其次是 2019 年的 6 篇文献，其余年份的文章篇数均在 5 篇以下。这样的时间分布是良好的，因为只有更多的最新文献才能更好地展示关于所研究问题的最新动态和进展状况，而通过少量的早期文献则可以了解曾经的研究热点，并且与最新研究进行比对而突出如今的成果和成就。

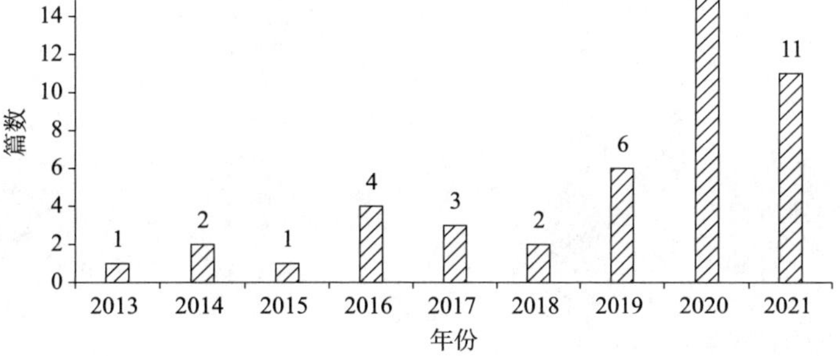

图 8-1　各年份文献数量分布

8.2.2 相关研究作者分析

图 8-2 将涉及的每位作者的文章数量以可视化图的形式清晰地展现出来，图中作者的名字的大小代表出现频率的大小，字体越大越靠近图的中心位置，表明越多的文献由该作者完成或参与，反之则意味着涉及该作者的文献越少。图最中心的两位作者分别为孙延明和罗耀波，两人各自有 3 篇文章列于本综述分析的文献中。王海军、蒋海青、冷龙龙等均有 2 篇文章，大部分学者只有 1 篇文献被包含在本章的研究中。大多数文献的作者并非一人，而是由多位作者共同完成，所以研究这些作者间的合作关系也是十分有意义并且重要的。图 8-3 展示了这些文献作者的合作关系，即是否共同出现在同一篇文章的作者名单中。每位学者用一个节点表示，若两位学者间存在连线，则表明两人存在合作关系，无连线则表明在本章的研究的文献中不存在合作关系。用不同的节点颜色来表示某一学者的出现频率，这和图 8-2 中作者的频率是一致的，图 8-2 中作者名称字体的大小对应图 8-3 中作者的不同颜色。图 8-4 则展示了 33 篇中文文献作者间的网络社团图，联系紧密的作者组成一个社团。

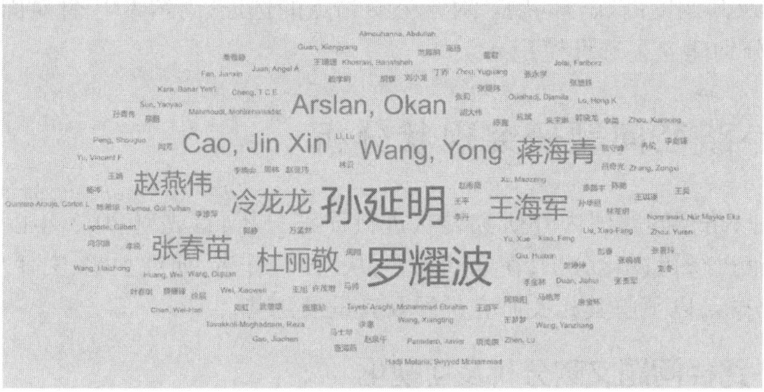

图 8-2 文献作者的频率图

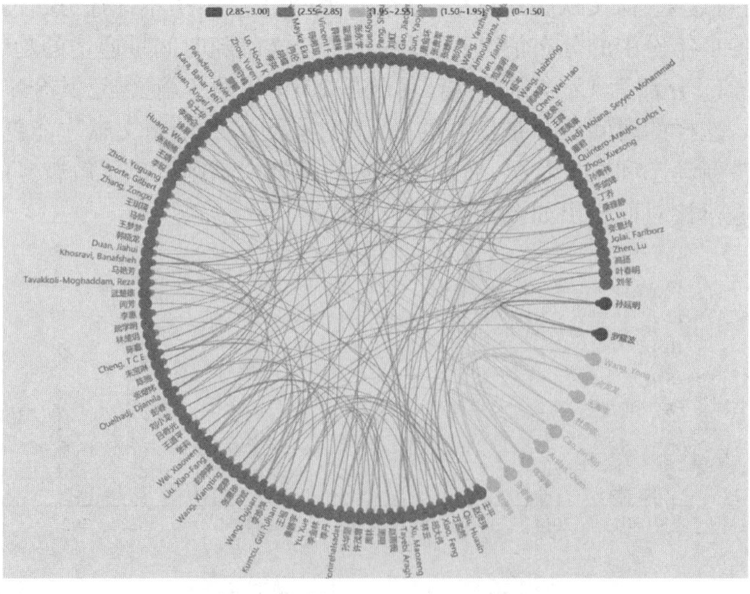

图 8-3(彩色)

图 8-3 文献中的作者合作关系图

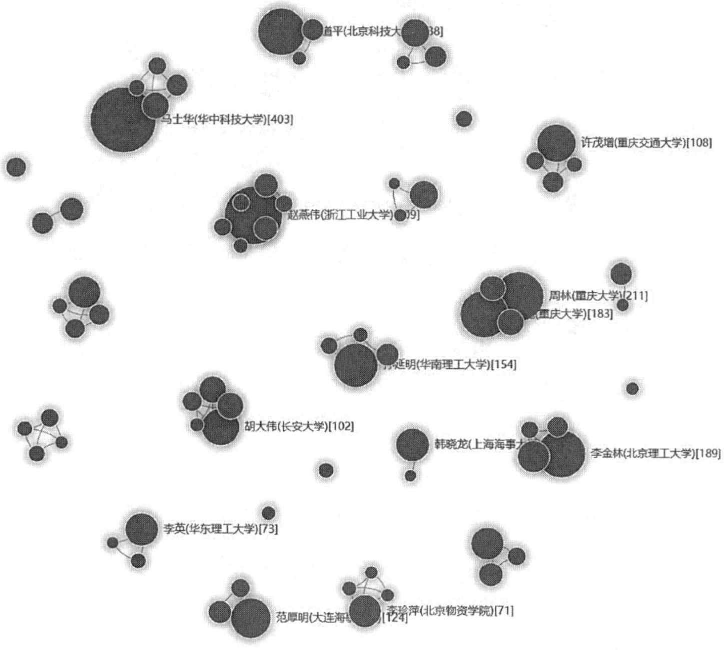

图 8-4　中文文献作者的网络社团图

8.2.3　研究主题词分析

图 8-5 和图 8-6 分别展示了这些文献中的关键词出现的频率和关键词共同出现的关系。在这些关键词中，出现次数最多的分别是“选址-路径问题”“Location-routing problem”“遗传算法”，每次关键词都出现了 6 次，而“选址-路径问题”和“Location-routing problem”是相同的，只不过是中文与英文两种不同语言形式而已，这也和本章的综述内容是一致的。其次，“选址-路径问题”出现次数也较多，“选址-路径问题”和“选址-路径问题”的差别在于中间的连接符号不同，但二者应归为同一关键词。出现次数较多的关键词还有“模拟退火算法”“碳排放”等。从这些关键词出现的频率可以看出，目前比较解决选址-路径问题的比较火热的算法是遗传算法和模拟退火算法，也可以看出当前社会越来越重视保护环境，所以相应减少碳排放也被考虑进选址路径问题中，以响应国家的政策和号召。

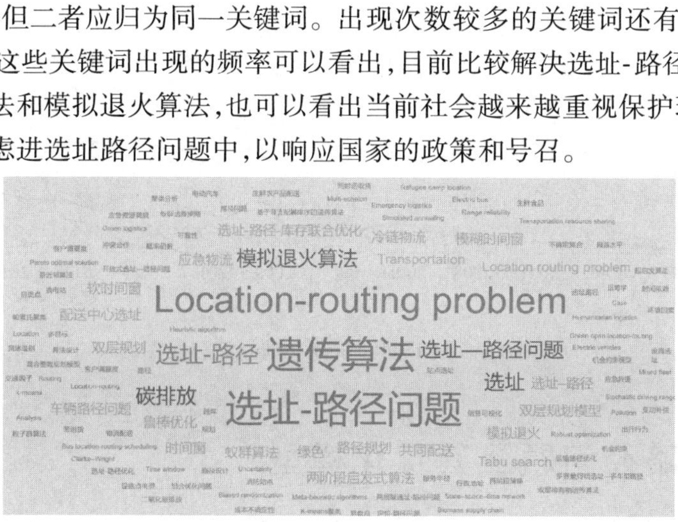

图 8-5　关键词频率图

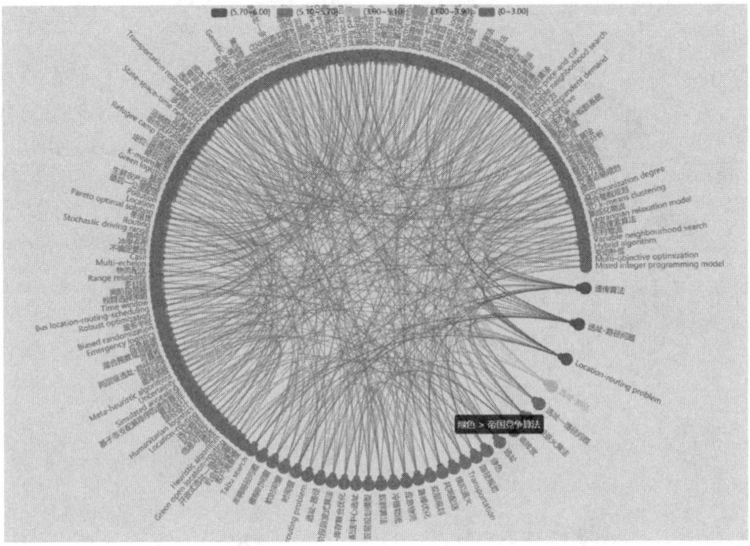

图 8-6(彩色)

图 8-6　关键词的共现图

8.2.4　文献互引分析

本节中进一步将 33 篇中文文献筛选出来单独分析,并且将文献的范围进一步扩展,更加深层次地研究所选的这些文献及其引用的文献以及被引用文献间的关系。研究所选文献及其参考文献和引证文献的时间分布图如图 8-7 所示,可以看到,所选的中文文献的时间分布范围是从 2013 年到 2021 年,这些文献所引用的文献的时间范围是从 1995 年开始直到 2019 年,且大致呈现逐年上升的趋势。图 8-7 中陡峭的线条表示文章被引的时间分布情况,从 2013 年开始,也就是所选的文献最早的发表时间,便被其他文章所引用,且这些文献的被引情况逐年攀升,于 2019 年达到巅峰状态,该年有 98 篇文章引用了本章所选的这些中文文献。

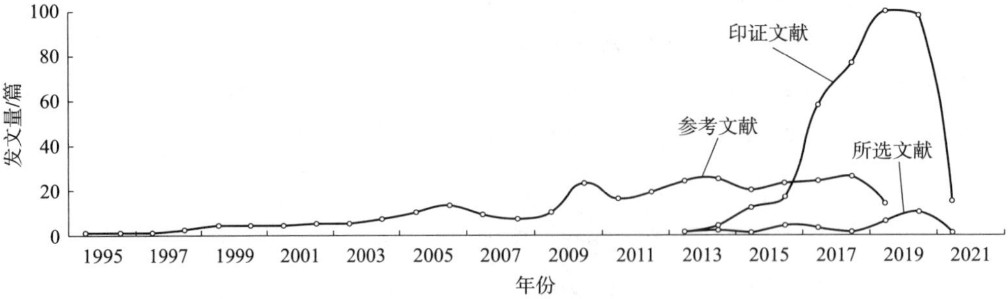

图 8-7　LRP 问题研究文献时间分布图

8.3　选址-路径问题及其优化模型

在过去的几十年间,学者们研究探讨了不同形式的选址-路径问题(LRP)[48]。但是,经典的选址-路径问题是其他所有选址-路径问题的基础,应该被特别关注。本节介绍经典LRP 问题和其他引申的扩展 LRP 问题。

8.3.1　经典选址-路径问题

经典的 LRP 问题可描述为:给定一个有开放成本的仓库候选位置的集合、一组车辆完全相同的车队和一个已知需求的客户位置的集合,需要对开放仓库的位置进行选择、将客户分配给不同的仓库以及确定车辆的数量和路径,实现包括开放仓库存储的成本、车辆使用的固定成本和路线总成本在内的总成本的最小化[30]。实际上,仓库的选择问题和车辆路径问题(VRP)均可以当成 LRP 的特殊案例。如果全部的客户都分配给某一个仓库进行配送服务,则 LRP 就是一个经典的仓库选址问题;而当所有仓库位置已经确定后,LRP 就等价于车辆路径问题,即确定车辆数及其车辆路径。经典的 LPR 模型如图 8-8 所示。

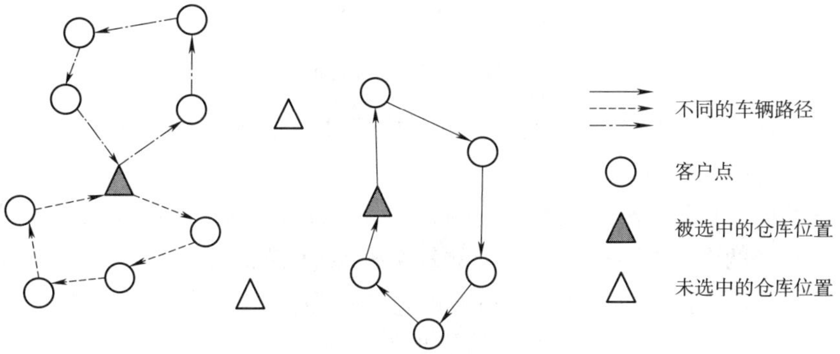

图 8-8　经典的 LRP 模型

目标函数:

$$\min M_0 = \sum_{j\in V, j\neq 0} X_{0j} + \sum_{i\in V}\sum_{j\in V}\sum_{k\in K} d_{ij} r_{ij} x_{ijk} + \sum_{i\in V}\sum_{j\in V}\sum_{k\in K} C_{ck} x_{ijk}$$

约束条件:

$$\sum_{k\in K} y_{ik} = 1, \quad \forall i \in J \tag{8-1}$$

$$\sum_{i\in V} x_{ijk} = y_{jk} \tag{8-2}$$

$$\sum_{j\in V} x_{ijk} = y_{ik} \tag{8-3}$$

$$u_i - u_j + n\sum_{k\in K} x_{ijk} \leqslant n-1, \quad i,j\in V \tag{8-4}$$

$$\sum_{p\in J} x_{ipk} + \sum_{p\in V} x_{pkj} \leqslant 1 + f_{ij}, \quad \forall i\in I, \forall j\in J, \forall k\in K \tag{8-5}$$

$$f_{ij} = \{0,1\}, \quad i\in I, j\in J \tag{8-6}$$

$$x_{ijk} = \{0,1\}, \quad i,j\in V | i\neq j, k\in K \tag{8-7}$$

$$y_{jk} = \{0,1\}, \quad i\in I, j\in J \tag{8-8}$$

$$z_i = \{0,1\}, \quad i\in I \tag{8-9}$$

目标函数要求配送系统的总成本最小,总成本包括仓库建设和经营的固定成本、运输成本和车辆固定成本;式(8-1)表示车辆必须经过每个客户点,并且每个客户点只访问一次;式(8-2)和式(8-3)确保了每个客户点都有一辆车驶入并驶出;式(8-4)确保客户点之间没有回路,即保证每条路径的起始点和终点均为同一个仓库;式(8-5)表示分配给某个仓库的客户点要被从该仓库出发的车辆所访问;式(8-6)、式(8-8)、式(8-9)是模型中的决策变量,$x_{ijk}=1$ 表示第 k 辆车从节点 i 开往节点 j,$f_{ij}=1$ 表示客户 i 由仓库 j 完成配送服务,$y_{jk}=1$ 表示第 k 辆车要途经节点 i,$z_i=1$ 表示在节点 i 建立仓库,也就是仓库选址决策变量。

8.3.2 考虑容量约束的选址-路径问题

经典选址-路径问题中没有考虑仓库和车辆的容量,但是在现实中仓库和车辆都是有容量限制的,不可能无限度地容纳所有货物。所以,在原有的约束条件中加入容量约束是十分有必要的,可以让模型更加贴近现实。

$$\sum_{j\in J} p_j f_{ij} \leqslant W_i z_i, \quad \forall i \in I \tag{8-10}$$

$$\sum_{j\in J} p_j y_{jk} \leqslant Q_k, \quad k \in K \tag{8-11}$$

式(8-10)表示被选中的仓库的配送容量不能超过其仓储容量W_i;式(8-11)表示配送的车辆载货量不能超过其承载能力Q_k。

考虑容量约束的选址-路径问题(capacitated location-routing problem,CLRP)是一个将仓库选址和车辆路径两个 NP-hard 问题融合的复杂模型,罗耀波等[32]曾考虑了多约束条件,对选址-路径问题开展了分析,列出关于 CLRP 的优化模型,从全局最优为目标,设计了一种改进的混合启发式算法。该研究不仅尝试将模拟退火算法(SAA)和遗传混合算法(GA)相结合并得到了不错的结果,同时也为对 CLRP 的求解找到了一个有效方法。之后,罗耀波和孙延明[37]对前面的研究进行了改进,把时间窗加入模型中,对时间窗进行了模糊化处理。进一步,罗耀波等[28]在前面基础上又将退货问题加入模型中,设计了自适应混合遗传算法。闫芳和彭婷婷[38]在加入时间窗的基础上,同时考虑了客户满意度,目标函数使得成本最小化和客户满意度最大化。该研究设计了 K-means 的时空聚类算法来选择配送中心的位置,结果表明该算法能更好地降低总成本和运输路径长度。然而,现实的选址路径问题中存在着大量的不确定因素[38],如客户的需求量、交通情况的不确定性等,这使问题的复杂度进一步提升。另外,随着国家政策越来越重视环境以及环保意识不断提高,一些学者也在 CLRP 中考虑了碳排放,建立了有容量约束的低碳选址-路径模型,以减少碳排放量和缩小成本为目标展开了研究[39]。

前面所述的研究在不断深化,对 CLRP 建立的模型也越来越复杂,越来越接近实际情况,求解方法也越来越准确,但是,这些工作还远远不够,还有很大的空间等待着去开发、去探索,未来也一定会在研究中融入更多的因素,考虑更加全面的情况。

8.3.3 两阶段选址-路径问题

在两阶段选址-路径问题(two-echelon location routing problem,2E-LRP)中,增加了从工厂向仓库供应货物的路径问题。这些路径决策构成了第一个阶段。从选定的几个仓库到为客户配送货物的路线代表第二阶段。针对这类问题,学者的研究关注点有所不同,一些作者关注在固定地点的单个工厂的情况,而有些学者研究在第一阶段允许访问顾客的情况。2E-

LRP 是在报纸发行和城市物流等应用中提出的。在城市物流情况下，来自其他城市的大型卡车可能被限制在位于城市外围的平台卸载货物，只有较小的环保车辆可以继续行驶到市中心。两阶段车辆路径问题（VRP-2E）是一个和 LRP-2E 密切相关的问题，是在普通 VRP 问题中加入第一阶段的路径决策。每个仓库都可以自由使用，不产生开放成本。LRP-2E 和 VRP-2E 之间的差异并不是很显著，本节只针对前者进行讨论和分析。两阶段选址-路径问题的层次结构图如图 8-9 所示[49]。

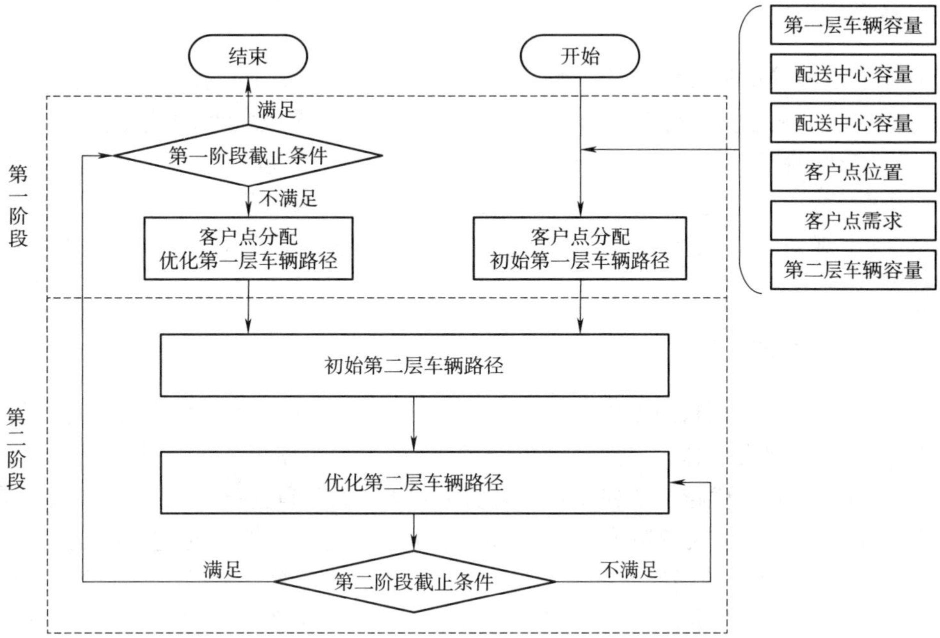

图 8-9 两阶段 LRP 层次结构图

第一篇关于 LRP-2E 的文章由 Lin 和 Lei[50] 于 2009 年发表。他们建立的模型包括一系列工厂和一系列大小客户。模型目标是对配送中心进行选址，然后确定在第一个路径阶段服务的一批大客户，最后为两个阶段建立车辆路径。Xue Yu 等[24]开发了一个比较通用的两阶段多目标选址-路径问题模型（2E-MOLRP）。该模型涵盖了各种常见的和潜在的成本，并且可以灵活地定义不同的目标来满足不同的需求。Yong Wang 等在模型中考虑了两个目标，建立了两阶段多周期选址-路径模型（2E-MPLRP），该模型允许客户在多个服务周期内接受服务。作者们提出了三维 k 均值聚类算法来求解 2E-MPLRP。张晓楠等[26]在两阶段选址路径问题中引入了变动成本的概念（变动成本为因车辆剩余容量不足返回配送中心卸载的额外配送成本和因车辆实际到达时间超出客户时间窗的时间惩罚成本总和），建立了变动补偿的机会约束预优化模型。近些年，也有一些作者将最小化能量消耗和碳排放量加入模型的目标函数中，不能一味地追求最低成本，在降低成本的同时也要考虑对环境的影响[51]。王梦梦和韩晓龙的研究[40]中，在降低总成本和碳排放的同时，还将多配送中心选址、车辆路径和库存管理策略三者相结合，并在模型中考虑了客户的随机需求，设计了两阶段启发式算法来解决这个大型难题。

8.4 选址-路径问题求解算法

一般来讲,LRP 的求解算法可以分为精确算法和启发式算法两大类,二者在实践应用中的差异主要是求解的规模。前者可以获得最优解,但是规模不宜过大;后者可以大幅提升处理大规模问题的速度,但得到的不一定是最优解,这一点比较适合实际问题的解决。

8.4.1 精确算法

精确算法是可以得到最优解的一种方法,但选址-路径问题属于 NP-hard 问题,所以如果选择精确算法求解该类问题是非常困难的,求解的规模会很大,计算时间会很长。早期的文献中有一些利用精确算法求解比较简单的 LRP,不过随着实际问题复杂程度与日俱增,求解难度也指数增长,所以近年来很少有学者使用精确算法。20 世纪 90 年代,部分学者使用整数规划、动态规划、分支定界等精确算法,也有一些学者结合了整数规划和非线性规划,设计了一种混合算法。

8.4.2 启发式算法

目前,大多数的研究都是应用启发式算法对 LRP 问题进行求解,虽然启发式算法得到的不一定是最优解,但是启发式算法可提高解决问题的速度,大大缩短计算时间,尤其是当处理规模很大的现实问题时,其优越性更加显著。解决 LRP 时,通常首先把问题拆分为几个子问题,然后分别使用启发式算法或者精确算法对这几个子问题进行求解。通过将问题分解为多个阶段,可使原本十分复杂的问题变得相对容易,并且可以避免最终解被困在局部最优解中。

本章的研究所选文献中,用于解决 LRP 问题的启发式算法主要有五种:遗传算法、模拟退火算法、蚁群算法、粒子群算法、可变邻域搜索算法。除这五种算法外,还存在少量其他算法,如梯度搜索算法、局部搜索算法等,本章只对前面五类最主要的启发式算法进行分析和阐述。

文献中使用最多的算法是遗传算法。万孟然等[3]采用遗传算法解决了应急资源调度中的 LRP 问题,王海军等[5]在应急资源调度问题中考虑了不确定性,同样也采用遗传算法使问题得以解决。但是,遗传算法也有着很多缺点,如早熟,即算法对新空间的探索能力是有限的,很容易收敛到局部最优解。所以,后来人们开发了很多改进的遗传算法,改进遗传算法出现后,很多学者便将这种改进的算法应用到了 LRP 问题的求解过程中,解决了生鲜产品的配送中心的选址与配送问题[11]、动态路网下的 LRP 问题[31]、开放式 LRP 问题[51]等。另外,也有部分学者设计了非支配解序列的遗传算法,也能够很有效地解决不同形式的 LRP 问题[19,47]。

模拟退火算法(SA)的思想是在 20 世纪 50 年代出现的,是通过模拟物理中固体物质的退火过程从而求解一般组合优化问题。SA 算法是一种常见的优化算法,其具有概率的全局优化性能,现今在很多实际问题中都应用到了该算法。选址路径问题中也不例外,很多学者将模拟退火算法应用于 LRP 问题,包括用来解决时间依赖性的 LRP[20]、模糊时间窗 LRP[37]以及考虑变动成本的 LRP[26]等。针对 SA 算法的缺陷,改进的 SA 算法应运而生,胡大伟等[51]应用改进的 SA 算法解决了两阶段开放选址-路径问题。

很多研究中还采用了粒子群算法求解 LRP 问题,丁乔[8]采用该算法对城市的果蔬配送的交付点和车辆路径进行了优化，也有一些学者使用该算法解决了电动车换电站的LRP[12]、应急资源调度LRP[3]、共享运输资源LRP[25]等。蚁群算法也是一个比较常用的求解优化模型的算法，王道平等[36]便将蚁群算法应用于两阶段物流配送选址路径问题中，周翔等应用该算法求解客户自提点的选址问题，Wei等用了一种混合蚁群算法针对LRP进行求解。另外，在解决该类问题的时候，还有少部分学者选择了可变邻域搜索算法，解决了两阶段和开放式的LRP[16,18]。除此之外，梯度搜索、禁忌搜索算法等也经常会用来解决LRP问题[14,17,27]。

8.5 选址-路径问题应用案例分析

本节将以高速公路网中电动汽车充电基础设施选址-路径优化问题为例，进行相应案例研究。主要包括以下几个方面内容：案例概况、应用场景分析、仿真结果分析。

8.5.1 案例概况

针对高速公路网中电动汽车充电基础设施选址优化问题，从由充电节点间子路径构成的元网络出发，构建一个两阶段混合整数线性规划模型，并相应地设计一种两阶段优化算法[52]。

第一阶段，在原始节点-路段网络中找到每对充电节点间的距离约束最小成本子路径，通过双目标标号修正算法来求解，其结果用以构建充电节点-子路径元网络。

第二阶段，在元网络中应用分支定界算法，其核心计算步骤是找到每个起讫对之间的最小成本路径，可通过经典的单目标标号设定算法求解；最后将提出的基于元网络的分支定界算法应用于长江三角洲高速公路网。

结果表明：充电站建设成本限制和电动汽车续航里程限制是决定充电站选址决策和出行者路径-充电决策的重要因素；其与传统基于原始网络的分支定界算法在三种不同规模网络算例中的应用性能比较表明，对于求解较大规模的基础设施选址优化问题，基于元网络的分支定界算法表现出压倒性的计算效率优势。

8.5.2 应用场景分析

本节将提出的基于元网络的分支定界算法应用于三个不同规模的算例网络，其计算结果用于分析：

（1）续航里程限制和建设预算限制对充电站选址和出行者路径选择结果的影响。

（2）基于元网络的分支定界算法的计算性能。

前两个网络为文献中被广泛使用的基准测试网络Sious Falls网络（见图8-10）和Nguyen-Dupuis网络（见图8-11）。第三个网络为真实的长江三角洲区域高速路网，通过收集长江三角洲城市群的交通信息数据和人口统计数据建立。该网络覆盖了18个主要城市之间的38个城际高速岔路口和138条高速公路路段。长江三角洲高速路网的节点-路段网络拓扑结构如图8-12所示，其中连接任意两个节点之间的线段代表两条双向路段，每条路段的出行时间成本和距离见表8-1。本节将网络中驾驶群体分布最密集的18个主要城市假设为具有城际间出行需求的起讫点。所有的算法模块应用C++语言编译，运行在配置为Intel Core i5-6200U处理器、内存为4 GB的计算机上。

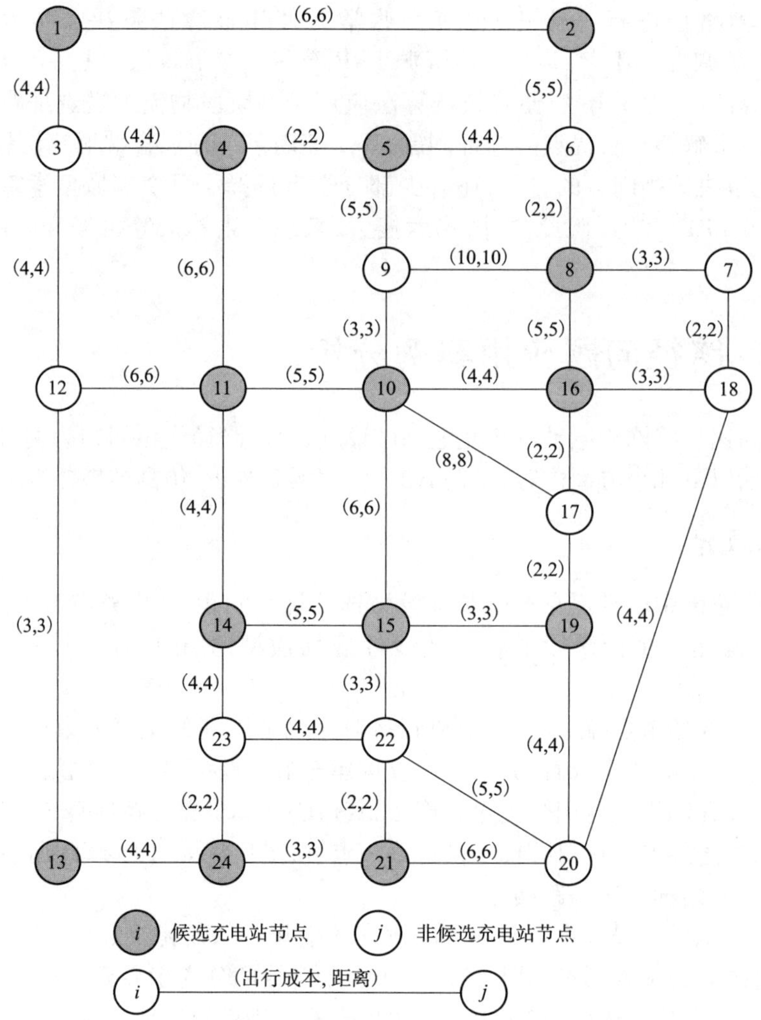

图 8-10 Nguyen-Dupuis 网络

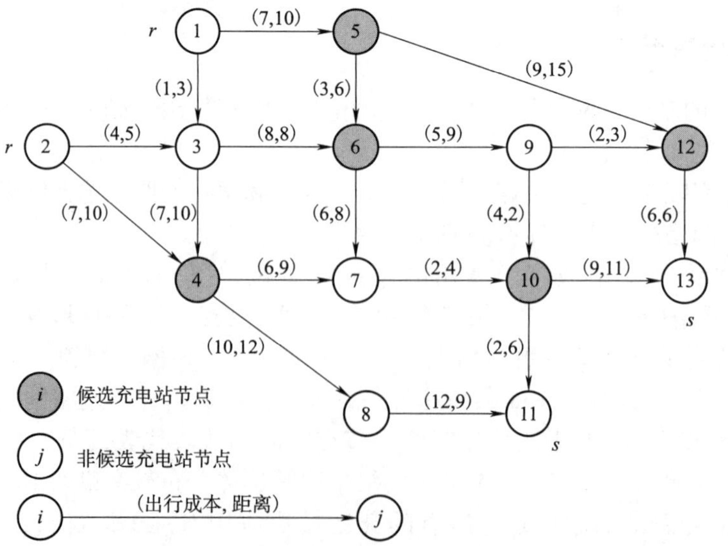

图 8-11 Sious Falls 网络

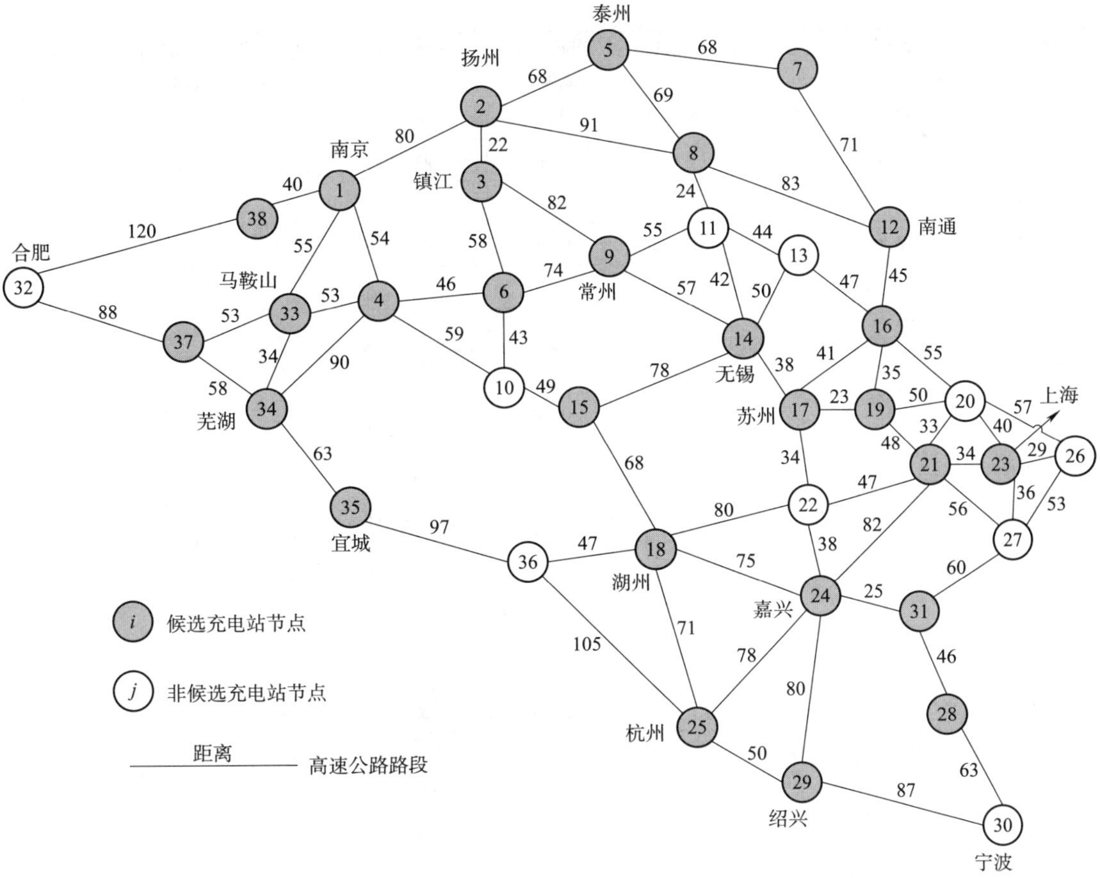

图 8-12　长江三角洲高速路网

表 8-1　长江三角洲高速路网的出行成本和距离数据

路段（点—点）	出行时间成本/h	距离/km	路段（点—点）	出行时间成本/h	距离/km	路段（点—点）	出行时间成本/h	距离/km
1—2	0.67	80	4—34	0.75	90	9—6	0.62	74
1—4	0.45	54	5—2	0.57	68	9—11	0.46	55
1—33	0.46	55	5—7	0.57	68	9—14	0.48	57
1—38	0.33	40	5—8	0.58	69	10—4	0.49	59
2—1	0.67	80	8—3	0.48	58	10—6	0.36	43
2—3	0.18	22	8—4	0.38	46	10—15	0.41	49
2—5	0.57	68	8—9	0.62	74	11—8	0.20	24
2—8	0.76	91	8—10	0.36	43	11—9	0.46	55
3—2	0.18	22	7—5	0.57	68	11—13	0.37	44
3—6	0.48	58	7—12	0.59	71	11—14	0.35	42
3—9	0.68	82	8—2	0.76	91	12—7	0.59	71
4—1	0.45	54	8—5	0.58	69	12—8	0.69	83
4—6	0.38	46	8—11	0.20	24	12—16	0.38	45
4—10	0.49	59	8—12	0.69	83	13—11	0.37	44
4—33	0.44	53	9—3	0.68	82	13—14	0.42	50

续上表

路段（点—点）	出行时间成本/h	距离/km	路段（点—点）	出行时间成本/h	距离/km	路段（点—点）	出行时间成本/h	距离/km
13—16	0. 39	47	20—26	0. 48	57	27—31	0. 50	60
14—9	0. 48	57	21—19	0. 40	40	28—30	0. 53	63
14—11	0. 35	42	21—20	0. 28	33	28—31	0. 38	46
14—13	0. 42	50	21—22	0. 39	47	29—24	0. 67	80
14—15	0. 65	78	21—23	0. 28	34	29—25	0. 42	50
14—17	0. 32	38	21—24	0. 68	82	29—30	0. 73	87
15—10	0. 41	49	21—27	0. 47	56	30—28	0. 53	63
15—14	0. 65	78	22—17	0. 28	34	30—29	0. 73	87
15—18	0. 57	68	22—18	0. 67	82	31—24	0. 21	25
18—12	0. 38	45	22—21	0. 39	47	31—27	0. 50	60
18—13	0. 39	47	22—24	0. 32	38	31—28	0. 38	46
18—17	0. 34	41	23—20	0. 33	40	32—37	0. 73	88
18—19	0. 29	35	23—21	0. 28	34	32—38	1. 00	120
18—20	0. 46	55	23—26	0. 24	29	33—1	0. 46	55
17—14	0. 32	38	23—27	0. 30	36	33—4	0. 44	53
17—16	0. 34	41	24—18	0. 63	75	33—34	0. 28	34
17—19	0. 19	23	24—21	0. 68	82	33—37	0. 44	53
17—22	0. 28	34	24—22	0. 32	38	34—4	0. 75	90
18—15	0. 57	68	24—25	0. 65	78	34—33	0. 28	34
18—22	0. 67	80	24—29	0. 67	80	34—35	0. 53	63
18—24	0. 63	75	24—31	0. 21	25	34—37	0. 48	58
18—25	0. 59	71	25—18	0. 59	71	35—34	0. 53	63
18—36	0. 39	47	25—24	0. 65	789	35—36	0. 81	97
19—16	0. 29	35	25—29	0. 42	50	38—18	0. 39	47
19—17	0. 19	23	25—36	0. 88	105	38—25	0. 88	105
19—20	0. 42	50	28—20	0. 48	57	38—35	0. 81	97
19—21	0. 40	48	28—23	0. 24	29	37—32	0. 73	88
20—16	0. 46	55	28—27	0. 44	53	37—33	0. 44	53
20—19	0. 42	50	27—21	0. 47	56	37—34	0. 48	58
20—21	0. 28	33	27—23	0. 30	36	38—1	0. 33	40
20—23	0. 33	40	27—26	0. 44	53	38—32	1. 00	120

8.5.3 仿真结果分析

首先评估续航里程限制和建设预算限制对充电站选址结果和出行者路径与充电选择结果的影响。为此，选取长江三角洲高速路网中6种不同的网络场景：通过假设2种不同的建设预算限制（$B=4$、10）和3种不同的续航里程限制（$D=150$、200、250 km）的交叉组合得到。

图 8-13 展示了这 6 种网络场景下的充电站选址结果(选址节点被标记为黑色节点)和宁波—宣城之间出行者的路径选择结果(路径被标记为红色加粗线段)。表 8-2 列出了在这 6 种网络场景下宁波到宣城的路径和充电选择结果,其中标有下划线的节点为沿途充电节点。

图 8-13(彩色)

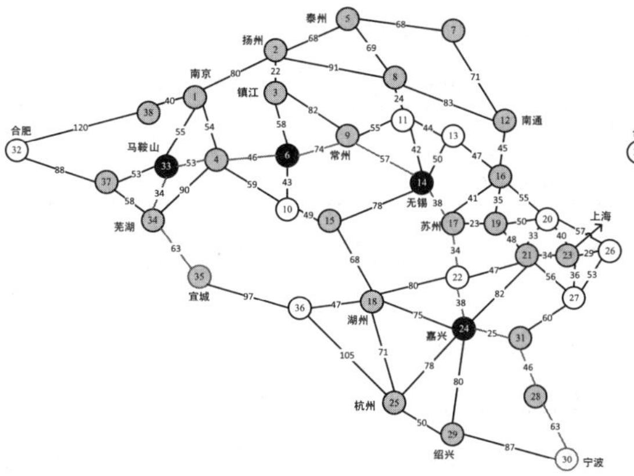

（a）建设预算限制B=4，续航里程限制D=150 km

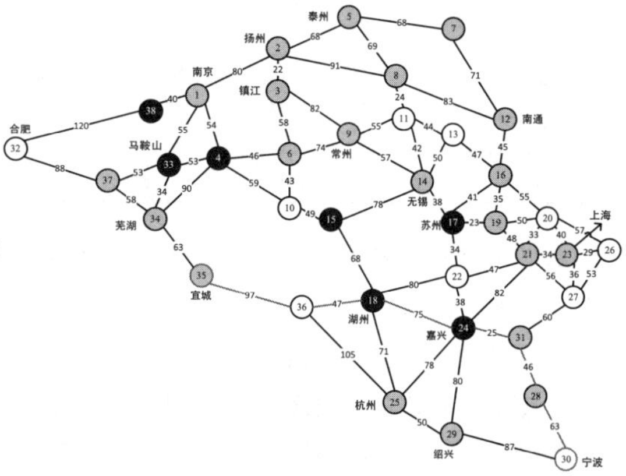

（b）建设预算限制B=10，续航里程限制D=150 km

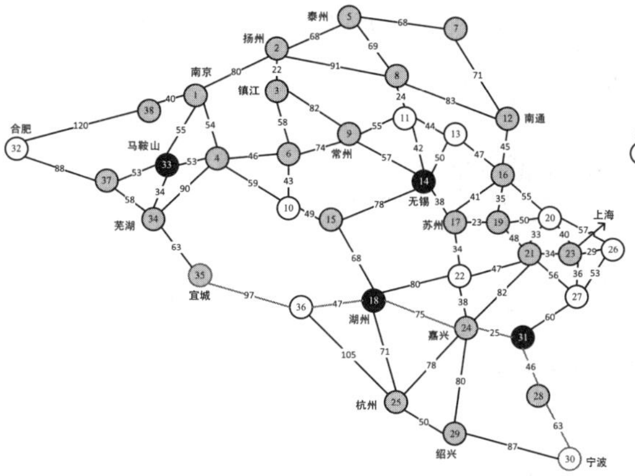

（c）建设预算限制B=4，续航里程限制D=200 km

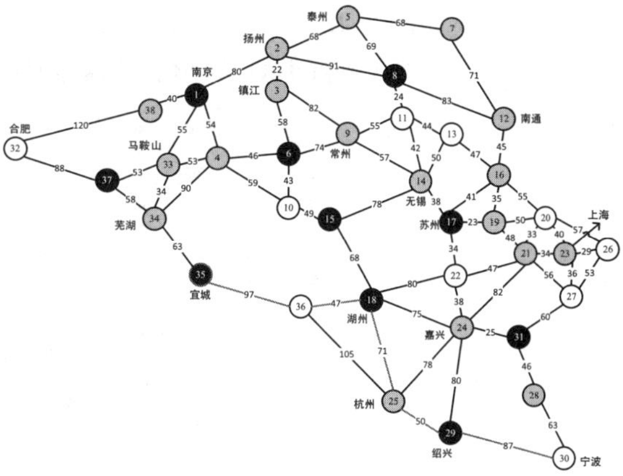

（d）建设预算限制B=10，续航里程限制D=200 km

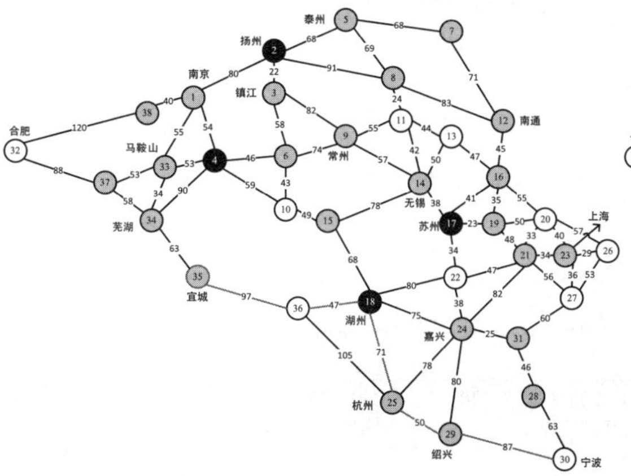

（e）建设预算限制B=4，续航里程限制D=250 km

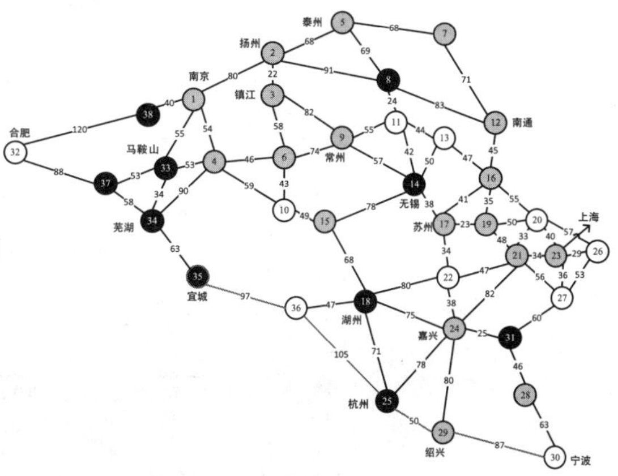

（f）建设预算限制B=10，续航里程限制D=250 km

图 8-13　长江三角洲高速路网中充电站最佳选址和宁波—宣城出行最优路径结果

表 8-2　宁波—宣城出行的最优路径与充电选择结果

建设预算限制	续航里程限制/km	路径与充电结果选择	路径成本/h
4	150	30→28→31→24→22→17→14→9→6→4→33→34→35	4.77
10	150	30→28→31→24→18→36→35	2.95
4	200	30→28→31→24→18→36→35	2.95
10	200	30→29→25→18→36→35	2.94
4	250	30→29→25→18→36→35	2.94
10	250	30→29→25→36→35	2.84

从图 8-13 和表 8-2 可以看出,建设预算限制和续航里程限制是影响充电站选址和出行者路径与充电选择的重要因素。

进一步评估充电站建设预算限制和电动汽车续航里程限制分别对网络中出行总成本的影响。图 8-14 展示了出行总成本随充电站建设预算限制变化的曲线,可以看出随着建设预算限制的增加,出行总成本先单调减小,然后保持在一个稳定值。并且当续航里程限制越小时,下降的趋势越明显。同样的下降趋势也存在于出行总成本随电动汽车续航里程限制的变化曲线中,如图 8-15 所示。出行总成本随续航里程限制的增加先单调减小后保持不变,并且当建设成本限制越小时,下降的趋势越明显。

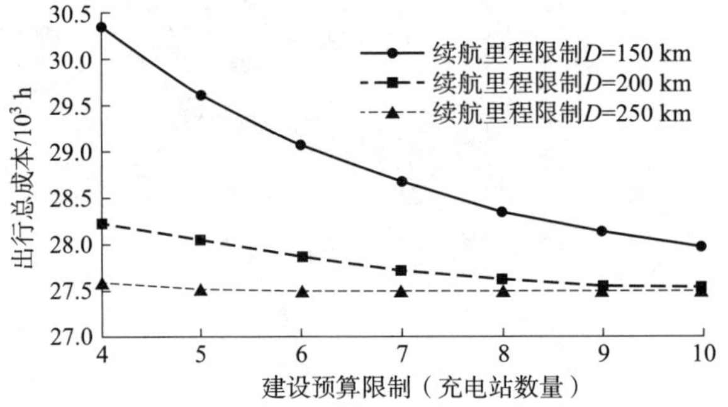

图 8-14　出行总成本随充电站建设预算限制变化曲线

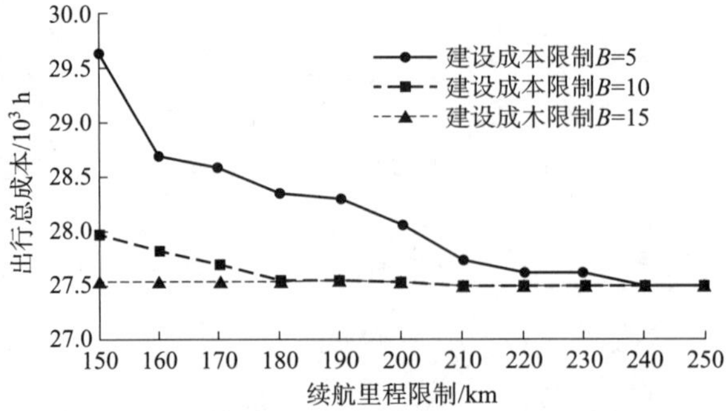

图 8-15　出行总成本随电动汽车续航里程限制变化曲线

参考文献

[1] MARANZANA F E. On the location of supply points to minimize transport costs[J]. Journal of the Operational Research Society, 1964,15(3):261-270.

[2] Salhi S, Rand G K. The effect of ignoring routes when locating depots[J]. European Journal of Operational Research, 1989,39(2):150-156.

[3] 万孟然，叶春明，董君，等. 考虑备灾的双层规划应急资源调度选址-路径优化模型与算法[J]. 计算机应用研究, 2021:1-9.

[4] WEI X, QIU H, WANG D, et al. An integrated location-routing problem with post-disaster relief distribution [J]. Computers & Industrial Engineering, 2020,147:106632.

[5] 王海军，杜丽敬，胡蝶，等. 不确定条件下的应急物资配送选址-路径问题[J]. 系统管理学报, 2015, 24(6):828-834.

[6] 孙华丽，项美康，薛耀锋. 不确定信息下应急设施选址-路径鲁棒优化[J]. 系统管理学报, 2019,28(6):1128-1133.

[7] 彭春，李金林，王珊珊，等. 多类应急资源配置的鲁棒选址-路径优化[J]. 中国管理科学, 2017,25(6):143-150.

[8] 丁乔. 城市果蔬配送集中交付点选址及车辆路径优化研究[D]. 青岛:山东科技大学, 2020.

[9] 马帅. 城市生鲜食品冷链物流配送中心选址及路径优化问题研究[D]. 北京:北京交通大学, 2018.

[10] 马艳芳，应斌，周晓阳，等. 基于冲突合作关系的生鲜选址-路径多主体优化模型与算法[J]. 系统工程理论与实践, 2020,40(12):3194-3209.

[11] 桑雅静. 生鲜产品冷链物流配送中心选址及配送问题研究[D]. 沈阳:沈阳大学, 2021.

[12] 王琪瑛，李英，李惠. 带软时间窗的电动车换电站选址路径问题研究[J]. 工业工程与管理, 2019,24(3):99-106.

[13] 张永学，张婕姝. 考虑环境因素的新能源配送汽车换电站选址路径优化[J]. 环境技术, 2020,38(3):187-191.

[14] LI L, LO H K, HUANG W, et al. Mixed bus fleet location-routing-scheduling under range uncertainty[J]. Transportation Research. Part B: Methodological, 2021,146:155-179.

[15] 尚尔康. 半定制公交系统的站点选址及路径设计研究[D]. 大连:大连交通大学, 2020.

[16] ARAGHI M E T, TAVAKKOLI-MOGHADDAM R, JOLAI F, et al. A green multi-facilities open location-routing problem with planar facility locations and uncertain customer[J]. Journal of Cleaner Production, 2021,282:124343.

[17] CAO J X, ZHANG Z, ZHOU Y. A location-routing problem for biomass supply chains[J]. Computers & Industrial Engineering, 2021,152:107017.

[18] CAO J X, WANG X, GAO J. A two-echelon location-routing problem for biomass logistics systems[J]. Biosystems Engineering, 2021,202:108-118.

[19] WANG Y, PENG S, ZHOU X, et al. Green logistics location-routing problem with eco-packages[J]. Transportation research. Part E, Logistics and Transportation Review, 2020,143.

[20] YU V F, NORMASARI N M E, CHEN W. Location-routing problem with time-dependent demands[J]. Computers & Industrial Engineering, 2021,151:106936.

[21] ARSLAN O, KUMCU G Ç, KARA B Y, et al. The location and location-routing problem for the refugee camp network design[J]. Transportation Research Part B: Methodological, 2021,143:201-220.

[22] ALMOUHANNA A, QUINTERO-ARAUJO C L, PANADERO J, et al. The location routing problem using electric vehicles with constrained distance[J]. Computers & Operations Research, 2020,115:104864.
[23] ARSLAN O. The location-or-routing problem[J]. Transportation Research Part B: Methodological, 2021, 147:1-21.
[24] YU X, ZHOU Y, LIU X. The two-echelon multi-objective location routing problem inspired by realistic waste collection applications: The composable model and a metaheuristic algorithm[J]. Applied Soft Computing, 2020,94:106477.
[25] WANG Y, SUN Y, GUAN X, et al. Two-echelon multi-period location routing problem with shared transportation resource[J]. Knowledge-Based Systems, 2021,226:107168.
[26] 张晓楠, 范厚明, 李剑锋. 变动补偿的多模糊选址-路径机会约束模型及算法[J]. 系统工程理论与实践, 2016,36(2):442-453.
[27] 刘虹, 林楚玥. 带模糊时间窗的多目标越库选址路径优化问题[J]. 电子科技大学学报(社科版), 2019,21(5):72-78.
[28] 罗耀波, 孙延明, 廖鹏. 带退货和软时间窗的多仓库选址-路径问题研究[J]. 运筹与管理, 2014,23(5):78-85.
[29] 蒋海青, 赵燕伟, 张景玲, 等. 低碳动态开放式选址-路径问题[J]. 计算机集成制造系统, 2019,25(09):2365-2376.
[30] 胡大伟, 陈希琼, 高扬. 定位-路径问题综述[J]. 交通运输工程学报, 2018,18(1):111-129.
[31]武楚雄, 陈驰, 张贵军. 动态路网选址-路径优化算法及实现[J]. 控制理论与应用, 2020,37(11):2398-2412.
[32] 罗耀波, 孙延明, 刘小龙. 多约束选址-路径问题的改进混合遗传算法研究[J]. 计算机应用研究, 2013,30(8):2283-2287.
[33] 李珍萍, 赵雨薇, 张煜炜. 共同配送选址-路径优化模型与算法[J]. 重庆大学学报, 2020,43(1):28-43.
[34] 孙青伟. 基于共同配送的农村物流选址-路径问题研究[D]. 成都:西南交通大学, 2017.
[35] 周翔, 许茂增, 吕奇光, 等. 基于客户点行政地址的自提点选址-路径优化[J]. 计算机集成制造系统, 2019,25(8):2069-2078.
[36] 王道平, 徐展, 杨岑. 基于两阶段启发式算法的物流配送选址-路径问题研究[J]. 运筹与管理, 2017,26(4):70-75.
[37] 罗耀波, 孙延明. 基于模糊时间窗的带容积约束选址路径问题[J]. 系统工程, 2014,32(1):19-25.
[38] 闫芳, 彭婷婷. 基于时空聚类求解带容积约束的选址-路径问题[J]. 控制与决策, 2020:1-7.
[39] 王舜, 赵燕伟, 冷龙龙, 等. 基于蚁群选择超启发算法的低碳选址-路径问题[J]. 计算机集成制造系统, 2020,26(6):1702-1716.
[40] 王梦梦, 韩晓龙. 考虑碳排放的易腐品供应链选址-路径-库存联合优化[J]. 上海海事大学学报, 2019,40(4):45-51.
[41] 戢守峰, 唐金环, 蓝海燕, 等. 考虑选址-路径-库存联合优化的碳排放多目标模型与算法[J]. 管理工程学报, 2016,30(3):224-231.
[42] 李锐, 李晓会, 陈鑫. 可靠性绿色物流配送选址-路径问题研究[J]. 计算机工程与应用, 2020,56(23):237-244.
[43] 秦鹏宇, 疏学明. 面向出行行为的消防站选址与应急救援路径规划研究[J]. 武警学院学报, 2020,36(12):5-9.
[44] 张春苗. 时间依赖绿色选址-车辆路径问题及算法研究[D]. 杭州:浙江工业大学, 2020.
[45] 刘冬, 张惠珍, 张莉. 同时送取货选址路径问题及混合免疫算法[J]. 计算机应用研究, 2021:1-7.

[46] 周林，林云，王旭，等. 网购城市配送多容量终端选址与多车型路径集成优化[J]. 计算机集成制造系统，2016,22(4):1139-1147.

[47] 王海军，杜丽敬，马士华. 震后应急物流系统中双目标开放式选址:路径问题模型与算法研究[J]. 管理工程学报，2016,30(2):108-115.

[48] PRODHON C, PRINS C. A survey of recent research on location-routing problems[J]. European Journal of Operational Research, 2014,238(1):1-17.

[49] 刘成清. 考虑碳排放的两阶段开放式选址路径问题研究[D]. 西安:长安大学，2020.

[50] LIN J, LEI H. Distribution systems design with two-level routing considerations[J]. Annals of Operations research, 2009,172(1):329-347.

[51] 胡大伟，刘成清，胡卉，等. 基于低碳视角的两阶段开放式选址路径问题:燃油车与电动车对比[J]. 系统工程理论与实践，2020,40(12):3230-3242.

[52] 李佳佩,谢驰.基于元网络的电动汽车高速公路充电设施选址优化方法[J].中国公路学报,2024,37(4):1-13.

第 9 章　绿色车辆路径问题

绿色车辆路径问题(GVRP)是考虑环境因素的物流配送优化问题,是物流节能减排的重要途径之一。它旨在通过减少能源消耗和碳排放,实现经济效益与环境效益的双重目标。该问题不仅关注成本的最小化,还强调对环境的可持续性,反映了现代物流向绿色、低碳发展的趋势。

本章首先论述绿色车辆路径问题背景及其意义;其次,结合不同研究视角,对绿色车辆路径分类进行分析,并详细论述其相关的优化决策模型;再次,对绿色车辆路径问题的相关优化算法进行系统论述;最后,详细论述绿色车辆路径优化在某大型连锁超市的物流配送实践中的应用。

9.1　绿色车辆路径问题概述

考虑交通排放污染的绿色车辆路径优化问题近年来引起政府管理部门、配送企业、国内外学者等广泛关注。本节将系统介绍绿色车辆路径问题研究背景、绿色车辆路径问题的研究的主要内容。

9.1.1　绿色车辆路径问题背景

随着全球变暖问题不断加剧,人类社会运行中产生的碳排放总量亟须得到有效控制。为实现该目标,我国制定了一系列工作意见和行动方案。2021 年和 2022 年,“双碳”目标连续两年被写入政府工作报告中。2022 年 10 月,党的二十大报告进一步明确积极稳妥推进“双碳”目标的实现,有计划分步骤推进交通、运输等领域清洁低碳转型,最终实现“碳达峰”。

物流业作为社会经济重要支撑产业,对产业升级与区域经济的发展有十分重要的意义。随着我国现代物流业发展不断加速,社会物流总额年均增长率达 7.2%,连续多年成为全球最大物流市场。2023 年全国社会物流总额接近 352.4 万亿元,物流需求的规模达到空前水平,已经连续十多年实现稳定增长[1]。据国家邮政局提供的数据[2],截至 2023 年底,全国年快递业务量已连续三年超千亿大关,达 1 300 亿件,同比增长 19.4%,再创历史新高,连续十年稳居世界第一,未来我国快递市场仍将呈现中高速增长态势。

然而,物流企业在追求成本降低和效率提升的过程中,往往忽视了运营活动对环境的影响,尤其是碳和氮氧化物排放,这些温室气体不仅加剧了全球气候变化,还对人类健康和生态系统构成了威胁。交通运输业在世界能源与温室气体中所占比例超过 20%。由于快递量的快速增加,在城市物流领域的运输需求和排放量增长已成刚需,相较其他行业减排难度较大。与此同时,物流业作为碳排放的重要源头之一,引起了国家相关部门的高度重视。

2022 年底发布的《“十四五”现代物流发展规划》[3]强调推动绿色物流发展,加快新能源、符合国六排放标准的货车在城市配送领域的应用。为降低碳排放量,避免环境进一步恶化,我国政府和相关部门采取了多项措施,包括控制企业排放、实施碳税政策和建立企业碳排放交易系统,以减少运输行业的碳排放。为积极响应国家对绿色物流、低碳生活的号召,各企业将绿色发展的理念融入实际配送领域。中国邮政、菜鸟驿站、京东等多家企业正计划使用新能源车替代传统燃油汽车,优化配送路线,在各自的绿色物流建设与发展的道路上寻求更高的经济效益。中国邮政已经启动绿色运输有关项目,提升新能源车使用比例,优化运输方式,提高运输集约化运营程度;菜鸟驿站使用绿色燃料,优化配送方式,并通过共同配送优化配送路线,缩短配送距离;京东新能源车已经进入实质落地阶段。

在此背景下,利用运筹优化和运载工具的清洁低碳转型实现城市物流企业的降本增效,并推行节能、降碳、减污等可行对策迫在眉睫。

9.1.2 绿色车辆路径问题描述

车辆路径问题(VRP)最早由 Dantzig 和 Ramser[4] 于 1959 年提出,并一直受到学术界的广泛关注。早期的车辆路径问题大多以成本最低为决策目标,考虑装载量约束[5]、时间窗约束[6]、随机时间[7]等因素,设计精确算法[8]或启发式算法[9]求解最优路径。随着经济的不断发展,运输和配送导致的环保问题日益突出,绿色低碳的物流配送模式被提到了一个新的高度。

在过去的几十年里,许多针对低碳车辆路径问题的研究都使用了不同的术语,如污染路径问题、生态路径问题等。绿色车辆路径问题由 Chang 和 Morlok[10] 在 2005 年首次研究,他们深入探讨不同速度曲线下车辆耗油量的变化情况,得出行驶速度影响耗油速率的结论。

绿色车辆路径问题(GVRP)最早由 Sevgi Erdoğan、Elise Miller-Hooks 于 2012 年提出[11]。绿色车辆路径是指:给定一个由代表客户位置、AFS 和仓库的顶点组成的完整图,GVRP 寻求一组具有最小距离的车辆旅行,每个车辆旅行从仓库开始,在预先指定的时间限制内访问一组客户,并在不超过取决于油箱容量的车辆行驶里程的情况下返回车库,每次旅行可能会在一个或多个 AFS 停留,以便车辆在途中加油。

GVRP 作为 VRP 的扩展,同样被归类为 NP-hard 问题。GVRP 作为一个新兴的研究领域,在狭义上,将其定义为:在满足客户服务要求、车辆容量等约束条件的前提下,将降低运作成本、减少能耗和碳排放、提供顾客满意的服务等作为优化目标,科学规划发车数量、发车时间与车辆行驶路线,实现经济效益、环境效益和社会效益的协调优化[12]。这个问题的目标是考虑物流配送经济效益,同时考虑物流配送中的环境影响及其外部成本。GVRP 旨在最大限度地减少车队中仅使用传统汽油和柴油车辆(GDV)或替代燃料车辆(AFV)的温室气体(GHG)排放。它还考虑了货运中的环境可持续性,减少石油燃料消耗,以减少温室气体排放。

9.2 绿色车辆路径问题分类

近年来,国际上已有不少学者对绿色车辆路径问题进行研究,其相关研究成果可以归纳总结为以下三类:最小化燃料消耗的绿色车辆路径问题、考虑污染路径的绿色车辆路径问题、结合新能源车的绿色车辆路径问题[13]。

9.2.1 最小化燃料消耗的绿色车辆路径问题

燃料成本占物流运输总成本的很大一部分,也是造成环境污染的主要原因之一,减少燃料消耗并提高运输效率是实现低碳物流最直接的行动方针。因此,早期的绿色车辆路径问题大多以燃油车为研究对象,将最小化燃料消耗作为优化目标,来确定较优的路径方案。

史春阳[14]针对同时取送货的车辆路径问题,以车辆折旧成本、燃油成本和二氧化碳排放成本构成的总成本为目标函数,进行了相应的对比分析。吴丽荣等[15]从节能低碳角度考虑,通过对带容量限制的物流配送车辆路径问题(CVRP)的扩展,建立了以最小化燃料消耗为优化目标的CVRP模型(FCM-CVRP),通过算例验证了:与传统的CVRP相比,FCM-CVRP能够有效降低燃料消耗量。于雷[16]将燃料消耗拆分为货物耗油和货车耗油两部分,建立了以燃料消耗最小为目标、取送结合的车辆路径问题模型。Figliozzi 等[17]研究了以极小化碳排放和能源消耗为目标的带时间窗时变车辆路径问题。Ghannadpour 等[18]构建了一个多目标、多车型、带时间窗的车辆路径问题模型,利用带精英策略的非支配排序遗传算法(NSGA-Ⅱ)求解燃料消耗最小和行驶距离最短的多目标模型,在考虑客户优先级与客户满意度的前提下,获得最优的配送路线。

上述研究中考虑使用传统燃油车,且大部分以燃料消耗量为优化目标,少量辅以成本目标、时间目标。这类绿色车辆路径问题,出现时间早,模型表达形式简单,故在研究中常与其他类型的绿色车辆路径问题混合出现。

9.2.2 考虑污染路径的绿色车辆路径问题

在仅考虑减少汽车燃料消耗的基础上,许多学者开始关注车辆行驶过程中的碳排放情况,即污染路径问题(PRP)。

Bektas 和 Laporte[19]首次提出污染路径问题,运用综合燃油消耗模型计算燃油消耗,分别建立了距离最小化、加权负载最小化、能耗最小化、总成本最小化四个模型,旨在减少与配送路径相关的碳排放。由于碳排放与车辆在配送过程中的燃油消耗正相关,因此PRP的本质在于减少燃油消耗。PRP的主要目标是通过确定一组车队的行驶路径和速度为客户服务,以最大限度地减少燃料消耗和碳排放[20]。

在PRP基础上,张如云和刘清[21]构建了考虑低碳、节能和成本节约三个因素的车辆路径问题模型,并设计了一种基于新的编码方式的遗传算法求解。葛显龙等[22]在分析能耗与碳排放相互关系的基础上,提出物流配送问题的碳排放计算方法,建立带有载重与工作时间约束的开放式污染路径问题的数学模型,同时设计了改进的自适应遗传算法求解。

陈玉光和陈志祥[23]以燃油消耗最小化和准时送货作为优化目标,建立了带时间窗的双目标车辆路径问题模型,并设计改进的粒子群算法以在求解模型降低油耗的同时提高准时性。Kumar 等[24]考虑带时间窗的生产路径和污染路径问题,以最小化总运行成本和最小化总排放(相当于最小化燃油消耗)为目标,提出了多目标框架下的混合自学习粒子群优化算法。秦进等[25]研究了拥堵情形时间窗变换和速度优化的污染路径问题,并提出了改进的两阶段优化算法以生成解的邻域不可行作为提高解多样性方法。Bravo 等[26]针对带时间窗同时取送货的多车型污染路径问题,建立了以碳排放、总行驶距离和服务的客户数构成的多目标模型并运用进化算法进行求解。Raeesi 等[27]提出一种 Steiner 污染路径问题,考虑城市货运配送的实际运行条件(灵活的时间窗和出发时间、拥挤的城市道路网络、随机的车辆数目等)以及车辆瞬时加速、减速时的燃料消耗量,利用现有的宏观交通数据构建混合整数规划模型,用以求解芝加哥道路网络的污染路径问题。

上述学者通常以影响车辆行驶效率的各种外界因素中的某一因素为研究对象(车辆载重、温度、道路拥堵状况、驾驶员行为习惯等),在减少车辆碳排放、降低配送成本的基础上,对配送路径进行更贴合实际情况的分析优化。

9.2.3　结合新能源车的绿色车辆路径问题

随着技术的进步,新能源车凭借其低污染优势迅速占据市场,并逐渐替代传统燃油车成为满足城市配送需求和解决环境污染问题的首选运输工具。因此,如何在物流配送中高效利用新能源车受到国内外学者的广泛关注。

目前,常用的新能源车有混合动力汽车、纯电动汽车、燃料电池汽车等。由于燃料电池的燃料装载量有限,不足以维持汽车的正常行驶,通常考虑在混合动力汽车中装载燃料电池的场景。因此,目前主要研究可以分为混合动力汽车的路径问题和纯电动汽车的路径问题。

1. 混合动力汽车的路径问题

在新能源车的发展初期,仅依靠电动机不能维系车辆行驶足够的里程,而混合动力汽车拥有多个驱动系统,能够在低碳的同时达到普通燃油车辆的行驶里程。

Arslan 等[28]使用混合动力汽车,构建混合整数规划模型,并设计离散逼近动态规划启发式算法和最短路径启发式算法,在具有加油站和充电站的路网中确定成本最低的配送路径方案。Zhen 等[29]研究混合动力汽车的模式选择系统,建立混合整数线性模型,设计改进粒子群优化算法,用以对问题进行求解,达到燃料最佳使用的目的。Zeng 等[30]以混合动力汽车的能量管理为出发点进行路径优化,将道路坡度视为随机变量,建立道路坡度马尔可夫链模型、随机混合动力汽车燃料消耗模型和 SOC 模型,设计有限时域的马尔可夫决策过程和随机动态规划方法,对模型进行优化求解。2016 年,他们提出一种两级随机方法优化混合动力汽车行驶的固定路线[31],利用固定路线的历史数据,建立基于路段的随机混合动力汽车模型。

2. 纯电动汽车的路径问题

近年来,随着电池技术的发展,纯电动汽车的行驶里程已能够满足人们的基本需求。与此同时,社会充电网络的逐步建立也为纯电动汽车的普及提供了基本保障。

目前国内外关于电动汽车的配送优化问题的研究成果主要涉及以下几个方面:

(1)基于混合车型的配送优化问题。肖建华等[32]构建了基于城市道路限行的多能源多车型混合车辆路径优化模型,将城市分区域、分等限行因素引入车辆路径问题中,并提出变邻域搜索算法求解该模型。Bi 等[33]提出基于回归和时间序列方法的充电时间预测模型,可准确描述北京市电动汽车的充电时间特征。Wang 等[34]建立了行驶时间、能源消耗、充电成本的多目标优化模型,引入模糊规划方法和模糊偏好关系,设计遗传算法并结合驾驶员的四个加权条件来求解更好的行驶路线。马冰山等[35]结合多配送中心联合服务模式的特点和纯电动物流车辆的行驶特征,构建了带时间窗的半开放式多配送中心纯电动车辆路径优化模型。

(2)电动汽车充电桩布局与路径优化问题。杨珺等[36]构建了纯电动汽车物流配送系统的换电站选址与配送路径优化模型，并利用禁忌搜索算法和改进 Clark-Wright 节省算法的两阶段启发式算法来求解模型。Yang 等[37]分析了电动汽车驾驶员的充电和路径选择行为，验证了电动汽车的初始充电状态、充电站的位置及充电时间对驾驶员的路径选择行为有重要影响，还考虑了电动汽车进入城市交通网络后的时间可靠性与充电可靠性，设计了一种基于可靠性的网络平衡框架，通过增加电动汽车的数量来降低道路网络的不确定性，有效降低了总成本[38]。

(3)新能源汽车配送运营优化措施研究。冯杰等[39]研究了供应商使用同一车型的纯电动冷藏车进行配送，为生鲜产品的路径优化问题提供了思路。史雨同[40]针对我国地理位置分散的制造供应链集货问题，考虑包含新能源电动车和传统柴油车等多种车型，建立最短路径和最小碳排放的多目标集货模型。陈萍等[41]研究了移动充电车队的调度和路径优化问题，以平台最大收益为目标，综合考虑顾客软时间窗、移动电池容量以及充电车续航里程等约束，建立数学规划模型，设计了一种最大最小蚁群算法，并通过数值实验验证了模型的合理性和算法的有效性，为移动充电企业运营提供决策参考。张得志等[42]针对电动车与燃油车混合运输场景，研究运输资源共享调度和充电策略联合优化问题，提出带时间窗和部分充电的多中心混合车队绿色车辆路径优化模型，设计了混合改进遗传-变邻域搜索算法，并通过实际算例验证了上述模型及算法的有效性。

新能源车在早期发展阶段，由于电池技术的阻碍，主要使用混合动力汽车，以保证车辆达到足够的行驶距离。电池技术的进步和社会充电桩网络布局的完善，为新能源车城市配送提供了良好的基础。

9.3 绿色车辆路径问题求解算法

下面重点介绍求解绿色车辆路径问题的常用的几种算法，主要包括启发式算法与精确算法。前者涉及经典启发式算法、元启发式算法、混合启发式算法；后者则主要涵盖分支定价算法、动态规划算法等。

9.3.1 启发式算法

1. 经典启发式算法

启发式算法用于根据问题的具体知识来解决车辆路径问题，这在大多数情况下不是最优的或足够接近可靠的解决方案。在 GVRP 文献中，启发式方法可以分为建设性启发式方法和改进启发式算法。建设性启算法试图通过提供串行或并行路线构建来提出初始解决方案。此类解决方案以贪婪方式构建，通常生成的解决方案与 VRP 的最优解决方案稍有差距。在这方面，改进的节省算法用于提供几种类型的 GVRP，特别是插入充电站的 Electric-VRP 的初始解决方案。传统的局部搜索算法通常评估整个邻域，但每一步仅执行一次移动。然而，当前邻域中往往存在许多彼此独立的邻域移动，并且可以同时进行而不会产生干扰。当现有解决方案(也称局部最优)附近没有发现解决方案有任何改进时，局部搜索就会停止。

2. 元启发式算法

元启发式算法可以定义为指导其他启发式的启发式方法。这些方法要么是面向邻域的(局部)元启发法，要么是群体元启发法。面向邻域的启发式算法不断探索最优解的邻域。

模拟退火、禁忌搜索、变邻域搜索和自适应大邻域搜索是流行的局部元启发式算法。群体元启发式算法基于自然选择过程,以进化群体并让适者生存。其中,经常使用遗传算法、蚁群算法、人工蜂群算法和粒子群优化算法。

3. 混合启发式算法

混合元启发式方法利用元启发式过程,即使在达到第一个局部最优之后也能继续搜索。在某些情况下,几种元启发式和启发式算法被组合并应用于车辆路径问题,因为使用特定方法会导致困难,如低质量的解决方案、陷入搜索空间中的局部最优或计算时间长。因此,一些研究混合了两种或多种算法以同时发挥优势。混合方法包括精确元启发式与元启发式算法,以获得更好的结果并增加解决方案的鲁棒性。此外,一些研究尝试使用通用精确求解器来求解 GVRP,如 CPLEX、LINGO 和 GAMS。

9.3.2 精确算法

目前应用精确算法来为容量有限和固定时间窗口的少数客户找到最佳解决方案。流行的精确算法包括分支定价算法、直接树搜索算法、动态规划算法、整数线性规划算法等。虽然实际问题的简单变体可以自然地用图建模,但即使车辆路径问题的一些简单变体由于大小和大小而被认为是 NP-hard 的。现实配送实践中的 VRP 实际规模很大,使用精确算法难以处理大规模的 VRP 问题;因此,最近的一些研究转向近似优化算法,如启发式、元启发式、混合启发式或机器学习算法。

应该指出的是,尽管精确算法得到了发展,但针对 EVRP 及其扩展(GVRP 的一个分支)提出的精确算法却很少。人们发现精确算法不足以解决大规模优化问题。虽然研究人员使用群体元启发算法来解决该问题,但只有少数研究能够在合理的计算时间内生成高质量的解决方案。最重要的是,GVRP 算法的文献中忽视了新兴机器学习和数据挖掘工具的使用。

9.4 基于低碳视角的生鲜配送路径优化案例

结合前面的绿色车辆路径优化模型及其算法,本节以考虑碳排放的生鲜配送路径优化问题为例,进行相应的案例研究。

案例背景:某大型连锁超市的物流配送由其配送中心负责向多个超市门店配送多种不同类型的生鲜货物,以不同容量的冷藏货车为运输工具,每个超市门店的需求量和地理位置已知,且每个超市都有其规定的货物送达时间窗限制,所有车辆在完成配送任务之后要返回配送中心。在满足超市需求量、时间窗要求及车辆载重量的限制下,综合考虑配送过程中车辆使用的固定成本、运输成本、生鲜农产品货损成本、制冷成本以及碳排放成本,构建其相应的绿色物流配送优化模型,设计基于禁忌搜索的求解算法,优化得到其最优的配送车辆的数量、配送路线以及各车辆装载方案。

9.4.1 生鲜配送优化模型建立

1. 模型假设

(1)本模型仅有单一配送中心,并且配送中心位置已知,冷藏车出行无时间要求。

(2)现有若干数量冷藏车,冷藏车参数一致,行驶速度一致。本模型为闭合式车辆路径模型，即所有冷藏车从配送中心出发，完成所有服务后返回配送中心。

（3）所有门店地理位置已知，3 种生鲜货物冻品、水果和蔬菜需求已知，同一门店需求可以拆分由 2 辆以上冷藏车进行服务。不同门店的需求也可由一辆冷藏车装载，但由于每辆冷藏车只能实现一种温度，而不同类生鲜货物需要不同的温度控制，故每辆冷藏车只允许同类生鲜货物拼车。

（4）各超市门店有时间要求，在此期间门店均可接受生鲜配送服务。

（5）生鲜配送处于夜间运输，道路拥堵情况良好，故不考虑道路交通状况，且认为配送中心与各门店、各门店与各门店之间皆可直达。

2. 参数说明

本案例模型中所用到的参数与说明见表 9-1。

表 9-1　生鲜配送模型参数说明

符号	解释说明
N_0	表示配送中心
N	表示客户集合
V	表示顶点集合，包含仓库中心点和客户点，即 $V=N_0\cup N$
K_u	表示被使用的车辆集合，有 $K_u\subseteq K$
S	表示生鲜货物集合，$s=1,2,3$ 分别对应冻品、水果和蔬菜
A	表示点集合中不同点之间连接构成的弧集合，$A=\{(i,j)\mid i,j\in V,i\neq j\}$
K	表示特殊冷藏货车 k 集合
D_i	表示第 i 位门店所需常温货物总量
d_{ij}	表示弧 (i,j) 的长度
Q_k	表示第 k 辆冷藏车的额定装载量
∂	表示生鲜货物的腐败率
T_s	表示第 s 类生鲜货物所需的温度条件
T_e	表示外界温度，采用 2015 年 7 月某日的凌晨温度
P_s	表示第 s 类生鲜货物的单位价值
P_c	表示单位制冷成本
a_i	表示第 i 个门店最早服务时间
b_i	表示第 i 个门店最晚服务时间
t_0^k	表示冷藏车 k 离开配送中心时间
t_f^k	表示冷藏车 k 服务完最后一个门店的时间
t_i^k	表示冷藏车 k 到达门店 i 时间
t_{ij}^k	表示冷藏车 k 路段 (i,j) 上的行驶时间
t_{qi}	表示单位重量所需的服务时间
t_{si}	表示服务门店 i 所需的时间
G_k	表示热负荷系数
u	表示单位质量生鲜货物运输单位距离因制冷所产生碳排放量
C_{fk}	表示第 k 辆冷藏车的固定使用费用
F_{ij}	表示关于冷藏车额定载重 Q_k、弧上的装载量 q_{ij}^k 的单位距离燃油消耗 $F_{ij}(Q_k,q_{ij}^k)=\rho_0+(\rho^*-\rho_0)q_{ij}^k/Q_k$

续上表

符号	解释说明
C_{pk}	表示第 k 辆冷藏车的单位距离运输费用
C_e	表示所用燃料的二氧化碳排放系数
C_0	表示二氧化碳排放税
q_i^k	表示第 k 辆冷藏车装载第 i 个门店的货物质量
q_{ij}^k	表示第 k 辆冷藏车在弧(i,j)上的装载量
x_{ij}^k	为 0,1 变量,$x_{ij}^k=1$ 表示第 k 辆冷藏车访问弧(i,j),反之,$x_{ij}^k=0$
y_k	为 0,1 变量,若为 1,表示使用第 k 辆车;反之为 0
y_i^k	为 0,1 变量,$y_i^k=1$ 表示第 k 辆冷藏车访问门店 i,反之,$y_i^k=0$

3. 数学模型

$$
\begin{aligned}
\min z = & \sum_{k\in K} C_{fk} y_k + \\
& \sum_{k\in K}\sum_{(i,j)\in A} C_{pk} d_{ij} x_{ij}^k + \\
& \sum_{k\in K}\sum_{i\in N} P_1 q_i^k y_i^k \left(1 - e^{-\partial(t_i^k - t_0^k)}\right) + \\
& \sum_{k\in K} P_2 G_k (t_f^k - t_0^k) + \\
& C_0 \sum_{k\in K}\sum_{(i,j)\in A} \left[C_e F_{ij}(Q_k, q_{ij}^k) d_{ij} + u d_{ij} q_{ij}^k \right] x_{ij}^k
\end{aligned}
\tag{9-1}
$$

约束条件:

$$\sum_{k\in K}\sum_{j\in N} x_{ij}^k \geqslant 1, \quad \forall i \in V \tag{9-2}$$

$$\sum_{j\in N} x_{0j}^k = 1, \quad \forall k \in K_u \tag{9-3}$$

$$\sum_{j\in N} x_{j0}^k = 1, \quad \forall k \in K_u \tag{9-4}$$

$$\sum_{i\in V} x_{ip}^k - \sum_{j\in V} x_{pj}^k = 0, \quad \forall p \in N, k \in K_u \tag{9-5}$$

$$\sum_{j\in V} x_{ij}^k = 1, \quad \forall i \in N, \forall k \in K_u \tag{9-6}$$

$$\sum_{i\in N} q_i^k \leqslant Q_k, \quad \forall k \in K \tag{9-7}$$

$$\sum_{k\in K} q_i^k = D_i, \quad \forall i \in N \tag{9-8}$$

$$a_i \leqslant t_i^k \leqslant b_i, \quad \forall i \in N, k \in K \tag{9-9}$$

$$t_i^k + t_{si} + t_{ij}^k = t_j^k, \quad \forall (i,j) \in A, k \in K \tag{9-10}$$

式(9-1)表示成本最小化目标函数,包括车辆使用固定成本、运输成本、货损成本、制冷成本、运输产生 CO_2成本和制冷产生 CO_2成本,共 6 个部分;式(9-2)表示每个客户至少有一辆冷藏车提供服务;式(9-3) ~ 式(9-6)表示哈密顿回路约束,确保所有被使用车辆必须从配送中心出发,依次服务连锁超市门店后返回配送中心,消除未与配送中心连接的子回路;式(9-7)表示货车额定载重量约束;式(9-8)表示每个门店的需求量都能得到满足;式(9-9)表示每个客户时间窗约束;式(9-10)表示车辆到达点 j 的时间等于车辆到达点 i 的时间加上

对点 i 的服务时间以及从 i 到 j 点的行驶时间，体现了在时间上的连续性。

9.4.2 生鲜配送优化模型算法设计

在本章中，解的表示和禁忌搜索算法设计采用顶点排列方式。将所有顶点按从 0,1,2,3,…,n 编号，其中 0 表示配送中心，1,2,3,…,n 为各超市门店，则一组解中两条路径可表示如下(0—1—3—0)和(0—4—3—14—0)。初始解采用冒泡法分别将冻品、水果和蔬菜需求量按从大到小排列所有超市门店；然后根据排列顺序依次装载门店需求，按冷藏车最大额定载重量装载，但无须考虑多车型；采用顶点重新指派来产生邻域；设置禁忌表为二维矩阵，其大小为$(n+1)\times(n+1)$，其中 n 为门店个数，禁忌长度设为 80；当最佳候选解得到的目标值优于当前最终解，则满足藐视条件，并替代当前解和最终解。同时更新禁忌表内各对象；本章设置最大迭代数为 4 000。

禁忌搜索算法流程图如图 9-1 所示。

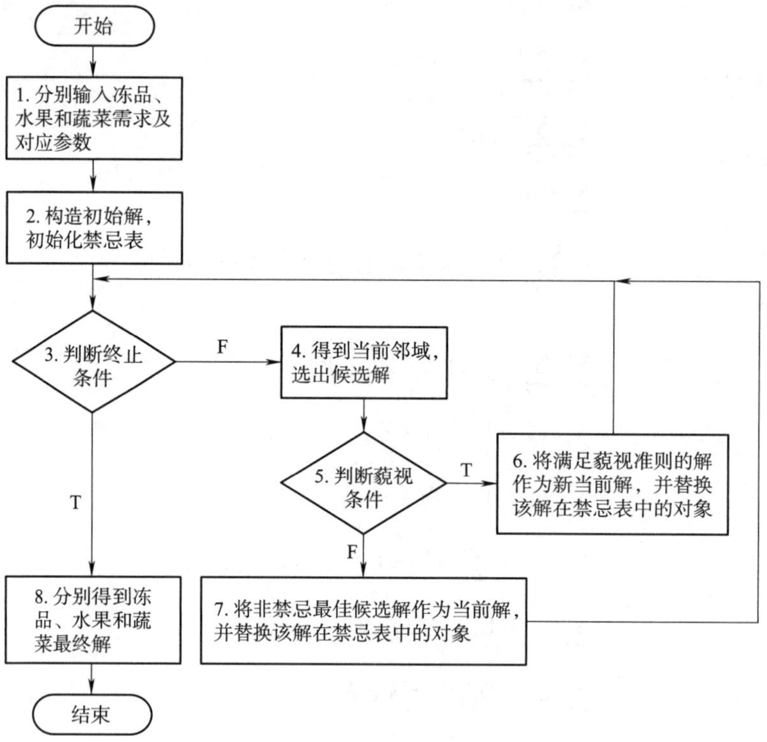

图 9-1 禁忌搜索算法流程图

9.4.3 基础数据

本节以某大型连锁超市的生鲜配送作为研究对象，同时选取该配送中心的 100 km 范围内的 38 个超市门店。冻品、水果和蔬菜货物的单位价格和适宜温度见表 9-2，其中，环境温度为凌晨的温度。

表 9-2　不同生鲜货物信息表

品类 S	单位价格 P_s/(元·t^{-1})	车内温度控制 T_s/℃	环境温度 T_E/℃	存储要求
1 冻品	12 000	-15	24	冷藏
2 水果	8 000	4		保鲜
3 蔬菜	4 000	8		保鲜

冷藏车参数见表 9-3。由于冷藏车使用柴油燃料,故柴油的 CO_2 排放系数 C_e 为 2.63 kg/L。假设 CO_2 排放税 C_0 为 100 元/t。而满载时单位距离燃油消耗 ρ^* 和空载时单位距离燃油消耗 ρ_0 分别为 0.377 L/km 和 0.165 L/km。

表 9-3　冷藏车参数

所需参数	参数值
数量/辆	16
额定载重 Q_k/t	3
单位固定使用成本 C_{fk}/(元·辆$^{-1}$)	150
单位运输成本 C_{pk}/(元·km^{-1})	2.25
车厢的劣化程度 β	0.08
热传率 R/(·h^{-1}·℃$^{-1}$·m^{-2})	0.4
车厢受太阳辐射面积 S/m^2	68.6

各超市门店的生鲜货物需求量和时间窗见表 9-4,单位重量服务时间 t_{qi} 为 10.8 min/t,单位制冷成本为 P_c 为 1.5 元/千卡,单位质量生鲜货物运输单位距离所产生碳排放 u 为 0.006 6 km/(t·km),腐败率∂为 0.002。而所有冷藏车均以 50 km/h 的速度匀速行驶。

表 9-4　生鲜配送门店情况表

编号	名　称	时　间　窗	生鲜货物需求量/t		
			冻　品	水　果	蔬　菜
1	红星店	[6:00—9:00]	7	2.4	2.7
2	东塘店	[6:20—9:20]	1.4	1.3	0.9
3	梓园路	[6:20—9:30]	1	0.8	0.9
4	林学院	[6:20—9:20]	0.5	0.7	0.7
5	井圭路	[6:00—9:00]	1	0.7	0.4
6	南国	[6:00—9:00]	2.6	1.2	1.2
7	金星路	[6:00—9:30]	2.4	1.7	1.2
8	西站	[6:00—9:30]	1.2	1.2	0.7
9	王家湾	[5:30—9:30]	1.8	2.9	0.5
10	望城	[5:30—9:30]	1.1	1.6	0.7
11	喜乐地	[6:00—9:00]	2.6	1.3	1.3
12	东站	[6:20—9:20]	2.6	1.1	0.6
13	星沙	[5:30—9:30]	0.7	0.7	0.2
14	开元	[6:10—9:10]	1	0.7	0.7

续上表

编号	名　称	时　间　窗	生鲜货物需求量/t		
			冻　品	水　果	蔬　菜
15	永安	[6:10—9:10]	0.9	0.4	0.5
16	礼花路	[6:30—9:30]	0.2	0.8	0.3
17	浏阳头	[5:30—9:40]	0.4	0.4	0.2
18	国安	[6:10—9:10]	2	1.1	2.2
19	东都	[6:00—9:00]	4	1.3	0.4
20	渌口	[6:10—9:10]	1	0.9	0.6
21	田心	[6:10—9:10]	0.5	1.6	0.4
22	湘天桥	[6:10—9:10]	0.7	1.2	0.2
23	杉木塘	[6:10—9:10]	0.4	0.5	0.5
24	富华	[6:10—9:10]	0.6	0.9	0.2
25	瓷城	[6:20—9:20]	1.4	1.2	0.7
26	板塘	[6:00—9:00]	0.3	0.3	0.4
27	金侨	[6:00—9:00]	0.9	1.0	0.9
28	东方红	[6:10—9:10]	2.3	2.6	1.8
29	易俗河	[6:10—9:10]	2.8	1.1	0.4
30	岳塘	[6:20—9:20]	1.1	0.4	0.9
31	钢城	[6:00—9:00]	0.5	0.3	0.4
32	莲城	[6:10—9:10]	1.3	1.0	0.9
33	宝塔	[6:10—9:10]	1.6	0.7	1.1
34	白石	[6:20—9:20]	1.1	0.4	0.8
35	科大	[6:20—9:20]	1.1	0.7	0.5
36	广云	[6:20—9:20]	2.4	0.3	0.7
37	金海	[6:20—9:20]	3	1.1	1.4
38	江南	[5:30—9:40]	2.3	1.0	0.4

9.4.4 求解结果与分析

通过 Java 编程,实现禁忌搜索算法求解模型,设立迭代 4 000 次后,分别得到考虑碳排放的冻品、水果和蔬菜生鲜配送方案见表 9-5 ~ 表 9-7。

表 9-5　冻品配送方案

车辆编号	货　物	配 送 路 径	对应门店装载量/t
1	冻品	0, 1, 0	0.0, 3.0, 0.0
2	冻品	0, 1, 0	0.0, 3.0, 0.0
3	冻品	0, 14, 13, 1, 0	0.0, 1.0, 0.7, 1.0, 0.0
4	冻品	0, 19, 0	0.0, 3.0, 0.0
5	冻品	0, 3, 19, 21, 0	0.0, 1.0, 1.0, 0.5, 0.0

续上表

车辆编号	货　物	配送路径	对应门店装载量/t
6	冻品	0, 16, 29, 0	0.0, 0.2, 2.8, 0.0
7	冻品	0, 12, 0	0.0, 2.6, 0.0
8	冻品	0, 11, 0	0.0, 2.6, 0.0
9	冻品	0, 28, 0	0.0, 2.3, 0.0
10	冻品	0, 7, 0	0.0, 2.4, 0.0
11	冻品	0, 26, 0	0.0, 0.3, 0.0
12	冻品	0, 25, 22, 0	0.0, 1.4, 0.7, 0.0
13	冻品	0, 8, 9, 0	0.0, 1.2, 1.8, 0.0
14	冻品	0, 17, 24, 23, 0	0.0, 0.4, 0.6, 0.4, 0.0
15	冻品	0, 6, 0	0.0, 2.6, 0.0
16	冻品	0, 2, 0	0.0, 1.4, 0.0
17	冻品	0, 15, 4, 5, 0	0.0, 0.9, 0.5, 1.0, 0.0
18	冻品	0, 10, 0	0.0, 1.1, 0.0
19	冻品	0, 30, 27, 0	0.0, 1.1, 0.9, 0.0
20	冻品	0, 20, 18, 0	0.0, 1.0, 2.0, 0.0

表 9-6　水果配送方案

车辆编号	货　物	配送路径	对应门店装载量/t
21	水果	0, 22, 18, 20, 19, 0	0.0, 0.6, 0.1, 0.9, 1.3, 0.0
22	水果	0, 5, 11, 6, 0	0.0, 0.5, 1.3, 1.2, 0.0
23	水果	0, 3, 9, 34, 38, 35, 0	0.0, 0.3, 0.6, 0.4, 1.0, 0.7, 0.0
24	水果	0, 36, 37, 32, 29, 0	0.0, 0.3, 1.1, 0.5, 1.1, 0.0
25	水果	0, 10, 8, 9, 0	0.0, 1.6, 1.2, 0.2, 0.0
26	水果	0, 3, 13, 14, 12, 0	0.0, 0.5, 0.7, 0.7, 1.1, 0.0
27	水果	0, 33, 32, 31, 30, 27, 26, 0	0.0, 0.7, 0.5, 0.3, 0.4, 0.8, 0.3, 0.0
28	水果	0, 21, 0	0.0, 1.6, 0.0
29	水果	0, 22, 23, 18, 24, 0	0.0, 0.6, 0.5, 1.0, 0.9, 0.0
30	水果	0, 7, 2, 0	0.0, 1.7, 1.3, 0.0
31	水果	0, 28, 27, 0	0.0, 2.6, 0.2, 0.0
32	水果	0, 9, 4, 5, 0	0.0, 2.1, 0.7, 0.2, 0.0
33	水果	0, 1, 0	0.0, 2.4, 0.0
34	水果	0, 25, 16, 15, 17, 0	0.0, 1.2, 0.8, 0.4, 0.4, 0.0

表 9-7　蔬菜配送方案

车辆编号	货　物	配送路径	对应门店装载量/t
35	蔬菜	0, 3, 7, 10, 8, 0	0.0, 0.4, 1.2, 0.7, 0.7, 0.0
36	蔬菜	0, 22, 23, 18, 24, 0	0.0, 0.2, 0.4, 2.2, 0.2, 0.0
37	蔬菜	0, 37, 38, 35, 0	0.0, 1.4, 0.4, 0.5, 0.0

续上表

车辆编号	货　物	配送路径	对应门店装载量/t
38	蔬菜	0, 1, 0	0.0, 2.7, 0.0
39	蔬菜	0, 28, 30, 31, 0	0.0, 1.7, 0.9, 0.4, 0.0
40	蔬菜	0, 32, 34, 36, 0	0.0, 0.9, 0.8, 0.7, 0.0
41	蔬菜	0, 11, 4, 5, 0	0.0, 1.3, 0.7, 0.4, 0.0
42	蔬菜	0, 33, 28, 29, 27, 26, 0	0.0, 1.1, 0.1, 0.4, 0.9, 0.4, 0.0
43	蔬菜	0, 23, 20, 25, 19, 21, 0	0.0, 0.1, 0.6, 0.7, 0.4, 0.4, 0.0
44	蔬菜	0, 9, 6, 2, 0	0.0, 0.5, 1.2, 0.9, 0.0
45	蔬菜	0, 17, 16, 15, 14, 13, 12, 3, 0	0.0, 0.2, 0.3, 0.5, 0.7, 0.2, 0.6, 0.5, 0.0

将冻品、水果和蔬菜的配送方案进行对比,得到表 9-8 和图 9-2。

表 9-8　不同类生鲜货物配送对比情况

货物种类	冻　品	水　果	蔬　菜
车辆数/辆	20	14	11
总运输成本/元	3 593	2 688	2 133
总固定成本/元	3 000	2 100	1 650
总货损成本/元	1 184	614	206
总制冷成本/元	45 536	17 018	11 257
总制冷 CO_2 成本/元	1.39	1.08	0.7
总运输 CO_2 成本/元	108	83	62
总成本/元	53 422	22 504	15 308

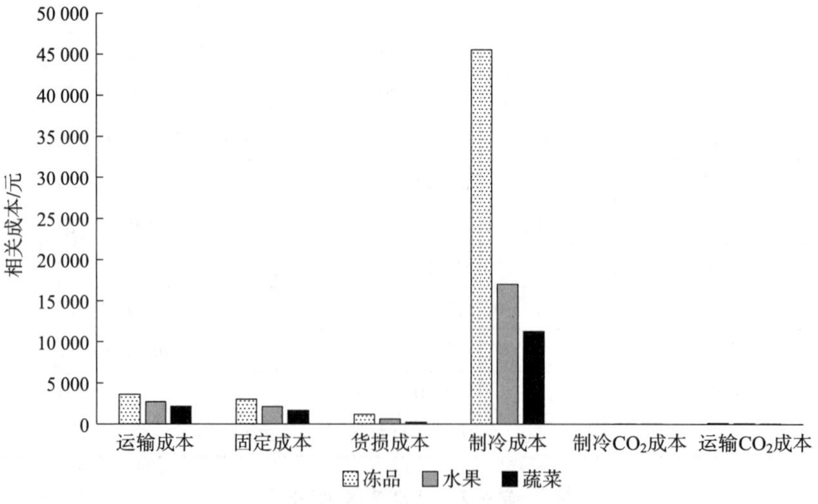

图 9-2　各种类生鲜各部分成本对比

通过表 9-8 可以求得生鲜配送模型得到的配送方案总成本为 91 234 元,共使用特殊冷藏车 45 辆。根据图 9-2,对比发现如下:

(1)三种生鲜货物需求按从大到小排序为:冻品 > 水果 > 蔬菜,因此,冻品配送总成本 >

水果配送总成本 > 蔬菜配送总成本。而且在图 9-2 的六部分成本中,各部分成本也随着需求总量的减少而下降。

(2)运输成本、固定成本、货损成本、制冷产生 CO_2 成本和运输产生 CO_2 成本都占总成本较少,而制冷成本占总成本最大。表明生鲜配送与常温配送不同,常温配送主要考虑运输成本和固定成本。而生鲜配送不仅仅要考虑运输成本、固定成本和运输产生 CO_2 成本等,还需考虑制冷成本、货损成本和制冷产生 CO_2 成本,其中是制冷成本是主要成本,若能降低制冷成本,则可以大幅度减少生鲜配送成本。

(3)在制冷成本上,冻品配送所产生的成本远大于水果货物配送和蔬菜配送,分析原因:一是冻品在温度上的要求分别比水果和蔬菜要低 19 ℃和 23 ℃,则必然会消耗更多的能源以达到冻品所需的低温要求;二是冻品需求总量也远比其他货物需求总量大而导致制冷增加,所以冻品在制冷成本方面远高于其他两类。

(4)由于碳税成本只有 100 元/t,因此,制冷产生 CO_2 成本和运输产生 CO_2 成本占总成本比重都较小。因此,分别设置碳税成本为 100 元/t、1 000 元/t 和 5 000 元/t 情况下,比较总距离、总成本和总碳排放量,得到表 9-9。

表 9-9　不同碳税价格下的对比情况

比较项目	100 元/t	1 000 元/t	5 000 元/t
总距离/km	3 739	3 863	3 898
总成本/元	91 234	94 683	97 460
总碳排放量/kg	2 561	2 556	2 524

根据表 9-9 可得,碳税价格为 100 元/t、1 000 元/t 和 5 000 元/t 时,总距离和总成本依次增加,而碳排放总量依次下降。表明在本案例中,总距离短的配送方案不一定就是碳排放较低的配送方案;配送总距离对总成本的影响较大;然而,若以低碳发展作为优先目标,则应该适当提高碳税价格,将有助于碳排放总量的下降。

9.5　基于低碳视角的多中心混合车队配送优化案例

结合前面绿色物流理论与方法介绍,本节对城市物流配送中考虑传统燃油车和电动车构成的混合动力车队的多车场的低碳车辆路径优化应用案例。本案例考虑距离、载重和速度等因素对车辆能耗的影响,以固定成本、能耗成本和碳交易成本之和最小化为优化目标,构建相应的混合整数规划模型。根据问题特征,设计考虑速度优化的并行改进变邻域搜索算法,并应用大邻域搜索的全局破坏-修复算子和并行局部搜索策略改进算法的提升算法寻优性能[43]。

9.5.1　问题描述与符号说明

1. 问题描述

配送节点和道路构成完备有向图,节点集合 $V = N \cup D$,其中,N 为客户点集合,D 为配送中心集合。弧集合 $E = \{(i,j) \mid i,j \in V, i \neq j\}$。配送中心 $d \in D$ 内,燃油车构成集合 K_g^d,电动车构成集合 K_e^d。任意弧段距离已知,各客户的配送需求、服务(装卸)时间和时间窗已知,车辆一次配送的最大载重量和最长行程时间已知。特别地,电动车电池容量已知,且在离开配送中心前充满电,途中不充电。车辆在不同弧段上的行驶速度可变,但需满足城市道路的限速要求。政府实行限额碳交易机制,分配给企业一定的碳排放总量限额,当实际碳排放量低于限额时,可以出售多余的碳排放权获得收益;否则,必须通过碳交易市场购买额外的碳排放权产生成本。

为界定研究范围,提出如下假设:

(1)每个客户点的配送需求由一辆车一次满足。

(2)配送过程中不允许车辆超载。

(3)车辆可以早于左时间窗到达,但不能提前服务,车辆不可以晚于右时间窗到达。

(4)车辆在弧段上速度恒定,不考虑加减速,其行程起止于同一车场。

(5)车辆在客户点等待和服务时关闭发动机,不产生电能和燃油消耗。

(6)配送过程中的碳排放均来源于燃油车的燃料消耗。

2. 符号说明

模型主要参数以及决策变量见表 9-10。为了增加模型的可读性,计算过程中涉及的其他相关参数在模型上下文中进行说明。

表 9-10　模型主要参数

符　号	含　义
q_i	客户点 i 的货物需求
s_i	客户点 i 的服务(装卸)时间
$[e_i, l_i]$	客户点 i 的时间窗
d_{ij}	车辆在弧(i,j)上的行驶距离
v_l	车辆在弧(i,j)上行驶速度的下限
v_u	车辆在弧(i,j)上行驶速度的上限
h	车辆一次派遣的最长行程时间
Q_g	燃油车最大载重
Q_e	电动车最大载重
B	电池容量
w_d	配送中心 d 内可用车辆数
$\overline{CE}$	企业的碳排放总量限额
M	一个足够大的正数
x_{ij}^k	二元决策变量,表示车辆 k 是否从节点 i 直接驶向节点 j,是为 1,否为 0
u_{ij}^k	表示车辆 k 由节点 i 到节点 j 的载货量
v_{ij}^k	表示车辆 k 由节点 i 到节点 j 的行驶速度
τ_i^k	表示车辆 k 到达节点 i 处的时间
t_i^k	表示车辆 k 在节点 i 处的等待时间

9.5.2　优化模型

1. 车辆能耗计算模型

采用文献[16]的实际能耗模型,基于机械功率计算车辆在行驶过程中产生的电耗和油耗。不考虑城市道路的坡度角，车辆 $k \in K_e^d \cup K_g^d, d \in D$ 在弧 (i,j) 上的恒定机械功率 T_{ij}^k 是关于载重 u_{ij}^k 和速度 v_{ij}^k 的二元函数，即为

$$T_{ij}^k(u_{ij}^k, v_{ij}^k) = \frac{1}{2} \cdot c_d \cdot \rho \cdot A \cdot v_{ij}^{k3} + (m_k + u_{ij}^k) \cdot g \cdot c_r \cdot v_{ij}^k \tag{9-11}$$

其中，c_d 为空气阻力系数；ρ 为空气密度；A 为迎风面积；g 表示重力常量；c_r 表示滚动阻力系数；m_k 为车辆 k 的空车质量。电动车 $k \in K_e^d, d \in D$ 在弧 (i,j) 上的电耗 b_{ij}^k 等于机械功率 T_{ij}^k 与电动发动机效率 ϕ^d、电池放电效率 φ^d 和行驶时间的乘积，行驶时间由弧 (i,j) 的行驶距离和车辆行驶速度求得，为

$$b_{ij}(u_{ij}^k, v_{ij}^k) = \phi^d \cdot \varphi^d \cdot T_{ij}^k(u_{ij}^k, v_{ij}^k) \cdot d_{ij}/v_{ij}^k \tag{9-12}$$

燃油车 $k \in K_g^d, d \in D$ 在弧 (i,j) 上的单位时间油耗率 G_{ij}^k 与机械功率 T_{ij}^k 满足

$$G_{ij}^k(u_{ij}^k, v_{ij}^k) = \xi \cdot (\varepsilon \cdot R + T_{ij}^k(u_{ij}^k, v_{ij}^k)/\eta)/(\kappa \cdot \psi) \tag{9-13}$$

其中，ξ 表示柴油空气质量比；κ 表示柴油热值；ε 表示摩擦因数；R 为发动机技术参数；ψ 为燃油率转换系数；η 为柴油发动机效率参数。将单位时间油耗率 G_{ij}^k 乘以燃油车 $k \in K_g^d, d \in D$ 在弧 (i,j) 上的行驶时间即得到相应油耗，行驶时间由弧 (i,j) 的行驶距离和车辆行驶速度求得，为

$$f_{ij}^k(u_{ij}^k, v_{ij}^k) = G_{ij}^k(u_{ij}^k, v_{ij}^k) \cdot d_{ij}/v_{ij}^k \tag{9-14}$$

根据式(9-12)和式(9-14)，有如下命题成立：

命题 1　b_{ij}^k 为关于 u_{ij}^k, v_{ij}^k 的凸函数，对于弧 (i,j)，已知载重 u_{ij}^k，存在电耗最小路由速度 $v_{ij}^e \in [v_l, v_u]$。

证明　当 $u_{ij}^k > 0, v_{ij}^k > 0$ 时，b_{ij}^k 具有二阶连续偏导数，参数 $\phi^d, \varphi^d, d_{ij}, c_d, \rho, A$ 均大于 0，则有

$$\frac{\mathrm{d}^2 b_{ij}^k}{\mathrm{d}v_{ij}^{k2}} > 0, \quad \frac{\mathrm{d}^2 b_{ij}^k}{\mathrm{d}v_{ij}^{k2}} \cdot \frac{\mathrm{d}^2 b_{ij}^k}{\mathrm{d}u_{ij}^{k2}} - \left(\frac{\mathrm{d}^2 b_{ij}^k}{\mathrm{d}v_{ij}^k \mathrm{d}u_{ij}^k}\right)^2 = 0$$

故 b_{ij}^k 为关于 u_{ij}^k, v_{ij}^k 的凸函数。若已知弧段载重 u_{ij}^k，有 $\frac{\mathrm{d}b_{ij}^k}{\mathrm{d}v_{ij}^k} > 0$，故电耗关于速度单调递增，在给定速度范围内存在唯一速度 v_{ij}^e 使得电耗最小。

命题 2　f_{ij}^k 为关于 u_{ij}^k, v_{ij}^k 的凸函数，对于弧 (i,j)，已知载重 u_{ij}^k，存在油耗最小路由速度 $v_{ij}^g \in [v_l, v_u]$。

证明　同理，当 $u_{ij}^k > 0, v_{ij}^k > 0$ 时，f_{ij}^k 具有二阶连续偏导数，且有

$$\frac{\mathrm{d}^2 f_{ij}^k}{\mathrm{d}v_{ij}^{k2}} > 0, \frac{\mathrm{d}^2 f_{ij}^k}{\mathrm{d}v_{ij}^{k2}} \cdot \frac{\mathrm{d}^2 f_{ij}^k}{\mathrm{d}u_{ij}^{k2}} - \left(\frac{\mathrm{d}^2 f_{ij}^k}{\mathrm{d}v_{ij}^k \mathrm{d}u_{ij}^k}\right)^2 = 0$$

故 f_{ij}^k 为关于 u_{ij}^k, v_{ij}^k 的凸函数。若已知弧段载重 u_{ij}^k，令 $\frac{df_{ij}^k}{dv_{ij}^k} = 0$，得 $v_{ij}^G = \sqrt[3]{\frac{\varepsilon \cdot R \cdot \eta}{c_d \cdot \rho \cdot A}}$。当 $0 < v_{ij}^k < v_{ij}^G$ 时，$\frac{\mathrm{d}f_{ij}^k}{\mathrm{d}v_{ij}^k} < 0$，油耗关于速度单调递减；当 $v_{ij}^k > v_{ij}^G$ 时，$\frac{\mathrm{d}f_{ij}^k}{\mathrm{d}v_{ij}^k} > 0$，油耗关于速度单调递增，故在给定速度范围内存在速度 v_{ij}^g 使得油耗最小。

2. 路径与速度联合优化模型

该模型以固定成本、能耗成本和碳交易成本之和最低作为优化目标，固定成本与派遣车

辆数相关,能耗成本与车辆配送产生的油耗和电耗相关,碳交易成本与碳排放量相关,具体计算方式为

$$\min F = p_1 \cdot \sum_{k\in K_e^i}\sum_{j\in N}\sum_{i\in D} x_{ij}^k + p_2 \cdot \sum_{k\in K_g^i}\sum_{j\in N}\sum_{i\in D} x_{ij}^k + p_3 \cdot \sum_{(i,j)\in E}\sum_{k\in K_e^d}\sum_{d\in D} x_{ij}^k \cdot b_{ij}^k(u_{ij}^k, v_{ij}^k) + p_4 \cdot \sum_{(i,j)\in E}\sum_{k\in K_g^d}\sum_{d\in D} x_{ij}^k \cdot f_{ij}^k(u_{ij}^k, v_{ij}^k) + p_5 \cdot \left(\sum_{(i,j)\in E}\sum_{k\in K_g^d}\sum_{d\in D} \lambda \cdot x_{ij}^k \cdot f_{ij}^k(u_{ij}^k, v_{ij}^k) - \overline{CE}\right) \quad (9\text{-}15)$$

其中,p_1 和 p_2 分别为电动车和燃油车的单位固定成本;p_3 和 p_4 分别为单位电耗成本和单位油耗成本;p_5 为单位碳交易价格;λ 为单位燃油二氧化碳排放因子。

模型约束如下:

$$\sum_{j\in V\backslash i}\sum_{k\in K_e^d\cup K_g^d}\sum_{d\in D} x_{ij}^k = 1, \quad \forall i\in N \quad (9\text{-}16)$$

$$\sum_{j\in V\backslash i} x_{ji}^k = \sum_{j\in V\backslash i} x_{ij}^k, \quad \forall i\in N, d\in D, k\in K_e^d\cup K_g^d \quad (9\text{-}17)$$

$$\sum_{i\in N} x_{ji}^k = \sum_{i\in N} x_{ij}^k, \quad \forall j\in D, k\in K_e^j\cup K_g^j \quad (9\text{-}18)$$

$$\sum_{j\in N}\sum_{k\in K_e^i\cup K_g^i} x_{ij}^k \leqslant \omega_i, \quad \forall i\in D \quad (9\text{-}19)$$

$$\tau_i^k \geqslant e_i, \quad \forall i\in D, k\in K_e^i\cup K_g^i \quad (9\text{-}20)$$

$$\tau_i^k + d_{ij}/v_{ij}^k - M\cdot(1-x_{ij}^k) \leqslant \tau_j^k, \quad \forall i\in D, j\in N, k\in K_e^i\cup K_g^i \quad (9\text{-}21)$$

$$\tau_i^k + t_i^k + s_i + d_{ij}/v_{ij}^k - M\cdot(1-x_{ij}^k) \leqslant \tau_j^k, \quad \forall i\in N, j\in N\backslash i, d\in D, k\in K_e^d\cup K_g^d \quad (9\text{-}22)$$

$$e_i \leqslant \tau_i^k + t_i^k \leqslant l_i, \quad \forall i\in N, d\in D, k\in K_e^d\cup K_g^d \quad (9\text{-}23)$$

$$\tau_i^k + t_i^k + s_i + d_{ij}/v_{ij}^k - M\cdot(1-x_{ij}^k) \leqslant l_j, \quad \forall i\in N, j\in D, k\in K_e^j\cup K_g^j \quad (9\text{-}24)$$

$$t_i^k = 0, \quad \forall i\in D, k\in K_e^i\cup K_g^i \quad (9\text{-}25)$$

$$\sum_{(i,j)\in E} x_{ij}^k \cdot (d_{ij}/v_{ij}^k + t_j^k + s_j) \leqslant h, \quad \forall d\in D, k\in K_e^d\cup K_g^d \quad (9\text{-}26)$$

$$\sum_{i\in N} u_{ij}^k = 0, \quad \forall j\in D, k\in K_e^j\cup K_g^j \quad (9\text{-}27)$$

$$\sum_{i\in V\backslash j} u_{ij}^k - \sum_{i\in V\backslash j} u_{ji}^k + M\left(1 - \sum_{i\in V\backslash j} x_{ij}^k\right) \geqslant q_j, \quad \forall j\in N, d\in D, k\in K_e^d\cup K_g^d \quad (9\text{-}28)$$

$$u_{ij}^k \leqslant Q_e, \quad \forall (i,j)\in E, d\in D, k\in K_e^d \quad (9\text{-}29)$$

$$u_{ij}^k \leqslant Q_g, \quad \forall (i,j)\in E, d\in D, k\in K_g^d \quad (9\text{-}30)$$

$$\sum_{(i,j)\in E} x_{ij}^k \cdot b_{ij}^k(u_{ij}^k, v_{ij}^k) \leqslant B, \quad \forall d\in D, k\in K_e^d \quad (9\text{-}31)$$

$$x_{ij}^k = \{0,1\}, \quad \forall (i,j)\in E, d\in D, k\in K_e^d\cup K_g^d \quad (9\text{-}32)$$

$$v_l \leqslant v_{ij}^k \leqslant v_u, \quad \forall (i,j)\in E, d\in D, k\in K_e^d\cup K_g^d \quad (9\text{-}33)$$

$$u_{ij}^k \geqslant 0, \quad \forall (i,j)\in E, d\in D, k\in K_e^d\cup K_g^d \quad (9\text{-}34)$$

$$\tau_i^k \geqslant 0, \quad \forall i\in V, d\in D, k\in K_e^d\cup K_g^d \quad (9\text{-}35)$$

$$t_i^k \geqslant 0, \quad \forall i\in V, d\in D, k\in K_e^d\cup K_g^d \quad (9\text{-}36)$$

式(9-16)表示所有客户点的需求都将被唯一车辆一次满足;式(9-17)为客户点车辆进出平衡约束;式(9-18)表示车辆行程起止于同一配送中心;式(9-19)为车场容量约束;式(9-20)限制车辆在配送中心的出发时间;式(9-21)表示配送中心与第一个客户点的时间递推关系;式(9-22)表示前后相继访问客户点的时间递推关系;式(9-23)为客户点时间窗约束;

式(9-24)限制车辆返回配送中心的时间;式(9-25)表示车辆在配送中心的等待时间为 0;式(9-26)限制车辆一次派遣的最长行驶时间;式(9-27)表示车辆返回配送中心时的载货量为 0;式(9-28)为车辆在途的货流量守恒约束;式(9-29)和式(9-30)限制车辆在任意弧段上的载重小于车辆装载能力;式(9-31)限制电动车配送过程中消耗的电能不超过电池容量;式(9-32) ~ 式(9-36)限制变量的取值范围。

9.5.3　算法设计

1. 算法框架

多车场带时间窗的车辆路径问题已经被证明属于 NP-hard 问题[23],在此基础上,本节进一步考虑由电动车和燃油车构成的混合动力车队,并将与能耗直接相关的速度作为连续决策变量,解空间更加复杂,求解难度大。鉴于变邻域搜索算法在求解多车场带时间窗车辆路径问题和异质车队车辆路径问题中的优异表现[23-25],本节设计了考虑速度优化的改进变邻域算法(parallel improved variable neighborhood search algorithm with speed optimization, PIVNS-SOA)对问题进行求解,算法流程如图 9-3 所示。

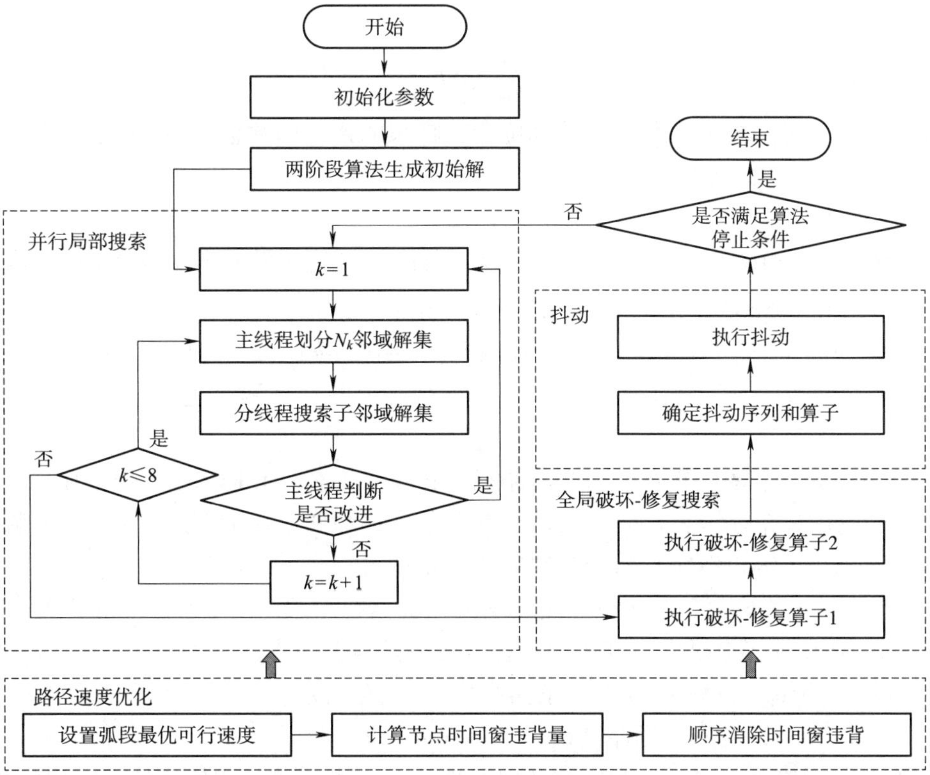

图 9-3　PIVNS-SOA 算法流程图

为兼顾 PIVNS-SOA 算法的搜索深度和广度,在设计有效扰动策略的同时,将大邻域搜索算法中的全局破坏-修复搜索嵌入变邻域搜索算法的基本框架;为提升算法的搜索效率,采用并行局部搜索策略加速算法的求解;此外,根据以路径内能耗最低为目标,设计速度优化方法,并应用于并行局部搜索和全局破坏-修复搜索阶段对解的评价前。

2. 评价函数

为更好地区分解空间中解的可行性,在评价函数中除了对解的成本进行评估外,需要惩罚载重、时间窗、电池容量和行程时间约束的违反部分,促使搜索朝着可行的方向收敛。基于此,本节设计评价函数为

$$F+\alpha \cdot V_1(x)+\beta \cdot V_2(x)+\gamma \cdot V_3(x)+\chi \cdot V_4(x) \tag{9-37}$$

其中,F 为由式(9-15)得到的总成本;$V_1(x)$,$V_2(x)$,$V_3(x)$,$V_4(x)$分别为当前解 x 的时间窗约束式[式(9-20)、式(9-23)和式(9-24)]、行程时间约束式(9-26)、载重约束式(9-30)和电池容量约束式(9-31)的违背量;α,β,γ,χ 为相应惩罚因子。

3. 初始解构造

采用两阶段算法构造初始可行解:第一阶段依据客户点到配送中心的距离聚类,将各客户点分配至最近的配送中心;在第二阶段,基于车场容量限制在各配送中心内构造相应数量的空路径,假定车辆在配送中心的左时间窗离开并以各弧段速度的上限行驶[17],采用三步后悔值插入[26]的方法将分配客户点插入路径中,即在各配送中心内,依次选择三步后悔值最大的客户点,并将其插入至使评价函数值最小增加的位置。客户点 i 的 n 步后悔值计算公式为

$$y^n(i) = \sum_{j=2}^{n} (\Delta F_{i,z_{ij}} - \Delta F_{i,z_{i1}}) \tag{9-38}$$

式中,$\Delta F_{i,k}$为将节点 i 插入路径 k 的最优位置所带来的评价函数值增量;z_{ij}表示节点 i 的第 j 小插入评价函数变化值所对应的路径。

4. 邻域结构

N_1 Cross over(边交叉):在两条路径中分别移除一条边将路径分为两个部分,连接第一条路径首部和第二条路径尾部、第二条路径首部和第一条路径尾部。

N_2 Inter swap 1—1(1 个客户交换):在两条路径中各选择一个客户并交换它们的位置。

N_3 Inter swap 2—2(2 个客户交换):在两条路径中各选择两个连续客户并交换它们的位置。

N_4 1—insert(1 个客户插入):从当前路径中移除一个客户并插入另一路径中。

N_5 2—insert(2 个连续客户插入):从当前路径中移除两个连续客户并插入另一路径中。

N_6 2—opt(2 个客户翻转):将当前路径中选定两客户点间的序列翻转。

N_7 Intra swap(路径中 2 个客户互换):交换当前路径中选定两个客户点的位置。

N_8 Shift(路径中客户改变):在当前路径内改变选定客户点的位置。

N_9 Cross exchange (n—n—n)(三条路径客户交换):分别选定三条路径中连续 n 客户点,按照"1→2,2→3,3→1"的顺序交换三个序列的位置。

N_{10} iCross exchange (n—n—n)(三条路径客户逆序交换):分别选定三条路径中连续 n 个客户点,将其逆序后,按照"1→2,2→3,3→1"的顺序交换位置。

5. 并行局部搜索

局部搜索基于邻域结构 $N_1 \sim N_8$ 依据变邻域下降的顺序进行,以找到最佳改进解。若邻域结构 $N_k(x)$ 内的最优解优于当前解 x,则更新当前解,并置 $k=1$;否则不更新当前解,并置 $k+=1$;当 $k>8$ 时,本次迭代中的局部搜索结束,否则继续搜索邻域 N_k。上述嵌套搜索过程

将耗费较长的时间,通过并行策略可以提升局部搜索的效率[27]。在搜索给定的邻域结构 $N_k(x)$ 时,主线程将其划分为若干子邻域结构,将各子邻域结构连同当前解传递给对应分线程;各分线程独立执行子邻域结构的局部搜索,并返回其中的最佳改进解;主线程比较各线程返回的结果和当前解 x,决策是否更新解及下一搜索邻域。根据文献提出的三维分类方法,上述策略可描述为 1-control/RS/SPSS[28]。

6. 全局破坏-修复搜索

为进一步深化搜索,在变邻域算法中融入基于大邻域算法的全局破坏-修复算子。大邻域算法采用破坏-修复搜索算子,在每次迭代时摧毁和重建部分路径方案,以扩展方案邻域,逐步改进方案质量。基于该策略在求解同时取送货车辆路径问题[29]、多中心混合车队路径优化问题[11]时的良好表现,引入:

(1)随机移除-贪婪插入算子:随机移除当前解各车辆路径中的一个客户,并基于最小插入成本依次将移除的客户以最小评价函数增量值重新插入路径中。

(2)最大成本移除-三步后悔值插入算子:移除当前解各车辆路径内移除前后路径评价函数差值最大的客户,并基于最大三步后悔值依次将移除的客户重新插入使得评价函数最少增加的位置。

7. 速度优化算法

为找到给定路径内各弧段上的最优速度,根据问题特征设计速度优化算法,该算法旨在保证时间窗约束可行的同时,尽可能减少车辆的能耗。为避免不必要的搜索,仅对满足载重约束,以及在最大行驶速度下时间窗约束可行的解进行速度优化。以某途经弧(i,j)的路径为例,具体操作如下:首先,根据时间窗接续条件确定各弧段的行驶速度区间。由于在最大行驶速度下时间窗约束可行,对弧(i,j)必有 $l_j > e_i$,由此,车辆在弧(i,j)的速度范围可被更新为$[\max\{d_{ij}/(l_j-e_i), v_l\}, v_u]$。其次,依据命题 1 和命题 2,将给定速度范围使得能耗最小的速度设置为各弧段的行驶速度,置 v_{ij}^k 为 v_{ij}^e 或 v_{ij}^g。然后,在该速度下计算各点的时间窗违背量。以点 j 为例,其时间窗违背量为 $\max\{\tau_j - l_j, 0\}$。接着,调整路径上第一个时间窗违背节点的前向弧段速度,以尽可能消去其时间窗违背。若节点 j 被选中,则置 v_{ij}^k 为 $\min\{d_{ij}/(l_j - \max\{\tau_i, e_i\}), v_u\}$。最后,更新路径上各点的时间窗违背量,并继续调整弧段速度,直到所有弧段速度均达到时间窗接续下的最优值或上限。城市配送中的客户时间窗都较为接近且比较"紧",因此在路径中节点的时间窗违背量具有累加效应,采用顺序消除而非文献[16,17]中按违背量大小递归消除的时间窗调整方法,能够尽可能少地调整当前解中各弧段的速度,使得更多的弧段保持其当前最优速度。

8. 前向时间松弛

采用前向时间松弛方法[30]优化车辆从枢纽点出发的时间,在不增加时间窗违反的情况下,减少配送车辆在客户点的不必要等待时间,从而缩短行程时间。为便于说明,对车辆 $k \in K_g^d \cup K_e^d, d \in D$ 的服务节点集合 R_k 定义拓扑顺序函数 $o_k: R_k \to \{1,2,3,\cdots,|R_k|\}$,若节点 j 先于节点 i 被访问,有 $o_k(j) < o_k(i)$,则车辆 $k \in K_g^d \cup K_e^d, d \in D$ 的出发时间为

$$\tau_d^k = e_d + \min_{i \in R_k}\{[l_i - (\tau_i^k + t_i^k)]^+ + \sum_{o_k(j) \leqslant o_k(i)} t_j^k\}, \forall d \in D, k \in K_g^d \cup K_e^d \tag{9-39}$$

9. 扰动

为拓宽搜索的广度需要对当前解执行扰动。三个扰动邻域结构基于算子 Cross exchange

(n—n—n)产生。不妨设 C_1,C_2,C_3 分别为三条路径上客户点数量,表 9-11 给出各邻域算子最大操作序列长度,n 在限制下随机产生。为进一步增强邻域变换的多样性,每次扰动时以 $1/n$ 的概率执行 *i*Cross exchange (n—n—n)。

表 9-11 抖动邻域结构

邻域序号	操作序列的长度上限
1	$\min(1,C_1,C_2,C_3)$
2	$\min(2,C_1,C_2,C_3)$
3	$\min(3,C_1,C_2,C_3)$

9.5.4 案例仿真与分析

下面以某超市配送的实例数据验证上述提出的优化模型和算法的有效性。

1. 算例及参数说明

某超市配送实例涉及 6 个配送中心和 71 个超市配送点,采用中型卡车进行配送,参考已有文献[11,12],设置模型参数见表 9-12。

表 9-12 模型参数说明

参数	数值	参数	数值
电动车容量 Q_e/kg	3 590	燃油车空车质量/kg	3 600
燃油车容量 Q_g/kg	4 480	电动车空车质量/kg	3 770
车辆速度上限 v_u/(km · h^{-1})	60	车辆速度下限 v_l/(km · h^{-1})	30
车辆最大行程时间 h/h	8	电动发动机效率 ϕ^d	1.18
空气阻力系数 c_d	0.7	电池放电效率 φ^d	1.11
空气密度 ρ/(kg · m^{-3})	1.20	燃料空气质量比 ξ	1
车辆迎风面积 A/m^2	3.91	柴油热值 κ/(kJ · g^{-1})	44
重力常量 g/(m · s^{-2})	9.81	摩擦因数 ε/(kJ · r^{-1} · L^{-1})	0.2
滚动阻力系数 c_r	0.01	发动机技术参数 R/(L · r · s^{-1})	165
油发动机效率参数 η	0.45	燃油转换系数 ψ/(L · g^{-1})	737
电池容量 B/(kW · h^{-1})	80	燃油的排放因子 λ/(kg · L^{-1})	2.62
电动车固定成本 p_1/(元 · 辆$^{-1}$)	550	燃油车固定成本 p_2/(元 · 辆$^{-1}$)	500
单位电耗成本 p_3/(元 · kW^{-1} · h^{-1})	0.7	单位油耗成本 p_4/(元 · L^{-1})	8.15
单位碳价 p_5/(元 · kg^{-1})	0.5	碳限额 $\overline{CE}$/kg	150

各配送中心配备的车辆数根据式(9-40)计算得到,设为 6 辆。

$$w_d = \left\lceil \left\lceil \sum_{i \in N} q_i / \min\{Q_e, Q_g\} \right\rceil / |D| \right\rceil, \quad \forall d \in D \tag{9-40}$$

2. 算例求解结果

设置各配送中心内配备 1 辆电动车和 5 辆燃油车,采用本章提出的 PIVNS-SOA 算法对实例进行求解,得到的最优配送方案成本为 13 189.37 元,碳排放量为 279.03 kg,包含 2 条电动车路径和 22 条燃油车路径。图 9-4(a)给出实例各节点地理分布,图 9-4(b)给出求得的最优配送路线,实线为燃油车路径,虚线为电动车路径。

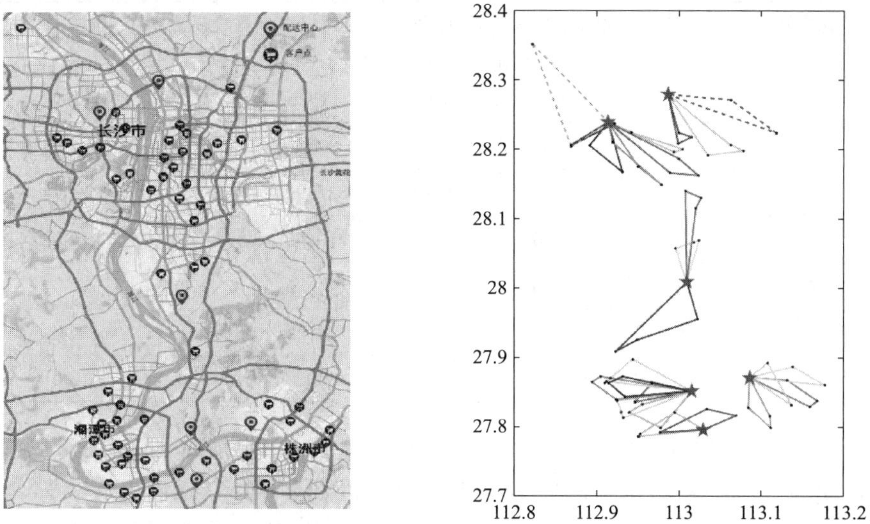

（a）实例节点地理位置分布　　　　（b）实例求解结果

图 9-4　实例路径求解结果

为验证算法改进策略的有效性，同时采用不考虑全局破坏-修复搜索的 PVNS-SOA 算法，以及不考虑并行局部搜索的 IVNS-SOA 算法求解该实例。表 9-13 中给出各算法求得的最优解、解的平均值、平均值相对于最优解的误差比率 Gap% 和运行时间。

表 9-13　算法改进策略有效性验证结果

改进策略	最优解/元	平均值/元	Gap%	时间/min
PVNS-SOA	13 289.02	13 596.12	2.31	1.45
IVNS-SOA	13 229.37	13 436.59	1.57	2.07
PIVNS-SOA	13 189.37	13 372.83	1.39	1.33

如表 9-13 所示，PIVNS-SOA 能收敛到当前算例的已知最优解，IVNS-SOA 的求解结果与 PIVNS-SOA 较为相近，但求解时间明显增加，上述结果说明并行局部搜索策略能够提升算法的运行效率。PVNS-SOA 算法的求解时间介于 IVNS-SOA 和 PIVNS-SOA 之间，但求解质量不如其他算法，上述结果说明全局破坏-修复机制能够增强算法的全局搜索能力，一定程度上避免算法陷入局部最优。此外，在求解的稳定性方面，PVNS-SOA 的 Gap 最大，为 2.31%，IVNS-SOA 的 Gap 为 1.57%，PIVNS-SOA 的 Gap 最小，仅为 1.39%，说明 PIVNS-SOA 的求解具有较强的稳定性。

3. 敏感性分析

（1）车队动力配置。为探究混合车队动力配置对配送方案的影响，调整配送中心内配置的电动车和燃油车数量，并对比路径优化结果。表 9-14 中给出不同动力配置下配送方案派遣电动车和燃油车的数量及固定成本、电耗成本、油耗成本、碳交易成本、碳排量和总成本。碳交易成本小于 0 表示企业通过售出碳排放权获得收益。

表 9-14 车队动力敏感性分析结果

燃油/电动	电动车/辆	燃油车/辆	固定成本/元	电耗成本/元	油耗成本/元	碳交易成本/元	碳排量/kg	总成本/元
6/0	0	24	12 000	0.00	1 127.66	81.35	312.70	13 209.01
5/1	2	22	12 100	18.62	1 006.24	64.52	279.03	13 189.37
4/2	6	19	12 800	71.79	825.96	39.52	229.04	13 737.28
3/3	9	17	13 450	91.88	710.50	23.51	197.02	14 275.89
2/4	17	11	14 850	146.57	441.26	-13.82	122.36	15 424.02
1/5	23	6	15 650	206.47	214.28	-45.29	59.42	16 025.46
0/6	31	0	17 050	257.54	0.00	-75.00	0.00	17 232.54

由表 9-14 可知，随着配送中心内电动车数量的增加，固定成本、电耗成本逐渐上升，油耗成本和碳交易成本随着碳排量的减少逐渐下降，而总成本先下降后上升。当各配送中心内配备 1 辆电动车和 5 辆燃油车时，求得总成本最小的最佳配送方案。当车队仅由燃油车组成时，其总成本相较于最佳配送方案增加 0.15%，而碳排放量增加 12.07%；当车队仅由电动车组成时，碳排放减少至 0 kg，但其固定成本达到峰值，导致总成本相较于最佳配送方案增加 30.65%。上述结果表明，在合理的动力配置下，使用基于燃油车和电动车的混合车队配送能够在减少二氧化碳排放的同时降低配送总成本。

(2)碳交易机制对配送方案的影响。为探究碳交易机制对配送成本和碳排放的影响，设置各配送中心内配备 1 辆电动车和 5 辆燃油车，分别对比碳限额为 150 kg 和 450 kg 时，碳交易价格在 0 ~ 1 元/kg 的范围内以 0.1 元/kg 的增幅变化下的配送方案，对应方案的总成本、电耗成本、油耗成本、碳交易成本和碳排量见表 9-15。

表 9-15 碳交易价格敏感性分析结果

碳价/(元·kg^{-1})	$\overline{CE}=150$ kg					$\overline{CE}=450$ kg				
	总成本/元	电耗成本/元	油耗成本/元	碳交易成本/元	碳排量/kg	总成本/元	电耗成本/元	油耗成本/元	碳交易成本/元	碳排量/kg
0	13 117.02	8.39	1 058.63	0.00	293.81	13 116.95	8.21	1 058.74	0.00	293.59
0.1	13 132.28	8.85	1 059.07	14.37	293.68	13 101.28	8.25	1 058.67	-15.64	293.57
0.2	13 146.64	8.91	1 059.00	28.73	293.66	13 085.61	8.72	1 058.20	-31.31	293.44
0.3	13 160.99	8.86	1 059.03	43.10	293.67	13 069.94	8.82	1 058.09	-46.98	293.41
0.4	13 175.35	9.29	1 058.63	57.42	293.56	13 054.21	9.23	1 057.66	-62.68	293.29
0.5	13 189.37	18.62	1 006.24	64.52	279.03	13 040.85	18.91	1 007.28	-85.34	279.32
0.6	13 202.27	18.91	1 005.98	77.38	278.96	13 023.72	18.93	1 007.21	-102.42	279.30
0.7	13 215.18	19.05	1 005.88	90.25	278.93	13 006.73	19.09	1 007.14	-119.50	279.28
0.8	13 228.74	19.10	1 006.38	103.26	279.07	12 989.67	19.06	1 007.17	-136.57	279.29
0.9	13 241.66	19.21	1 006.31	116.15	279.05	12 972.61	19.25	1 007.03	-153.68	279.25
1	13 254.53	19.31	1 006.20	129.02	279.02	12 955.54	19.40	1 006.92	-170.78	279.22

如表9-15所示，单位碳价确定，碳限额从150 kg增加至450 kg时，企业可以通过在碳交易市场出售除经营活动所需外多余的碳排放权获利，从而降低总成本；然而，不同碳限额下求解得到的方案碳排量几乎相同，这是因为碳限额与决策变量在模型中没有直接的关系，理论上该值的变化不会改变最佳配送路径。当企业持有的碳限额低于日常经营活动所需时，碳交易成本和总成本均随着单位碳价的增长而增长；反之，当碳限额高于日常经营活动所需时，企业通过卖出多余碳排放权获得的收益将随着单位碳价的增高而增长，其总成本也就越低。

此外，碳排放量随着单位碳价的增长呈"阶梯式"下降，究其原因，随着碳交易价格的增长，企业倾向于使用电动车置换部分燃油车进行配送，只有当单位碳价超过一定临界值时，电动车置换带来的油耗成本和碳交易成本的降幅才会大于固定成本和电耗成本的增幅，此时，由于配送方案中电动车路线的增多，碳排放量将有较为显著的下降。

(3)速度优化分析。为探究可变速度对配送方案的影响，我们给出了碳限额为150 kg、单位碳价为0.5元/kg时，不同配送中心动力配置下考虑速度优化和基于固定车速行驶的优化结果，其中方案成本和碳排放量总结见表9-16，方案能耗成本展示如图9-5所示。

表9-16　速度优化对方案成本和碳排量的影响

燃油/电动	固定车速30 km/h		固定车速45 km/h		固定车速60 km/h		考虑速度优化	
	总成本/元	碳排量/kg	总成本/元	碳排量/kg	总成本/元	碳排量/kg	总成本/元	碳排量/kg
6/0	13 299.51	334.74	13 390.67	356.94	13 496.32	382.67	13 209.01	312.70
5/1	13 259.68	296.21	13 323.83	311.67	13 417.45	334.26	13 189.37	279.03
4/2	13 787.56	241.50	13 843.60	254.65	13 920.75	272.84	13 737.28	229.04
3/3	14 311.98	206.23	14 363.90	218.14	14 436.27	234.82	14 275.89	197.02
2/4	15 442.39	127.83	15 482.46	136.08	15 534.85	146.92	15 424.02	122.36
1/5	16 027.94	61.73	16 053.10	66.03	16 087.25	71.97	16 025.46	59.42
0/6	17 242.83	0.00	17 252.38	0.00	17 264.90	0.00	17 232.54	0.00

由表9-16可得，在相同动力配置下，当车辆以固定速度30 km/h、45 km/h、60 km/h行驶时，碳排放量和总成本将随着速度的增大而上升；考虑速度优化使得车辆能够根据客户点的时间窗灵活变速，优化任务在电动车和燃油车之间的分配，从而降低优化方案的碳排放和总成本。

此外，由图9-5可得，当配送车队一定时，考虑速度优化的配送方案能耗成本要低于固定速度下配送方案的能耗成本。引入电动车配送带来的油耗成本降低比电耗成本上升更为显著，随着车队中电动车比例的增加，不同速度策略下油耗成本的差距逐渐缩小，速度优化策略对配送方案能耗成本的改进效果逐渐减弱。

主要研究结论：在限额碳交易机制下共同使用电动车和燃油车配送可以减少碳排放并降低成本；车队配置、碳限额和单位碳价共同影响配送方案的成本、碳排量及车辆调度；相较于固定车速，可变车速能够兼顾时间窗的可行性和能耗优化，使得配送方案更为经济。

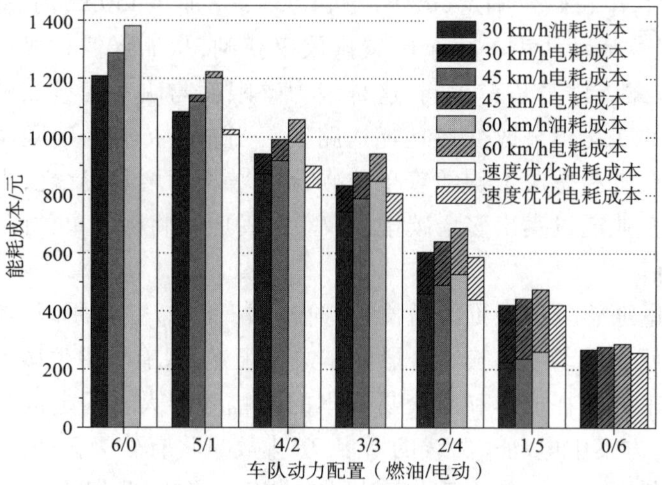

图 9-5　速度优化对配送方案能耗成本的影响

参考文献

[1] 中国物流与采购联合. 2022 年全国物流运行情况通报 [EB/OL]. http://www.chinawuliu.com.cn/xsyj/202302/24/599474.shtml.

[2] 中华人民共和国国家邮政局. 2023 年我国快递业务量提前七天超千亿件 [EB/OL]. https://www.spb.gov.cn/gjyzj/c100015/c100016/202212/63db09807a8d4c388e05d9ddd1410e84.shtml.

[3] 国务院办公厅. 国务院办公厅关于印发“十四五”现代物流发展规划的通知 [EB/OL]. http://www.gov.cn/zhengce/content/2022-12/15/content_5732092.htm.

[4] DANTZING G, RAMSER J. The truck dispatching problem[J]. Management Science, 1959,10(6): 80-91.

[5] BALINSKI M L, GOMORY R E. A primal method for the assignment and transportation problems[J]. Management Science, 1964, 10(3): 578-593.

[6] SOLOMON M M. Algorithms for the vehicle routing and scheduling problems with time window constraints [J]. Operations Research, 1987, 35(2): 254-265.

[7] LAPORTE G, LOUVEAUX F, MERCURE H. The vehicle routing problem with stochastic travel times[J]. Transportation Science, 1992, 26(3): 161-170.

[8] CLARKE G, WRIGHT J W. Scheduling of vehicles from a central depot to a number of delivery points[J]. Operations Research, 1964, 12(4): 568-581.

[9] PARRAGH S N, CORDEAU J F. Branch-and-price and adaptive large neighborhood search for the truck and trailer problem with time windows[J]. Computers and Operations Research, 2017, 83(7): 28-44.

[10] CHANG D J, MORLOK E K. Vehicle speed profiles to minimize work and fuel consumption[J]. Journal of Transportation Engineering, 2005, 131(3): 173-182

[11] ERDOĞAN S, MILLER-HOOKS E. A green vehicle routing problem[J]. Transportation Research Part E: Logistics and Transportation Review, 2012, 48(1): 100-114.

[12] 周鲜成,周开军,王莉,等.物流配送中的绿色车辆路径模型与求解算法研究综述[J].系统工程理论与实践, 2021, 41(1): 213-230.

[13] 孔继利,陈璨.绿色车辆路径问题研究[J].北京邮电大学学报,2020(3):77-82.

[14] 史春阳. 同时取送货的车辆路径问题中的低碳研究[D]. 北京:清华大学,2011.

[15] 吴丽荣,胡祥培,饶卫振. 考虑燃料消耗率的车辆路径问题模型与求解[J]. 系统工程学报,2013,28(6):804-811.

[16] 于雷. 模拟并行蚁群算法的绿色物流最小油耗配送路径优化[D]. 上海:上海交通大学,2013.

[17] FIGLIOZZI M. Vehicle routing problem for emissions minimization[J]. Transportation Research Record Journal of the Transportation Research Board, 2010, 2197(1):1-7.

[18] GHANNADPOUR S F, ZARRABI A. Multi-objective heterogeneous vehicle routing and scheduling problem with energy minimizing[J]. Swarm and Evolutionary Computation, 2019, 44(1): 728-747.

[19] BEKTA T, LAPORTE G. The pollution-routing problem [J]. Transportation Research Part B: Methodological, 2011,45(8): 1232-1250.

[20] DEMIR E, BEKTAŞ T, LAPORTE G. The bi-objective Pollution-Routing Problem[J]. European Journal of Operational Research, 2014, 232(3): 464-478.

[21] 张如云,刘清. 考虑低碳的城市配送车辆路径优化模型研究[J]. 工业工程与管理, 2015, 20(4): 29-34.

[22] 葛显龙,苗国庆,谭柏川. 开放式污染路径问题优化建模与算法分析[J]. 工业工程与管理,2015,20(4):46-53.

[23] 陈玉光,陈志祥. 基于准时送货和最小耗油的配送车辆路径问题研究[J]. 中国管理科学, 2015, 23(S1): 156-164.

[24] KUMAR R S, KONDAPANENI K, DIXIT V, et al. Multi-objective modeling of produ ction and pollution routing problem with time window: A self-learning particle swarm optimization approach[J]. Computers & Industrial Engineering, 2016, 99:29-40.

[25] 秦进,刘致远. 考虑拥堵情形的污染路径问题及其求解算法[J]. 工业工程与管理,2018,23(2):23-32.

[26] BRAVO M, ROJAS L P, PARADA V. An evolutionary algorithm for the multi-objective pick-up and delivery pollution-routing problem[J]. International transactions in operational research: A Journal of The International Federation of Operational Research Societies, 2019,26(1):302-317.

[27] RAEESI R, ZOGRAFOS K G. The multi-objective Steiner pollution-routing problem on congested urban road networks[J]. Transportation Research Part B: Methodological, 2019, 122(4): 457-485.

[28] ARSLAN O, YILDIZ B, KARASAN O E. Minimum cost path problem for plug-in hybrid electric vehicles [J]. Transportation Research Part E: Logistics and Transportation Review, 2015, 80(8): 123-141.

[29] ZHEN LU, XU ZIHENG, MA CHENGLE, et al. Hybrid electric vehicle routing problem with mode selection[J]. International Journal of Production Research, 2020, 58 (2): 562-576.

[30] ZENG XIANGRUI, WANG JUNMIN. A parallel hybrid electric energy management strategy using stochastic model predictive control with road grade preview[J]. IEEE Transactions on Control Systems Technology, 2015, 23(6): 2416-2423.

[31] ZENG XIANGRUI, WANG JUNMIN. A two-level stochastic approach to optimize the energy management strategy for fixed-route hybrid electric vehicles [J]. Mechatronics, 2016, 38(6): 93-102.

[32] 肖建华,王超文,陈萍,等. 基于城市道路限行的多能源多车型车辆路径优化[J]. 系统工程理论与实践,2017,37(5):1339-1348.

[33] BI J, WANG Y X, SUN S, et al. Predicting charging time of battery electric vehicles based on regression and time-series methods: A case study of Beijing[J]. Energies, 2018, 11(5): 1-18.

[34] WANG Y X, BI J, GUAN W, et al. Optimising route choices for the travelling and charging of battery electric vehicles by considering multiple objectives[J]. Transportation Research Part D: Transport and Environment, 2018, 64(7): 246-261.

[35] 马冰山,胡大伟,陈希琼,等.半开放式的多配送中心纯电动车辆路径优化问题[J].交通运输系统工程与信息,2019,19(6):199-205.

[36] 杨珺,冯鹏祥,孙昊,等.电动汽车物流配送系统的换电站选址与路径优化问题研究[J].中国管理科学,2015,23(9):87-96.

[37] YANG Y, YAO E J, YANG Z Q, et al. Modeling the charging and route choice behavior of BEV drivers[J]. Transportation Research Part C: Emerging Technologies, 2016, 65(4): 190-204.

[38] ZHANG R, YAO E J, YANG Y. Degradable transportation network with the addition of electric vehicles: Network equilibrium analysis[J]. PloS One, 2017, 12 (9): 1-29.

[39] 冯杰,史立.生鲜产品的纯电动冷藏车配送路径问题研究[J].计算机工程与应用,2019,55(9):237-242.

[40] 史雨同,尹静,王柏琳.考虑新能源车的低碳集货模型与算法研究[J].现代电子技术,2019,42(3):101-106.

[41] 陈萍,董文哲,于信尧.新能源移动充电车路径优化问题研究[J].运筹与管理,2020,29(2):12-18.

[42] 张得志,周少宇,周理昆,等.部分充电策略下多中心混合车队联合配送路径优化[J/OL].铁道科学与工程学报:1-11[2024-05-16].https://doi.org/10.19713/j.cnki.43-1423/u.T20231935.

[43] 陈婉茹,徐光明,张得志,等.碳交易机制下多中心混合车队配送路径和速度优化研究[J].系统工程理论与实践,2023,43(11):3320-3335.

第 10 章　带二维装载约束的车辆路径问题

带二维装载约束的车辆路径问题在现代物流配送领域具有重要应用价值。通过综合考虑车辆路径和货物装载约束,能够显著提升物流运输的效率和降低成本。

本章首先论述了带装载约束的车辆路径问题背景,在此基础上,围绕带二维装载约束的车辆路径问题优化模型及其求解算法进行系统论述,重点针对带二维装载约束的车辆路径优化进行系统分析;最后,针对二维装载约束的车辆路径优化问题相关案例仿真进行分析与讨论。

10.1　带装载约束的车辆路径问题概述

本节针对带装载约束的车辆路径问题进行概述,主要聚焦于带二维装载约束的车辆路径问题。首先介绍带二维装载约束的车辆路径问题背景和发展现状,其次对带二维装载约束的车辆路径问题进行详细描述。

10.1.1　带装载约束的车辆路径问题背景

过去几十年来,在经济全球化、电子商务化等因素的刺激下,我国物流运输业作为新的经济增长点得到了迅速发展,在商品的流通中发挥着重要作用。然而,近年来随着全球经济增长放缓、逆全球化趋势的抬头,物流运输业的增长速度趋于缓和甚至下降[1]。据统计,2016—2023 年全国社会物流总费用在不断增长,其中,2023 年全国社会物流总费用 18.2 万亿元,同比增长 2.3%。与 GDP 之间的比率为 14.4%;运输费用 9.8 万亿元,增长 2.8%;保管费用 6.1 万亿元,增长 1.7%;管理费用 2.3 万亿元,增长 2.0%。

物流业的兴起对国民经济的发展起到了举足轻重的作用。物流能很好地打破地域与时间的限制,将合适的物品迅速地送到客户手中。现代互联网和社会呈现飞速发展的趋势,使得各行业对物流的需求激增,物流业的发展也是如鱼得水。尽管物流业在飞速发展,却仍不能尽善尽美。因此,加快物流业的发展,不仅是完善物流业的必要条件,也是扩大内需以及促进就业、建设现代化、信息化经济的需要。物流是社会基本民生保障、产业发展基础和国家战略支撑。

2023 年我国快递业务量首次超过 1 300 亿件,同比增长 19.4%[2]。"十四五"规划提出了对未来五年经济发展方面的规划与建议,再加上物流业在我国经济发展中占据主要地位,物流业未来将会持续稳步增长。尽管物流业已经取得不错的成就,我国物流目前仍然面临着货物集中度不高、物流节点的利用率过低等问题。我国物流业的保管费用高、运输费用占总成本比例较高也是亟待解决的问题,这两种费用占据了总物流费用的 87%。因此,降低运输费用,提高物流配送效率,对于降低整个物流费用、改善物流质量具有重要的意义。

为了实现物流业的降本增效,学者们开展了各方面的广泛研究。其中,车辆路径问题(CVRP)是在优化运输成本方面比较经典且成熟的研究问题,通过优化路线可以降低运输成本或减少车辆的使用数量。同时,车辆路径问题是物流配送优化中的核心问题,通过合理地优化车辆配送路线,对于降低运输成本有着极大的作用。该问题自 Dantzig 和 Ramser[3] 于 1959 年首次提出以来,受到越来越多研究者的关注,并逐渐成为运筹优化的热点问题之一。该问题指的是在满足客户配送需求的前提下,通过制定合理的物流配送路线方案,以达到减少车辆使用数量和车辆行驶路线长度的目的。从配送中心派出多辆车辆,在满足客户需求及其他约束的同时尽可能使总的运输路程最短、使用车辆数最少或时间最短。减少用车数量可以节能减排;通过缩短运输路径则可以降低燃油费、减少车辆损耗,以及提高客户的满意度。

如今,很多行业的物流运输配送场景都可以归结为 CVRP。比如,垃圾回收车回收垃圾、为便利店的补货、配送快递的过程都可以看作 CVRP。由于其应用广泛,CVRP 迅速扩展加入其他实际应用中的约束,用以解决生活中的难题,如载重约束、时间窗约束、车辆数约束、车型约束、三维装载约束等。

在现实生活中,对于家具、家电、仪器设备等具有不同体积、需要拼装的物品配送而言,装箱和运输是两个相互制约、不可分割的过程。脱离了装箱,车辆路径优化线路上的客户物品可能根本无法装车;而忽视了车辆路径,车厢装得再满也无法降低运输成本。由于易碎、易损等原因,现实中大量存在着车厢中的货物无法相互叠放的情况,那么货物能否装车就取决于货物底面能否拼装入车厢装载面中,这就产生了带二维装载约束的车辆路径问题(capacitated vehicle routing problem with two dimensional loading constraints,2L-CVRP)。该问题首先由 Iori 等[4] 提出,是带容量约束的车辆路径问题(CVRP)和二维装箱问题(two dimensional bin packing problem,2BPP)融合之后的一个新问题。在 2L-CVRP 中,多辆车从配送中心出发,依次经过不同客户点后回到配送中心,要求每个客户点必须有一辆车经过,且车辆必须装下经过客户的所有物体,目标是使得车辆总行驶路程最短。

此外,现代物流普遍采用集装箱运输,物流的装箱方案势必对车辆的行驶路线产生影响,再加上现实生活中装箱时需要考虑诸多因素,如物品不能超出车厢、物品之间不能交叉重叠、物品不能倒放、易碎物品的堆码限制等,使得带三维装箱约束的车辆路径问题(capacitated vehicle routing problem with three-dimensional loading constraints, 3L-CVRP)应运而生。物品都是有体积的,若不考虑三维装载约束,一辆车可以装下更多物品,却可能违反现实中的装箱规则,因此考虑带三维装箱的车辆路径问题与实际情况更符合。3L-CVRP 包括两个需要解决的问题:第一,对路径部分进行优化求解,获得使目标函数值最优的路径;第二,对所有客户的货物进行装载,需要在满足装载约束的同时使装载率尽可能高。将三维装载加入车辆路径问题中进行研究能更合理利用车厢体积,使装载率大大提升,从而减少车辆的使用数,降低运输及车辆使用成本。

国内学者王征等[31] 对 2L-CVRP 进行了描述,并使用一种文化进化算法求解,取得了较为不错的求解效果。颜瑞等[32] 研究多车场带时间窗的 2L-CVRP,使用量子粒子群算法求解了该问题部分算例,对小规模算例进行了高效的求解。尚正阳等[33] 在 2L-CVRP 中考虑了货物的先进后出约束,即后卸载的货物不能挡住先卸载的货物从车门移出车厢,该约束同样具有较高的实际应用价值。他们使用启发式算法求解了 21 个客户规模的算例。

2L-CVRP 由 Iori 等[4]于 2007 年提出，他们使用分支切割算法求解了问题下界，其中，使用分支定界算法检测装箱可行性。同年，Gendreau 等[34]基于 CVRP 算例数据和 5 种二维尺寸规则生成了 2L-CVRP 基准算例，并使用了禁忌搜索算法求解。随后，越来越多的学者设计了不同算法求解该问题。Fuellerer 等[35]使用一种蚁群算法求解该问题，在求解大规模算例中取得了一定的优势。Zachariadis 等[36]使用引导禁忌搜索算法求解了该问题，其研究结果表明通过相关策略引导禁忌搜索过程能有效加快求解速度。Leung 等[37]改进了引导禁忌搜索算法，并组合使用了多种启发式装箱算法检测装箱可行性增强求解性能，他们的研究表明使用多种装箱算法组合运算能增大算法求到更优解的概率。随后，Leung 等[38]提出一种新的启发式算法，求解了带二维装载约束的多车型车辆路径问题，对 2L-CVRP 进行了拓展研究，具有较高的实际应用价值。Wei 等[39]等使用大邻域搜索算法结合一种 skyline 装箱算法对 2L-CVRP 进行求解，该研究是将邻域搜索算法运用在车辆路径优化问题的成功典范，加之其装箱算法也具有较高的性能，其求解结果优于所有之前的研究。随后，Hokama 等[40]使用分支切割算法结合多种装箱策略精确求解了 2L-CVRP，然而他们只求得了问题的下界，且结果基本与 Iori 等[4]的一致，求解时间较快。Wei 等[41]使用模拟退火算法对该问题进行了求解，其中装箱算法是基于大开放空间（MOS）的随机邻域搜索算法，具有较高的寻优性能，该研究中提出的算法是求解 2L-CVRP 最有效的算法之一。

10.1.2　带装载约束的车辆路径问题描述

1. CVRP 问题描述

车辆路径问题是网络优化问题中最基础的问题之一，由于其广泛的应用价值和重要的经济价值，受到了社会各界的广泛关注。根据问题的特征，车辆路径问题可以分为带容量约束车辆路径问题、带时间窗约束的车辆路径问题、同时取送货车辆路径问题和需求可拆分车辆路径问题等。其中，带容量约束车辆路径问题如图 10-1 所示，是最为基础的形式，其他变体问题均是基于带容量约束车辆路径问题的拓展研究。为此，本节主要介绍和研究带容量约束车辆路径问题。

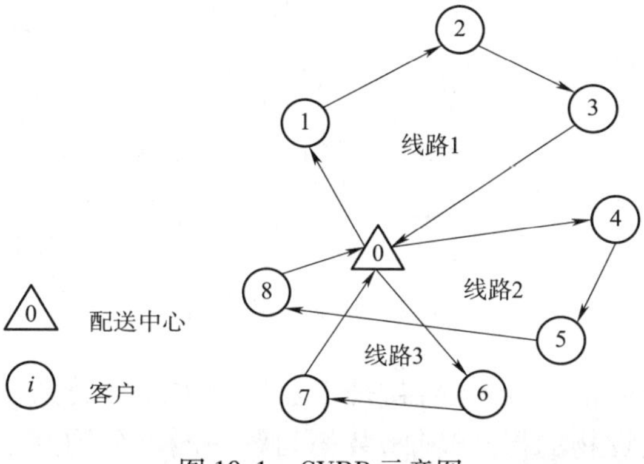

图 10-1　CVRP 示意图

存在有向图 $G=(V,A)$，其中 $V=\{0\}\cup N$，0 代表配送中心，N 代表客户点集合，弧集 $A=\{(i,j)\mid i,j\in V,i\neq j\}$，弧 (i,j) 的成本 c_{ij} 为点 i 到点 j 的欧几里得距离。配送中心有载重为 Q 的车辆集合 K。研究的带容量约束的车辆路径问题需考虑如下约束：

(1)要求每个客户点 $i \in V$ 必须且只被服务一次。

(2)车辆 $k \in K$ 从配送中心 0 出发,经过相应客户点后返回配送中心。

(3)车辆装载货物总重不能超过其载重 Q。该问题目标是使得各车辆总成本最小。

2. 2L-CVRP 问题描述

带二维装载约束车辆路径问题是带容量约束的车辆路径问题和二维装箱问题的耦合,也就是说,该问题需同时满足带容量约束的车辆路径问题的路径约束和二维装箱问题的装载约束。

存在有向图 $G=(V,A)$, 其中 $V=\{0\}\cup N$,0 代表配送中心, N 代表客户点集合, 弧集 $A=\{(i,j) \mid i,j\in V,i\neq j\}$, 弧$(i,j)$的成本 c_{ij}为点 i 到点 j 的欧几里得距离。配送中心有载重为 Q 的车辆集合 K, 每辆车的车厢是长为 L、宽为 W 的矩形。Φ 表示所有货物集合, Φ_i 表示客户 $i\in N$ 的货物集合。其中, 客户 i 的第 $m(m\in\Phi_i)$个货物重量为 q_m、长为 l_m、宽为 w_m。

带二维装载约束车辆路径问题需考虑如下约束:

(1)要求每个客户点 $i \in V$ 必须且只被服务一次。

(2)车辆 $k \in K$ 从配送中心 0 出发,经过相应客户点后返回配送中心。

(3)车辆装载货物总重不能超过其载重 Q。

(4)装箱方案满足二维装箱约束, 即同一辆车中的货物不能重叠和超出车厢范围。

2L-CVRP 示意图如图 10-2 所示,该问题目标是使得各车辆总成本最小。要求车辆从配送中心出发,每服务一个客户均需装下该客户所需的货物,然后按照规划的路径依次将货物送给指定客户。值得注意的是,只送货或者只取货的问题从模型和求解方法角度没有区别,均可用带二维装载约束车辆路径问题模型和方法进行归纳和求解。

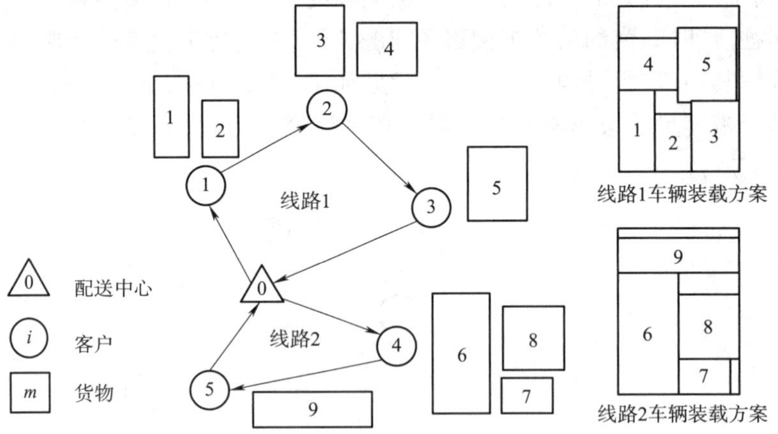

图 10-2　2L-CVRP 示意图

装箱问题研究如何把箱子装入容器,是工业生产中经常遇到的组合优化问题,也是一个数学难题。根据待装货物的形态特征,装箱问题一般可分为一维装箱问题、二维装箱问题和三维装箱问题。一维装箱问题只考虑重量或长度等一个因素,二维装箱问题一般需考虑装入货物的长和宽两个因素,而三维装箱问题需考虑待装货物的长、宽和高三个因素。

本节研究的是图 10-2 所示带二维装载约束的车辆路径问题,因此,本节主要针对二维矩形装箱问题进行介绍。

设 Φ 表示所有货物的集合，每个货物 $m \in \Phi$ 是长为 l_m 和宽为 w_m 的矩形，已知车厢装载面的长 L 和宽 W。在本章研究的二维装箱问题中，要求：

(1)货物与车厢平行摆放。

(2)货物之间不能相互重叠，如图 10-3 (a)所示。

(3)货物摆放位置不超过车厢装载面，如图 10-3 (b)所示。

该问题的目标是判断货物是否能全部装入车厢，即判断该问题是否存在可行解。

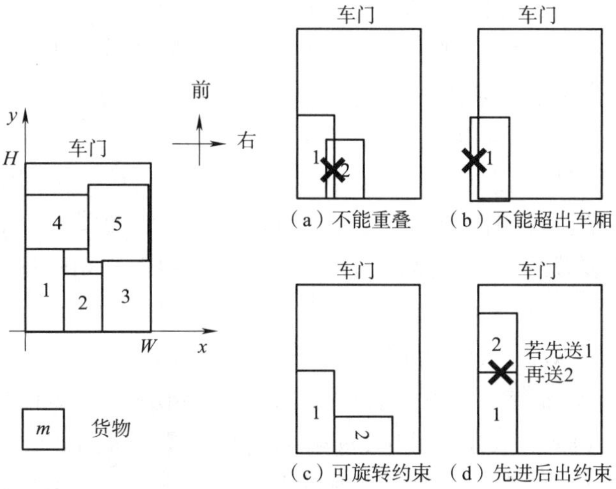

图 10-3　二维装箱问题示意图

此外，根据货物是否可旋转 90°和是否要求先配送的货物摆放在靠近车厢门位置，该问题产生了可旋转约束和先进后出(first-in-last-out)约束。通常情况下，货物可旋转约束如图 10-3 (c)所示，允许通过旋转已装载货物为车厢腾出更多空间从而装入更多货物，能一定程度提高车厢装载率。而先进后出约束如图 10-3 (d)所示，要求先配送的货物摆放在靠近车厢门位置，无须挪动其他货物即可对货物直接进行装卸，能有效提高装卸效率，但会一定程度上降低车厢装载率。

10.2　带二维装载约束的车辆路径问题数学模型

本节介绍求解带二维装载约束的车辆路径问题两类数学模型：第一类为混合整数线性规划模型；第二类为基于集合划分的数学优化模型。

10.2.1　带二维装载约束的车辆路径问题混合整数线性规划模型

整数规划是指一类问题中的变量全为整数的数学规划，是规划论的一个分支。整数规划一般可分为线性规划和非线性规划。其中，线性规划研究线性约束条件下线性目标函数的极值问题，在运筹学中研究较早、发展较快、应用较广，且求解方法较为成熟。非线性规划是具有非线性约束条件或目标的数学规划，是在 20 世纪 50 年代开始形成的学科，具有应用广泛、求解难度较大等特点。

当规划模型中既存在整数变量又存在实数变量时,该模型为混合整数规划模型[52]。同理,根据模型中是否存在非线性约束条件或目标,混合整数规划模型可分为混合整数线性规划模型[53]和混合整数非线性规划模型[54]。其中,混合整数线性规划模型相较于混合整数非线性规划模型更易于求解,在经营管理、军事指挥、工程设计和科学研究等方面的优化问题中具有更加普遍的应用。

在带二维装载约束车辆路径问题中,既存在决策客户是否被车辆服务等的整数变量,又存在货物尺寸和货物在车厢中装载位置等的实数变量。同时,该问题考虑的目标函数为路径总成本最小,即各路径成本的总和最小。因此,通过将各约束条件进行线性化建模,可构建该问题的混合整数线性规划模型。通过调用商业求解器对带二维装载约束车辆路径问题的混合整数线性规划模型进行求解,可直接验证模型的有效性。

带二维装载约束车辆路径问题是在带容量车辆路径问题基础上考虑二维装载约束,即检测每条路径中的货物是否能全部装入车厢,且货物之间不能重叠。因此,可基于带容量约束的车辆路径问题的整数规划模型和二维装箱问题的约束满足模型,引入装载逻辑变量,从而进一步构建带二维装载约束车辆路径问题的混合整数线性规划模型。

除第 10.1.2 节定义的符号和变量外,还需定义如下变量:

- $z_{2L-CVRP}$:带二维装载约束车辆路径问题的目标函数值;
- f_{mn}:0-1 变量, 为 1 时表示货物 $m(m \in \Phi)$完全在货物 $n(n \in \Phi)$的前面, 否则为 0;
- ρ_{mn}:0-1 变量, 为 1 时表示货物 $m(m \in \Phi)$完全在货物 $n(n \in \Phi)$的左边, 否则为 0。

则研究的带二维装载约束车辆路径问题的混合整数线性规划模型如下:

$$\min z = \sum_{(i,j)\in A}\sum_{k\in K} c_{ij}x_{ijk} \tag{10-1}$$

$$\text{s.t.} \quad \sum_{k\in K} y_{ik} = 1, \quad \forall i \in N \tag{10-2}$$

$$\sum_{j\in V} x_{jik} = \sum_{j\in V} x_{ijk}, \quad \forall i \in N, k \in K \tag{10-3}$$

$$\sum_{i\in N} x_{i0k}M \geqslant \sum_{i\in V} y_{ik}, \quad \forall k \in K \tag{10-4}$$

$$\sum_{i\in N} x_{0ik}M \geqslant \sum_{i\in V} y_{ik}, \quad \forall k \in K \tag{10-5}$$

$$\sum_{i\in N} y_{ik}q_i \leqslant Q, \quad \forall k \in K \tag{10-6}$$

$$s_i + 1 \leqslant s_j + (1 - x_{ijk})M, \quad \forall i,j \in N, k \in K \tag{10-7}$$

$$\sum_{i\in V} x_{ijk} = y_{jk}, \quad \forall j \in N, k \in K \tag{10-8}$$

$$X_m + w_m \leqslant W, \quad \forall m \in \Phi \tag{10-9}$$

$$Y_m + l_m \leqslant H, \quad \forall m \in \Phi \tag{10-10}$$

$$f_{mn} + f_{nm} + \rho_{mn} + \rho_{nm} \geqslant y_{ik} + y_{jk} - 1, \quad \forall m \in \Phi_i, n \in \Phi_j, i,j \in N, i \neq j \cap m \neq n, k \in K \tag{10-11}$$

$$Y_n + l_n \leqslant Y_m + (1 - f_{mn})M, \quad \forall m,n \in \Phi \tag{10-12}$$

$$X_m + w_m \leqslant X_n + (1 - \rho_{mn})M, \quad \forall m,n \in \Phi \tag{10-13}$$

$$s_i, Y_m, X_m \geqslant 0, \quad \forall i \in N, m \in \Phi, x_{ijk}, y_{ik}, f_{mn}, \rho_{mn} \in \{0,1\} \tag{10-14}$$

$$\forall i,j \in V, k \in K, m,n \in \Phi \tag{10-15}$$

目标函数(10-1)表示最小化车辆总成本;约束(10-2)表示每个客户点 i 必须由一辆车服务一次;约束(10-3)表示流量守恒;约束(10-4)和约束(10-5)表示被使用的车辆必须从配送中心出发回到配送中心;约束(10-6)表示货物重量不能超载;约束(10-7)表示同一路径中客户满足的先后顺序,用于消除子回路;约束(10-8)表示弧(i,j)被使用,则车辆必须经过相应客户点;约束(10-9) ~ 约束(10-13)表示二维装箱约束,其中约束(10-9)和约束(10-10)表示任何货物装箱时不能超出车厢范围,约束(10-11) ~ 约束(10-12)表示同一辆车中不同货物之间不能重叠;约束(10-14)和约束(10-15)表示变量的类型和取值范围。

10.2.2　带二维装载约束的车辆路径问题集合划分模型

将该问题整数规划模型进行 Danzig-Wolfe 分解,可得到基于集合划分的主问题和一个最短路径子问题。

定义 Ω 表示所有满足容量约束和装箱约束的可行路径集合。c_r 表示路径 $r \in \Omega$ 的成本,且 $c_r = \sum_{i \in V} \sum_{j \in V} c_{ij} x_{ijr}$。令 z_{master}为带二维装载约束车辆路径主问题的集合划分模型目标函数值。a_{ir}为常量,为 1 时表示路径 r 经过客户点 $i \in N$;否则,为 0。λ_r 为整数变量,表示路径 r 使用的次数。则带二维装载约束车辆路径主问题的集合划分模型为

$$\min z_{\text{master}} = \sum_{r \in \Omega} c_r \lambda_r \tag{10-16}$$

$$\text{s.t.} \quad \sum_{r \in \Omega} a_{ir} \lambda_r = 1, \quad \forall i \in N \tag{10-17}$$

$$\sum_{r \in \Omega} \lambda_r \leqslant |K| \tag{10-18}$$

$$\lambda_r \in \mathbf{Z}_+, \quad \forall r \in \Omega \tag{10-19}$$

主问题模型中,目标函数(10-16)表示最小化车辆总成本;约束(10-17)表示所有客户点必须且仅被服务一次;约束(10-18)为车辆数量约束,表示为路径总数不能超过车辆数;约束(10-19)表示变量取值范围,其中 λ_r 为正整数。

上述带二维装载约束车辆路径主问题的集合划分模型中,由于 Ω 包括的路径的数量十分庞大,直接通过枚举所有可行的路径加入 Ω 集合中不合理。为此,通过将 λ_r 线性松弛获取对偶变量的值。接着,基于对偶变量值,通过迭代反复地向松弛主问题添加机会成本 $\overline{c}_r < 0$ 的有效路径,直到没有新的有效路径添加为止。此时,得到的松弛解为该支节点主问题的一个下界。

在上述流程中,为松弛主问题迭代地添加有效路径是通过对偶定理构造的子问题实现。为松弛主问题迭代地添加有效路径这个过程为列生成算法,其基本原理与单纯形法类似[55]。设 $\pi_i(i \in N)$、π_0 分别对应约束(10-17)和约束(10-18)的对偶变量,则定义路径 r 的机会成本为

$$\overline{c}_r = c_r - \sum_{i \in V} a_{ir} \pi_i, \quad \forall r \in \Omega \tag{10-20}$$

通过上述定义,子问题转化为求解机会成本最小的可行路径问题。将该问题具体定义为含有资源约束和二维装箱约束最短路径问题。令 z_{price}为带二维装载约束车辆路径子问题目标函数值,即含有资源约束和二维装箱约束最短路径问题的目标函数值。x_{ij}为 1 时表示路径经过弧(i,j);否则,为 0。则子问题数学模型[56]为

$$\min z_{\text{price}} = \sum_{i \in V} \sum_{j \in V} (c_{ij} - \pi_i) x_{ij} \tag{10-21}$$

$$\text{s.t.} \quad \sum_{j \in V} x_{ij} \leqslant 1, \quad \forall i \in N \tag{10-22}$$

$$\sum_{j \in V} x_{ji} = \sum_{j \in V} x_{ij}, \quad \forall i \in N \tag{10-23}$$

$$\sum_{i \in N} x_{i0} = 1 \tag{10-24}$$

$$\sum_{i \in N} x_{0i} = 1 \tag{10-25}$$

$$\sum_{i \in V} \sum_{j \in V} q_i x_{ij} \leqslant Q \tag{10-26}$$

$$s_i < s_j + (1 - x_{ij})M, \quad \forall i \in N, \forall j \in N \tag{10-27}$$

$$\gamma_m + w_m \leqslant W, \quad \forall m \in \Phi \tag{10-28}$$

$$\delta_m + l_m \leqslant H, \quad \forall m \in \Phi \tag{10-29}$$

$$f_{mn} + f_{nm} + \rho_{mn} + \rho_{nm} \geqslant x_{ij}, \quad \forall m \in \Phi_i, n \in \Phi_j, i, j \in N, i \neq j \cap m \neq n \tag{10-30}$$

$$\delta_n + l_n \leqslant \delta_m + (1 - f_{mn})M, \quad \forall m, n \in \Phi \tag{10-31}$$

$$\gamma_m + w_m \leqslant \gamma_n + (1 - \rho_{mn})M, \quad \forall m, n \in \Phi \tag{10-32}$$

$$s_i, \gamma_m, \delta_m \geqslant 0, \quad \forall i \in N, m \in \Phi, x_{ij}, f_{mn}, \rho_{mn} \in \{0, 1\} \tag{10-33}$$

$$\forall i, j \in V \quad k \in K \quad m, n \in \Phi \tag{10-34}$$

上述模型中,目标函数(10-21)表示最小化路径的机会成本;约束(10-22)表示每个客户点至多被服务一次;约束(10-23)表示流量守恒;约束(10-24)和约束(10-25)表示车辆从配送中心出发回到配送中心;约束(10-26)表示路径总货物重量不能超出车辆载重;约束(10-27)表示路径中客户的先后顺序,用于消除路径的子回路。约束(10-28)~约束(10-32)表示路径需要满足的二维装载约束,其中,约束(10-28)和约束(10-29)表示被装载的货物不能超出车厢装载面的平面范围;约束(10-30)表示被装载货物间存在平面位置关系;约束(10-31)和约束(10-32)表示同一辆车中不同货物之间不能重叠。约束(10-33)和约束(10-34)表示变量的类型和取值范围。

10.3 带二维装载约束的车辆路径问题求解算法

本节介绍求解带二维装载约束的车辆路径问题的主要求解算法,包括经典启发式算法、通用启发式算法和精确算法。其中,同时介绍了所涉及的装箱问题使用的启发式方法。

10.3.1 经典启发式算法

经典启发式算法是一种基于直观或经验构造的算法,在可接受的花费(指计算时间、计算空间等)给出待解决优化问题的每一实例的一个可行解,该可行解与最优解的偏离程度一般不可以事先预计。

经典启发式算法是一种技术,这种算法可以在可接受的计算费用内找到最好的解,但不一定能保证所得到解的可行性及最优性,甚至大多数情况下无法阐述所得解与最优解之间的近似程度。

下面以节约构造法为例,简单展示经典启发式算法求解 2L-CVRP 的步骤。

（1）随机选择一辆新车 k 从仓库出发，选择距离仓库最近的未访问客户 i。

（2）若客户 i 的货物能被当前车辆 k 装下（即同时满足容量约束和二维装载约束），则继续第（3）步；否则，转第（5）步。

（3）继续选择距离当前服务客户最近的未访问客户 j。

（4）若客户 j 的货物能被当前车辆 k 装下（即同时满足容量约束和二维装载约束），则返回第（3）步；否则，继续第（5）步。

（5）使车辆当前 k 回到仓库，若所有客户均已被服务，结束；否则，转第（1）步。

判断客户的货物能否在满足二维装载约束的情况下装入车辆，需要运用装箱算法进行验证。同样地，也可以通过设定一定的装箱规则和步骤，构造装箱解决方案。

10.3.2　通用启发式算法

经典启发式算法通常能快速求得问题的可行解，但该可行解是否是最优解难以直接验证。通用启发式算法是经典启发式算法的改进，它是经典启发式算法与局部搜索算法相结合的产物。通用启发式算法包括遗传算法、模拟退火算法、粒子群算法、禁忌搜索算法、大邻域搜索算法及神经网络算法等。

下面以大邻域搜索算法为例，简要介绍求解 2L-CVRP 的过程。

1. 算法总体框架

二维装箱问题与车辆路径问题都是 NP-hard 问题，用精确算法很难求得大规模算例的最优解，且使用常见的启发式算法也较难求得最好解。二维装载约束车辆路径问题需要同时考虑二维装箱问题与车辆路径问题的耦合，并需要考虑两种问题的所有约束。使得该问题更为复杂，因此设计高效的求解算法与严谨的求解思路显得尤为重要。

已有文献中求解 2L-CVRP 的思路可以分为先检测装箱再考虑路径问题和先考虑路径再检测装箱。先检测装箱再考虑路径问题即使用装箱算法求得装载方案的最好解后再考虑路径是否可行，这种方案可以更合理地使运输过程使用更少的车辆，但不能最好地优化运输路径。先考虑路径再检测装箱的方案是目前使用更为广泛的一种方案，即先优化运输路线，确定某条路线后再检测该路线上的所有货物是否能被一辆车装下，且同时满足各项装载约束。这种方案可以优化路径放在首要位置，同时可以减少装箱试错的时间。

为此，提出使用自适应大邻域算法求解 2L-CVRP 问题，根据问题特征设计四种移除算子和三种修复算子，并检测每次迭代得到的路径的装载方案是否可行。

首先，使用节约算法生成路径的初始解，并令当前解 S 与最好解 $S*$ 等于初始解 S_0。随后，在设定的迭代次数内，对初始解进行移除与修复，得到新的解。若产生的新解的目标函数值比最好解的目标函数值更优，则更新最好解为新解。若产生的新解不优于最好解，但比当前解更优，则按照模拟退火设定的接收比率接受该解为下一轮迭代的初始解。最后更新移除和修复算子的分数以及权重。若产生的新解劣于当前解，则当前解为下一轮迭代的初始解。

在迭代的过程中，每个解都需要满足方向约束、尺寸约束、先进后出约束等二维装载相关约束以及路径相关约束。每次使用修复算子时得到的新路径都需要重新接受装箱检测，若检测成功则装箱可行，否则，生成新路径重新进行检测。2L-CVRP 的算法框架流程图如图 10-4 所示。

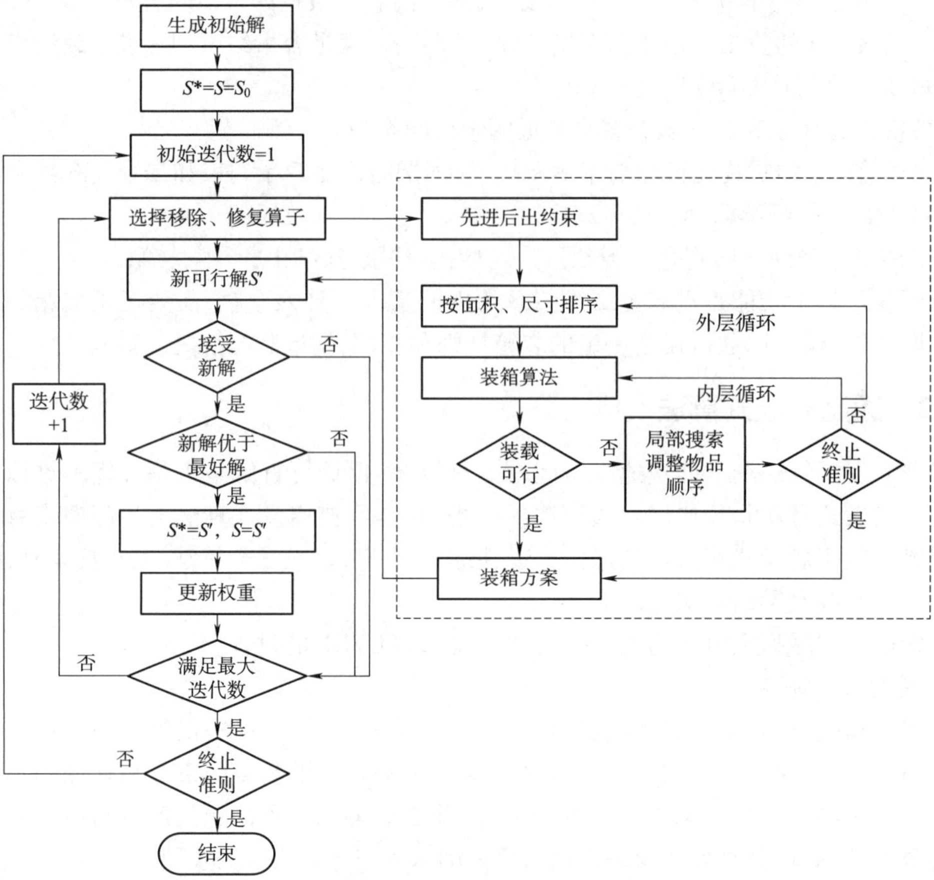

图 10-4 2L-CVRP 算法框架流程图

2. 装箱算法

结合 Skyline 和 RandomLS 两种方法提出基于最大空间利用率的禁忌搜索算法和基于禁忌的独立待装区域算法进行求解和验证。尽管装箱算法是一种启发式算法,并且可能无法在给定迭代次数中为给定路线确定可行的装载方案,但在列生成算法迭代过程中多次调用装箱算法可以增加识别出这样一条路径的可行性的概率,可以保证尽可能保留所有机会成本为负的可行路径。

(1)基于最大空间利用率的禁忌搜索算法。一般情况下,二维装箱算法的求解性能很大程度依赖选择被装载的货物的顺序。为此,基于最大空间利用率的禁忌搜索算法的主要思路是按照一定规则调整待装货物的装载顺序,同时,引入禁忌表以避免待装货物的重复装载顺序。具体而言,首先对所有袋装货物随机生成一个装载顺序,然后按照该装载顺序将对应货物依次装入车厢,若不能将所有待装货物装入车厢,则随机选择两个不同的货物并交换它们的装载顺序。随后,按照新的装载顺序重新装载所有待装货物,并将被交换装载顺序的一对货物存入禁忌表中,限制其装载顺序在一定周期内再交换回来。

针对如何将货物装入,引入 Skyline 算法中的天际线来表示车厢的装载图案,将货物依次装入车厢即可不断填充该图案表示。Skyline 算法中装箱图案由一条 Skyline 分割的已装载区和未装载区组成。其中,Skyline 由当前装箱图案的最高边缘连接而成,其多个凹点处对应不同装箱点。在基于最大空间利用率的禁忌搜索算法中，通过适应值与每个候选解相关联，以确定待装载的货物应该装入哪个候选装箱点。具体而言，该算法首先计算将待装货物装入不同候选装箱点产生的空间浪费碎片数量。其中，浪费碎片是指不能再装下其他待装货物的矩形区域。然后，选择产生的空间浪费碎片数量最少的候选装箱点装入。如果存在多个这样的装箱点，则计算将待装货物装入这些装箱点的空间浪费碎片总面积，然后选择浪费的总面积最小的装箱点装入该货物。

为了进一步形象地描述天际线和装箱点的概念、如何计算浪费空间段的数量和总面积，以及待装货物的装载过程，图 10-5 给出了一个具体的例子。如图 10-5(a)所示，车厢的装载布局图案由天际线分隔的填充区域和空白区域组成，其中虚线表示天际线，黑点表示候选装箱点。当待装货物 1 放置在候选装箱点 3 时，空间浪费的碎片的数量等于不能再放置其他待装货物的无效候选装箱点的数量。如图 10-5(b)所示，第 4 个装箱点无效，因为它不在新的天际线上，因此不能放置任何物品。剩下的最小袋装货物 2 由于装载约束不能放置在候选装箱点 1 和 2 或新的候选装箱点 6 和 7 处，因此它们都是无效的候选装箱点。因此，将待装货物 1 装入在候选装箱点 3 产生的空间浪费碎片数量为 5。算法选择空间浪费碎片数量最少的候选装箱点作为放置袋装货物的最佳装箱点，可以最小化对其他装箱点的影响，并获得更加紧凑的装箱布局方案。如果有多个最佳装箱点，算法需要计算空间浪费碎片的数量的总面积，选择浪费总面积最小的装箱点来装载货物。其中，空间浪费碎片的总面积是指位于候选装箱上货物的顶部、底部、左侧和右侧的浪费区域的面积总和。如图 10-5(c)所示，阴影部分表示空间浪费碎片的区域，没有剩余的待装物品可以装入这些碎片中。如果某个货物已装入某个最佳装箱点，则需要将浪费的空间碎片填满，并且更新天际线和候选装箱点，如图 10-5(d)所示。

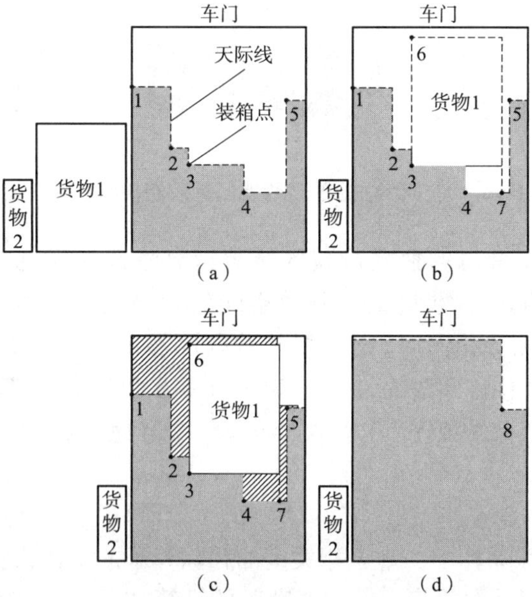

图 10-5　基于最大空间利用率的禁忌搜索算法装箱示意图

(2)基于禁忌的独立待装区域装箱算法。在基于禁忌的独立待装区域装箱算法中，装箱图案由一个装载区域和一个未装载空白区域组成，其中未装载空白区域可以沿其边界划分为几个矩形，如图 10-6 所示。一侧与车门重叠的矩形称为开放空间，未完全包含在任何其他开放空间内的开放空间称为最大开放空间（MOS）。如图 10-6（a）所示，阴影矩形不是最大开放空间，因为它完全包含在 MOS_1 中。因此，在这种情况下共有三个最大开放空间，分别为 MOS_1，MOS_2 和 MOS_3。当一个货物被装入某个最大开放空间的左下角时，最大开放空间将通过以下步骤进行更新。

步骤 1：在将货物装入某最大开放空间后，通过生成几个新的最大开放空间来更新当前装箱图案。新的最大开放空间只会分布在装入的货物的左、右、上三个方位，因此，新的最大开放空间的数量不会超过三个。如图 10-6（b）所示，将货物 m 装入 MOS_2 只生成一个最大开放空间（MOS_2'）。

步骤 2：删除完全包含在其他原始最大开放空间中的新产生的最大开放空间。如图 10-6（b）所示，新生成的 MOS_2'完全包含在 MOS_1 中，因此将被删除。

步骤 3：如果装入的货物占据了其他原有的最大开放空间，则按照前面两个步骤继续更新。如图 10-6（c）所示，货物 m 占用了原来的 MOS_1，因此 MOS_1 需要更新，两个新的最大开放空间（MOS_1''和 MOS_1''）生成。这两个新的最大开放空间将被保留，因为它们没有完全包含在任何其他最大开放空间中。

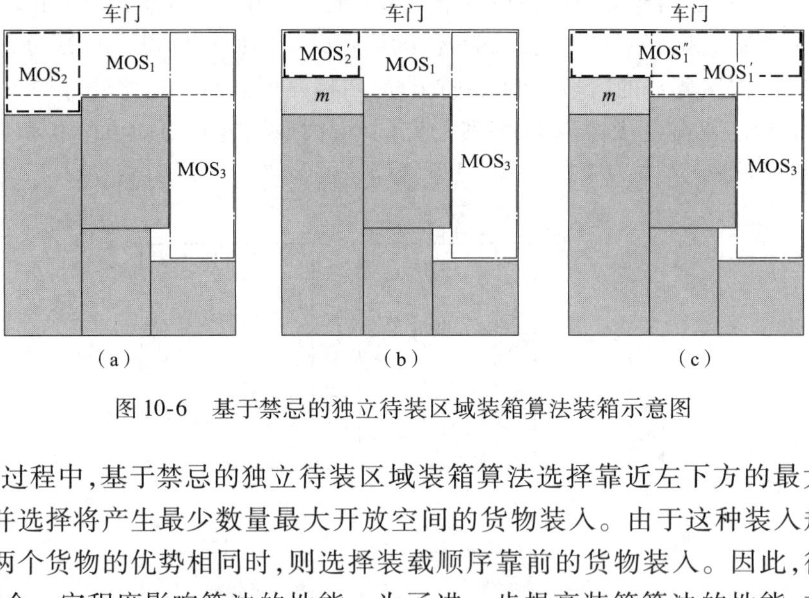

（a）（b）（c）

图 10-6 基于禁忌的独立待装区域装箱算法装箱示意图

在装箱过程中，基于禁忌的独立待装区域装箱算法选择靠近左下方的最大开放空间装入货物，并选择将产生最少数量最大开放空间的货物装入。由于这种装入规则是固定的，当装入两个货物的优势相同时，则选择装载顺序靠前的货物装入。因此，待装载货物的装载顺序会一定程度影响算法的性能。为了进一步提高装箱算法的性能，在每次迭代中随机交换两个货物的装载顺序，并引入禁忌表，以避免货物重复交换导致的相同装载顺序。

3. 移除算子

（1）基于相关度的移除算子。基于相关度的移除算子的操作为：随机产生一个移除的节点，随后每次移除相关度最大的节点。相关度 γ 的计算如下：$\gamma = d_{ij}/D$，其中 i，j 表示客户节点，若 i 与 j 由同一辆车运输，则 $D = 1$，若 i 与 j 由不同的车运输，则 $D = 4$。

（2）最差随机移除算子。最差随机移除算子即每次都移除对当前解目标函数贡献最大的节点，并在其中加入随机扰动，从而使目标函数值减少。假设 ΔO_{-i}^{p}表示节点 i 从位置 p 处移除带来的目标函数值的改变，则 $\Delta O_{-i}^{p}=O(S)-O(S)_{-i}^{p}$，其中 $O(S)$ 为当前解 S 的目标函数值，$O(S)_{-i}^{p}$ 为将节点 i 从位置 p 处移除后的目标函数值。在此过程中，每次移除使 ΔO_{-i}^{p} 最大的节点后需要对当前解结构进行更新。

(3)基于路径的移除算子。与基于相关度的移除算子类似，操作为首先从当前解中随机移除一个节点 i，继而计算其他节点与该节点的相关度 γ，挑选出相关度最高的节点所在的路径，若路径中所有节点的数量少于待移除节点的数量，则移除该路径中的所有节点。若移除节点的数量不够，则重复以上操作，随后随机移除的节点从已移除的节点列表中选取。

(4)随机移除算子。随机移除算子指每次从当前解中随机移除一个节点，并更新当前解结构，直至满足既定移除节点的数量。该算子对增强解搜索过程中的多样性有重要作用。

4. 修复算子

(1)随机修复算子。与随机移除类似，随机修复可以很好地提高解的多样性，从而使获得好解的可能性更高。随机修复算子的定义为在所有满足约束的位置中，随机选择位置插入节点，但每个插入位置都需要检测装箱约束是否满足，同时需要检测路径等相关约束。

(2)深度贪婪修复算子。遍历所有待插的节点，遍历所有满足装箱约束以及路径约束可插入的位置，使节点插入使目标函数增加最少的位置，并在每次插入节点后更新解结构。假设 $O(S^{-})$ 为当前解结构 S^{-} 的目标函数值，$O(S^{-},i,p)$ 表示节点 i 插入了位置 p 后解结构的目标函数值，则节点 i 插入位置 p 后目标函数值的增量 $\Delta O_{i}^{p}=O(S^{-},i,p)-O(S^{-})$。每次遍历选择 ΔO_{i}^{p} 最小的位置插节点，重复上述操作，直至插入所有的节点。在插入过程中若所插入的位置不满足约束，则将插入该节点后的目标函数增量设置为无穷大($\Delta O_{i}^{p}=\infty$)。

(3)k 阶后悔修复算子。与上述深度贪婪修复算子不同的是，该算子在迭代过程中首先选择后悔值最小的节点插入，直至将所有节点都插入形成新解，并在每次插入节点后更新解结构。后悔值用以表示节点未插入最优位置而插入到其他位置的后悔程度，本章中节点 i 的 k 阶后悔值 ΔO_{i}^{k} 定义如下：$\Delta O_{i}^{k}=O_{i}^{k}-O_{i}^{1}$，其中 O_{i}^{k}，O_{i}^{1} 分别表示节点 i 插入第 k 佳位置和最佳位置的目标函数值增量。

10.3.3　精确算法

精确算法指可求出最优解的算法。已提出的精确算法种类较多，有分支定界法、割平面法、整数规划算法和动态规划算法等。其中，分支定价算法较好地应用于较大规模车辆路径问题的精确求解。

下面，以分支定价算法为例，介绍其求解 2L-CVRP 的基本步骤。

1. 分支定价算法基本框架介绍

分支定价算法是基于问题的集合划分模型进行迭代求解以获得最优整数解的精确算法，由分支定界算法和列生成算法组合而成，能有效求解较大规模问题。为此，本节首先分别对集合划分模型、分支定界算法和列生成算法进行简要介绍，其次阐述分支定价算法的基本原理和流程。

集合划分模型将问题划分为若干集合单元，每个集合单元拥有固定的目标函数值，问题的最优解对应多个相互独立的集合单元组合成的一个总体目标值最优的全覆盖集合。其中，相互独立的集合单元是指不含有共同元素的集合单元，全覆盖集合是指问题所有元素都包含在内的集合。以车辆路径问题为例,其集合划分模型中不同的路径对应各集合单元,每一条路径的成本对应各集合单元的目标函数值。车辆路径问题的最优解由若干路径组成,这些路径相互独立,组成的解决方案包含所有客户且总体目标值最优。

分支定界算法是求解整数规划的常用方法,始终围绕着一棵搜索树进行搜索。将原问题视为搜索树的根节点,分支定价算法从根节点出发,通过分支策略不断地将父节点分割成多个支节点进行求解。也就是说,分支定界算法中的分支过程即给搜索树不断地增加子节点的过程;定界过程则是指基于各节点的上界和下界,对搜索树进行剪支的过程。具体而言,当某个分支节点的临界值不在当前整个搜索树的最优解范围内时,则剪掉该分支。直到所有保留支节点探索完毕,得到的最优解即为原问题的最优解。分支定界算法可直接用于求解车辆路径相关问题的混合整数线性规划模型。一般求解过程为首先将所有决策变量线性化,然后基于不同的分支策略和剪支策略逐步搜寻最优整数解。然而,该算法对于求解大规模问题效率较低,主要制约因素为直接将所有变量线性松弛将导致每个支节点解的质量较差,使得整个问题的下界较为松弛,且难以得到有效改善和收敛。

列生成算法是通过迭代地向原问题添加列以实现求解问题最优解的精确算法。列生成算法适用于求解一类每个决策方案,对应整体规划模型中约束矩阵的一列的组合优化问题。该算法不是直接同时处理所有候选方案,而是基于当前生成的列的子集,通过限制主问题进行优化求解;其余的候选方案可以改善限制主问题当前最优解时,才会进入该子集。使用列生成算法求解车辆路径相关问题时,列对应所有可行的路径,可以改善限制主问题当前最优解的候选方案,对应可以改进当前最优解目标函数值的路径。列生成算法适用于精确地求解较大规模问题,然而,获取最佳的候选方案是一个关键且困难的技术问题。

如图 10-7 所示,分支定价算法集成了分支定界算法和列生成算法的特点和优势,在分支定界算法框架下,使用列生成算法求解支节点更紧的下界,然后通过高效的分支定界策略搜索整个问题最优解。将分支定价算法应用于求解车辆路径问题时,对分支定界的每个节点,首先从包含部分列(初始列的所有路径均为单个客户)的松弛主问题中获取对偶变量值,然后基于对偶变量值和标签算法求解子问题以获取机会成本为负的列,再将其加入主问题。基于列生成算法反复执行上述操作直到无法获得相应列,则松弛主问题当前解为节点的下界。若该下界不是最优整数解,则获取当前最优整数解为问题的上界。然后,对相应节点进行分支定界,选择下界最小的节点继续求解,直到求得最优整数解。

2. 子问题求解方法设计

基于分支定价算法求解带二维装载约束车辆路径问题过程中涉及的子问题为含有资源约束和二维装载约束最短路径子问题。与经典的最短路径问题求解不同,该子问题中含有负环,且求得的最短路径还需满足二维装载约束。也就是说,该子问题结构更加复杂,且难以通过简单枚举进行求解。

使用标签算法求解含有资源约束和二维装载约束最短路径子问题时,每一个标签应该包含一条路径必要相关信息,以用于新路径的产生和处理。为此,设由起点到客户点 i 对应的路径 $R=(0,1,\cdots,i)$,$i\in N$ 由标签 $L(R)=(\overline{c}(R),i(R),\Pi(R),q(R),\mathrm{Area}(R),r(R))$ 表示,其中 $\overline{c}(R)$ 为路径机会成本,由式(10-5)求得,$i(R)$ 为路径当前抵达客户点,即路径最末端的客户,$\Pi(R)$ 为当前限制抵达的客户点集合,通常情况下为路径已经服务过的客户,

$q(R)$为路径上服务的客户货物的总量，$\text{Area}(R)$为路径上服务的客户货物总面积，$r(R)$为路径中客户点的服务顺序。

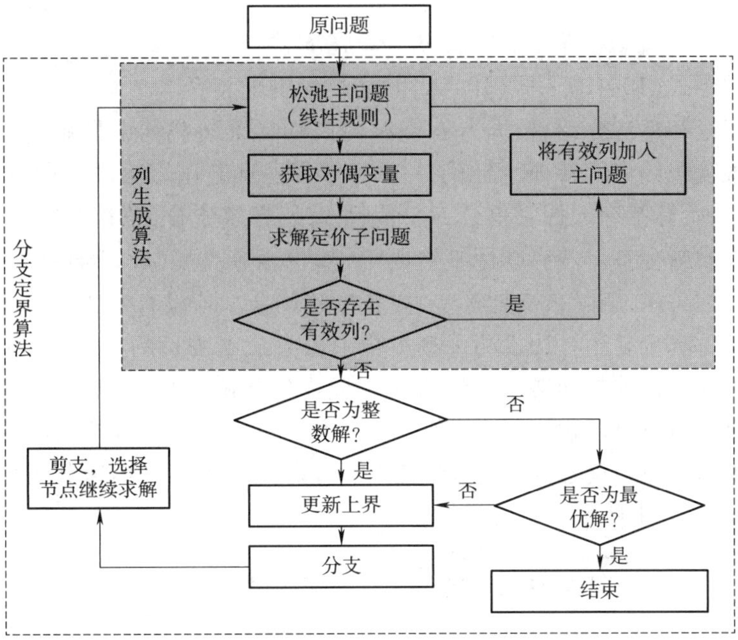

图 10-7　分支定价算法基本框架

设从配送中心出发的路径作为初始标签 $L_0=(0,0,\varnothing,0,0,\varnothing)$。令 $\text{Area}(\Phi_j)$表示每个客户点 j 需求的货物总面积。改进的标签算法需要按照一定的枚举规则和新标签生成规则将已有标签对所有可达路径进行探索。标签 $L(R)$对弧(i,j)探索时，若同时满足 $i(R)=i$，$q(R)+q_j\leqslant Q$ 和 $\text{Area}(R)+\text{Area}(\Phi_j)\leqslant L\times W$ 时，则新标签生成规则生成新标签。其中 $i(R)=i$ 表示当前标签对应的路径抵达了客户点 i，因此该路径能沿着弧(i,j)继续前行。$q(R)+q_j\leqslant Q$ 表示当前标签对应的路径总需求加上客户点 j 的需求量不会超过车辆载重。$\text{Area}(R)+\text{Area}(\Phi_j)\leqslant L\times W$ 表示当前标签对应的路径总需求的面积加上客户点 j 的需求货物总面积不超过车厢装载面的面积，该条件虽然不能确保车辆一定能装下这些货物，但能作为一个预判条件结束货物总面积超出车辆装载面的面积的不必要探索，从而提高算法效率。综上所述，新标签生成规则如下：

$$\bar{c}(R')=\bar{c}(R)+c_{ij}-\pi_i \tag{10-35}$$

$$i(R')=j \tag{10-36}$$

$$\Pi(R')=\Pi(R)\leftarrow j \tag{10-37}$$

$$q(R')=q(R)+q_j \tag{10-38}$$

$$\text{Area}(R')=\text{Area}(R)+\text{Area}(\Phi_j) \tag{10-39}$$

$$r(R)=r(R)\leftarrow j \tag{10-40}$$

标签生成过程中会产生劣势标签，即存在更优的标签将其支配。换言之，被支配的劣势标签后续探索的路径都能被优势标签探索，且优势标签具有更小的机会成本。支配规则是用来判断这些需要被删除的劣势标签，通过支配规则删除标签能有效加速含有资源约束和二维装载约束最短路径子问题的求解进程。标签 L' 支配标签 L 的支配规则如下：

$$\overline{c}(R') \leqslant \overline{c}(R) \tag{10-41}$$

$$i(R') = i(R) \tag{10-42}$$

$$\Pi(R') \subseteq \Pi(R) \tag{10-43}$$

$$q(R') = q(R) \tag{10-44}$$

只有同时满足式(10-41)~式(10-44)才能产生支配关系。

基于上述理论和算法介绍，根据含有资源约束和二维装载约束最短路径子问题求解的路径需满足二维装载约束的特征，提出了一种标签算法和装箱算法进行求解，其主要求解流程为：首先生成初始标签存入标签集合 Ω。然后，遍历标签集合，若存在可探索标签，则按照标签生成规则生成新标签。若有新标签生成则，基于标签支配(dominate)规则，判断新标签与其他标签的支配关系，删除被支配标签，更新标签集合。若没有生成新标签则无须支配标签这一流程。最后基于装箱算法检测标签集合中机会成本为负的标签路径(列)可行性，将其中的可行路径加入松弛主问题。由于每次生成新标签随即检测装箱十分耗费时间，该算法直到全部标签对所有弧探索完毕，再将机会成本为负且满足二维装载约束的标签对应的路径加入松弛主问题路径集 Ω 中。综上所述，含有资源约束和二维装载约束最短路径子问题求解流程如算法 10-1 所示。

算法 10-1　定价子问题求解流程伪代码

输入：π

输出：Ω

$F(0,0) \leftarrow \{(0,0,0,0,0)\}$

for $q=0$ **to** Q **do**

　for all $(i,j) \neq 0$ **do**

　　for all $L_1 = (\overline{c}_1, i_1, q, \Pi_1, r_1)$ **do**

　　if $j \notin \Pi_1$ **then**

　　　$\overline{c}_2 = \overline{c}_1 + c_{ij} - \pi_i$, insert = **true**

　　　$L_2 \leftarrow (\overline{c}_2, j, \Pi_1 \cap NG_j \cup \{j\}, q+q_j, \text{Area}(R') = \text{Area}(R) + \text{Area}(\Phi_j), r_1 \cup j)$

　　　forall $L \in F$ **do**

　　　　if L_2 支配 L **then** 删除 L

　　　　else if L 支配 L_2 **then**

　　　　　insert = **false**

　　　　　break

　　　　end if

　　　　if insert = **truethen** $F(j, q+q_j) \leftarrow L_2$

　　　　end if

　　　end for

　　end if

　end for

　end for

end for

```
for all L ∈ F(i,q) do
  c̄(L)' = c̄(L) + c̄_i0
  if c̄(L)' < 0 then
    if r(L)满足基础路径二维装箱约束 then Ω ← r(L)
    end if
  end if
end for
```

3. 装箱算法

为同时保证求解装箱的效率和质量，可针对每条路径先使用启发式算法进行快速求解，对于启发式算法无法装下的路径，再使用分支定界、分支切割等精确算法进行求解。装箱算法可参考前述章节内容或搜索相关文献，此处不再赘述。

4. 分支策略

由于在分支定价算法过程中对每个支节点的松弛主问题进行求解，一旦列生成过程求得主问题的最优解为非整数，就需要通过不同的分支策略实施分支操作以找到整数最优解。弧分支和车辆数分支[58]是两种最常用的分支策略。弧分支可以减少改进的标签算法的搜索空间，但分支通常不平衡。因为设置 $x_{ij}=0$ 的分支会产生更深的分支，使得问题的下界改善过程缓慢。车辆数分支通常会显著影响搜索树的大小并更快地改善问题下界。但是，当使用的车辆数为整数时，在某些弧中仍然可以有分数解。因此，结合上述两种分支策略来执行分支。具体而言，选择下界最小的节点优先分支，若 $\sum_{r\in\Omega}\lambda_r$ 不为整数则选择路径数分支。通过限制 $\sum_{r\in\Omega}\lambda_r \leqslant [\sum_{r\in\Omega}\lambda_r]$ 和 $\sum_{r\in\Omega}\lambda_r \geqslant [\sum_{r\in\Omega}\lambda_r]+1$ 进行分支获得两个支节点。否则，判断 $\sum_{r\in\Omega}(i,j)_r$ 是否为整数，若其不为整数则选择弧分支。选择 $\left|\sum_{r\in\Omega}(i,j)_r-0.5\right|$ 最小的弧 (i,j) 进行分支，对支节点分别限制 $(i,j)=1$ 和 $(i,j)=0$，前者表示经过客户点 i 后必须到客户点 j，后者表示经过客户点 i 后不能到客户点 j。

10.4　案例及其数值仿真算例

本节通过案例及其数值仿真算例测试，对比了不同求解算法针对带二维装载约束车辆路径问题的求解效果，并分析了不同求解算法的适用范围。

10.4.1　基准算例介绍

Iori 等[4]和 Gendreau 等[34]基于 36 个带容量约束车辆路径问题经典算例，引入与客户需求货物的数量和尺寸相关的 5 种不同规则，生成了共 180 个不同特征的算例。其中，第 1 类算例由规则 1 生成，即每个客户需求货物的数量为 1，且货物的长和宽均为 1。在重量约束限制下，该类算例中每个客户需求货物的数量和尺寸不对装载造成任何制约，可视为基础的带容量约束车辆路径问题算例。规则 10-5 针对每个顾客 $i\in N$ 随机生成 $|\Phi_i|$ 个货物，每件货物 $m\in\Phi_i$ 的长和宽首先在表 10-1 所示的三种不同分布规则下随机选择，然后根据该分布下的长宽范围随机生成货物的长和宽，由此生成五类算例，客户数在 15 ~ 255 之间，客户间

距离为欧几里得距离，车厢的长 L 和宽 W 设为 40 和 20。

表 10-1　2L-CVPR 基准算例生成规则

规则	$\|\Phi_i\|$	垂直		同质		水平	
		l_m	w_m	l_m	w_m	l_m	w_m
2	[1,2]	[0.4L,0.9L]	[0.1W,0.2W]	[0.2L,0.5L]	[0.2W,0.5W]	[0.1L,0.2L]	[0.4W,0.9W]
3	[1,3]	[0.3L,0.8L]	[0.1W,0.2W]	[0.2L,0.5L]	[0.2W,0.4W]	[0.1L,0.2L]	[0.3W,0.8W]
4	[1,4]	[0.2L,0.7L]	[0.1W,0.2W]	[0.1L,0.4L]	[0.1W,0.4W]	[0.1L,0.2L]	[0.2W,0.7W]
5	[1.5]	[0.1L,0.6L]	[0.1W,0.2W]	[0.1L,0.3L]	[0.1W,0.3W]	[0.1L,0.2L]	[0.1W,0.6W]

10.4.2　算例结果

1. 通用启发式算法结果

通用启发式算法求解 2L-CVPR 第 2 ~5 类算例平均结果见表 10-2，该结果来自文献[41]。其中，BKS 表示算例已知最优解，PRMP 表示 promise routing-memory packing 算法[57]，VNS 表示变邻域搜索算法[39]，SA 表示模拟退火算法[41]。Cost 表示算例结果目标函数值；T 表示求解时间，单位为秒(s)；IMP 表示相应算法与 BKS 结果改进值(%)。

表 10-2　通用启发式算法求解 2L-CVPR 基准算例平均结果(第 2 ~5 类)

算例编号	BKS	PRMP			VNS			SA		
		Cost	T/s	IMP	Cost	T/s	IMP	Cost	T/s	IMP
1	281.23	281.23	0.4	0	281.23	1.2	0	281.23	5.7	0
2	339.26	339.26	0.3	0	339.26	0.1	0	339.26	0.4	0
3	376.32	376.32	0.4	0	376.32	0.9	0	375.81	0.7	0.13
4	435	435.01	0.3	0	435.01	0.3	0	435.01	1	0
5	379.03	379.03	1.1	0	379.03	1.5	0	379.03	0.6	0
6	496.77	497.04	0.3	-0.05	497.04	1	-0.05	497.04	1.8	-0.05
7	690.67	690.67	1.6	0	690.67	2.5	0	690.67	1.9	0
8	678.84	678.84	2.6	0	678.84	3.8	0	679.44	5.3	-0.09
9	611.05	612.01	1.6	-0.16	612.01	1.3	-0.16	612.01	2.4	-0.16
10	674.92	676.75	26.9	-0.27	674.92	25.1	0	674.88	16.7	0.01
11	702.47	703.22	27.2	-0.11	702.47	59.9	0	701.07	23.7	0.2
12	611.2	611.26	1.4	-0.01	611.2	3.3	0	611.2	6.9	0
13	2 484.16	2 491.18	52.7	-0.28	2 484.16	25.2	0	2 480.73	22	0.14
14	974.04	975.88	164.3	-0.19	975.06	295.5	-0.11	973.23	53.4	0.08
15	1 128.6	1 132.91	20.1	-0.38	1 128.6	246.3	0	1 128.18	445.3	0.04
16	699.79	699.79	4.1	0	699.79	1.6	0	699.79	4	0
17	862.26	864.05	2.4	-0.21	864.05	4	-0.21	864.05	18.2	-0.21
18	1 027.98	1 031.95	33	-0.39	1 027.98	79.8	0	1 027.45	160.5	0.05
19	737.73	741.78	24.3	-0.55	737.73	250.5	0	737.4	206.6	0.05

续上表

算例编号	BKS	PRMP			VNS			SA		
		Cost	T/s	IMP	Cost	T/s	IMP	Cost	T/s	IMP
20	515.44	515.44	552.2	0	515.92	794.2	-0.09	513.53	855.9	0.37
21	991.5	992.78	241.5	-0.13	991.63	751.1	-0.01	988.3	1 658.4	0.32
22	1 017.33	1 023.01	166.6	-0.56	1 019.03	885.2	-0.17	1 017.56	1 740.1	-0.02
23	1 030.4	1 032.36	336.8	-0.19	1 030.4	853.1	0	1 029.32	1 353.2	0.1
24	1 099.57	1 104.64	319.6	-0.46	1 102.53	572.1	-0.27	1 100.64	923.1	-0.10
25	1 333.76	1 341.26	921.7	-0.56	1 333.76	998.7	0	1 330.32	1 833.3	0.26
26	1 306.6	1 311.79	403.5	-0.40	1 306.6	1 050.6	0	1 306.59	1 466.8	0
27	1 311.27	1 318.04	4 38.2	-0.52	1 311.27	874.5	0	1 309.92	1696	0.1
28	2 519.35	2 530.46	3 701.9	-0.44	2 519.35	2 259.2	0	2 506.12	2 222.3	0.53
29	2 166.14	2 173.02	1 835.7	-0.32	2 166.14	2 232.8	0	2 163.06	2 169.9	0.14
30	1 746.82	1 760.59	2 151.8	-0.79	1 746.82	2 495.4	0	1 741.87	1 337.1	0.28
31	2 227.79	2 244.13	2 927.4	-0.73	2 227.79	2 952.9	0	2 220.22	2 080.9	0.34
32	2 177.66	2 196.85	3 713.8	-0.88	2 177.66	2 648.7	0	2 167.6	1 954.7	0.46
33	2 239.91	2 261.68	1 964.8	-0.97	2 239.91	2 942.7	0	2 236.73	1 949.9	0.14
34	1 147.67	1 157.22	3 551.7	-0.83	1 147.67	2 459.6	0	1 144.14	2 472.6	0.31
35	1 388.55	1 401.17	2 756.5	-0.91	1 388.55	2 620.6	0	1 380.9	2 447.2	0.55
36	1 656	1 669.44	4 245.6	-0.81	1 656	3 012	0	1 637.04	2 953.5	1.14
平均	1 112.97	1 118.11	849.8	-0.34	1 113.23	872.4	-0.03	1 110.59	891.5	0.14

由表 10-2 可知，上述几种通用启发式算法求解时间较短，对于大规模算例具有较有效的求解能力。其中，SA 算法表现较佳，其求解 2L-CVRP 各算例的结果见表 10-3。

表 10-3　SA 算法求解 2L-CVPR 基准算例结果

算例编号	2 类		3 类		4 类		5 类	
	BKS	SA	BKS	SA	BKS	SA	BKS	SA
1	278.73	278.73	284.52	284.52	282.95	282.95	278.73	278.73
2	334.96	334.96	352.16	352.16	334.96	334.96	334.96	334.96
3	387.7	387.7	394.72	394.72	364.45	362.41	358.4	358.4
4	430.88	430.89	430.88	430.89	447.37	447.37	430.88	430.89
5	375.28	375.28	381.69	381.69	383.87	383.88	375.28	375.28
6	495.85	495.85	497.17	498.16	498.32	498.32	495.75	495.85
7	725.46	725.46	678.75	678.75	700.72	700.72	657.77	657.77
8	674.55	674.55	738.43	740.85	692.47	692.47	609.9	609.9
9	607.65	607.65	607.65	607.65	621.23	625.1	607.65	607.65
10	689.68	689.68	615.68	620.33	710.87	710.87	678.66	678.66
11	693.45	684.21	706.73	706.73	784.88	788.54	624.82	624.82
12	610.57	610.57	610	610	614.23	614.24	610	610

续上表

算例编号	2 类		3 类		4 类		5 类	
	BKS	SA	BKS	SA	BKS	SA	BKS	SA
13	2 585. 72	2 585. 72	2 436. 56	2 454. 37	2 548. 06	2 548. 06	2 334. 78	2 334. 78
14	1 038. 09	1 038. 2	996. 25	1 002. 51	981	981	875	871. 22
15	1 013. 29	1 017. 95	1 154. 66	1 149. 99	1 181. 3	1 184. 85	1 159. 94	1 159. 94
16	698. 61	698. 61	698. 61	698. 61	703. 35	703. 35	698. 61	698. 61
17	863. 66	870. 86	861. 79	861. 79	861. 79	861. 79	861. 79	861. 79
18	1 004. 99	1 004. 99	1 069. 45	1 070. 43	1 118. 57	1 116. 45	917. 94	917. 94
19	754. 53	757. 23	771. 74	771. 66	775. 87	776. 11	644. 59	644. 59
20	525. 75	524. 91	521. 31	521. 31	539. 52	537. 56	471. 64	470. 33
21	992. 83	993. 01	1 118. 11	1 116. 58	973. 03	970. 37	877. 75	873. 25
22	1 035. 66	1 037. 15	1 052. 98	1 053. 48	1 045. 91	1 048. 78	932. 38	930. 83
23	1 035. 18	1 041. 58	1 079. 03	1 074. 3	1 071. 3	1 071. 3	935. 33	930. 09
24	1 178. 07	1 178. 07	1 080. 88	1 080. 88	1 108. 34	1 100. 76	1 028. 04	1 042. 83
25	1 409. 24	1 407. 86	1 369. 26	1 365. 37	1 405. 65	1 398. 02	1 150. 69	1 150. 04
26	1 272. 87	1 280. 13	1 344. 1	1 342. 19	1 394. 19	1 390. 99	1 213. 88	1 213. 04
27	1 313. 12	1 315. 85	1 370. 4	1 369. 44	1 316. 19	1 314. 05	1 245. 38	1 240. 32
28	2 555. 29	2 551. 41	2 608. 27	2 592. 73	2 602. 93	2 585. 92	2 308. 61	2 294. 4
29	2 201. 34	2 196	2 087. 15	2 088. 44	2 247. 23	2 240. 18	2 128. 84	2 127. 6
30	1 808. 77	1 803. 26	1 830. 5	1 821. 83	1 826. 1	1 820. 46	1 521. 91	1 521. 93
31	2 265. 18	2 254. 47	2 276. 14	2 268. 64	2 382. 77	2 366. 8	1 987. 08	1 990. 95
32	2 255. 82	2 241. 02	2 240. 85	2 227. 66	2 259. 83	2 252. 39	1 954. 15	1 949. 34
33	2 259. 29	2 249. 68	2 348. 25	2 348. 28	2 373. 63	2 373. 83	1 977. 25	1 975. 14
34	1 176. 03	1 170. 77	1 204. 58	1 196. 2	1 193. 18	1 194. 82	1 016. 88	1 014. 76
35	1 373. 43	1 364. 35	1 446. 2	1 436. 52	1 492. 98	1 486. 29	1 237. 51	1 236. 42
36	1 710. 26	1 681. 82	1 776. 35	1 757. 43	1 658. 72	1 638. 66	1 478. 68	1 470. 26
平均	1 128. 66	1 126. 68	1 140. 05	1 138. 25	1 152. 71	1 150. 13	1 028. 37	1 027. 31

2. 精确算法结果

精确算法(分支定价)求解 2L-CVPR 基准算例结果[58]见表 10-4 和表 10-5。表 10-4 中,各算例求解结果为最优解。表 10-5 中,gap 为上下界的相对偏差,+表示超出内存(8 GB)。可见,对于稍大规模的算例,精确算法求解时间较长,且内存占用较多。

表 10-4 分支定价算法求解 2L-CVPR 基准算例结果(最优解)

算例	客户数	箱子数	最优解	求解时间	节点数	算例	客户数	箱子数	最优解	求解时间	节点数
102	15	24	285	65. 3	3	202	15	25	342	6. 3	10
103	15	31	280	43. 4	0	203	15	31	347	7. 9	6
104	15	37	288	15	0	204	15	37	336	16. 5	23
105	15	45	279	0. 8	0	205	15	48	329	0. 3	3

续上表

算例	客户数	箱子数	最优解	求解时间	节点数	算例	客户数	箱子数	最优解	求解时间	节点数
302	15	37	396	7.5	2	1 203	30	56	596	99	6
303	20	46	387	13.5	0	1 204	30	82	606	22.8	2
304	20	46	374	16.3	5	1 205	30	101	596	4.7	6
305	20	49	369	0.5	0	1 302	30	44	2 714	444.8	16
402	20	32	434	8.3	0	1 303	32	56	2 574	229.2	8
403	20	46	432	8.3	2	1 304	32	78	2 668	1 436	54
404	20	50	438	14.1	0	1 305	32	102	2 632	55.8	5
405	20	62	423	0.3	0	1 402	32	47	1 241	16 104	207
502	21	31	380	20.3	2	1 403	32	57	1 190	5 594	57
503	21	37	373	28.8	0	1 404	32	65	1 166	464.3	0
504	21	41	377	27.4	0	1 405	32	87	1 288	1.4	0
505	21	57	389	0.2	0	1 502	32	48	1 098	40 461	328
602	21	33	491	16.5	0	1 504	32	84	1 348	3 027	64
603	21	40	496	17.2	3	1 505	32	114	1 336	24.3	0
604	21	57	489	31.4	0	1 602	35	56	682	9	3
605	21	56	488	1.2	4	1 603	35	74	682	12.3	2
702	22	32	724	27.5	0	1 604	35	93	691	17.2	0
703	22	41	698	39.9	0	1 605	35	114	682	1.6	2
704	22	51	714	50.8	0	1 702	40	60	851	11.5	0
705	22	55	742	4.7	9	1 703	40	60	842	7.6	0
802	22	29	720	49.7	0	1 704	40	60	842	7.9	0
803	22	45	730	32.1	0	1 705	40	60	842	2.6	0
804	22	48	701	38.9	0	1 802	44	66	1 041	62 449	585
805	22	52	721	0.6	0	1 803	44	87	1 085	6 326	31
902	25	40	612	4	0	1 804	44	112	1 113	2 335	17
903	25	61	615	7.9	0	1 805	44	122	937	364.8	114
904	25	63	626	66.3	8	1 902	50	82	774	7 928	122
905	25	91	609	0.9	0	1 903	50	103	782	3 601	62
1002	29	43	687	124.1	2	1 904	50	134	793	1 551	48
1003	29	49	637	279.6	4	1 905	50	157	724	136	47
1004	29	72	738	817.2	37	2 004	71	178	538	5 173	51
1005	29	86	704	21.2	13	2 005	71	226	505	3 623	264
1102	29	43	708	34 383	736	2 104	75	168	1 021	62 420	362
1 103	29	62	743	749.4	46	2 402	75	124	1 193	17 661	143
1 104	29	74	781	1 893.30	49	2 404	75	195	1 111	7 152	1 470
1 105	29	91	681	33.2	3	2 405	75	215	1 044	16 100	3 072
1 202	30	50	605	41.3	0						

表 10-5 分支定价算法求解 2L-CVPR 基准算例结果(暂未求得最优解)

算例	客户数	箱子数	上界	下界	gap	时间	节点数
1503	32	59	1 174.00	1 160.00	1.19%	86 517.80	1 566
2002	75	104	559	509.2	8.91%	87 021.20	118
2003	75	151	539	517.5	4.00%	72 300.0 $^{+}$	348
2102	75	114	1 066.00	1 027.50	3.61%	87 151.70	404
2103	75	164	1 168.00	1 125.20	3.67%	48 480.0 $^{+}$	946
2202	75	112	1 089.00	1 047.40	3.82%	86 491.60	438
2203	75	154	1 080.00	1 066.40	1.26%	86 623.60	1 034
2204	75	198	1 077.00	1 064.50	1.17%	27 540.0 $^{+}$	884
2205	75	236	1 021.00	997.4	2.31%	15 420.0 $^{+}$	2 380
2302	75	112	1 217.00	1 058.90	12.99%	86 922.80	368
2303	75	155	1 099.00	1 087.30	1 06%	65 220.0 $^{+}$	1 218
2304	75	179	1 069.00	1 066.80	0.21%	60 705.0 $^{+}$	1 116
2305	75	225	964	961.9	0.22%	24 420.0 $^{+}$	2 280
2403	75	152	1 099.00	1 094.70	0.40%	86 456.80	966

对于考虑货物旋转约束、后进先出约束的结果,可查阅相关文献。

参 考 文 献

[1] 杨敏. 带二维装箱约束的需求可分异构车辆路径问题研究[D]. 大连:大连海事大学, 2020.

[2] “十四五”规划物流业发展“中国物流 30 人论坛”(二) [N]. 现代物流报,2020-11-16(A04).

[3] DANTZIG G B, RAMSER J H. The truck dispatching problem[J]. Management Science, 1959, 6(1): 80-91.

[4] IORI M, SALZAR-GONZALEZ J J, VIGO D. An exact approach for the vehicle routing problem with two-dimensional loading constraints[J]. Transportation Science, 2007, 41(2):253-264.

[5] ELSHAER R, AWAD H. A taxonomic review of metaheuristic algorithms for solving the vehicle routing problem and its variants[J]. Computers & Industrial Engineering, 2020, 140:106242.

[6] 范厚明, 孙秀娜, 张跃光, 等. 时变路网下带混合时间窗的车辆路径问题[J]. 计算机工程与应用 2022,58(16):292-302.

[7] 李珺, 郝丽艳, 何奕涛, 等. 求解带时间窗车辆路径优化问题的改进细菌觅食算法[J]. 计算机工程, 2021, 47(11):44-53.

[8] 张晓楠, 范厚明. 求解带时间窗车辆路径问题的混合 Memetic 算法[J]. 运筹与管理, 2021, 30(7): 128-135.

[9] 张烜荧, 胡蓉, 钱斌. 超启发式分布估计算法求解带软时间窗的同时取送货车辆路径问题[J]. 控制理论与应用, 2021, 38(9):1427-1441.

[10] 何莹莹. 考虑同时取送货的家电物流路径优化研究[D]. 大连:大连海事大学, 2019.

[11] SHI Y, ZHOU Y, BOUDOUH T, et al. A lexicographic-based two-stage algorithm for vehicle routing problem with simultaneous pickup-delivery and time window[J]. Engineering Applications of Artificial Intelligence, 2020, 95:103901.

[12] PARK H, SON D, KOO B, et al. Waiting strategy for the vehicle routing problem with simultaneous pickup and delivery using genetic algorithm[J]. Expert Systems with Applications, 2021, 165:113959.
[13] LIU S, TANG K, YAN X. Memetic search for vehicle routing with simultaneous pickup-delivery and time windows[J]. Swarm and Evolutionary Computation, 2021:100927.
[14] ZHEN L, TAN Z, WANG S, et al. Shared mobility oriented open vehicle routing with order radius decision [J]. Transportation Research Part A:Policy and Practice, 2021, 144:19-33.
[15] BRANDÃO J. A memory-based iterated local search algorithm for the multi-depot open vehicle routing problem[J]. European Journal of Operational Research, 2020, 284(2):559-571.
[16] 刘长石, 王松, 罗亮, 等. 时变路网条件下联合配送的开放式车辆路径问题[J]. 运筹与管理, 2021, 30(11):26-33.
[17] 李和洋. 考虑多车型的多周期库存路径优化研究[D]. 大连:大连海事大学, 2020.
[18] WANG Y, WANG L, CHEN G, et al. An improved ant colony optimization algorithm to the periodic vehicle routing problem with time window and service choice[J]. Swarm and Evolutionary Computation, 2020, 55: 100675.
[19] FAUSKE M F, MANNINO C, VENTURA P. Generalized periodic vehicle routing and maritime surveillance [J]. Transportation Science, 2020, 54(1):164-183.
[20] WANG Y, LI Q, GUAN X, et al. Two-echelon collaborative multi-depot multi-period vehicle routing problem[J]. Expert Systems with Applications, 2021, 167:114201.
[21] KOÇ Ç, BEKTAŞ T, JABALI O, et al. Thirty years of heterogeneous vehicle routing[J]. European Journal of Operational Research, 2016, 249(1):1-21.
[22] LAI D S, DEMIRANG O C, LEUNG J M. A tabu search heuristic for the heterogeneous vehicle routing problem on a multigraph[J]. Transportation Research Part E:Logistics and Transportation Review, 2016, 86:32-52.
[23] YAO B, YU B, HU P, et al. An improved particle swarm optimization for carton heterogeneous vehicle routing problem with a collection depot[J]. Annals of Operations Research, 2016, 242(2):303-320.
[24] 程坦, 陈鹏, 张国伟, 等. 部分充电策略下的多车型电动汽车车辆路径优化问题研究[J]. 交通运输工程与信息学报,2022,20(2):105-114.
[25] CLARKE G, WRIGHT J W. Scheduling of vehicles from a central depot to a number of delivery points[J]. Operations Research, 1964, 12(4):568-581.
[26] MOLE R, JAMESON S. A sequential route-building algorithm employing ageneralised savings criterion[J]. Journal of the Operational Research Society, 1976, 27(2):503-511.
[27] 李国明, 李军华. 基于混合禁忌搜索算法的随机车辆路径问题[J]. 控制与决策, 2021, 36(9):2161-2169.
[28] 张得志, 乔馨, 肖博文, 等. 基于低碳与随机需求的多目标车辆路径优化[J]. 铁道科学与工程学报, 2021, 18(8):2165-2174.
[29] 胡蓉, 陈文博, 钱斌, 等. 学习型蚁群算法求解绿色多车场车辆路径问题[J]. 系统仿真学报, 2021, 33(9):2095-2108.
[30] 肖智豪, 胡志华, 朱琳. 求解冷链物流时间依赖型车辆路径问题的混合自适应大邻域搜索算法[J]. 计算机应用,2022,42(9):2926-2935.
[31] 王征, 胡祥培, 王旭坪. 带二维装箱约束的物流配送车辆路径问题[J]. 系统工程理论与实践, 2011, 31(12):2328-2341.
[32] 颜瑞, 朱晓宁, 张群, 等. 考虑二维装箱约束的多车场带时间窗的车辆路径问题模型及算法研究[J]. 中国管理科学, 2017, 25(7):67-77.

[33] 尚正阳，顾寄南，潘家保．考虑LIFO装载约束的2L-CVRP车辆路径优化问题[J]．计算机集成制造系统，2021，27(7)：2134-2143.

[34] GENDREAU M, IORI M, LAPORTE G, et al. A tabu search heuristic for the vehicle routing problem with two-dimensional loading constraints[J]. Networks, 2008, 51(2):4-18.

[35] FUELLERER G, DOERNER K F, HARDL R F, et al. Ant colony optimization for the two-dimensional loading vehicle routing problem[J]. Computers & Operations Research, 2009, 36(3):655-673.

[36] ZACHARIADIS E E, TARANTILIS C D, KIRANOUDIS C T. A guided tabu search for the vehicle routing problem with two-dimensional loading constraints[J]. European Journal of Operational Research, 2009, 195(3):729-743.

[37] LEUNG S C H, ZHOU X Y, ZHANG D F, et al. Extended guided tabu search and a new packing algorithm for the two-dimensional loading vehicle routing problem[J]. Computers & Operations Research, 2011, 38(1):205-215.

[38] LEUNG S C H, ZHANG Z Z, ZHANG D F, et al. A meta-heuristic algorithm for heterogeneous fleet vehicle routing problems with two-dimensional loading constraints[J]. European Journal of Operational Research, 2013, 225(2):199-210.

[39] WEI L J, ZHANG Z Z, ZHANG D F, et al. A variable neighborhood search for the capacitated vehicle routing problem with two-dimensional loading constraints[J]. European Journal of Operational Research, 2015, 243(3):798-814.

[40] HOKAMA P, MIYAZAWA F K, XAVIER E C. A branch-and-cut approach for the vehicle routing problem with loading constraints[J]. Expert Systems with Applications, 2016, 47:1-13.

[41] WEI L J, ZHANG Z Z, ZHANG D F, et al. A simulated annealing algorithm for the capacitated vehicle routing problem with two-dimensional loading constraints[J]. European Journal of Operational Research, 2018, 265(3):843-859.

[42] GENDREAU M, IORI M, LAPORTE G, et al. A tabu search algorithm for a routing and container loading problem[J]. Transportation Science, 2006, 40(3):342-350.

[43] BORTFELDT A, GEHRING H. Applying tabu search to container loading problems[M]. Berlin: Springer, 1998.

[44] LACOMME P, TOUSSAINT H, DUHAMEL C. A GRASP × ELS for the vehicle routing problem with basic three-dimensional loading constraints[J]. Engineering Applications of Artificial Intelligence, 2013, 26(8): 1795-1810.

[45] RUAN Q, ZHANG Z, MIAO L, et al. A hybrid approach for the vehicle routing problem with three-dimensional loading constraints[J]. Computers & Operations Research, 2013, 40(6):1579-1589.

[46] BORTFELDT A. A hybrid algorithm for the capacitated vehicle routing problem with three-dimensional loading constraints[J]. Computers & Operations Research, 2012, 39(9):2248-2257.

[47] ESCOBAR-FALCÓN L M, ÁLVAREZ-MARTÍNEZ D, GRANADA-ECHEVERRI M, et al. A matheuristic algorithm for the three-dimensional loading capacitated vehicle routing problem (3L-CVRP)[J]. Revista Facultad de Ingeniería Universidad de Antioquia, 2016, 78:9-20.

[48] 彭碧涛．三维装载约束下车辆路径问题研究[D]．广州：华南理工大学，2013.

[49] 颜瑞，张群，胡睿．考虑三维装箱约束的车辆路径问题研究[J]．中国管理科学，2015，23(1)：128-134.

[50] 马士涛．三维装载约束下的路径规划算法研究[D]．武汉：武汉理工大学，2016.

[51] 张姣．带软时间窗的三维装箱车辆路径问题研究[D]．福州：福州大学，2015.

[52] WOLEY L A. Mixed integer programming[J]. Wiley Encyclopedia of Computer Science and Engineering,

2007:1-10.

[53] VIELMA J P. Mixed integer linear programming formulation techniques[J]. Siam Review, 2015, 57(1):3-57.

[54] CCSTA L, OLIVEIRA P. Evolutionary algorithms approach to the solution of mixed integer non-linear programming problems[J]. Computers & Chemical Engineering, 2001, 25(2/3):257-266.

[55] DESAULNIERS G, DESROSIERS J, SOLOMON M M. Column generation[M]. Berlin: Springer Science & Business Media, 2006.

[56] 季彬, 周赛琦, 张政. 分支定价方法求解带二维装箱约束的车辆路径问题[J/OL]. 控制理论与应用: 1-9. http://kns.cnki.net/kcms/detail/44.1240.TP.20211018.1101.004.html.

[57] ZACHARIADIS E E, TARANTILIS C D, KIRANOUDIS C T. Integrated distribution and loading planning via a compact metaheuristic algorithm[J]. European Journal of Operational Research, 2013, 228(1): 56-71.

[58] ZHANG X, CHEN L, GENDREAU M, et al. A branch-and-price-and-cut algorithm for the vehicle routing problem with two-dimensional loading constraints[J]. Transportation Science, 2022,56(6):1618-1635.

第 11 章　两阶段车辆路径优化问题

两阶段车辆路径优化问题(two-echelon vehicle routing problem,2E-VRP)是一种涉及多级配送策略的车辆路径规划问题,该问题不仅是一个具有重要理论价值的研究课题,也是解决实际物流与运输问题的有效工具。其应用前景广阔,涉及城市物流、供应链管理、灾难救援和绿色物流等多个领域。

本章首先论述了两阶段车辆路径优化问题应用背景,在此基础上围绕两阶段车辆路径相关问题的定义、数学模型和优化求解方法展开讲解;最后,针对该问题的几个实际应用案例进行介绍和分析。

11.1　两阶段车辆路径优化问题背景及其优化模型

本节主要介绍两阶段车辆路径优化问题的相关概述,包括问题的产生背景、问题描述、两种常见的数学模型以及常见的变体拓展问题。

11.1.1　两阶段车辆路径优化问题产生背景

当前我国处于互联网蓬勃发展的阶段,在信息技术进步与经济繁荣的催动之下网络购物逐渐成为消费新引擎,也成为人们日常生活中重要组成部分。伴随我国网络零售市场的稳健发展,网购零售额与网购用户规模也在逐年攀升。快递业与社会生产、流通、消费的各个环节息息相关。在现代经济体系中,快递业是物流产业的重要组成部分之一,对我国国民经济和人民生活具有十分重大的意义。从国家邮政局披露的数据来看,2023 年我国快递业务量首次超过 1 300 亿件,同比增长 19.4%,再创历史新高,连续十年稳居世界第一,未来我国快递市场仍将呈现中高速增长态势。经过激烈的市场竞争,国内快递企业已经从发展之初的百家争鸣,到成如今的几大巨头“割据”局面,同时各企业也逐渐意识到提高配送服务质量和降低配送成本对于提高企业竞争力的重要性,各企业已经开始着力于为客户提供更高质量、多样化、个性化的服务。

近年来,国家及物流行业纷纷提出“降本增效”的概念,追求物流的高质量发展。对于企业而言,降本增效的难点之一是配送的“最后一公里”,这部分的高成本,不仅给企业的经营带来压力,也增加了社会物流成本[1]。根据统计,大多数企业在前端运输及仓储环节耗费的成本大约仅占配送“最后一公里”成本的 1/3 ~ 1/2。而且当前企业不仅面临末端配送成本高的问题,邮政行业开展的针对配送全程大提速的要求对企业末端配送效率提出了更大的挑战,因此末端配送降本增效是企业亟待解决的难点。

传统企业的供应商更多关注如何在满足要求并遍历有限客户的约束下寻找起止于配送中心的最短车辆路径,现代供应商为快速响应客户动态需求,开始倾向于在能够辐射客户的区域建立快速响应客户的中转站。在政策方面,随着北京、上海、广州、重庆等地中重型货车

24/12 小时限行相关政策试点的实施,跨省市长途运输的大型货车直接为客户提供送货服务受到了严格限制,迫使供应商选择以中转站为分界点,采用不同额定运力的车辆满足干线与支线零部件供应的需求,进一步催生了对两阶段车辆路径问题(2E-VRP)的研究[2]。

11.1.2　两阶段车辆路径问题描述

两阶段车辆路径问题(2E-VRP)即两阶段配送网络中的车辆路由问题,最先由 Cranic 等[3]提出。随后,Perboli 等[4]定义并介绍了两阶段车辆路径问题的数学模型。在两阶段车辆路径问题中,第一阶段车辆将货物从配送中心运送至中转站。中转站的职能是卸下第一阶段车辆送来的货物,并按需要将这些货物装载到第二阶段车辆中。其中,第一阶段车辆的装载容量比第二阶段车辆的装载容量大。第二阶段车辆再从中转站将货物配送至客户。两阶段车辆路径问题示意图如图 11-1 所示。

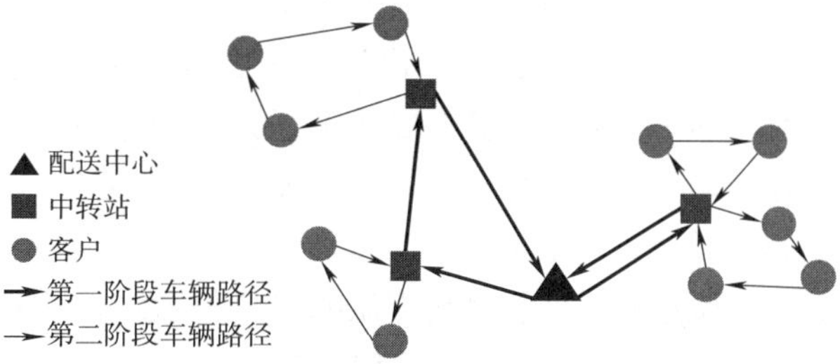

图 11-1　两阶段车辆路径示意图

两阶段车辆路径问题可以定义在一个完全图 $G=(V,A)$ 上,其中点集 $V=\{0\}\cup S\cup C$ 由配送中心 0、中转站集合 S 和客户集合 C 组成。位于配送中心的货物首先由一组同质大型的第一阶段车辆运送至连接一、二阶段配送网络的中转站,然后由小型的第二阶段车辆将中转站处的货物配送到客户手中。令集合 K_1 和 K_2 分别表示第一阶段车辆集合和第二阶段车辆集合。

弧集可以划分为连接配送中心和中转站的子集 $A_1=\{(i,j)\mid i,j\in\{0\}\cup S, i\neq j\}$ 和连接中转站和客户的子集 $A_2=\{(i,j)\mid i,j\in S\cup C, i\neq j\}$。子集 A_1 即第一阶段弧集,只能由第一阶段车辆通行;子集 A_2 即第二阶段弧集,只能由第二阶段车辆通行。通常假定弧段上的通行距离或费用 c_{ij} 是对称的,并且满足三角不等式。

第一阶段和第二阶段车辆的装载容量分别设为 Q_1 和 Q_2。每个中转站可使用的第二阶段车辆数为 $m_s, s\in S$,每单位货物从中转站处的转运成本设为 $h_s, s\in S$。每个客户的货物需求量为 $d_i, i\in C$,且必须由一辆二阶段车辆完成配送。一般而言,假设第一阶段车辆的装载容量比第二阶段车辆的装载容量大,即 $Q_1\gg Q_2$,同时,每个客户的需求量均小于第二阶段车辆的装载容量,即 $d_i<Q_2, i\in C$。

两阶段车辆路径问题的目标是寻找一组第一阶段车辆路线和第二阶段车辆路线,使得总运输成本最小。所有路线必须满足车辆和中转站的容量约束并满足客户的货物需求。此外,第一阶段车辆运送至某中转站的货物量必须等于由该中转站服务的客户的需求之和,即满足中转站处的货运量协同要求。

11.1.3 两阶段车辆路径问题优化模型

两阶段车辆路径问题的数学模型主要分为基于弧的模型和基于线路的模型两类。下面将分别对两类模型进行介绍。

1. 基于弧的模型

两阶段车辆路径问题的第一个基于弧的模型由 Gonzalez-Feliu 等[5]提出。然而,他们的模型不能定义中转站数量超过两个的一般性两阶段车辆路径问题。为此,Jepsen 等[6]定义了两阶段车辆路径问题的四下标混合整数规划模型。对于第一阶段,定义二维路由变量 $x_{ijk} \in \{0,1\}$ 表示第一阶段车辆 $k \in K_1$ 是否经过弧 $(i,j) \in A_1$。定义整数变量 $u_{sk} \in \mathbf{Z}_+$ 表示中转站 $s \in S$ 在车辆 $k \in K_1$ 对应的路线中的位置,用于消除第一阶段路线的子回路。定义实数变量 $w_{sk} \in \mathbf{R}_+$ 表示第一阶段车辆 $k \in K_1$ 运送至中转站 $s \in S$ 的货物量。同样地,对于第二阶段,定义二维路由变量 $y_{ijs} \in \{0,1\}$ 表示从中转站 $s \in S$ 出发的第二阶段车辆是否经过弧 $(i,j) \in A_2$。定义实数变量 $f_{ijs} \in \mathbf{R}_+$ 表示从中转站 $s \in S$ 出发的第二阶段车辆经过弧 $(i,j) \in A_2$ 时的装载量。值得注意的是,第一阶段车辆的路线需要特定下标来标定不同的车辆,这是由于每个中转站允许多个第一阶段车辆访问。而第二阶段车辆的路线无须标定不同的车辆,因为每个客户最多只能由一辆第二阶段车辆访问。

通过以上定义,两阶段车辆路径问题的基于弧的混合整数线性规划模型如下:

$$\min \sum_{\{k \in K_1\}} \sum_{\{(i,j) \in A_1\}} c_{ij} x_{ijk} + \sum_{s \in S} \sum_{\{(i,j) \in A_2\}} c_{ij} y_{ijs} + \sum_{\{k \in K_1\}} \sum_{\{s \in S\}} h_s w_{sk} \tag{11-1}$$

$$\text{s. t.} \quad \sum_{\{(i,j) \in A_1\}} x_{ijk} = \sum_{\{(j,i) \in A_1\}} x_{jik}, \quad \forall i \in \{0\} \cup S, k \in K_1 \tag{11-2}$$

$$\sum_{\{(i,j) \in A_1\}} x_{ijk} \leqslant 1, \quad \forall i \in \{0\} \cup S, k \in K_1 \tag{11-3}$$

$$u_{ik} - u_{jk} + |S| x_{ijk} \leqslant |S| - 1, \quad \forall i,j \in S, i \neq j, k \in K_1 \tag{11-4}$$

$$w_{sk} \leqslant Q_1 \sum_{\{(j,s) \in A_1\}} x_{jsk}, \quad \forall s \in S, k \in K_1 \tag{11-5}$$

$$\sum_{\{s \in S\}} w_{sk} \leqslant Q_1, \quad \forall k \in K_1 \tag{11-6}$$

$$\sum_{\{k \in K_1\}} w_{sk} = \sum_{\{(s,j) \in A_2\}} f_{sjs}, \quad \forall s \in S \tag{11-7}$$

$$\sum_{\{(i,j) \in A_2\}} y_{ijs} = \sum_{\{(j,i) \in A_2\}} y_{jis}, \quad \forall i \in S \cup C, s \in S \tag{11-8}$$

$$\sum_{\{(s,j) \in A_2\}} y_{sjs} \leqslant m_s, \quad \forall s \in S \tag{11-9}$$

$$\sum_{\{s \in S\}} \sum_{\{(i,j) \in A_2\}} y_{ijs} = 1, \quad \forall j \in C \tag{11-10}$$

$$\sum_{\{s \in S\}} \sum_{\{(j,i) \in A_2\}} f_{jis} - \sum_{\{s \in S\}} \sum_{\{(i,j) \in A_2\}} f_{ijs} = d_i \tag{11-11}$$

$$f_{ijs} \leqslant Q_2 y_{ijs}, \quad \forall (i,j) \in A_2, s \in S \tag{11-12}$$

$$f_{ijs} \geqslant 0, \quad \forall (i,j) \in A_2, s \in S \tag{11-13}$$

$$u_{sk} \in \mathbf{Z}_+, \quad \forall s \in S, k \in K_1 \tag{11-14}$$

$$w_{sk} \geqslant 0, \quad \forall s \in S, k \in K_1 \tag{11-15}$$

$$x_{ijk} \in \{0,1\}, \quad \forall (i,j) \in A_1, k \in K_1 \tag{11-16}$$

$$y_{ijs} \in \{0,1\}, \quad \forall (i,j) \in A_2, s \in S \tag{11-17}$$

其中,目标函数(11-1)表示最小化路线的运输和转运成本。约束(11-2)~式(11-6)定义第一阶段路线,具体而言,约束(11-2)为第一阶段车辆在各中转站处的流平衡约束;约束(11-3)限定每辆第一阶段车辆最多只能访问同一个中转站一次;约束(11-4)消除子回路;约束(11-5)确保若第一阶段车辆被使用,则该车辆必须从配送中心运送货物至指定中转站;约束(11-6)表示第一阶段车辆的装载容量约束。约束(11-7)为第一阶段路线与第二阶段路线的连接约束,即第二阶段车辆从某中转站装载的货物量必须等于第一阶段车辆运送至该中转站的货物量。约束(11-8)~(11-12)定义第二阶段路线,具体而言,约束(11-8)为第二阶段车辆在各客户和中转站处的流平衡约束;约束(11-9)限制从中转站离开的第二阶段车辆的数量;约束(11-10)和约束(11-11)表示每个客户必须被第二阶段车辆访问一次,且客户的需求货物量必须被满足,约束(11-11)同时用于消除子回路;约束(11-12)为第二阶段车辆的装载容量约束。约束(11-13)~(11-17)定义变量的类型和取值范围。

基于弧的模型完整地定义了所有决策变量和约束,基于问题基础数据,可直接求解小规模问题的最优解。然而,随着问题规模的增加,模型中变量规模和取值范围也随之爆发式增长,商业求解器难以基于该模型在短时间内得到问题的高质量解。也就是说,两阶段车辆路径问题的基于弧的模型有助于完整直观地定义问题,能通过商业求解器得到小规模问题的解。

2. 基于线路的模型

两阶段车辆路径问题的基于线路的模型由 Baldacci 等[7]提出。设 R_1 和 R_2 分别为第一阶段路线的集合和第二阶段路线的集合。定义访问中转站 $s \in S$ 的所有一阶段路线集合为 $R_1(s)$,访问中转站 $s \in S$ 的所有二阶段路线集合为 $R_2(s)$。定义集合 $S(r)$ 为路线 $r \in R_1 \cup R_2$ 访问的中转站集合。对于每条线路 $r \in R_1 \cup R_2$,令 $A(r)$ 为该路线经过的弧集合,$c_r = \sum_{\{(i,j) \in A(r)\}} c_{ij}$ 为该路线的总成本。对于每条第二阶段车辆的线路 $r \in R_2$,令 $a_{ir} \in \{0,1\}$ 为 1 时表示该线路访问客户 $i \in C$,否则为 0,令 $q_r = \sum_{\{i \in C\}} a_{ir} d_i$ 表示该线路的最大货物装载量。由此,定义二维变量 $x_r \in \{0,1\}$ 为 1 时表示第一阶段路径 $r \in R_1$ 被选用,否则为 0。定义实数变量 $f_{rs} \in \mathbf{R}_+$ 为第一阶段路径 $r \in R_1$ 运送至中转站 $s \in S$ 的货物数量。

通过以上定义,两阶段的车辆路径问题的基于线路的模型如下:

$$\min \sum_{\{r \in R_1\}} c_r x_r + \sum_{\{r \in R_2\}} c_r y_r + \sum_{\{s \in S\}} \sum_{\{r \in R_1(s)\}} h_s f_{rs} \tag{11-18}$$

$$\text{s. t.} \sum_{\{r \in R_2\}} a_{ir} y_r = 1, \quad \forall \in C \tag{11-19}$$

$$\sum_{\{s \in S(r)\}} f_{rs} \leqslant Q_1 x_r, \quad \forall r \in R_1 \tag{11-20}$$

$$\sum_{\{r \in R_1(s)\}} f_{rs} = \sum_{\{r \in R_2(s)\}} q_r y_r, \quad \forall s \in S \tag{11-21}$$

$$\sum_{\{r \in R_1\}} x_r \leqslant | K_1 | \tag{11-22}$$

$$\sum_{\{r \in R_2\}} y_r \leqslant | K_2 | \tag{11-23}$$

$$\sum_{\{r \in R_2(s)\}} y_r \leqslant m_s, \quad \forall s \in S \tag{11-24}$$

$$f_{rs} \geqslant 0, \quad \forall r \in R_1, s \in S(r) \tag{11-25}$$

$$x_r \in \{0,1\}, \quad \forall r \in R_1 \tag{11-26}$$

$$y_r \in \{0,1\}, \quad \forall r \in R_2 \tag{11-27}$$

其中,目标函数(11-18)表示最小化路线的运输和转运成本。约束(11-19)限定每个客户必须被第二阶段车辆访问一次。约束(11-20)表示如果路径 $r \in R_1$ 被选用,则对应的车辆必须从配送中心装载货物且不超过车辆装载容量。约束(11-21)表示各中转站处的第一阶段和第二阶段线路对接的货运量协同约束。约束(11-22)和约束(11-23)分别限定第一阶段和第二阶段的车辆数。约束(11-25)~(11-27)定义变量的类型和取值范围。

两阶段车辆路径问题的基于线路的模型通常搭配基于列生成的方法使用,如分支定价算法等。这是由于该模型需要首先枚举出所有的可行路径,而随着问题规模增大,路径数量呈指数级增长。通过基于列生成的方法迭代地搜索和加入可能有效的路径进行求解,能够在不枚举完所有的路径的情况下得到问题最优解。为此,基于线路的模型配合特定的算法适用于求解小、中规模甚至较大规模的两阶段车辆路径问题。

11.1.4 两阶段车辆路径问题的相关扩展问题

考虑实际应用场景的目标或约束,两阶段车辆路径问题衍生出了一系列的变体问题。这些变体问题的模型通常可以在两阶段车辆路径问题的基本模型基础上增加约束,其模型组成和结构更加复杂。同时,求解这些变体问题的算法也需要根据问题特征进行额外考量和设计,其求解难度、算法复杂度和计算量等都会相应增加[8]。本节介绍两阶段车辆路径问题的主要变体问题及其特征。

1. 多配送中心的两阶段车辆路径问题

在多配送中心的两阶段车辆路径问题中,第一阶段车辆可从多个配送中心出发并运送货物至中转站,然后返回至某一配送中心。在该问题中,涉及多个货物品类时,可供应的货物品类与配送中心是否具备匹配关系衍生出了不同的拓展问题。例如,任意配送中心均可供应所有货物品类[9-11],如图 11-2(a)所示。每个配送中心对应供应特定货物[12,13]如图 11-2(b)所示。

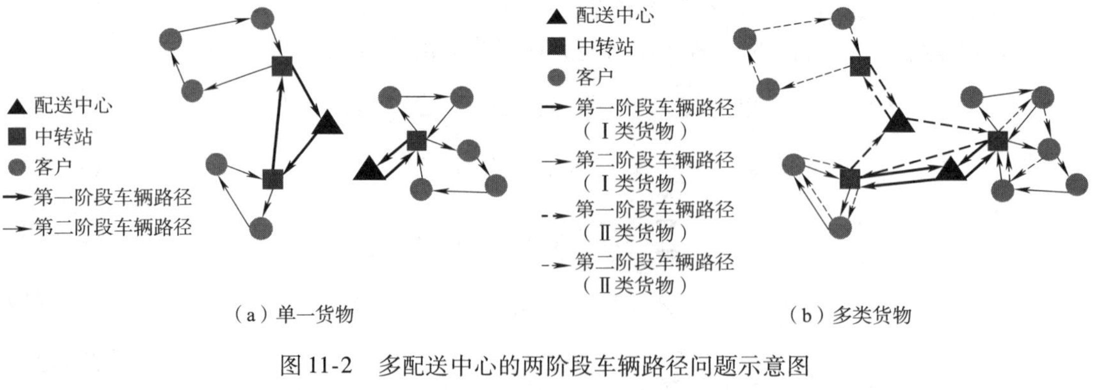

(a)单一货物　　(b)多类货物

图 11-2　多配送中心的两阶段车辆路径问题示意图

2. 异车型的两阶段车辆路径问题

在异车型的两阶段车辆路径问题中,第一阶段和第二阶段的车辆具有不同的装载容量[9,13-16]。在制定车辆路径方案时,还应考虑不同路径与不同型号车辆的匹配关系。此外,考虑实际应用场景，在第二阶段车辆路径中可以使用货运单车[17,18]、电动车[19,20]等不同的运载工具，如图 11-3 所示。例如，使用电动车时，车辆的行驶里程和充换电会影响路径方案。为了简化问题，可直接限定车辆的最长行驶里程[21]。

图 11-3　第二阶段路径配送车辆类型示例

3. 带时间窗的两阶段车辆路径问题

在带时间窗的两阶段车辆路径问题中，客户对货物的送达时间具有特定的要求，需要在指定时间窗内接收货物[16,22]，如图 11-4 所示。当客户不允许货物在时间窗范围外送达时，该问题考虑为硬时间窗约束[23,24]；当客户允许货物在时间窗范围外送达时，该问题考虑为软时间窗约束[25]。研究带软时间窗的两阶段车辆路径问题时，通常根据超出时间窗的程度附加一定的惩罚成本。此外，考虑时间约束时，中转站处的货物必须先由第一阶段车辆送达，再由第二阶段车辆装载并送往客户。该过程定义为协同，即货物在运输流中的时间维度的协同[12,26]。为了避免在中转站处等待所有第一阶段车辆的到达造成的效率低下，可允许第二阶段车辆装载足够货物后不必等待而配送至客户[23,26]。

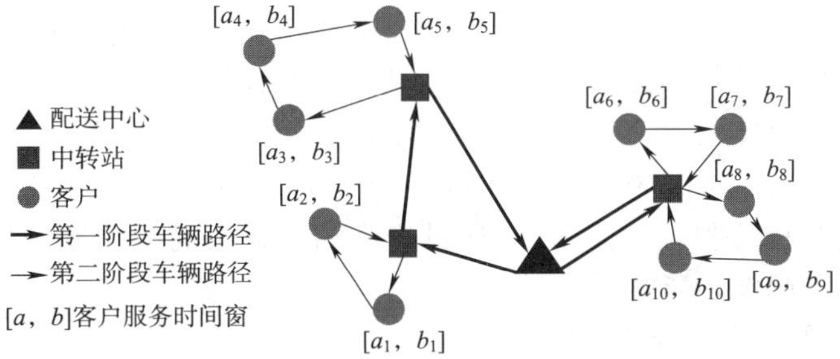

图 11-4　带时间窗的两阶段车辆路径问题示意图

4. 允许直达配送的两阶段车辆路径问题

在允许直达配送的两阶段车辆路径问题中，部分客户的货物可直接由第一阶段车辆服务，如图 11-5 所示。部分靠近配送中心的客户可直接由第一阶段车辆进行服务[28]；位于非城区的客户因大型车辆限行较松，也可直接由第一阶段车辆进行服务[17,29,30]等。在两阶段车辆路径问题中，允许直达配送能有效降低运输成本，然而第一阶段车辆增加的卸货任务等可能从另一方面增加配送系统的总成本，其定量研究有待进一步开展。

5. 带取送货的两阶段车辆路径问题

在带取送货的两阶段车辆路径问题中，客户可能同时存在取货和送货需求[31-33]，如图 11-6 所示。例如，客户在接收货物后同时需要将过剩货物或返修货物返回，或者考虑将货物均衡分配至不同客户时,需要从一些客户处取走货物送至另一些客户。此外,在车辆回程时再服务取货需求衍生出了带回程取货的两阶段车辆路径问题[34]。

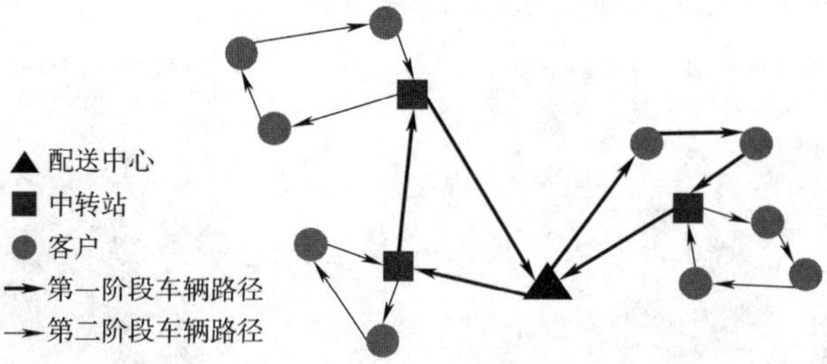

图 11-5　允许直达配送的两阶段车辆路径问题示意图

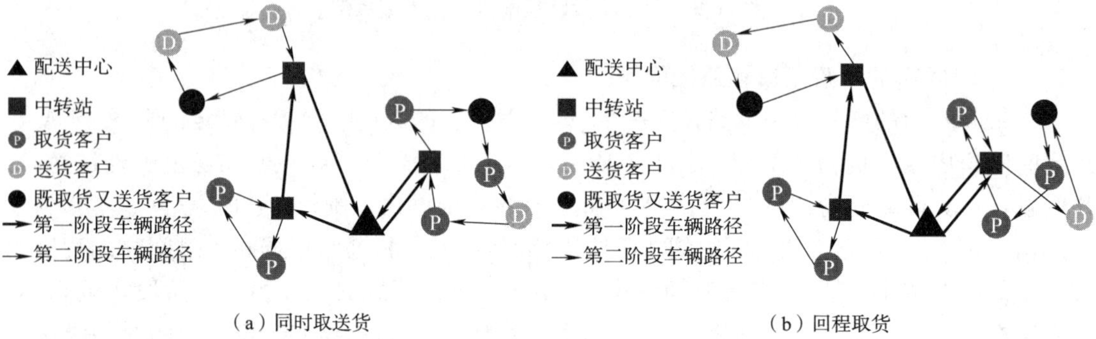

图 11-6　带取送货的两阶段车辆路径问题示意图

6. 不确定的两阶段车辆路径问题

在不确定的两阶段车辆路径问题中,客户的货物需求量或车辆行驶时间不是确定的,在优化过程中需要考虑上述不确定性的影响[9]。以货物需求量不确定为例,常用两阶段随机规划方法进行求解。具体而言,首先构建完整的第一阶段和第二阶段车辆路径,然后根据实际需求对路径方案进行调整或重构[35-37]。同时,机会约束方法也可用于求解货物需求量不确定的两阶段车辆路径问题。具体而言,通过概率约束以较高的概率确保车辆的装载容量能满足车辆沿途服务的客户货物需求总和[38]。

7. 其他两阶段车辆路径变体问题

根据实际应用场景和不同目标约束等,衍生出了更多丰富的两阶段车辆路径变体问题。例如,两阶段绿色车辆路径问题[39]、两阶段车辆路径与选址问题[40]、两阶段车辆路径与库存问题[41]、多目标两阶段车辆路径问题[30]等。

11.2　两阶段车辆路径问题算法设计

本节主要介绍求解两阶段车辆路径问题的相关求解算法,包括经典启发式算法、通用启发式算法以及精确算法,并介绍各类算法的特征和适用范围。

11.2.1　经典启发式算法

经典启发式算法主要包括节约里程法、贪婪算法、先分组后安排路线的方法、先安排路线后分组的方法、节约-插入算法、扫描法和改进/交换法等[42,43]。

1. 经典启发式算法基本思路

使用经典启发式算法解决车辆路径优化问题的基本思路：首先选择一个初始位置作为车辆起始点，然后根据各种经典启发式算法各自对应的搜索准则，如节约里程法中行驶路径最短，贪婪算法中装载量尽可能大等，选择剩余的客户点加入当前路径中，根据以上操作步骤的思想，不断重复添加客户点直到所有的客户点均被放入配送路径中，即每个客户都被服务，最后得出的路径就是配送路径。根据经典启发式算法解决车辆路径问题的基本思路，可以看出使用经典启发式算法产生的方案很容易造成局部最优解的情况，并不是全局最优。因此，近年来相关学者研究车辆路径规划问题时，一般不直接使用经典启发式算法进行求解。

然而，经典启发式方法应用简便，可作为问题初始解的构造方法，再使用其他高性能方法在此基础上进行优化。接下来以节约里程法为例，介绍经典启发式算法求解两阶段车辆路径问题的方法步骤。

2. 节约里程法求解两阶段车辆路径问题

两阶段车辆路径问题的解包含第一阶段路径集和第二阶段路径集。由于第一阶段路径的服务对象是中转站，需要首先明确需要服务的中转站。换而言之，首先需要确定第二阶段的路径和对应的供货中转站，再据此构造第一阶段的路径集。使用节约里程法求解两阶段车辆路径问题的步骤如下：

(1) 初始化各中转站的需求货物量为 0，遍历找到距离任意中转站最近的未访问客户，构造从对应中转站到该客户的路径，据此更新中转站的货物需求量。

(2) 遍历找到距离任意中转站最近的未访问客户，或者距离已构造路径末端客户最近的未访问客户，构造从对应中转站至该客户的新路径或将该客户加入对应路径中。值得注意的是，构造的新路径应满足第二阶段车辆的装载容量约束。然后，更新对应中转站的货物需求量，并重复步骤(2)，直到所有客户均被访问。

(3) 从具有货物需求的中转站中选择距离配送中心最近的中转站，构造从配送中心到该中转站的路径。若该中转站的货物需求量大于第一阶段车辆装载容量，则将该中转站的货物需求拆分成若干满载第一阶段路径和一条非满载第一阶段路径。

(4) 遍历找到距离配送中心最近的货物需求未完全满足的中转站，或者距离未满载第一阶段路径末端中转站最近的货物需求未完全满足的中转站，构造从配送中心至该中转站的新路径或将该中转站加入对应路径中。若新路径对应的第一阶段车辆无法完全装载该中转站的货物需求量，则通过新路径装满策略对该中转站的货物需求量进行拆分。重复步骤(4)，直到所有中转站的货物需求均被完全满足。

通过上述步骤即可构造一个两阶段车辆路径问题的可行解。然而，该可行解尽管是根据节约里程法构造的，但并不代表最终解是最优解。这是由于每次构造或更新路径均是从当前里程最节约的角度出发，不具备全局最优性。尽管如此，通过节约里程法得到的两阶段车辆路径问题的解仍然是一个较高质量的解，可作为进一步优化和改进的基础。

11.2.2　通用启发式算法

从 20 世纪 90 年代以来，通用启发式算法已成为有效求解车辆路径优化问题的重要方法。这类算法能够有效解决一些较为复杂的车辆路径优化问题，并且相较于经典启发式算法，通用启发式算法对改善解的精度也能起到一定的作用。常用的通用启发式算法主要有禁忌搜索算法、模拟退火算法、蚁群算法、遗传算法、大邻域搜索算法等[44-46]。

1. 常用的通用启发式算法

下面对几种常用的通用启发式算法的基本思想进行介绍，对比分析各自的优缺点。

禁忌搜索算法从一个初始可行解出发，根据一系列的准则向特定搜索方向移动，然后选择让目标函数值变化最多的方向移动，标记每一步迭代中解得的局部最优解，并在进一步的迭代中避开这些局部最优解，从而获得更多的搜索区域，然后对这些局部最优解进行比较，从而找到全局最优解。

模拟退火算法是模仿金属加工中退火过程的一种算法，通过一个温度函数作为目标函数，在某一给定较高的初始温度下，通过逐步下降温度参数，计算出一个近似最优解。在实际应用中，如果温度下降得过慢，计算机运行时间会相对较长，如果温度下降过快，求解的精确度会大大下降。

蚁群算法是一种源于大自然生物界的新型仿生类算法。单个蚂蚁往往缺乏智能行为，但将蚁群看作一个整体则拥有智能行为。用单个蚂蚁的行走路径表示问题的可行解，整个蚁群的所有路径构成可行解的集合。蚁群通过单个蚂蚁的记忆、蚂蚁之间利用信息素进行的交互通信以及蚂蚁的集群活动三方面建立路径选择机制，使得蚁群算法的搜索逐步向最优解靠近。

遗传算法是一种通过模拟生物进化过程来搜索最优解的方法。首先，确定编码方案生成染色体，然后产生初始种群，并分别计算初始种群中每条染色体的适应度值，根据适应度值来确定每条染色体被选中的概率；其次通过对染色体进行交叉操作和变异操作，产生新一代种群，经过多次迭代后，输出种群中适应度值最高的染色体即为近似最优解。

大邻域搜索算法是通过对已有解进行大范围的搜索以探寻最优解。大邻域搜索算法的搜索算子由破坏算子和修复算子组成，算子的规模相对于一般的邻域搜索算子和局部搜索算子更大。破坏算子对已有的可行解进行部分破坏，然后使用修复算子对其进行修复，从而获得新解。不同的算子组合可能产生不同的寻优效果。在每次迭代中，可选择一对破坏和修复算子。

禁忌搜索算法、模拟退火算法、蚁群算法、遗传算法、大邻域搜索算法等常用通用启发式算法都有其各自的优缺点，现对这些常用通用启发式算法的优缺点进行归纳总结，见表 11-1。

表 11-1 几个典型的通用启发式算法对比

算　法	优　点	缺　点
禁忌搜索算法	思路简单，应用性强	依赖初始解，单一解迭代
模拟退火算法	性能稳定，鲁棒性强	降温速度难以控制
蚁群算法	不易陷入局部最优，并行性强	收敛速度慢
遗传算法	收敛速度快，通用性强	依赖初始解，易陷入早熟
大邻域搜索算法	不易陷入局部最优，鲁棒性较强	计算复杂，收敛速度较慢

2. 大邻域搜索算法求解两阶段车辆路径问题

以大邻域搜索算法为例，介绍通用启发式算法求解两阶段车辆路径问题的方法步骤。其中，大邻域搜索算法流程图如图 11-7 所示。

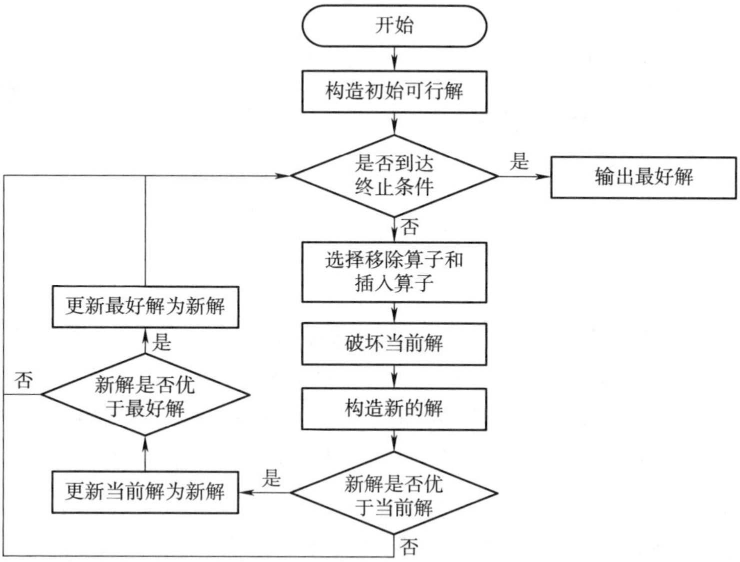

图 11-7　大邻域搜索算法流程图

使用大邻域搜索算法求解两阶段车辆路径问题之前，应先通过其他方法构造相应的初始可行解。例如，使用经典启发式算法中的节约里程算法构造初始解。然后，通过设计的破坏算子和修复算子组合对当前解进行改进。在两阶段车辆路径问题中，第一阶段车辆的最优路径主要取决于第二阶段车辆路径和客户需求与中转站的匹配关系，并且第一阶段车辆路径的规模一般较小。为此，使用大邻域搜索算法求解时，一般指针对第二阶段车辆的路径进行破坏和修复，然后再根据修复后的第二阶段车辆路径构造和优化第一阶段车辆路径。构造和优化第一阶段车辆路径时可使用经典启发式方法中的节约里程算法，也可使用与其他启发式或精确算法结合的方法进行求解。也就是说，第一阶段的车辆路径问题可以看作一个小规模的需求可拆分车辆路径问题，可使用其对应的算法进行优化求解。

在使用破坏算子和修复算子对第二阶段车辆路径进行改进时，不同的破坏算子和修复算子组合的优化效果不同，其在迭代过程中的排列顺序也影响整个算法的求解性能。为此，如何在每次迭代过程中选择破坏算子和修复算子组合是一个值得研究的问题。

破坏算子在每次迭代中对第二阶段车辆路径进行破坏。如图 11-8 所示，经典的破坏算子包括随机移除、最差移除、路径移除等。随机移除即随机选择若干客户，并将它们从第二阶段车辆路径中进行移除。随机移除具有较强的随机性，有利于维护算法的多样性和有效避免算法陷入局部最优。最差移除即按顺序依次移除造成路径里程最大的客户。也就是说，移除该客户后能获得最大的里程节约的客户将移除。最差移除能够导向性地识别第二阶段车辆路径中的过远运输、迂回运输等不良现象，并进行相应的破坏，以便后续的优化。路径移除即选择一条第二阶段车辆路径，将该路径对应的客户全部移除。路径移除有利于调整第二阶段车辆路径的数量，从而节约车辆数以进一步降低成本。

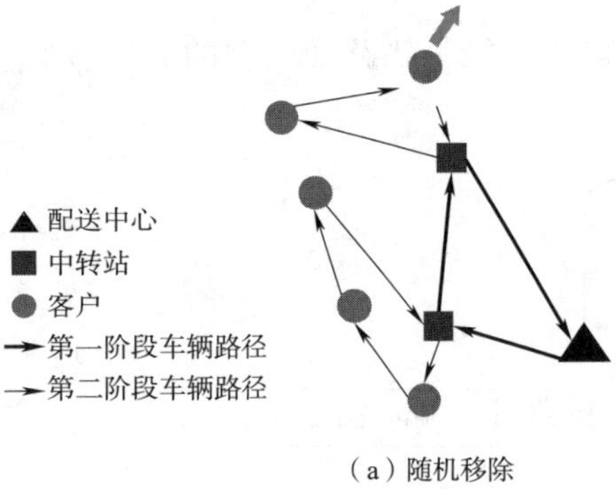

图 11-8　经典的破坏算子示意图

修复算子在每次迭代中对第二阶段车辆路径进行修复。如图 11-9 所示，经典的修复算子包括随机插入、贪婪插入和后悔插入等。随机插入即将待插入的客户按随机顺序随机插入到第二阶段车辆路径中，若没有可行的插入位置，则随机选择一个中转站构造一条新的第二阶段车辆路径。随机插入具有较强的随机性，能够丰富解结构的多样性。贪婪插入即依次选择客户插入第二阶段车辆路径中，使得路径新增里程最短。同样，若没有可供客户插入的位置，则选择距离该客户最近的中转站，构造一条新的第二阶段车辆路径。贪婪插入有利于缩短最终路径方案的里程，但容易陷入局部最优。后悔插入与贪婪插入相似，不同之处在于优先选择的客户和插入的位置为里程次短或更短，这取决于后悔的阶数。后悔插入能够有效弥补贪婪插入容易陷入局部最优的局面，也有利于推动解决方案快速朝着最优解方向发展。

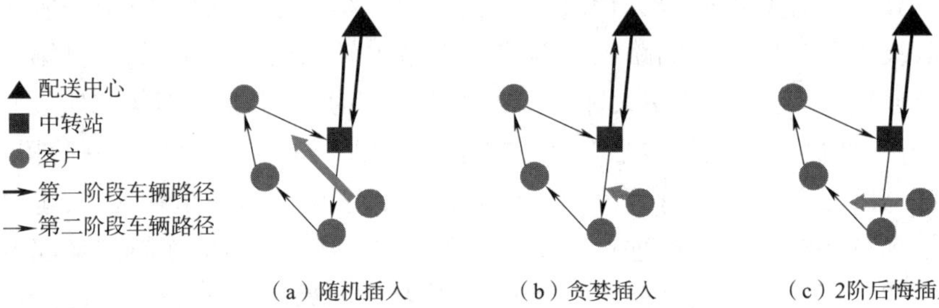

图 11-9　经典的修复算子示意图

11.2.3　精确算法

精确算法是指可以求出问题最优解的算法。常用的精确算法有分支定界法、割平面法、分支定价法、网络流算法和动态规划算法等[42]。

1. 精确算法的特点与适用场景

在问题可以求解的情况下，其解的精确度通常要优于启发式算法，主要因为精确算法是基于严格的数学工具实现的。使用精确算法求解模型的计算量一般会随着问题规模的扩大呈现指数级增长，因此，精确算法只能有效求解中小规模的确定性车辆路径优化问题。在实际情况中，这类问题较少，精确算法虽然精确度高，但适应能力较小，应用范围有限。

2. 分支定价算法求解两阶段车辆路径问题

下面以分支定价算法为例,介绍精确算法求解两阶段车辆路径问题的基本思路和步骤。

分支定价算法由分支定界和列生成组成。其中列生成算法用于求节点的下界,即节点松弛模型的最优解。列生成算法因其求解方法的本质会大大减少计算量,求解的并非节点松弛模型本身,而是受限制的松弛模型,即减少了决策变量规模。分支定价算法其他步骤与分支定界算法相同,只是下界计算由列生成算法完成。

列生成算法通常被应用于求解大规模整数规划问题的分支定价算法中,其理论基础由 Danzig 等于 1960 年提出[47]。当求解一个最小化问题时,列生成算法主要的作用是为每个搜索树节点找到一个较优的下界[47]。在某些线性优化问题的模型中,约束的数目有限,但是变量的数目随着问题规模的增长会爆炸式增长,因此不能把所有的变量都显性地在模型中表达出来。在用单纯形法求解这类线性规划问题时,基变量只与约束的个数相关,每次迭代只会有一个新的非基变量进基。因此,在整个求解过程中其实只有很少一部分变量会被涉及。简单来说,列生成算法通过求解子问题,来找到可以进基的非基变量,该非基变量在模型中并没有显性地写出来(可以看成生成了一个变量,每个变量等价于一列,所以该方法称为列生成算法)。如果找不到一个可以进基的非基变量,那么就意味着所有的非基变量的检验数都满足最优解的条件,也就是说,该线性规划的最优解已被找到,即使很多变量没有在模型中写出来。

两阶段车辆路径问题中,若把所有的可行的第一阶段和第二阶段路径枚举出来,则可通过基于路径的模型直接求解问题的最优解。然而,由于客户的规模通常较大,导致路径的数量庞大,即基于路径的模型变量规模巨大,难以直接枚举出所有的可行路径。使用分支定价算法求解两阶段车辆路径问题时,可先枚举部分路径,然后基于列生成原理通过不断进基找到问题的松弛最优解,即求解主问题,再基于分支定界的原理逐步搜索问题的整数最优解[7]。通常情况下,两阶段车辆路径问题中中转站的数量较少,第一阶段车辆路径可预先全部枚举出来,再通过列生成算法搜索第二阶段的车辆路径,即求解子问题,可以有效降低耦合复杂度[23,24]。使用分支定价算法求解两阶段车辆路径问题的流程图如图 11-10 所示。

在分支定界的每个节点处,基于列生成原理通过不断进基找到问题的松弛最优解即为子问题。基于对偶理论可得到子问题求解过程中,若某列(即对应第二阶段车辆路径)的机会成本为负,则可作为进基变量加入主问题中。设基于路径的模型中,约束(11-19)、约束(11-23)和约束(11-24)的对偶变量分别为$\lambda_i \in R$、$\mu_0 \in R$ 和 μ_s,则列 r 的机会成本 $\overline{c}_r$ 为

$$\overline{c}_r = c_r - \sum_{i \in r} a_{ir}\lambda_i - \sum_{s \in r} \mu_s m_s - \mu_0 \mid K_2 \mid \tag{11-28}$$

此时,子问题转化为求解机会成本最小的列,即为带资源约束的最短路径问题。该问题是 NP 难问题,通常采用动态规划的方法进行求解,典型的算法为标签算法。设由中转站到客户点 i 对应的路径 $r = (s, \cdots, i)$,$s \in S, i \in C$ 由标签 $L(r) = (\overline{c}_r, i_r, \Pi_r, q_r)$ 表示,其中 $\overline{c}_r$为路径的机会成本,i_r 为路径当前抵达的客户,Π_r 为路径已按顺序访问的客户集,q_r 为路径当前装载量。第二阶段车辆从各中转站出发作为初始标签 $L_s = (0, s, \varnothing, 0)$。对已有标签在弧$(i,j)$进行遍历拓展时,若同时满足 $i_r = i$ 和 $q_r + q_j \leqslant Q_2$ 时,新标签的生成规则如下:

$$\overline{c}_{r'} = \overline{c}_r + c_{ij} - \lambda_i \tag{11-29}$$

$$i_{r'} = j \tag{11-30}$$

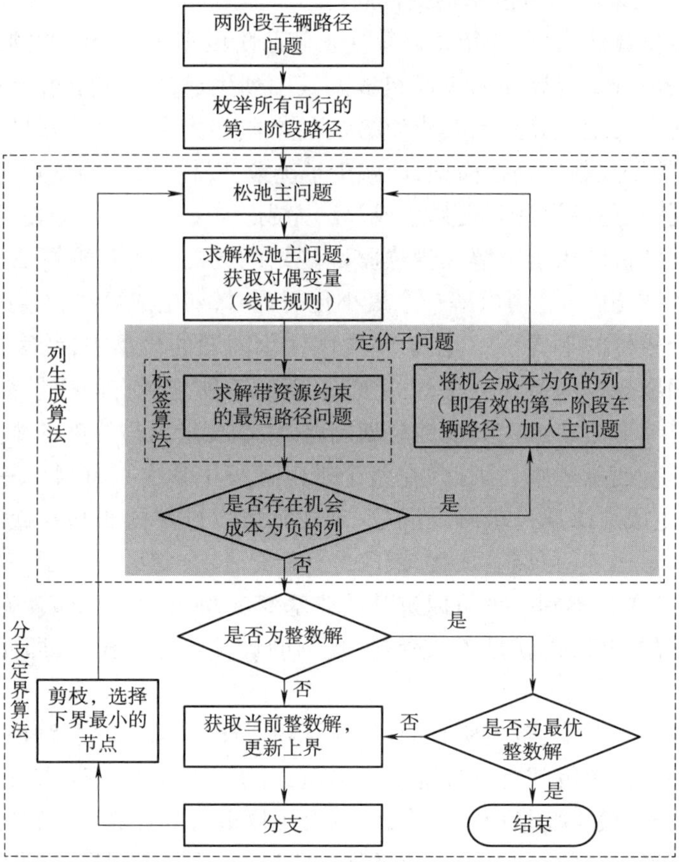

图 11-10　分支定价算法求解两阶段车辆路径问题的流程图

$$\Pi_{r'} = \Pi_r \leftarrow j \tag{11-31}$$

$$q_{r'} = q_r + q_j \tag{11-32}$$

为了进一步减少标签的规模，采用支配规则将一些劣势标签进行删除。其中，劣势标签即为不可能拓展新的更短路径的标签。标签 $L'(r')$ 支配标签 $L(r)$ 当且仅当同时满足如下条件：

$$\bar{c}_{r'} \leqslant \bar{c}_r \tag{11-33}$$

$$i_{r'} = i_r \tag{11-34}$$

$$\Pi_{r'} \subseteq \Pi_r \tag{11-35}$$

$$q_{r'} \leqslant q_r \tag{11-36}$$

令 $F(i,q)$ 为路径当前访问客户为 i 且对应车辆装载量为 q 的标签集合。则标签算法求解上述带资源约束的最短路径问题的伪代码如算法 11-1 所示。

算法 11-1　标签算法

输入：　问题数据、主问题对偶变量 λ_i

输出：　路径集合 Ω

1：　$F(s,0) \leftarrow (0,s,\varnothing,0)$

For $q=0$ **to** Q_2 **do**
  For all$(i,j)\neq 0$ **do**
    For all $L(r_1)=(\overline{c}_{r_1},i_{r_1},\Pi_{r_1},q)$ **do**
      If $j\notin \Pi_{r_1}$ **then**
        $\overline{c}_{r_2}=\overline{c}_{r_1}+c_{ij}-\lambda_i$, insert = true,
        $L(r_2)\leftarrow(\overline{c}_{r_2},j,\Pi_{r_1}\cup j,q+j)$
        For all $L(r)\in F(j,\geqslant q)$ **do**
          If $L(r_2)$ 支配 $L(r)$ **then** 删除 $L(r)$
          Else if $L(r)$ 支配 $L(r_2)$ **then** insert = false, **break**
          End if
          If insert = true **then** $F(j,q+q_j)\leftarrow L(r_2)$
          End if
        End for
      End if
    End for
  End for
End for
For all $L(r)\in F$ **do** $\overline{c}_r=\overline{c}_r+\overline{c}_{i_r s}$
  If $\overline{c}_r<0$ **then** $\Omega\leftarrow r$
  End if
End for

上述标签算法需要以每一个中转站 s 为起点进行求解,当中转站数量增多时,每次迭代需要多次求解极大地增加了计算量。无论是分支定价算法还是其他精确算法,都更适用于求解小、中规模问题,从而找到理论最优解,为其他启发式方法等提供解质量评估的根据,不适用于求解较大规模的问题。

为了进一步得到两阶段车辆路径问题的最优整数解,需要对上述先行松弛解进行分支定界搜索。其中,常见的分支策略有弧分支、路径数分支、中转站与客户的匹配分支等。在弧分支中,选择 x_{ij} 最接近 0.5 的弧进行分支,分别限定车辆经过客户 i 后必须接下来服务客户 j 和不能服务客户 j 得到两个子节点。在路径数分支中,计算路径总数不为整数时,分别限定路径总数小于等于原总数向下取整和向上取整得到两个子节点。在中转站与客户的匹配分支中,选择匹配到多个中转站的客户进行分支,分别限定该客户只能匹配到某中转站和不能匹配到该中转站得到两个子节点。上述分支策略各有优劣,在实际求解过程中可以择优选用,或者组合搭配使用。

11.3 应用案例分析

本节通过三个实例验证两阶段车辆路径问题的应用,包括大型连锁超市物流配送优化实践案例、生鲜电商物流配送优化实践案例以及城市物流快递物流配送优化实践案例。

11.3.1 大型连锁超市物流配送优化实践案例

某国内大型连锁超市物流配送中心 A,于 2006 年建成启用,位于湘潭河塘乡,占地 500 亩,总投资 3 亿元,辐射湖南省 14 个地、州、市及邻省边城市。某生鲜物流一期项目由步步高商业连锁股份有限公司投资建设,是湘潭市重点项目。项目建成后,物流中心 A 成为当时湖南省规模最大、现代化程度最高的商品流通中心之一。

配送中心 A 中生鲜物流一期主要包括冷链配送、蔬果配送、生鲜加工配送、食品加工中心等四大功能区,它将为步步高集团所有门店提供蔬果、肉禽、水产、净菜等冷冻、冷藏生鲜食品。同时,以冷链系统为依托,开设“中央大厨房”,加工熟食及半成品,包装后上柜。从成品出库到连锁超市门店上架销售,实现全程冷链配送。

为便于后面分析计算,通过调研了解到配送中心 A 的经纬度为 28.265 168,113.056 198,其在长沙市区服务的门店设有 20 个,其门店需求及其地理位置(经纬度)见表 11-2,其中带“ * ”门店具备中转功能。该公司配送中心配备小型配送车最大载重为 15 t 和大型配送车最大载重为 30 t。

表 11-2 案例位置与需求信息

序号	门店	位置	需求量/t	序号	门店	位置	需求量/t
1	红星店	28.107 28,113.015 82	3	11	玉潭	28.270 36,112.547 07	2.4
2	东塘店	28.167 00,112.998 22	3.2	12	喜乐地	28.195 38,113.031 13	4.8
3	梓园路	28.180 38,112.993 28	5.6	13	东站 *	28.200 02,113.055 93	3.8
4	林学院	28.133 64,113.001 04	6	14	王府井	28.218 58,112.935 84	3.2
5	井圭路	28.123 89,113.020 79	3.8	15	星沙	28.246 84,113.084 85	3.8
6	南国	28.168 23,112.944 28	3.2	16	开元 *	28.237 97,113.077 97	3.2
7	金星路	28.218 40,112.936 27	2	17	永安	28.252 66,113.101 85	2.4
8	西站 *	28.203 43,112.913 63	1.8	18	礼花路	28.141 72,113.626 58	3.8
9	王家湾	28.142 75,112.925 67	2.8	19	世纪浏阳步行街	28.251 89,112.559 31	2.9
10	望城	28.167 00,112.998 22	1.9	20	浏阳镇头	28.006 59,113.335 42	1.8

使用元启发式方法计算可得到如下配送方案:

(1)第一阶段车辆路径:

- 配送中心—开元—配送中心(载重:15)
- 配送中心—西站—配送中心(载重:27.1)
- 配送中心—东站—配送中心(载重:23.3)

(2)第二阶段车辆路径:

- 西站—西站—世纪浏阳步行街—玉潭—王府井—金星路—西站(载重:12.3)
- 西站—梓园路—东塘店—南国—王家湾—西站(载重:14.8)
- 东站—井圭路—红星店—林学院—望城—东站(载重:14.7)
- 东站—喜乐地—东站—东站(载重:8.6)
- 开元—星沙—永安—礼花路—浏阳镇头—开元—开元(载重:15)

11.3.2　生鲜电商物流配送优化实践案例

某生鲜零售超市是以数据和技术驱动的新零售平台。与传统商超不同的是,该生鲜零售超市运用大数据、移动互联、智能物联网、自动化等技术及先进设备,实现人、货、场三者之间的最优化匹配,从供应链、仓储到配送,建立了的完整物流体系,实现门店附近 3 km 范围内,30 min 送货上门。该生鲜零售超市当前在全国 20 个城市内,覆盖 300 + 个门店。

该生鲜零售超市的生鲜品类主要由区域仓库(位置:121.512 25,31.209 944)送至各区域加工中心加工完成后,再统一配送到门店,到货周期为 1 天。以上海为例,各门店信息及其需求信息见表 11-3,其中位置信息为百度坐标,配送车型信息和商品规格信息见表 11-4,其中带“ * ”的门店具备中转加工功能。

表 11-3　某生鲜零售超市的生鲜上海各门店信息及其需求信息

序号	门店名称	位　置	收货商品数	序号	门店名称	位　置	收货商品数
1	189 购物中心	121.447 076, 31.248 432	46 022	25	品尊国际店	121.426 368, 31.263 386	49 007
2	白玉兰广场店	121.532 551, 31.272 677	36 251	26	平高店	121.480 539, 31.235 929	37 706
3	宝地店	121.535 376, 31.278 969	40 027	27	浦永乐广场店	121.567 003, 31.126 387	30 282
4	宝山新业坊	121.489 981, 31.324 287	51 771	28	曲阳商务中心店	121.498 048, 31.292 743	31 034
5	保利时光里店	121.461 453, 31.187 953	40 250	29	三林新达汇店	121.531 936, 31.147 678	31 955
6	* 曹家渡店	121.446 206, 31.235 899	49 063	30	上滨生活广场	121.510 061, 31.265 985	41 330
7	打浦桥日月光店	121.474 915, 31.212 96	45 500	31	* 上海湾店	121.521 352, 31.232 931	39 940
8	大华虎城店	121.420 764, 31.275 528	42 778	32	世博源店	121.498 627, 31.193 717	32 092
9	大宁店	121.453 37,31.289 815	47 400	33	天空万科广场店	121.463 445,31.250 992	32 511
10	丁香国际店	121.557 866, 31.231 361	44 045	34	维璟印象城店	121.370 37, 31.136 647	40 034
11	东方懿德	121.512 731, 31.131 509	39 972	35	我格广场店	121.430 517, 31.243 893	37 607
12	馥邦国际店	121.380 085, 31.224 063	47 422	36	五月花广场店	121.264 182, 31.409 105	34 784
13	恒生万鹏店	121.658 005, 31.217 307	41605	37	新江湾店	121.515 213, 31.336 898	44 881
14	虹桥店	121.341 13,31.19 590	45 012	38	星宝店	121.480 539, 31.235 929	31 896
15	汇阳店	121.439 74, 31.18 063	43 123	39	星空店	121.772 119, 31.143 863	31 987
16	嘉定城中店	121.259 676, 31.389 487	36 825	40	杨高南店	121.536 053, 31.262 204	30 335
17	金地喜悦荟店	121.418 398, 31.157 728	39 364	41	杨浦环创店	121.532 52, 31.265 524	34 740
18	* 金桥店	121.583 349, 31.280 556	53 645	42	盈嘉店	121.480 539, 31.235 929	42 047
19	金桥太茂店	121.637 297, 31.191 666	33 457	43	御桥活力城店	121.571 618, 31.162 234	44 174
20	九亭贝尚湾店	121.326 351, 31.152 416	34 661	44	裕德路店	121.440 808, 31.191 626	43 388
21	老西门南六店	121.490 008, 31.222 852	34 911	45	* 长宁来福士店	121.421 707, 31.222 487	40 608
22	* 陆家嘴滨江中心店	121.550 231, 31.255 225	28 594	46	长泰店	121.231 217, 31.192 182	36 265
23	绿地新都汇店	121.763 882, 31.153 236	42 955	47	中福店	121.499 784, 31.275 006	44 495
24	南翔店	121.327 057, 31.300 679	38 382				

表 11-4 某生鲜零售超市的生鲜配送车型信息及商品规格

配送车型	最大载质量/t
小型冷链车	10
大型冷链车	20
商品平均质量/kg	0.05

使用元启发式方法求解结果如下：

(1)第一阶段车辆路径：

- 仓库—陆家嘴滨江中心店—仓库(载重:19.145 1)
- 仓库—上海湾店—仓库(载重:16.156 2)
- 仓库—长宁来福士店—仓库(载重:19.667 9)
- 仓库—曹家渡店—仓库(载重:19.836 9)
- 仓库—上海湾店—仓库(载重:18.500 7)

(2)第二阶段车辆路径：

- 上海湾店—上海湾店—杨浦环创店—曲阳商务中心店—长泰店—上滨生活广场—上海湾店(载重:9.576 95)
- 曹家渡店—裕德路店—汇阳店—保利时光里店—打浦桥日月光店—曹家渡店(载重:8.613 05)
- 曹家渡店—189 购物中心—大华虎城店—品尊国际店—我格广场店—曹家渡店(载重:8.770 7)
- 长宁来福士店—馥邦国际店—长泰店—嘉定城中店—五月花广场店—南翔店—长宁来福士店(载重:9.683 9)
- 曹家渡店—曹家渡店—曹家渡店(载重:2.453 15)
- 长宁来福士店—金地喜悦荟店—维璟印象城店—九亭贝尚湾店—虹桥店—长宁来福士店—长宁来福士店(载重:9.983 95)
- 上海湾店—御桥活力城店—浦永乐广场店—三林新达汇店—东方懿德—世博源店—上海湾店(载重:8.923 75)
- 上海湾店—新江湾店—宝山新业坊—大宁店—天空万科广场店—上海湾店(载重:8.828 15)
- 陆家嘴滨江中心店—金桥店—宝地店—白玉兰广场店—杨高南店—陆家嘴滨江中心店——陆家嘴滨江中心店(载重:9.442 6)
- 上海湾店—星宝店—盈嘉店—平高店—老西门南六店—上海湾店(载重:7.328)
- 陆家嘴滨江中心店—恒生万鹏店—绿地新都汇店—星空店—金桥太茂店—丁香国际店—陆家嘴滨江中心店(载重:9.702 45)

11.3.3 城市物流快递物流配送优化实践案例

分布于长沙市各区域的社区服务中心有一些货物需要被运输至长沙市集散中心。客户的货物首先被从各转运中心出发的车辆访问各社区服务点后，收集至市内各转运中心。随后，所有货物被转运至长沙市集散中心。

各个社区服务中心的坐标以及等待服务的需求见表 11-5，各转运中心和长沙市集散中心的坐标和容量等相关参数见表 11-6。使用的车辆的型号的相关参数见表 11-7。

表 11-5　社区服务点的坐标及其需求表

编　号	坐　标	需求/t	编　号	坐　标	需　求/t
0	(1.8, 2.7)	0.72	12	(12.9, -2.8)	0.64
1	(4.4, 3)	0.93	13	(15.4, -1)	0.33
2	(7.7, 4.6)	1.45	14	(13.4, 5)	1.25
3	(8.7, 8.7)	1.24	15	(16.2, 2.3)	1.25
4	(9.6, 2.2)	1.49	16	(13.9, 4)	0.91
5	(12.4, 1.2)	0.88	17	(16.2, 10.2)	0.12
6	(13, 3.5)	1.38	18	(16.7, 12.4)	0.74
7	(11.7, 4.6)	0.37	19	(16.4, 1.8)	0.46
8	(12.2, 7.5)	0.91	20	(16.9, 2.8)	1.42
9	(12.5, 8.5)	0.55	21	(16.8, 5.8)	0.80
10	(13.4, 11.2)	0.27	22	(20.2, 14)	1.20
11	(12.1, 15.2)	0.67	23	(20.2, -1.6)	0.95

表 11-6　各转运中心和集散中心的坐标及相关参数表

转运中心编号	坐　标
38	(4.1, 0.45)
39	(8.4, 8.6)
40	(9.4, 1.1)
41	(13.1, 4.1)
42	(14, 6.2)
43	(14.5, 13.9)
44	(15.3, 5.6)
45	(17.6, 10.2)
46	(18.1, 4.4)
47	(22.8, -5)
48	(18.4, -0.45)
49(集散中心)	(23, 2)

表 11-7　车辆相关系数表

车　型	载重/t
大型车	4
小型车	2

通过元启发式方法计算结果如下：

(1)第一阶段车辆路径：

- 49—44—49(载重:7.75)

- 49—41—49(载重:5. 76)
- 49—48—49(载重:7. 42)

(2)第二阶段车辆路径:

- 44—21—17—18—22—11—10—44(载重:3. 8)
- 41—1—0—2—7—41(载重:3. 47)
- 44—9—3—8—14—44(载重:3. 95)
- 41—16—6—41(载重:2. 29)
- 48—5—4—12—13—48(载重:3. 34)
- 48—20—15—19—49(载重:3. 13)
- 48—23—48(载重:0. 95)

参 考 文 献

[1] 郭雅茹, 林慧锶, 陈文龙,等. 基于电商平台生鲜农产品"最后一公里"配送问题调研——以大润发优鲜为例[J]. 中国储运, 2023(6):73-74.

[2] 张汉鹏,廖毅,邱菀华. 两级车辆路径问题下的应急物资配送策略与绩效[J]. 控制与决策,2015,30(2):266-270.

[3] CRAINIC T G, RICCIARDI N, STORCHI G. Models for evaluating and planning city logistics systems[J]. Transportation Science, 2009, 43(4):432-454.

[4] PERBOLI G, TADEI R, VIGO D. The two-echelon capacitated vehicle routing problem: models and math-based heuristics[J]. Transportation Science, 2011, 45(3):364-380.

[5] GONZALEZ-FELIU J, PERBOLI G, TADEI R, et al. The two-echelon capacitated vehicle routing problem [Z]. Halshs, 2008.

[6] JEPSEN M, SPOORENDONK S, ROPKE S. A branch-and-cut algorithm for the symmetric two-echelon capacitated vehicle routing problem[J]. Transportation Science, 2013, 47(1):23-37.

[7] BALDACCI R, MINGOZZI A, ROBERTI R, et al. An exact algorithm for the two-echelon capacitated vehicle routing problem[J]. Operations research, 2013, 61(2):298-314.

[8] 李红启, 陈鋆, 赵佳敏. 两级物流网络车辆路径问题研究综述[J]. 供应链管理, 2020, 1(9):88-100.

[9] CRAINIC T G, ERRICO F, REI W, et al. Modeling demand uncertainty in two-tier city logistics tactical planning[J]. Transportation Science, 2016, 50(2):559-578.

[10] ZHOU L, BALDACCI R, VIGO D, et al. A multi-depot two-echelon vehicle routing problem with delivery options arising in the last mile distribution[J]. European Journal of Operational Research, 2018, 265(2):765-778.

[11] DELLAERT N, WOENSEL T V, CRAINIC T G, et al. A multi-commodity two-echelon capacitated vehicle routing problem with time windows: model formulations and solution approach[J]. Computers & Operations Research, 2021, 127:105154.

[12] JIA S, DENG L, ZHAO Q, et al. An adaptive large neighborhood search heuristic for multi-commodity two-echelon vehicle routing problem with satellite synchronization[J]. Journal of Industrial and Management Optimization, 2023, 19(2):1187-1210.

[13] KANCHARLA S R, RAMADURAI G. Multi-depot two-echelon fuel minimizing routing problem with heterogeneous fleets: model and heuristic[J]. Networks and Spatial Economics, 2019, 19:969-1005.

[14] BEVILAQUA A, BEVILAQUA D, YAMANAKA K. Parallel island based memetic algorithm with Lin-Kernighan local search for a real-life two-echelon heterogeneous vehicle routing problem based on Brazilian wholesale companies[J]. Applied Soft Computing, 2019, 76:697-711.

[15] 李正雯, 胡蓉, 钱斌,等. 学习型离散排超联赛算法求解带时间窗的绿色多车型两级车辆路径问题[J]. 控制理论与应用, 2023, 40(3):549-557.

[16] WANG Z, WEN P. Optimization of a low-carbon two-echelon heterogeneous-fleet vehicle routing for cold chain logistics under mixed time window[J]. Sustainability, 2020, 12(5):1967.

[17] ANDERLUH A, HEMMELMAYR V C, NOLZ P C. Synchronizing vans and cargo bikes in a city distribution network[J]. Central European Journal of Operations Research, 2017, 25:345-376.

[18] MÜHLBAUER F, FONTAQINE P. A parallelised large neighbourhood search heuristic for the asymmetric two-echelon vehicle routing problem with swap containers for cargo-bicycles[J]. European Journal of Operational Research, 2021, 289(2):742-757.

[19] AGÁRDI A, KOVÁCS L, BÁNYAI T. Two-echelon vehicle routing problem with recharge stations[J]. Transport and Telecommunication Journal, 2019, 20(4):305-317.

[20] WU Z, ZHANG J. A branch-and-price algorithm for two-echelon electric vehicle routing problem[J]. Complex & Intelligent Systems, 2021:1-16.

[21] LI H, LIU Y, CHEN K, et al. The two-echelon city logistics system with on-street satellites[J]. Computers & Industrial Engineering, 2020, 139:105577.

[22] 林明锦, 王建新, 王超. 考虑动态度和时间窗的两级车辆路径问题[J]. 计算机集成制造系统 ,2022, 28(6):1870-1887.

[23] DELLAERT N, DASHTY SARIDARQ F, VAN WOENSEL T, et al. Branch-and-price-based algorithms for the two-echelon vehicle routing problem with time windows[J]. Transportation Science, 2019, 53(2):463-479.

[24] MHAMEDI T, ANDERSSON H, CHERKESLY M, et al. A branch-price-and-cut algorithm for the two-echelon vehicle routing problem with time windows[J]. Transportation Science, 2022, 56(1):245-264.

[25] LI H, ZHANG L, LV T, et al. The two-echelon time-constrained vehicle routing problem in linehaul-delivery systems[J]. Transportation Research Part B:Methodological, 2016, 94:169-188.

[26] GRANGIER P, GENDREAU M, LEHUÉDÉ F, et al. An adaptive large neighborhood search for the two-echelon multiple-trip vehicle routing problem with satellite synchronization[J]. European journal of operational research, 2016, 254(1):80-91.

[27] MARQUES G, SADYKOV R, DUPAS R, et al. A branch-cut-and-price approach for the single-trip and multi-trip two-echelon vehicle routing problem with time windows[J]. Transportation Science, 2022, 56(6):1598-1617.

[28] WANG Y, ZHANG S, ASSOGBA K, et al. Economic and environmental evaluations in the two-echelon collaborative multiple centers vehicle routing optimization[J]. Journal of Cleaner Production, 2018, 197:443-461.

[29] VINCENT F Y, JODIAWAN P, HOU M L, et al. Design of a two-echelon freight distribution system in last-mile logistics considering covering locations and occasional drivers[J]. Transportation Research Part E:Logistics and Transportation Review, 2021, 154:102461.

[30] ANDERLUH A, NOLZ P C, HEMMELMAYR V C, et al. Multi-objective optimization of a two-echelon vehicle routing problem with vehicle synchronization and “grey zone” customers arising in urban logistics[J]. European Journal of Operational Research, 2021, 289(3):940-958.

[31] 李珍萍, 张煜炜, 吕香潭. 同时考虑配送与安装需求的带时间窗车辆路径问题[J]. 科学技术与工

程, 2018, 18(33):93-100.

[32] BELGIN O, KARAOGLAN I, ALTIPARMAK F. Two-echelon vehicle routing problem with simultaneous pickup and delivery: mathematical model and heuristic approach[J]. Computers & Industrial Engineering, 2018, 115:1-16.

[33] ZHOU H, QIN H, ZHANG Z, et al. Two-echelon vehicle routing problem with time windows and simultaneous pickup and delivery[J]. Soft Computing, 2022, 26(7):3345-3360.

[34] DUMEZ D, TILK C, STEFAN I, et al. The two-echelon vehicle routing problem with backhauls and capacitated satellites[C]//Roadef 2023. 2023.

[35] WANG K, LAN S, ZHAO Y. A genetic-algorithm-based approach to the two-echelon capacitated vehicle routing problem with stochastic demands in logistics service[J]. Journal of the Operational Research Society, 2017, 68:1409-1421.

[36] LIU R, TAO Y, HU Q, et al. Simulation-based optimisation approach for the stochastic two-echelon logistics problem[J]. International Journal of Production Research, 2017, 55(1):187-201.

[37] 胡乔宇, 杨琨, 刘冉. 考虑随机客户需求的两级车辆路径问题研究[J]. 工业工程与管理, 2018, 23(5):74-81.

[38] SLUIJK N, FLORIO A M, KINABLE J, et al. A chance-constrained two-echelon vehicle routing problem with stochastic demands[J]. Transportation Science, 2023, 57(1):252-272.

[39] HEIDARI A, IMANI D M, KHALILZADEH M, et al. Green two-echelon closed and open location-routing problem: application of NSGA-Ⅱ and MOGWO metaheuristic approaches[J]. Environment, Development and Sustainability, 2023,25(9):9163-9199.

[40] PICHKA K, BAJGIRAN A H, PETERING M E H, et al. The two echelon open location routing problem: mathematical model and hybrid heuristic[J]. Computers & Industrial Engineering, 2018, 121:97-112.

[41] GUIMARÃES T A, COELHO L C, SCHENEKEMBERG C M, et al. The two-echelon multi-depot inventory-routing problem[J]. Computers & Operations Research, 2019, 101:220-233.

[42] SLUIJK N, FLORIO A M, KINABLE J, et al. Two-echelon vehicle routing problems: a literature review [J]. European Journal of Operational Research, 2023, 304(3):865-886.

[43] 何继天, 许维胜, 曾正洋. 一种求解两级累计式车辆路径问题的两阶段启发式算法[J]. 机电一体化, 2014, 20(4):61-65.

[44] ABDEL-BASSET M, ABDEL-FATAH L, SANGAIAH A K. Metaheuristic algorithms: a comprehensive review[J]. Computational Intelligence for Multimedia Big Data on the Cloud with Engineering Applications, 2018:185-231.

[45] 陈雪, 胡蓉, 王辉, 等. 学习型蚁群算法求解一类复杂两级车辆路径问题[J]. 系统仿真学报 2023, 35(11):2476-2495.

[46] 魏占阳, 邬炼, 张佳伟, 等. 基于自适应大规模邻域搜索算法的两级车辆路径问题[J]. 物流科技, 2015, 38(8):4-7.

[47] DESAULNIERS G, DESROSIERS J, SOLOMON M M. Column generation[M]. Berlin: Springer Science & Business Media, 2006.

[48] 王霄, 高贺云. 城市配送系统中的车辆路径问题研究[J]. 物流工程与管理, 2019, 41(4):85-87.

[49] 葛显龙, 张小晓, 王博. 考虑前置仓协作的两级生鲜配送路径优化研究[J]. 计算机工程与应用, 2022, 58(15):330-340.

第 12 章　基于人工智能的物流配送优化研究

随着科学技术的不断发展和人们对物流服务水平的不断提高,人工智能正逐渐被广泛应用于物流配送领域。强大的学习能力、自主性、知识获取和处理能力、逻辑思维、自我优化和并行处理等特点,使其成为物流领域的有力助手。基于人工智能的物流配送优化成为国内外学者研究前沿与热点。

本章首先论述机器学习、大数据分析、物联网技术等新技术在物流配送领域应用及其相应国内外研究现状与趋势;其次,详细论述了基于强化学习配送优化、基于大数据分析的物流配送优化、基于物联网的配送车辆路径规划与动态调度优化等三个方面的优化模型、算法设计与应用案例。

12.1　基于人工智能的物流配送优化问题及其应用概述

基于人工智能的物流配送优化问题近年来受到国内外学者广泛关注。本节首先从机器学习、大数据、物联网等三个方面简要介绍人工智能总体情况;其次,介绍无人机配送技术、强化学习、物联网技术等技术与方法在物流配送中实践应用情况。

12.1.1　人工智能概述

人工智能(artifical intelligence,AI)是一种能让计算机和机器模拟人类智慧和解决问题能力的技术。人工智能本身或与其他技术(如传感器、地理定位、机器人技术)相结合,可以执行原本需要人类智能或干预的任务。日常生活中我们常使用到的人工智能有数字助理、卫星定位系统、自动驾驶汽车和生成式人工智能工具(如 ChatGPT)。

作为计算机科学的一个领域,人工智能包括主要涉及机器学习和深度学习、大数据分析、物联网技术等。这些学科涉及仿照人脑的决策过程开发人工智能算法,这些算法可以从现有数据中“学习”,并随着时间的推移做出越来越准确的分类或预测。同时,将人工智能与大数据和物联网相结合也是当今主流的研究内容。

1. 机器学习

机器学习是人工智能的一个子领域,主要研究如何利用数据和算法让人工智能模仿人类的学习方式,逐步提高其准确性。机器学习使用在数据集上训练的算法来创建自学模型,这些模型能够在没有人工干预的情况下预测结果并对信息进行分类。

机器学习是最常见的人工智能形式之一,在通常的用法中,“机器学习”和“人工智能”这两个术语经常被交替使用。但是,这两个词在意义上是不同的。人工智能指的是创造具有人类认知能力的机器的一般尝试,而机器学习则特指使用算法和数据集来实现这一目标。机器学习有几种不同的类型,包括有监督的机器学习、无监督机器学习、半监督机器学习、强化学习。

2. 大数据分析

大数据，指大型数据集。该术语源于20世纪90年代中期，由美国科学家Doug Mashey提出。大数据的传统特征是“三个V”：数量（volume）、速度（velocity）和种类（variety）。数量是指此类数据集的庞大规模；速度是指生成和分析此类数据的速度；种类是指数据的多种不同类型，可以是文本、音频、视频或其他形式。

大数据分析是指对大量数据和复杂数据集（即大数据）进行系统处理和分析，以提取有价值的见解。通过大数据分析，可以从大量原始数据中发现趋势、模式和相关性，帮助分析人员做出以数据为依据的决策。机器学习和深度学习是大数据分析中常用的算法方法，可以帮助我们从大数据中挖掘隐藏的模式和关系。

3. 物联网

物联网（IOT）是互联网的延伸。它包括互联网和因特网的所有资源，兼容互联网的所有应用。物联网技术利用局域网或互联网等通信方式，将传感器、控制器、机械设备、人员和物资等连接起来，形成人与物、物与物之间的连接，实现了信息、远程管理控制和智能化的网络化。

物联网设备遍布各个领域，从智能恒温器等简单的“智能家居”设备，到智能手表等可穿戴设备，再到复杂的工业机械和运输系统，无所不包，“智能城市”这一概念的提出也正是以物联网技术为基础。物联网使这些智能设备能够相互通信，并与其他支持互联网的设备通信，通过创建一个庞大的互联设备网络，进行数据的交换并自主执行各种任务。

物联网设备在日常运作中会不断产生各种数据，这些数据可以被AI系统用来训练和优化模型，从而提高预测的准确性和决策的智能化水平。并且AI技术也可以被用来优化物联网系统的运作。例如，AI可以通过对物联网设备产生的数据进行深度分析和学习，实现对设备的智能控制和管理，提高设备的运行效率。

12.1.2 人工智能在物流配送领域的应用

1. 无人机配送技术应用

随着机械科学研究水平的不断提高，无人配送车的应用已逐渐发展成为服务行业。

AI正在逐步渗透到物流领域，彻底颠覆传统的物流模式，成为未来的发展趋势，而中国在“第五代移动通信技术（5G）”网络研究方面也取得了很大进展。5G基站在全球范围内逐渐普及[1,2]。5G与AI的融合，必然会为“非接触式”模式的发展提供有利的技术条件。两会提出的“智慧物流”也为“非接触式”的发展提供了有利的外部条件。“非接触式配送”是一种新型的物流配送方式，目前尚处于探索阶段，相关知识储备尚不完善，需要进一步探讨和研究[3]。

美国快递企业Instacart和Postmates推出了“非接触式配送”的概念。Instacart是一家总部位于旧金山的企业，已经开始了一项小型的“入口”配送业务。很多人喜欢这项服务，所以平台决定将这项服务扩展到北美地区[4]。

在未来的日子里，无人驾驶技术将逐渐普及。但仍有许多成本和相关法律法规不完善，需要深入探讨。

2. 基于强化学习的物流配送问题

强化学习在物流配送相关领域应用具有重要的理论和实践意义。将强化学习应用于物流配送中的复杂问题，可以推动强化学习算法和理论的发展，特别是针对高维度、动态和不确定性环境的优化问题。同时，物流配送优化问题为强化学习研究提供了丰富的应用场景，有助于促进运筹学、计算机科学和管理科学等多学科的交叉融合，推动相关领域的理论创新。除了理论意义，强化学习在物流配送领域也具有丰富的实践意义，利用强化学习算法，可以实现物流配送决策的自动化和智能化，减少人工干预，提高决策的准确性和时效性。通过优化路径和减少无效运输，强化学习在物流配送中的应用还有助于降低碳排放，促进绿色物流的发展。

机器学习在物流配送领域的应用，不仅能够解决当前物流配送中的诸多难题，还为未来智慧物流的发展提供了新的思路和技术支持。

3. 物联网技术在物流配送应用

在传统的货运流程中，运输货物常常会面临许多不确定因素，如路况、天气、车辆信息等。这些不确定因素可能使得货运时间增加，导致无法按时交货，增加运输成本。物联网技术在物流配送领域的应用对商品流通的各个环节进行革新升级。

通过将物流配送与大数据相融合，增强物流各节点之间的连贯性，降低空载率，提高物流资源的分配效率，提升车辆利用效率。同时，利用定位技术实时监测物流车辆的位置，动态提供最佳路线建议，使运输过程变得更加透明、高效。这样不仅可以有效降低运输过程中的风险，还可以提高物流效率，为企业的发展带来更多机会。同时，物联网技术能够对货物进行实时跟踪，使物流公司能够实时获得货物和资产的最新位置数据，这一功能可加强路线管理，提高交付准确性。利用传感器等物联网设备，公司可以实现库存跟踪和管理自动化，这项技术可确保准确的库存水平，并在供应不足时发出告警。

12.2　基于人工智能的物流配送优化研究现状

本节归纳总结目前国内外基于人工智能的配送优化相关研究成果，特别是强化学习、大数据分析与物联网等技术与方法在物流配送优化领域的相关研究成果与进展。

12.2.1　强化学习与深度强化学习

强化学习涉及智能体(agent)与其所处环境之间的持续互动，是一种动态的在线学习过程，如图 12-1 所示。强化学习通过智能体与环境的持续交互，学习如何在不同状态下采取最优行动，以最大化累积奖励。这种自适应学习和优化的能力，使其在物流配送中的应用前景十分广阔。研究者已经开始探索如何利用强化学习算法，解决物流配送中的关键问题，以提高系统的智能化和自动化水平。

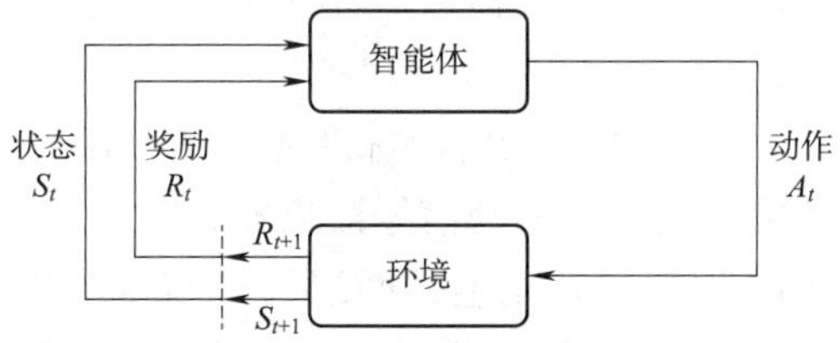

图 12-1　强化学习框架

Q 学习是一种基于值函数的强化学习方法，通过学习动作效用函数 Q 来指导智能体在特定情境下选择最优动作。Q 学习作为强化学习中的关键算法之一，特别适用于自动驾驶车辆在不熟悉环境中的路径优化问题。然而，在处理环境的高复杂性时，Q 学习可能会遭遇学习效率不高和收敛过程缓慢的挑战。蚁群算法，作为一类基于群体智能的优化策略，以其迅速定位局部最优解、出色的鲁棒性和适应性而著称。但该算法在优化过程中可能会遇到收敛速度缓慢的问题,有时还会倾向于陷入局部最优,从而导致搜索过程陷入僵局。

石立培[5]提出了一种融合改进型蚁群算法与Q学习的方法。该方法将蚁群算法中信息素的机制整合进Q学习框架内,使得自动驾驶车辆在执行路径规划和行为决策时,能够同时权衡信息素浓度和Q学习算法中的Q值指标,这种综合考量显著提升了学习过程的效率。王小康[6]研发了一种创新的路径规划算法,专为无人配送车设计,该算法改良了Q学习的基础框架。算法从模拟退火算法中汲取灵感,对ε-贪婪策略中的贪婪因子实施动态调整,这一过程在训练期间逐步优化,旨在均衡探索与利用的比重,从而增强算法的效率。此外,该算法对奖励系统进行了革新,将奖励值从离散形式转变为连续形式,并根据无人物流配送车与目的地之间的欧几里得距离调整奖励值的大小,以此促进车辆向目标点快速移动,加速算法的收敛。为了解决移动智能体在未知环境中的路径规划难题,彭云建[7]开发了一种Q学习路径规划算法,该算法优化了探索与利用之间的权衡。为应对传统强化学习算法在未知环境机器人路径规划中遇到的挑战,如低效的探索、缓慢的收敛、易受地形陷阱影响,以及由于缺乏中间状态导致的探索随机性,李子怡[8]引入了双重记忆机制、虚拟目标引导策略和自适应贪婪因子,并在此基础上,提出了一种新型的自适应Q学习算法,该算法利用虚拟目标引导来增强学习过程。为解决在路径规划问题中应用Q学习时,由于动作选择的不确定性和Q表更新的限制,智能体可能会频繁地探索非最优状态和路径从而降低算法的收敛速率这一问题,田晓航[9]融合了蚁群算法的信息素机制,提出了一种优化搜索范围的方法,以降低智能体进行无效探索的频率。为克服传统Q学习在收敛速度和学习效率方面的不足,杨秀霞[10]提出了一种分阶段的Q学习方法,用于机器人路径规划。这种方法通过阶段化的策略,优化了探索过程,提高了学习过程中的效率和效果,使得机器人在路径规划任务中能够更快地收敛到解决方案。

深度强化学习(DRL)在强化学习领域中代表了一种质的飞跃,特别是在处理复杂、高维问题时。DRL通过融合深度学习的能力来自动提取特征,极大地扩展了传统Q学习的应用范围。在高维状态空间中,DRL能够利用深度神经网络的强大功能来识别和学习环境中的模式,这一点在传统Q学习中通常需要人工进行特征工程。DRL的稳定性和收敛性也通过关键技术如经验回放和目标网络得到了显著提升,这些技术减少了训练过程中的不稳定性,并加速了学习过程。学者将深度强化学习应用于路径规划相关问题,发挥了其极大的实际意义。

田箫源[11]为解决标准强化学习算法在机器人避障路径规划中面临的学习周期长、探索性能不足以及奖励信号稀疏等难题,引入了一种改良的深度Q网络(DQN)策略。该策略在DQN框架的基础上,开发了一种新颖的障碍物学习机制,该机制通过减少对相同障碍物的冗余学习,优化了学习过程并提高了避障的效率和成功率。夏雨奇[12]提出了一种立足于经验分类的深度Q网络,从而得到了一种具有较强的泛化水平的状态空间。有关结果表明,相对于传统的路径规划算法,该方法求解得出的路径结果显著地提高了无人车的学习能力和效率,同时增强了其泛化能力。为克服传统基于深度双Q学习网络(DDQN)在移动机器人路径规划中的局限性,如在复杂环境中搜索不全面和收敛速度缓慢,张磊[13]提出了一种改良的深度双Q网络学习算法,称为I-DDQN。该算法首先采用竞争网络结构对DDQN的价值函数进行更准确的估计。进一步,I-DDQN引入了一个创新的双层控制策略,用以指导机器人的路径探索。在此策略中,上层控制器依托价值函数来探索局部最优动作,而下层控制器则负责学习全局任务策略。这种双层结构的设计旨在实现对局部和全局信息的深度融合,以促进更有效的路径搜索。为应对传统路径规划算法在城市末端无人物流配送中的挑战,包括效率低下、易陷入次优解以及随配送规模扩大而时间成本剧增等问题,韩岩峰[14]开发了一种融合注意力机制和深度强化学习(DRL)的改进算法。新算法利用深度强化学习对配送任务进行优化,通过注意力机制增强对关键决策因素的识别和响应,从而提高配送时效性,并有效规避次优解。周盛世等[15]针对未知环境下的机器人路径规划,基于深度确定性策略梯度(DDPG)算法,结合人工势场法设计了回报函数,改进的 DDPG 算法通过结合人工势场法,在训练中能够给予模型一定的指引,减少训练的盲目性和随机性,从而大大缩短训练时间,更早得到优化模型。

12.2.2 大数据分析

对于管理海量数据集,大数据分析是一种很有前途的方法,这些数据通常规模巨大、种类繁多、结构复杂[16]。早在 2015 年,就已经有出版物通过大数据技术研究模式发现。Zhong 等[17]使用大数据方法通过分析从 RFID 设备收集的数据来发现制造车间的物流轨迹。Cottrill 和 Derrible[18]从智能手机和各种智能基础设施中收集数据,应用大数据方法来提高可持续交通有用指标的识别准确性。Sodero 等[19]进行了使用大数据进行物流和供应链管理预测分析的研究。Sun 等[20]应用大数据分析船舶延迟模式,以支持生产调度。Zheng 等[21]运用大数据方法支持对电子商务公司不同物流配送模式的分析。Gholizadeh 等[22]使用大数据来支持可持续采购和物流问题的鲁棒模糊随机规划建模。

特别地,许多现有的工作常使用大数据分析和机器学习进行需求预测。Mehmood 等[23]开发了一个包含多个场景的模型,以探索一个理论框架,该框架的重点是利用大数据将交通需求(人员和货物流动性)与城市交通服务供应相匹配。Shang 等[24]利用大数据预测航空货运物流中实际到达时间与计划到达时间偏差所产生的运输风险,并将结果输入贝叶斯非参数模型,以估计每次飞行的运输风险的条件密度函数。Lakshmanaprabu 等[25]使用车载自组网(VANET)生成的实时数据,并应用大数据技术 Hadoop 来获得支持路由优化的见解,他们应用了蚁群优化(ACO),结果表明,随着 Hadoop 的应用,该算法所需的处理时间明显减少。Liu 等[26]也应用了大数据、ML 和 IoT 来确定大规模洗衣服务的最佳运输路径和物流问题的重新路由,他们应用机器学习来预测客户的需求偏好,并支持路由和资源分配决策,结果表明,在新的先进应用下,可以显著提高作业效率。

12.2.3 物联网

随着互联网技术的深入发展,智慧物流的关注度逐渐提高,已被业界视为未来物流发展的必然趋势之一。在电子商务和"互联网 +"的大背景下,传统物流企业和物流园区纷纷探索智能化转型之路。智慧物流模式的智慧化主要体现在管理和服务方式的智慧化,以及公共信息平台的建设,以满足不同用户的信息需求。因此,物流信息系统不能是孤立的、静态的,而是需要动态地参与外部系统的信息交换,实现数据交换和信息共享。

基于上述现状,许多学者对物联网在物流配送领域展开了深入研究。

陈丰照等[27]针对物流配送的特点,利用 GIS、卫星定位系统、传感器技术和无线网络通信技术,提出了基于物联网的智能物流配送的系统框架。根据嵌入式设备的存储能力和计算能力有限的特点,动态划分地图区域的思想和矢量栅格存储结构,并对优化的 Dijkstra 算法及物流配送数据管理功能进行了探讨,减少了内存存储空间,提高查询速度和系统的整体效率。为解决蔬果类商品网上直销物流配送"最后一公里"难题,都牧等[28]根据我国大城市交通特点和居民生活习惯,应用物联网技术提出一种蔬果网上直销的"农-宅"配送系统方案,设计和制造了一种基于物联网和无线通信技术的智能配送柜,并运用 Web Service 技术,以 XML 为数据交换标准,以 SOAP 为数据交换协议,将物联网和手机短信服务(SMS)植入物流配送过程,实现了支持异步签收的蔬果类商品网上直销"农-宅"配送模式,最后将该系统应用于北京碧缘蔬菜网上直销平台。杜辉等[29]提出了在物联网背景下的物流配送系统功能和系框架设计及总体硬件构成。系统设计目的是整合物流配送中的各类数据信息,解决"配送需求迷雾"和"配送资源迷雾"来提升物流配送的效率。Bill Karakostas 等[30]提出了基于物联网技术的智能运输跟踪系统,并对其有效性进行了案例研究。Paulo 等[31]提出物联网技术为智能仓储管理创建了实用平台,并指出基于物联网技术的信息平台建设的重点是射频识别、普适计算和多代理系统。Tang[32]针对当前物流系统存在的弊端,以某物流园区为例,提出了智慧物流园区信息平台建设的规划方案,在研究物流园区信息化建设现状和信息化需求的基础上,进行了基于物联网的智慧物流信息系统的需求分析和系统框架设计,实现了物流园区智能分析、感知、优化决策、高效执行等功能。为了减少冷链物流的碳排放,促进生态文明建设,姚臻等[33]综合考虑物联网技术优势和冷链物流的特点,引入软时间窗、客户满意度和碳排放量等为主要约束条件,提出碳税制度下总成本最小为目标函数的物流配送路径优化模型。

12.3 基于分层强化学习框架解决大规模多无人机任务调度问题

下面首先介绍多无人机任务调度问题优化模型,针对大规模多无人机调度问题的特征,提出分析其基于分层强化学习框架的求解总体思路;其次,介绍基于深度强化学习的求解方法;最后,详细分析基于分层强化学习算法的仿真算例实验效果。

12.3.1 多无人机任务调度问题建模

1. 问题建模

假定当前无人机任务集合 $T=\{0,1,\cdots,N\}$,其中 0 和 N 为无人机基地,所有无人机均从基地出发并返回基地;无人机集合 $U=\{1,2,\cdots,V\}$,其中 V 为无人机数量;x_{ijk} 为 0-1 变量,其值为 1 表示第 k 架无人机从任务点 i 出发前往 j 点执行任务;y_{ik} 同样为 0-1 变量,其值为 1 表示第 k 架无人机执行任务 i;z_{ik} 为连续变量,表示第 k 架无人机到达任务点 i 时所剩余的航程大小。针对多无人机任务路径规划问题,考虑无人机在执行任务过程中不能超过其最大航程 L,在此基础上使得所有无人机所执行的任务数量最大,由此得到多无人机任务路径规划数学模型如下:

$$\max \sum_{i=1}^{N-1} \sum_{k=1}^{V} y_{ik} \tag{12-1}$$

$$\sum_{k=1}^{V} y_{ik} \leqslant 1,\quad i \in \{1,2,\cdots,N-1\} \tag{12-2}$$

$$\sum_{j=1}^{N} x_{ijk} = y_{ik},\quad i \in \{1,2,\cdots,N-1\},k \in \{1,2,\cdots,V\} \tag{12-3}$$

$$\sum_{j=1}^{N} x_{ijk} = \sum_{j=0}^{N-1} x_{jik} \leqslant 1,\quad i \in \{0,1,\cdots,N\},k \in \{1,2,\cdots,V\} \tag{12-4}$$

$$\sum_{k=1}^{V}\sum_{j=1}^{N-1} x_{0jk} = \sum_{k=1}^{V}\sum_{i=1}^{N-1} x_{iNk} = V \tag{12-5}$$

$$\sum_{i=0}^{N}\sum_{j=0}^{N} d_{ij} \cdot x_{ijk} \leqslant D,\quad k \in \{1,2,\cdots,V\} \tag{12-6}$$

$$z_{ik} - z_{jk} + D \cdot x_{ijk} \leqslant D - d_{ij},\quad i \neq j \in \{0,1\cdots,N\},k \in \{1,2\cdots,V\} \tag{12-7}$$

$$0 \leqslant z_{ik} \leqslant D - d_{i0},\quad i \in \{1,2,\cdots,N\},k \in \{1,2,\cdots,V\} \tag{12-8}$$

其中,D 为无人机最大航程,式(12-1)表示目标函数为所有无人机所执行的任务数量最大;式(12-2)～式(12-4)表示所有任务最多只能被执行一次;式(12-5)表示所有无人机均由基地出发并返回基地;式(12-6)表示每架无人机的总航程需小于其最大航程;式(12-7)和式(12-8)则避免子路径的产生。

2. 分而治之框架

为了降低大规模多无人机任务调度问题的复杂性,基于分而治之原则将原问题划分为任务分配和无人机路径规划两个子问题。如图 12-2 所示,构建了包括上层和下层的分而治之框架。基于初始场景,在上层中生成任务子集并分配给相应的无人机。之后,每个无人机根据其分配的任务在下层执行无人机路径规划过程。

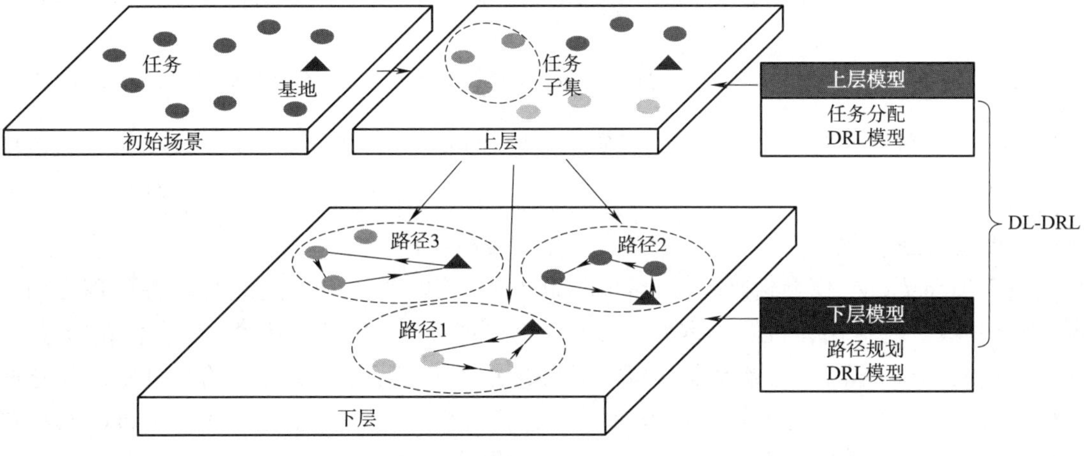

图 12-2　分而治之框架

基于分而治之框架,常见的能够有效解决多无人机任务调度问题的方法为 DR-DRL 方法,其中上层和下层分别使用两种不同的 DRL 模型。在上层构建一个用于任务分配的上层 DRL 模型来为每个任务选择合适的无人机。在下层,使用一个路径规划的下层 DRL 模型来规划每个无人机的可行任务路径。通过上下两层的结合,可以有效解决多无人机任务调度问题,同时该框架可用于如 M-TSP[34]、OP[35]等其他组合优化问题。

12.3.2 基于深度强化学习的求解方法

1. 马尔可夫决策过程

针对多无人机任务路径规划所面临的求解空间大,求解时间长等问题,基于分而治之框架将问题分解为任务分配和无人机路径规划两个子问题,并采用深度强化学习对其进行求解。在利用强化学习对多无人机任务路径规划问题进行求解中,需要构建由四元组构成的马尔可夫决策过程,即 $M=(S,A,P,R)$,其中 S 为状态空间、A 为动作空间、P 为状态转移规则、R 为奖励函数。马尔可夫决策过程具体如下:

状态:$s_t=(V_t,x_t^i)\in S$ 分为两部分,其中 $V_t=\{U_t^1,U_t^2,\cdots,U_t^v\}$ 为时间步 t 时已经被分配的任务集合,$U_t^i=\{u_1^i,u_2^i,\cdots,u_t^i\}$ 为第 i 架无人机在时间步 t 时所分配任务子集合;x_t^i 为时间步 t 时所需要进行分配的任务点二维坐标,对应任务集合 X 中的第 i 个元素,即 x_i。

动作:$a_t=(u_i,x_t^i)\in A$,表示为当前任务分配给相应的无人机,即将任务点 x_t^i 分配给无人机u_i 去执行。

状态转移规则:表示在当前状态 s_t 下执行动作 a_t 后,则按照一定的规则转移到下一个时刻的状态 s_{t+1},即 $s_{t+1}=(V_{t+1},x_{t+1}^i)=P(s_t,a_t)$。$V_{t+1}$内部元素和 x_{t+1}^i的更新如下:

$$U_{t+1}^j=\begin{cases}[u_t^j,x_t^i], & j=i\\ [u_t^j,u_t^j], & 其他\end{cases} \tag{12-9}$$

$$x_{t+1}^i=x_{i+1} \tag{12-10}$$

其中,[,]为向量连接,u_t^j 为 U_t^j中的最后一个元素,即为时间步 t 时无人机 u_j 所被分配到的最后一个任务点,如此处理即可保证所有无人机的任务子集维度相等,便于进行后续进行批处理。

奖励:针对整个多无人机任务规划问题而言,其目标函数为最大化任务执行数量,因此将奖励函数定义所有无人机所执行的任务总数量,即 $R=\sum_{i=1}^{v}T_i$,其中 T_i 为第 i 架无人机所执行的任务数量。

2. 策略网络架构

由于 Transformer 模型相比起传统的 LSTM、GRU 等模型,可以更好地建模并处理序列数据,因此其被广泛应用在自然语言处理[36]、计算机视觉[37]、推荐算法[38]、组合优化问题[39]当中。Transformer 模型基于编码器-解码器框架,并通过使用注意力机制将序列中的任意两个位置之间的距离缩小为一个常量,从而具有更好的并行性。因此,基于 Transformer 模型构建的用于处理多无人机任务分配的深度强化学习网络结构如图 12-3 所示。

编码器:在编码器中,通过将输入的节点信息(即无人机基地和所有任务点的坐标)映射到高维空间,并经过多层注意力层来对其特征进行提取。对于输入数据,首先通过线性层将其映射至高维空间(取 128 维)并整合,得到 h^0,接着通过 L 个注意力层对 h^0 进行处理,来得到输入数据的特征表示,其中每个注意力层包含一个多头注意力(MHA) 层和一个 feed-forward (FF) 层。

假定 h^l 为第 l 个注意力层的输出,在第 l 个注意力层中,MHA 基于多头注意力机制,根据输入的嵌入信息 $h^{l-1}=\{h_1^{l-1},h_2^{l-1},\cdots,h_N^{l-1}\}$ 产生 query、key 以及 value 向量,query、key、 value 的维度 $\mathrm{dim}=\dfrac{128}{M}$，其中 $M=8$ 为 MHA 中注意力机制的头数；接着根据得到的 query、key 以及 value 向量通过 softmax 计算权重信息从而得到每一头注意力的输出 Y_{lm}；最后将各头的输出进行拼接得到融合提升后的各节点嵌入，并经过残差网络和批标准化（BN）后得到初步的节点嵌入 $\hat{h}^l$，具体计算如下：

$$q_{lm}=W_{lm}^{Q}h^{l-1},\quad k_{lm}=W_{lm}^{K}h^{l-1},\quad v_{lm}=W_{lm}^{V}h^{l-1} \tag{12-11}$$

$$Y_{lm}=\mathrm{softmax}\left(\frac{q_{lm}^{T}k_{lm}}{\sqrt{\mathrm{dim}}}\right)v_{lm} \tag{12-12}$$

$$\mathrm{MHA}(h^{l-1})=[Y_{l1};Y_{l2};\cdots;Y_{lM}]W_{l}^{O} \tag{12-13}$$

$$\hat{h}^{l}=BN^{l}(h^{l-1}+\mathrm{MHA}(h^{l-1})) \tag{12-14}$$

其中，$W_{lm}^{Q},W_{lm}^{K},W_{lm}^{V}\in\mathbf{R}^{M\times128\times\mathrm{dim}}$，$W_{l}^{O}\in\mathbf{R}^{128\times128}$为第 l 个注意力层中的网络训练参数。

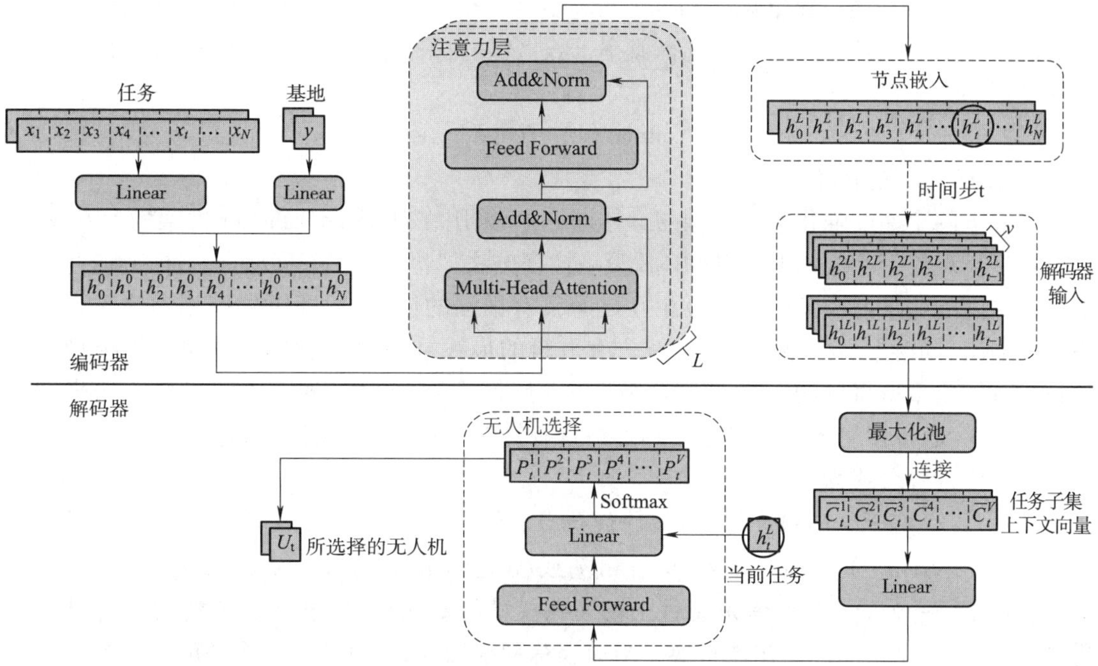

图 12-3　多无人机任务分配深度强化学习网络结构

经过多头注意力层处理后的节点嵌入传递到 feed-forward（FF）层，经过两个线性层和 Relu 激活函数，并同样经过残差网络（skip-connection）和批标准化（batch normalization，BN）得到最后的节点嵌入 h^l。经过 L 个注意力层的处理后得到将节点嵌入 h^L，在此基础上将图嵌入 $\bar{h}^L$ 取为节点嵌入的均值。具体计算如下：

$$h^{l}=\mathrm{BN}^{l}(\hat{h}^{l}+\mathrm{FF}^{l}(\hat{h}^{l})) \tag{12-15}$$

$$\bar{h}^{L}=\frac{1}{n}\sum_{i=1}^{n}h_{i}^{L} \tag{12-16}$$

解码器：在解码器中，主要是为当前的任务节点选择对应的无人机，并将该任务节点加入其任务子集当中。具体而言，通过对已分配任务方案进行嵌入并和当前节点嵌入进行结合处理来实现无人机的选择，其中已分配任务方案是指所有无人机的当前被分配任务节点集合，对于每一架无人机而言，其对应的特征表示为 $\widetilde{C}_t^i=[h_0^{iL},h_1^{iL},\cdots,h_{t-1}^{iL}]$，其中 h_j^{iL} 为无人机 u_i 的第 j 个任务节点在节点嵌入 h^L 中对应的值。接着将所有无人机的已分配任务节点集合特征表示经过最大化池(max-pooling)并进行连接得到整个所有无人机的任务子集上下文向量 $\hat{C}_t^{TS}$，并经过一个线性层后再经过 FF 层处理得到最终的任务子集嵌入 H_t^{TS}。具体计算如式(12-17)~式(12-19)。

$$\overline{C}_t^i=\max(\widetilde{C}_t^i) \tag{12-17}$$

$$\hat{C}_t^{TS}=[\overline{C}_t^1,\overline{C}_t^2,\cdots,\overline{C}_t^V] \tag{12-18}$$

$$H_t^{TS}=FF(W_1\hat{C}_t^{TS}+b_1) \tag{12-19}$$

为了得到当前任务节点所对应的无人机编号，将 H_t^{TS} 与当前任务节点在 h^N 中对应的嵌入 h_t^N 进行连接，并通过权重矩阵和残差分别为 W_2 和 b_2 的线性层和 softmax 得到针对当前被分配任务节点下各架无人机的选择概率，通过贪婪或采样的策略进行无人机编号的选取。具体计算如下：

$$p_t=\mathrm{softmax}(W_2[H_t^{TS},h_t^N]+b_2) \tag{12-20}$$

3. 交互式训练策略

在上下两个深度强化学习模型的具体训练中，采用在基于 Transformer 框架的 DRL 模型上有良好表现得带基线的 REINFORCE 策略梯度方法[40]。由于基于分而治之框架构建的上下两层深度强化学习模型(M_u,M_l)相互之间具有很强的依赖性，即下层模型的输入为上层模型的输出，同时上层模型中任务分配方案取得的最终结果(即奖励值)是由下层模型通过执行该分配方案所得到的。因此在训练上下两层模型时，采用一种交互式训练方法来训练上下两层模型，以使得各个模型学习到更加具有针对性的策略，伪代码如算法 12-1 所示。其得到其梯度计算公式为。

$$\nabla L(\theta|s)=\mathbb{E}_{p_\theta}(\pi|s)[(L(\pi)-L(\pi^{BL}))\nabla_\theta \log p_\theta(\pi|s)] \tag{12-21}$$

其中，$L(\pi)$、$L(\pi^{\mathrm{BL}})$ 分别为训练模型和基线模型的成本函数。基线采用 greedy rollout policy，并在每一个 epoch 训练完成后比较训练模型与基线模型，若所训练的模型有显著改进，则将基线模型中的网络参数替换为当前训练网络的参数，由此来减小梯度的方差并加快训练速度。

算法 12-1　交互式训练策略

输入：周期数 E；预训练周期数 E_p；密集训练周期数 E_t；连续训练周期数 E_c；

Initialization：上层网络模型参数 M_u；下层网络模型参数 M_l；

for i = 1,2,⋯, E_p **do**
　REINFORCE(M_l)；
end for
for epoch = 1,2,⋯,E **do**
　REINFORCE(M_u)；
　if epoch < E_t **then**

```
7:          if epoch % E_c == 0 then
8:             由当前上层模型生成下层模型训练数据集;
9:             REINFORCE(M_l);
10:        end if
11:     else
12:        由当前上层模型生成下层模型训练数据集;
13:        REINFORCE(M_l);
14:     end if
15:  end for
```

在对分层模型进行训练时，首先对下层模型进行预训练（1 ~ 3 行），以使得其学习到一定的路径规划策略，避免后续训练出现较大振荡的情况；接着基于当前下层所训练得到的模型进行上层模型的训练，此时下层模型固定不变，只进行上层模型的训练过程；当上层模型训练完一定周期数后，由当前上层模型生成下层模型训练数据进行下层模型的训练，依次交替进行上下层模型训练直至训练完毕。

上下层模型的交互训练存在两个阶段：一是在上层模型刚开始训练时，为了让其快速学习到一定的求解策略，采用密集训练（6 ~ 10 行），当上层模型训练完 E_c个 周期后，进行下层模型的训练；二是在上下两层模型已学习到一定的求解策略后，进行单步交替训练以进一步提升模型求解效果（5、12 ~ 13 行）。同时，根据上层模型生成下层模型训练数据时，由于数据生成是按照一定的无人机顺序而产生，因此需要将所生成的数据集内的样本进行打乱后传递至下层进行下层模型训练（8、12 行）。

12.3.3　案例测试

Mao 等[41]为了验证 DL-DRL 方法能够有效地学习到解决多无人机任务任务调度问题的高效策略，分别将其与精确求解器（Gurobi）、性能优越的启发式算法（OR-tools）、基于分而治之框架的方法（K-means + VND，K-means + AM）以及与 DL-DRL 框架相同但采用独立训练得方法（DL-DRL-I）进行对比。通过消融实验验证所提出的交互式训练策略的有效性。此外，为了探究所提出方法的泛化性能，Mao 等将在现有场景下训练得到的模型运用到大规模实例当中，并同样进行对比实验，以此判断其泛化性能的好坏。

1. 实验场景及参数设置

基于文献[42]，针对多无人机分任务路径规划问题，在 1×1 的区域范围内以均匀分布随机生成无人机基地及客户点，考虑无人机数量分别为 4、6 以及客户点数量规模分别为 80、100、150、200、300 和 500 的情况，作为对比实验场景。其中 80、100 个客户点为小规模场景、150、200 个客户点为中规模场景、300、500 个客户点为大规模场景，以此展现各个对比算法在不同任务点规模下的求解效果，同时在各个场景下无人机的最大航程均取为 2.0，编码器中多头注意力层数取为 3。

DL-DRL 方法共包含任务分配和无人机路径规划两个不同的深度强化学习模型，其中任务分配过程采用 12.3.1 小节中的模型，训练 100 个 epoch，每个 epoch 的训练实例大小为 1 280 000，并将梯度范数裁剪至 3.0 以内，衰减系数取为 0.995；无人机路径规划过程采用

Kool[43]等所提出的基于注意力机制的深度强化学习模型(AM),并将梯度范数裁剪至1.0以内,衰减系数取为1.0;学习率更新采用Adam优化器且初始学习率设置为10-4。在交互式训练过程中,下层模型首先基于均匀分布随机生成的数据预训练5个epoch,即$E_p=5$,然后开始返回上层进行循环交替训练,其中intensive training epochs E_t取为10,针对无人机数量分别为4和6两类情况,上层模型的连续训练epoch数量E_c分别取为4和6,由此可以保证上下两层模型的训练数据量保持平衡,避免由于两个模型训练数据量相差过大而导致的模型过度震荡。

2. 学习性能

按照实验设置,针对不同场景训练DL-DRL模型。对于中小规模情况下的模型训练,使用单个具有24 GB的RTX 3090 GPU,而在大规模情况下使用两个GPU进行模型训练。对于每个训练周期而言,上层模型、下层模型和下层模型的数据生成时间见表12-1,其中U4-80表示该模型针对无人机数量为4,任务数量为80的场景进行训练。在模型训练过程之后,将训练模型的结果展示在图12-4,其中所有问题实例均为随机生成。从图12-4可以看出,训练模型可以在相应的情况下获得合理的解决方案。

图12-4(彩色)

表12-1 每个周期的训练时长

场　景	上层模型/min	下层模型/min	下层模型数据生成/min
U4-80	20.55	6.12	13.02
U4-100	24.58	6.58	14.06
U4-150	32.15	8.78	19.30
U4-200	55.98	11.15	22.77
U4-300	123.70	23.32	45.50
U4-500	206.37	31.28	84.95
U6-80	25.92	6.03	17.19
U6-100	30.65	6.63	18.58
U6-150	49.25	8.55	23.35
U6-200	72.10	11.32	29.15
U6-300	155.55	22.92	58.49
U6-500	262.43	31.27	116.02

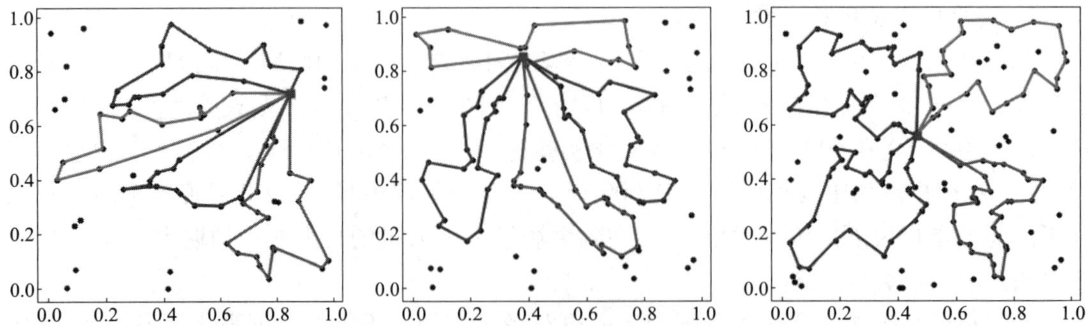

(a) U4-80　(b) U4-100　(c) U4-150

图12-4 模型训练结果

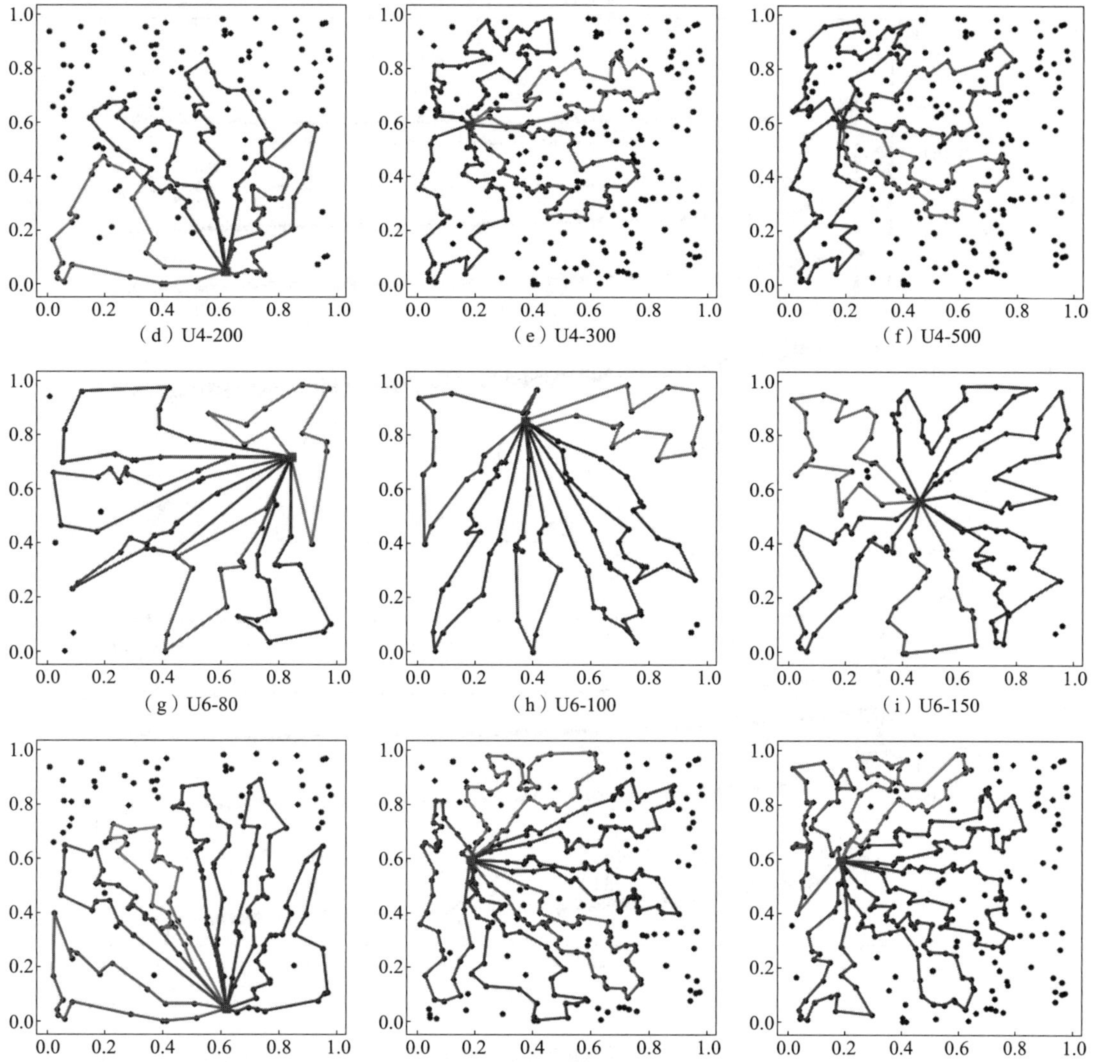
（d）U4-200　（e）U4-300　（f）U4-500

（g）U6-80　（h）U6-100　（i）U6-150

（j）U6-200　（k）U6-300　（l）U6-500

图 12-4　模型训练结果(续)

此外,在图 12-5 中绘制了训练过程中上层和下层模型的学习曲线,其纵坐标是成本值,它是执行任务总数的负数。因此,较低的成本值意味着更好的性能。从图 12-5 中,可以观察到两个现象:

图 12-5(彩色)

(1)对于下层模型,它在预训练过程中快速收敛,而在交互训练开始时成本值急剧增加。这种现象是由于预训练和交互训练的训练数据分布不同造成的,即前者是均匀分布,后者是由上层模型生成的。

(2)对于上层模型,成本值在早期训练阶段有几个快速下降的过程。这是由于下层模型在密集训练过程中根据上层模型生成的训练数据学习到更好的策略,上层模型很快获得了良好的性能。此外,由于状态和动作空间的扩大,学习曲线在大规模情况下波动更为明显,但是 DL-DRL 模型最终稳定收敛,表明模型已经学习了有效的策略。

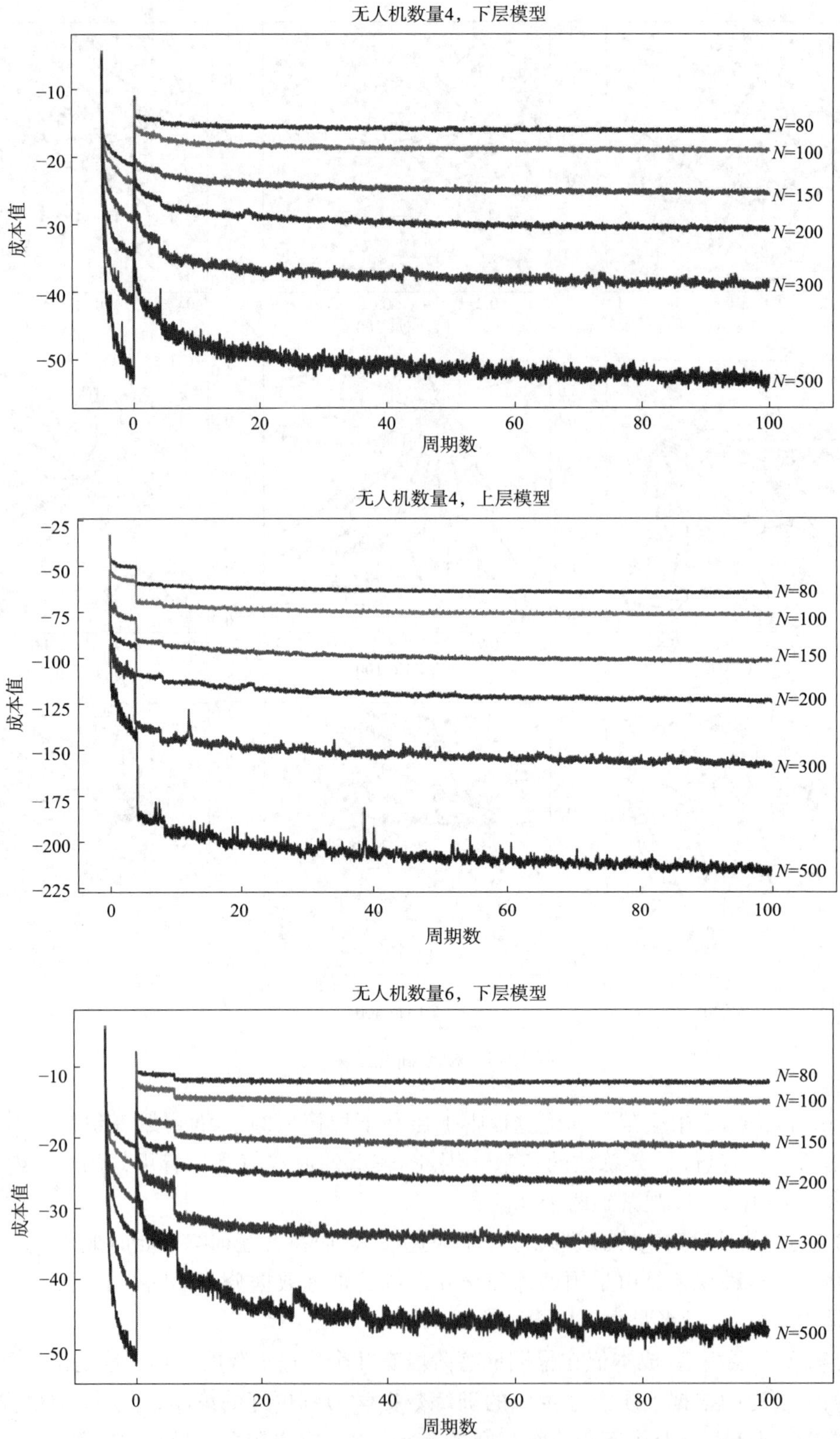

图 12-5 模型收敛曲线图

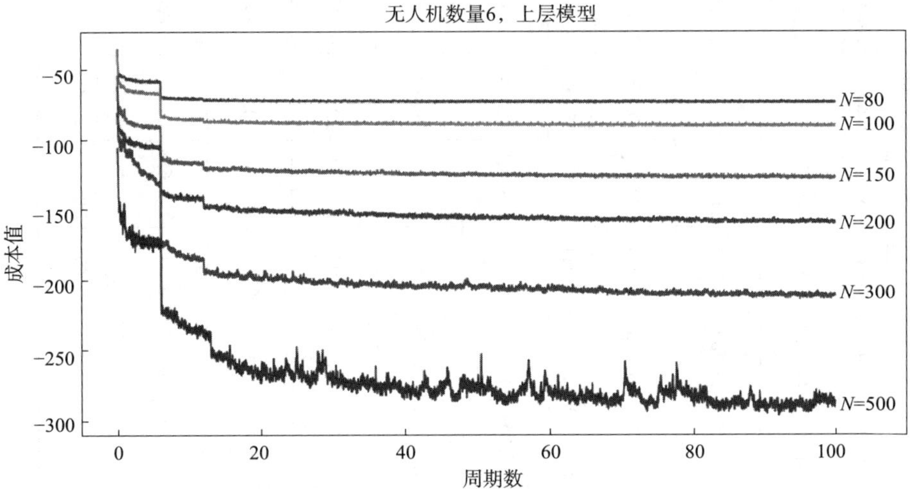

图 12-5　模型收敛曲线图(续)

3. 对比实验及分析

为了证明 DL-DRL 能够有效地解决多无人机任务路径规划问题,将训练所得到的模型与其他算法进行对比。首先将精确算法求解器 Gurobi 及性能优越的启发式算法 OR-tools 进行对比,来测试框架方法在解决多无人机任务路径规划问题中所取得效果;接着与同样基于分而治之框架的任务聚类 + 路径规划方法,即 K-means + VND 与 K-means + AM 进行对比,其中 AM 即为下层模型,来测试在同样的框架下,第 3.1 节中的框架方法是否具有更加优异的性能。最后将采用独立训练的模型 DL-DRL-I 与采用交互式训练的模型进行对比,来测试交互式训练策略对于模型效果的提升。在对比实验中,对于不同客户点数量规模分别生成 500 个实例进行测试,并取其结果平均值作为各个算法的对比实验结果,而对于 Gurobi 求解器,由于问题规模过大,其难以在可接受的时间内求解最优解,因此,在进行对比时将其求解时间限制在 1 800 s,求解 30 个实例,取其平均值作为对比实验结果。模型训练及实验测试均在 Intel Xeon(20 核 40 线程)、RTX3090(24 GB),并采用多核心和 GPU 加速算法运行和模型训练。针对不同场景下的多无人机任务路径规划的对比实验结果见表 3-2 和表 3-3。这些表给出了不同无人机和任务数量场景下所有方法的平均目标值(Obj.)、差距(Gap)和平均计算时间。

从表 12-2 和表 12-3 中可以看出,即使对于只有 80 个任务的场景,Gurobi 也无法获得最优解。同时,无论使用哪种解码策略, DL-DRL 总能获得比 Gurobi 更好的解。

对于表 12-2 中无人机数量为 4 的场景中,很明显 DL-DRL (Greedy)在求解效果和计算时间方面优于 K-means + VND 和 K-means + AM,并且随着任务规模的增加,这种优势变得更加显著。对于具有相同网络架构的 DL-DRL 和 DL-DRL-I,采样策略总是比贪心策略能够生成更好的解决方案,而且计算时间仅略有增加。DL-DRL(Greedy)优于 DL-DRL-I(Greedy)和 DL-DRL-I(Sampling),这表明交互式训练策略能够有效提高模型性能。与最先进的启发式算法(即 OR-Tools)相比, DL-DRL(Sampling)在任务最少的情况下求解效果方面稍差;然而,随着任务规模的增加,DL-DRL(Sampling)在求解效果和计算时间方面都优于 OR-Tools,这表明了 DL-DRL 在解决大规模多无人机任务调度问题方面的强大能力。

表 12-2 无人机数量为 4 时的对比实验结果

求解方法	$N=80$			$N=100$			$N=150$			$N=200$			$N=300$			$N=500$		
	Obj.	Gap/%	Time/s	Obj.	Gap/%	Time/s	Obj.	Gap/%	Time/s	Obj.	Gap/%	Time/s	Obj.	Gap/%	Time/s	Obj.	Gap/%	Time/s
Gurobi (1 800 s)	56. 767	11. 715	1 800	65. 367	14. 961	1 800	75. 100	27. 533	1 800	74. 367	40. 538	1 800	61. 767	61. 210	1 800	69. 333	68. 830	1 800
DL-DRL (Greedy)	63. 667	0. 984	0. 031	76. 200	0. 868	0. 033	102. 567	1. 029	0. 032	124. 067	0. 800	0. 035	158. 500	0. 460	0. 041	218. 933	1. 574	0. 054
DL-DRL (Sampling)	64. 300	0. 000	0. 107	76. 867	0. 000	0. 131	103. 633	0. 000	0. 214	125. 067	0. 000	0. 288	159. 233	0. 000	0. 444	222. 433	0. 000	0. 894
OR-tools	65. 436	0. 000	0. 380	76. 828	0. 721	0. 596	101. 338	2. 009	1. 250	121. 210	2. 872	2. 003	155. 600	2. 837	4. 411	208. 998	5. 192	11. 710
K-means + VND	56. 446	13. 739	39. 204	62. 648	19. 045	53. 312	74. 110	28. 338	67. 790	81. 466	34. 720	96. 508	94. 858	40. 767	164. 321	113. 878	48. 342	316. 446
K-means + AM	59. 684	8. 790	0. 123	69. 350	10. 384	0. 128	87. 138	15. 740	0. 394	100. 852	19. 185	0. 379	124. 772	22. 088	0. 538	154. 706	29. 821	0. 657
DL-DRL-I (Greedy)	58. 778	10. 175	0. 002	67. 614	12. 628	0. 002	90. 276	12. 706	0. 002	106. 684	14. 512	0. 003	134. 418	16. 064	0. 004	170. 204	22. 790	0. 007
DL-DRL -I (Sampling)	61. 321	6. 289	0. 124	71. 140	8. 071	0. 146	96. 414	6. 771	0. 213	115. 342	7. 574	0. 301	145. 412	9. 199	0. 424	188. 781	14. 363	0. 841
DL-DRL (Greedy)	64. 672	1. 168	0. 002	76. 666	1. 012	0. 003	102. 254	1. 124	0. 002	123. 762	0. 827	0. 003	159. 248	0. 559	0. 004	216. 658	1. 717	0. 006
DL-DRL (Sampling)	65. 282	0. 235	0. 114	77. 386	0. 000	0. 142	103. 416	0. 000	0. 210	124. 794	0. 000	0. 268	160. 144	0. 000	0. 406	220. 444	0. 000	0. 852

表 12-3　无人机数量为 6 时的对比实验结果

求解方法	$N=80$			$N=100$			$N=150$			$N=200$			$N=300$			$N=500$		
	Obj.	Gap/%	Time/s	Obj.	Gap/%	Time/s	Obj.	Gap/%	Time/s	Obj.	Gap/%	Time/s	Obj.	Gap/%	Time/s	Obj.	Gap/%	Time/s
Gurobi (1 800 s)	64. 367	12. 465	1 800	73. 233	19. 730	1 800	79. 633	38. 555	1 800	73. 267	54. 199	1 800	79. 800	62. 757	1 800	61. 000	79. 649	1 800
DL-DRL (Greedy)	73. 100	0. 589	0. 029	90. 267	1. 059	0. 031	128. 233	1. 055	0. 034	157. 367	1. 625	0. 039	211. 933	1. 089	0. 047	295. 400	1. 446	0. 064
DL-DRL (Sampling)	73. 533	0. 000	0. 154	91. 233	0. 000	0. 188	129. 600	0. 000	0. 273	159. 967	0. 000	0. 366	214. 267	0. 000	0. 579	299. 733	0. 000	1. 183
OR-tools	75. 418	0. 000	0. 497	92. 420	0. 000	0. 848	130. 086	0. 000	2. 212	160. 788	0. 026	3. 732	212. 456	1. 400	7. 996	292. 102	1. 843	20. 842
K-means + VND	68. 592	9. 051	20. 652	81. 376	11. 950	36. 324	104. 494	19. 673	88. 552	117. 542	26. 915	151. 360	135. 886	36. 936	221. 861	162. 250	45. 478	382. 920
K-means + AM	68. 310	9. 425	0. 135	82. 122	11. 143	0. 156	110. 142	15. 331	0. 194	136. 054	15. 405	0. 231	165. 104	23. 376	0. 276	193. 210	35. 074	0. 320
DL-DRL-I (Greedy)	68. 908	8. 632	0. 002	82. 598	10. 628	0. 002	110. 528	15. 035	0. 003	137. 092	14. 760	0. 003	178. 612	17. 107	0. 005	201. 762	32. 200	0. 008
DL-DRL-I (Sampling)	71. 008	5. 847	0. 134	85. 431	7. 562	0. 190	116. 293	10. 603	0. 263	144. 776	9. 982	0. 354	191. 234	11. 249	0. 570	226. 205	23. 987	1. 073
DL-DRL (Greedy)	74. 000	1. 880	0. 003	90. 716	1. 844	0. 004	128. 182	1. 464	0. 005	158. 962	1. 161	0. 005	213. 266	1. 024	0. 005	293. 182	1. 480	0. 008
DL-DRL (Sampling)	74. 320	1. 456	0. 136	91. 532	0. 961	0. 166	129. 588	0. 383	0. 244	160. 830	0. 000	0. 346	215. 472	0. 000	0. 526	297. 586	0. 000	1. 053

* Greedy 表示强化学习模型在解码过程采用贪婪策略；Sampling 表示强化学习模型在解码过程中通过解码 128 次采用并取其最优值作为最终结果的输出。

在表 12-3 中,同样可以发现类似的结果。DL-DRL(Greedy 和 Sampling)优于 K-means + VND、K-means + AM、DL-DRL-I(Greedy)和 DL-DRL-I(Sampling)。同时,DL-DRL(Sampling)能够产生于 OR-Tools 有竞争力的结果。在不超过 150 个任务的情况下,DL-DRL(Sampling)在求解效果方面略逊于 OR-Tools,但它的计算时间要短得多。当任务数量增加时,DL-DRL(Sampling)在求解效果和计算时间方面均优于 OR-Tools。综上所述,DL-DRL 的性能优于 Gurobi、K-means + VND、K-means + AM 和 DL-DRL-I。同时,其在大规模情况下优于 OR-Tools,并且在问题规模较小时能够以更短的计算时间生成与 OR-Tools 有竞争力的结果。

4. 消融实验

为了研究交互式训练策略中不同过程的影响,在具有 4 架无人机和 80 个任务的场景中构建了消融实验。模型训练采用不同的训练策略并记录训练过程中的成本值。图 12-6 展示了整个训练过程的成本值曲线,其中 ITS/X 表示从交互式训练策略中删除 X 过程的训练策略。例如,"ITS/密集"表示只包括预训练和交替训练过程的训练策略。

图 12-6(彩色)

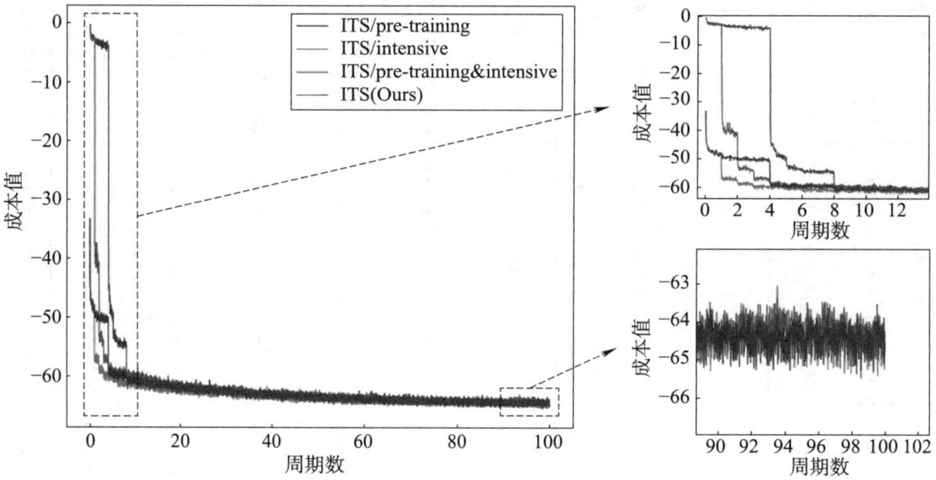

图 12-6　消融实验结果

从图 12-6 中,可以看出预训练模型在交互式训练开始时表现更好(如 ITS 与"ITS/预训练"对比)。密集训练过程将收敛速度降低了几个周期(如"ITS/预训练"与"ITS/预训练和强化"对比)。但是对于每个训练周期,根据表 3-1 数据,下层模型的训练数据生成耗时远大于低层模型训练的耗时。密集训练过程可以跳过耗时的下层模型训练数据生成过程,从而有效地减少了整个训练时长。在模型的最终性能上,交互式训练策略(ITS)与"ITS/密集"的性能相似,而 ITS 的整个训练时间比 ITS/密集的训练时间要短得多,因为跳过了下层训练数据生成过程。从表 12-1 中可以看出,在大规模情况下,下层模型的训练数据生成可能需要几个小时。因此,使用具有密集训练过程的 ITS 来加速整个训练过程,并且不会有性能的降低。

5. 泛化性测试

通过使用经过训练的模型来解决更大规模的问题,并将其与几个方法进行比较来验证 DL-DRL 方法的泛化性能。优于采样策略只需稍微增加计算时间即可获得更好的解决方案,因此采用 DL-DRL(Sampling)用于评估泛化性能。首先使用训练好的 DL-DRL 模型来求解更大任务规模的问题,其结果如图 12-7 和图 12-8 所示。横坐标表示需要解决的问题,标签表示某个训练好的模型。例如,N-100 表示问题的任务规模为 100,U4-80 表示针对无人机数量为 4,任务规模为 80 的场景所训练的 DL-DRL 模型。

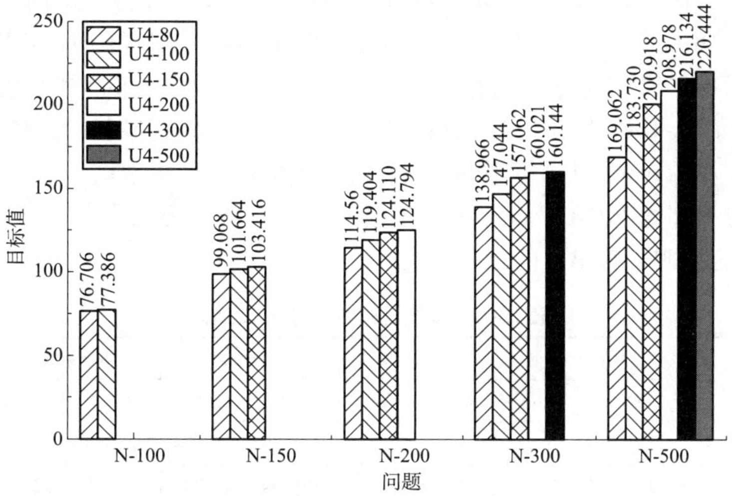

图 12-7　无人机数量为 4 的场景下训练的模型泛化性能

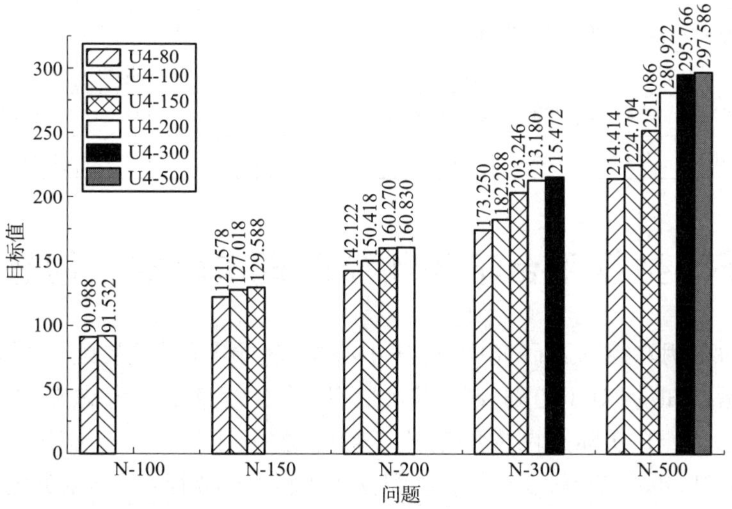

图 12-8　无人机数量为 6 的场景下训练的模型泛化性能

从图 12-7 可以看出,与针对其他任务规模训练的模型相比,针对特定任务规模所训练的模型在相应任务规模大小的问题上的表现最好。但是,其他模型的表现仍然优于 K-means + VND、K-means + AM 和 DL-DRL-I,除了 U4-80 在求解任务数量大于或等于 200 的问题和 U4-100 在求解任务规模为 500 的问题。此外,针对相近任务规模所训练的模型比更远任务规模所训练的模型表现更好(如 U4-200 和 U4-300 在解决具有 500 个任务的问题时表现优于 U4-80、U4-100 和 U4-150)。这种现象可能是由数据分布的差异引起的,因为相近的任务规模可能导致任务位置的相似分布。在图 12-8 中也可以找到类似的观察结果,其中针对其他任务规模所训练的模型优于 K-means + VND 和 K-means + AM,并且能够产生 DL-DRL-I 有竞争力的结果。

对于任务规模大于1 000 的更大规模的多无人机任务调度问题,从零开始训练模型是一件棘手的事情,这使得训练好的模型对于更大规模问题的泛化性能愈发重要。为了进一步研究 DL-DRL 的泛化性能,在具有 600、700、800、900 和 1 000 个任务的场景中将针对 500 个任务训练的 DL-DRL 模型与对比算法 OR-Tools、K-means + AM 和 DL-DRL-I 进行比较。表 12-4 展示了 DL-DRL和对比算法的测试结果,包括求解效果(Obj)和平均计算时间。与 K-means + AM 和 DL-DRL-I 相比,DL-DRL 在求解效果方面具有显著的优势,但计算时间又细微增长。对于 OR-Tools,其计算时间随着任务规模的增长而迅速增加, DL-DRL 在求解效果和计算时间方面都优于 OR-Tools。在所有场景中,DL-DRL 方法在所有场景中都取得了最好的整体性能,这证明了其出色的泛化性能。

表 12-4 模型泛化性实验测试结果

算法		$N=600$		$N=700$		$N=800$		$N=900$		$N=1\ 000$	
		Obj.	Time/s	Obj.	Time/s	Obj.	Time/s	Obj.	Time/s	Obj.	Time/s
$U=4$	OR-tools	231.794	16.934	251.652	22.152	271.202	28.504	288.364	36.167	305.638	43.010
	K-means + AM	165.732	0.267	174.748	0.279	181.540	0.288	187.722	0.295	192.434	0.305
	ID-DRL	206.462	1.059	220.480	1.308	232.944	1.609	241.132	1.929	248.806	2.279
	IT-DRL	245.670	1.070	267.878	1.325	287.364	1.621	303.832	1.952	321.580	2.342
$U=6$	OR-tools	326.370	30.449	356.942	39.703	386.448	52.301	411.600	65.726	437.168	79.832
	K-means + AM	209.12	0.352	221.79	0.369	230.782	0.375	238.518	0.386	244.788	0.394
	ID-DRL	254.546	1.474	277.806	1.779	295.522	2.212	305.692	2.671	316.936	3.237
	IT-DRL	334.276	1.432	367.608	1.836	394.900	2.278	419.264	2.740	443.196	3.316

12.4 基于大数据平台下的物流配送车辆路径问题研究

对于传统的车辆路径问题研究中,配送中心位置、顾客的位置、配送时间、配送点间的距离等信息都是已知的,对于道路交通流量信息、路况信息很少考虑在内,所以研究成果很难具有实际意义。在实际路网中的物流车辆配送中,由于一些动态因素如交通拥堵情况、道路交通管制、单行道等影响,导致配送车辆行驶路径会发生变化。利用大数据 Hadoop 平台进行动态数据信息的实时存储和处理在研究动态车辆路径问题中起到关键作用。

徐君翔等[44]利用大数据平台对多源大量数据进行实时计算处理的优势,考虑具有载重限制、运输路径限制且带时间窗限制的路网中物流配送车辆路径问题,建立以配送时间最短和配送成本最低为目标的数学模型。构建大数据下的多源信息分析处理平台构架图以获取实时交通信息,根据实时路况环境,对配送车辆的路径进行优化。通过利用大数据平台 Hadoop 中的 MapReduce 编程模型进行遗传算法并行化设计并求解。结果表明:利用大数据平台进行遗传算法并行化设计能有效求解多目标配送车辆路径问题,创新性地对车辆路径问题进行研究,具有解决实际问题的积极意义。

下面对物流车辆配送中多源信息实时获取和处理的平台搭建、大数据平台下的物流车辆路径问题模型建立以及求解算法进行介绍,让大家更加深入理解大数据在物流配送领域的应用。

12.4.1 配送信息获取和处理平台搭建

本节采用基于大数据 Hadoop 平台搭建物流车辆配送的多源信息分析处理平台,在大数据云化环境下,将复杂多样的信息进行结构化处理后存储,建立基于大数据下的配送车辆路径问题的模型。多源信息分析处理平台框架如图 12-9 所示。

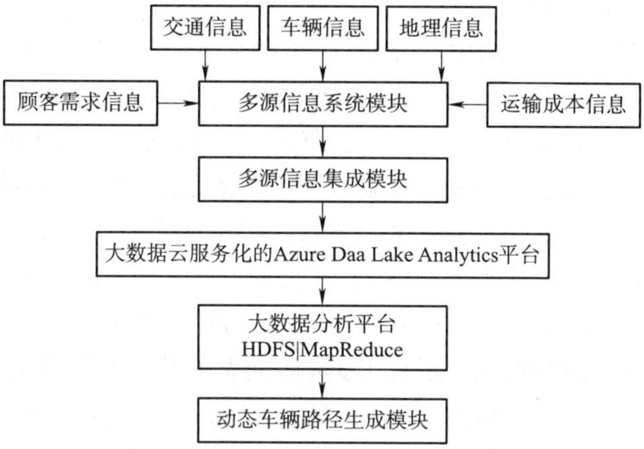

图 12-9 多源信息分析处理平台框架图

在大数据环境下的体系结构,多源信息系统模块将车辆配送环节中的路况信息、车辆信息、地理信息、交通信息、顾客需求信息、运输成本等整合到一个系统里。通过对数据模块的格式定义、数据挖掘、数据映射和数据转化,将复杂多样的多源信息统一为结构化信息,形成多源信息集成平台,将结构化汇总的数据信息通过大数据云服务化的 Azure Data Lake Analytics 平台存储。Azure Data Lake Store 是一个专门的文件存储,对外提供 HDFS 兼容的 REST APIs Web HDFS。大数据平台 Hadoop 里面的数据分析处理工具 MapReduce 可以直接分析处理存储在 Data Lake Store 上的所有数据。Azure Data Lake Store 中存储的数据支持结构化、非结构化和半结构化数据的存储。采用大数据云服务化的 Azure Data Lake Analytics 平台可以及时访问和处理海量数据,实现对数据的实时存储。

12.4.2 大数据平台下的车辆路径问题模型建立

考虑到配送网络的交通信息变化对物流配送路径选择有一定的影响,通过基于大数据云服务化搭建起的 Azure Data Lake Analytics 平台获取实时交通信息,根据实时的交通信息,对配送车辆的行驶路径进行优化。具体描述为:一个配送中心向周边多个客户点进行配送任务,使用相同的配送车型完成配送任务。每个客户点的地理位置和客户对货物的需求量是一定的,假设各个客户点对货物送达的时间窗要求是不变的,根据道路交通实时情况变化会引起配送总时间和成本的变化,将大数据云服务化搭建的实时交通信息考虑到模型中,在满足各个客户点配送时间窗的前提下,根据大数据 Hadoop 平台中的车辆路径规划合理安排配送车辆行驶路径,使得整个物流配送环节中,车辆总配送时间最短和配送成本最低。

大数据平台下的物流配送车辆路径问题模型的假设和约束条件如下：

(1)只有一个配送中心，配送车辆的车型由配送中心统一安排，配送车辆数不超过配送中心所能安排的车辆数，每辆车的载重、耗油量、最大行驶距离等信息都是一样的。

(2)配送中心和客户分布的地理位置固定，配送中心到各个客户的距离以及各客户之间的距离也是固定的，配送过程中的时间是随时间变化的。

(3)基于大数据云服务化搭建的平台所收集到的实时交通流信息，将一天的时间划分 N 个时间段，分别是早高峰时段、正常时段和晚高峰时段($N=3$)，车辆的行驶速度在不同时段随交通流量的变化而实时变化。

(4)每个客户的货物配送只能由一辆配送车辆完成，一辆配送车辆可以服务于多位客户，所有的客户都可以被服务到，配送任务完成后，配送车辆必须返回配送中心。

(5)每个客户的货物总需求量不超过配送车辆一次行驶的最大距离。

(6)货物送达时间要满足客户的时间窗要求，否则需要支付一定的罚金。

配送中心(配送中心用 1 表示)向 $N_i(i=1,2,\cdots,N)$ 个客户点配送货物，配送中心总共有 K 辆配送车辆，车辆的最大载重量为 Q，车辆的一次最大配送距离为 S，客户点 i 和客户点 j 对货物的需求量分别为 q_i 和 q_j，客户点 i 到客户点 j 的距离为 d_{ij}，客户点 i 到客户点 j 之间的行驶时间 t_{ij}、t_{ij}受不同时间段交通流量的影响而动态变化，将不同时段的车辆行驶时间记为 t_{ij}^N，车辆从配送中心出发的时间为 t_0，车辆到达客户点 i 的时间为 t_i，客户 i 允许接收的时间窗范围是$[e_i,l_i]$，配送车辆早于时间窗到达的成本惩罚系数为 A_e，晚于时间窗到达的成本惩罚系数为 A_l，配送车辆为客户 i 的服务时间为 s_i，配送车辆在客户点 i 的停留时间为 T_i。用集合 R_n 表示第 n 条配送路径，配送车辆在第 n 条路径上的实时速度为 V_n，实时路网信息为 L_n，整个配送过程的目标是使得车辆运输时间最短和运输成本最低。

根据问题描述中的假设和约束条件可以看出，对此类车辆路径问题的模型分析主要包括配送时间和配送成本分析。基于大数据云服务化平台下建立的实时信息获取平台来进行配送时间分析，而车辆的配送成本包括固定成本、运输成本、不满足时间窗的惩罚成本、其他成本的分析。

关于物流车辆配送时间的分析，配送时间包括配送车辆的总行驶时间和车辆在客户点停留的总服务时间之和。这里考虑利用构建的信息实时获取平台可以获得与配送车辆行驶的相关路段的车辆行驶速度，计算出车辆预计配送行驶时间，选取车辆行驶时间的最短的线路。基于大数据云服务化的 Azure Data Lake Analytics 平台获取路段的平均行驶速度为V_{ij}，可以通过V_{ij}的大小判断路段交通拥堵的程度，其值越小说明交通拥堵情况越严重。假设所有的配送车辆完成配送任务所需要总配送时间为T_s，配送车辆从一个客户点行驶到下一个客户点的时间为 $t_{i(i-1)}$，由式(12-22)计算可得。

$$T_s = \sum_{i=1}^{N} t_{i(i-1)} + \sum_{i=1}^{N} s_i \tag{12-22}$$

关于物流车辆配送成本的分析分成固定成本、运输成本、惩罚成本来和其他成本分别表示。其中，固定成本就是安排每辆配送车辆需要负担的固定费用，如驾驶员和配送员的工资，车辆行驶产生的损耗费用等，这类成本用式(12-23)表示即可。

$$C_1 = Kc \tag{12-23}$$

式中，c 为启动每辆配送车辆所产生的固定成本，为常数。

车辆的运输成本包括车辆的油耗、维修和保养成本，这类成本与车辆的行驶里程成正比关系。根据物流配送时间将一天的时间分成早高峰、正常和晚高峰三个时段，分别用 $[T_1, T_2]$、$[T_2, T_3]$ 和 $[T_3, T_4]$ 表示，用 $R_N(N=1,2,3)$ 表示车辆在 $[T_N, T_{N+1}]$ 时段内行驶的单位时间成本。大数据平台下的不同时段的实时速度检测为 V_t，配送车辆出发时间为 T，则车辆运输成本为

$$C_2 = \begin{cases} \sum_{i=1}^{N}\sum_{j=1}^{N}\sum_{k=1}^{K} R_1 x_{ij}^k \dfrac{d_{ij}}{V_t}, & T_1 < T < T_2 \\ \sum_{i=1}^{N}\sum_{j=1}^{N}\sum_{k=1}^{K} R_2 x_{ij}^k \dfrac{d_{ij}}{V_t}, & T_2 < T < T_3 \\ \sum_{i=1}^{N}\sum_{j=1}^{N}\sum_{k=1}^{K} R_3 x_{ij}^k \dfrac{d_{ij}}{V_t}, & T_3 < T < T_4 \end{cases} \tag{12-24}$$

其中，x_{ij}^k 用 0，1 表示，$x_{ij}^k=1$ 表示配送车辆 k 经过从 i 到 j 的路段，否则 $x_{ij}^k=0$。

在现实的物流配送网络中，由于受到不确定的交通流量变化、天气情况等因素的影响，物流配送到达时间不一定满足客户要求的时间窗，尤其对冷链货物、生鲜货物、医药货物的物流配送时间方面是有很严格的时间窗限制。为了让模型应用范围更广，假设所有客户点对货物送达时间都有严格的时间窗要求，不在客户要求的时间窗 (e_i, l_i) 内送达的配送需要支付一定的罚金，因此关于时间窗限制的惩罚成本为

$$C_3 = \begin{cases} A_e \sum_{i=1}^{N} \max((e_i - t_i), 0), & 0 < t_i < e_i \\ 0, & t_i \in (e_i, l_i) \\ A_l \sum_{i=1}^{N} \max((t_i - l_i), 0), & t_i > l_i \end{cases} \tag{12-25}$$

物流车辆配送过程中，有时因为交通拥堵、配送时间窗要求等原因需要在高速公路上行驶，这时就会产生收费的成本，根据行程的远近，收费的标准不一样，为

$$C_4 = \sum_{i=1}^{N}\sum_{j=1}^{N}\sum_{k=1}^{K} y_{ij}^k f_{ij} \tag{12-26}$$

y_{ij}^k 用 0，1 表示，$y_{ij}^k=1$ 表示配送车辆 k 从路段 i 到路段 j 的行驶路径在高速公路上，否则 $y_{ij}^k=0$。f_{ij} 表示路段 i 到路段 j 之间行驶高速公路需要支付的费用，为常数。

综上所述，大数据平台的物流车辆配送路径问题的模型构建如下：

$$Z = \min\{W_1 T_S + W_2(C_1 + C_2 + C_3 + C_4)\} \tag{12-27}$$

s. t.

$$\sum_{i=1}^{N} q_i y_i^k \leqslant Q \tag{12-28}$$

$$\sum_{k=1}^{K} y_i^k = 1 \tag{12-29}$$

$$\sum_{i=1}^{N} d_{i(i-1)} \leqslant S \tag{12-30}$$

$$t_j \geqslant t_i + s_i + t_{ij}^N - M(1 - x_{ij}^k) \tag{12-31}$$

$$T_i = \max(e_i - t_i + s_i, s_i) \tag{12-32}$$

$$t_j = t_i + s_i + t_{ij}^N \tag{12-33}$$

$$x_{ij}^k = \begin{cases} 1, & \text{车辆 } k \text{ 经过路径 } i \text{ 到 } j \\ 0, & \text{否则} \end{cases} \tag{12-34}$$

$$y_i^k = \begin{cases} 1, & \text{客户 } i \text{ 的需求由车辆 } k \text{ 完成} \\ 0, & \text{否则} \end{cases} \tag{12-35}$$

$$y_{ij}^k = \begin{cases} 1, & \text{车辆 } k \text{ 从路段 } i \text{ 到 } j \text{ 行驶在高速公路} \\ 0, & \text{否则} \end{cases} \tag{12-36}$$

式中，M 为趋于无穷大的正数；W_1 和 W_2 为权重常量，由自定义可得到。

模型中，式(12-27)为将时间和成本作为目标的多目标函数，目前求解多目标问题的方法主要是通过将多目标问题转化成单目标问题，因此在该模型中根据对配送时间要求和配送成本要求的侧重性分别赋予一定的权重 W_1 和 W_2，这样就把组合优化的模型转化成了单目标问题；式(12-28)表示服务于客户 i 的配送车辆 k，客户需求量总和不能超过该车载重；式(12-29)表示一个客户点只能由一辆车服务；式(12-30)表示车辆每次配送行驶的路程小于车辆的最大行驶路程；式(12-31)表示车辆到达任意两个客户点是有时间先后顺序的；式(12-32)表示配送车辆在客户点 i 的停留时间 T_i 是由客户 i 的时间窗时间和配送车辆到达客户点 i 的时间 t_i 共同决定的；式(12-33)表示各个客户点到达时间和出发时间之间的关系。

12.4.3 基于 Hadoop 大数据平台和 MapReduce 编程模型的遗传算法设计

Hadoop 是大数据系统中的一个开源实现平台，主要由 HDFS、Hive、MapReduce 和 HBase 组成。Hadoop 是一个由多个子项目组成的分布式系统基础架构。Hadoop 的主要应用方面有分布式文件系统(HDFS)和 MapReduce 并行编程模块。

MapReduce 执行分为 Map 阶段和 Reduce 阶段，Map 阶段的任务处理过程是首先通过读取存放在 HDFS 系统文件中的内容，解析成〈key, value〉对；然后将输入的〈key, value〉对进行编程处理，输出新的〈key, value〉对；最后对输出进行分区，根据不同的分区数据，按 key 值进行排序和分组后对数据进行归纳处理。Reduce 阶段的任务处理过程是 Reduce 阶段任务首先接收 Map 阶段的多个输出，通过网络复制到 Reduce 节点；然后排序、合并和输出，最终把 Reduce 的输出保留到 HDFS 文件中。

基于 Hadoop 的 MapReduce 编程模型的遗传算法设计，MapReduce 编程模型能实现算法的并行设计，这使得数据处理效率得到大大提升。在 Hadoop 计算平台通过 MapReduce 并行编程模型上实现遗传算法的并行设计，在传统遗传算法上进行改进。具体的算法流程图如图 12-10 所示。

遗传算法在 MapReduce 中的编程主要是编码与解码、选择、复制、交叉、变异和终止条件的设计。Hadoop 平台中的 MapReduce 编程系统中主要是由 Map 函数和 Reduce 函数组成，算法的执行步骤如下：

(1)初始化种群，产生父代群体，产生〈key, value〉对，作为 Map 函数的输入。

(2)Map 函数的设计：Map 函数读取数据，计算每个子代种群的适应度，对输出后的种群进行交叉、变异操作，找出子代种群中适应度最优和最差个体，将最差个体淘汰。Map 函数

的执行过程如下:

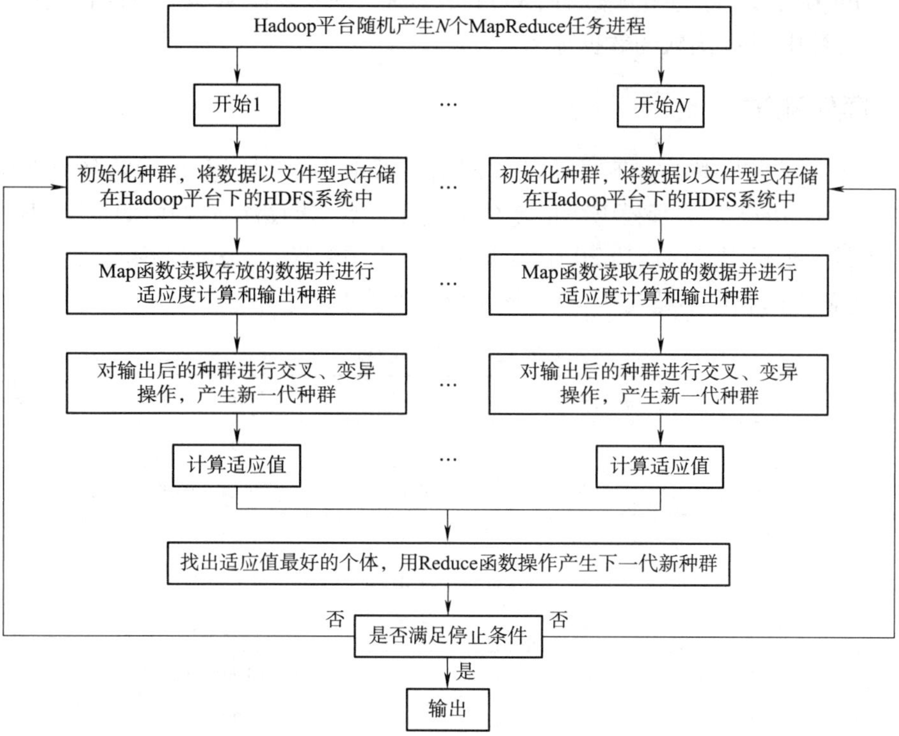

图 12-10　基于 MapReduce 的遗传算法流程图

```
Map(key, value)
{
  While(未处理的子代种群)
  {
    计算子代种群的适应度值;
    根据概率选择适应度值;
    根据交叉概率 Pc 进行交叉;
    根据变异概率 Pm 进行变异;
    计算新的适应度值;
    输出<新种群个体,适应度值>;
  }
}
```

(3)Reduce 函数的设计:Reduce 函数用来接收和处理 Map 函数输出的新种群,判断遗传算法终止条件,如果满足条件则终止,不满足则进入下一次 MapReduce 循环。Reduce 函数的执行过程如下:

```
Reduce(key,value)
{
  if(循环次数与遗传算法迭代次数相同)
    输出<新基因个体,null>;
  Else
    输出<新基因个体,适应度值>
}
```

在 MapReduce 函数中，计算过程会经历多次迭代过程，在每一次 MapReduce 进程结束之后，通过 Main 函数来实现循环过程，Main 函数将 Reduce 函数输出的结果作为下一次 MapReduce 函数中 Map 函数的数据输入。

12.4.4 案例测试

为了验证基于大数据平台下搭建的实时信息获取平台在研究车辆路径问题中的可行性，以及基于 MapReduce 编程模型下的遗传算法在求解车辆路径问题中的可实用性，选取我国某城市中的某配送中心向周边 20 个客户点进行货物配送，假设配送中心最多有 8 辆配送车辆可用，每辆车的载重不超过 4.5 t。具体数据见表 12-5。

表 12-5 客户数据

客户编号	横坐标/km	纵坐标/km	配送需求/t	可接受时间窗	服务时间/min
0	140	140	0	7:00—18:00	0
1	215	150	0.8	7:30—9:00	22
2	220	280	0.9	8:00—9:30	24
3	240	50	1.1	9:00—11:30	29
4	100	95	0.9	9:30—13:00	23
5	230	45	1.3	10:00—11:30	29
6	20	280	0.4	8:30—10:00	14
7	180	80	0.5	10:00—13:30	16
8	240	240	0.3	12:00—15:30	10
9	120	110	0.6	9:00—10:30	12
10	80	220	1.2	8:00—10:00	22
11	260	50	0.7	11:00—12:30	17
12	25	160	0.5	9:00—15:00	10
13	90	240	0.7	15:00—17:00	17
14	200	100	0.5	10:00—13:00	10
15	80	70	1.2	14:00—15:30	27
16	260	280	1.1	8:30—10:00	23
17	210	280	0.8	9:00—11:30	20
18	210	110	0.6	14:00—18:00	12
19	45	215	0.2	16:00—17:30	8
20	90	270	0.4	9:00—17:00	14

其中客户编号为 0 的就是配送中心，其余编号为 1 ~ 20 的客户点为该配送中心覆盖下的 20 个配送客户需求点，编号的编码是随机设置的，选取的数据已经将客户点的实际地理位置（即经纬度信息）折换成了平面坐标轴中的横纵坐标来进行计算。

根据实际情况，将模型中的所需参数设置见表 12-6。

表 12-6　参数指标

参 数 指 标	取　值
早到的惩罚系数	0.1
晚到的惩罚系数	0.2
单位时间成本	2.0 元/min
单位时间成本	0.5 元/min
单位时间成本	2.0 元/min
配送时间权重	0.2
配送成本权重	0.8

由基于大数据云服务化的 Azure Data Lake Analytics 平台中获取的实时车辆速度可以将车辆在 7:00—9:00,9:00—17:00 和 17:00—18:00 这三个时间段的实时速度记录并以结构化的形式存储在 HDFS 文件系统中。MapReduce 编程处理模型可以实时对 HDFS 系统进行访问,通过并行化遗传算法来进行模型求解,结合算例,将并行化遗传算法的相关参数定义见表 12-7。

表 12-7　遗传算法参数设置表

参　数	意　义	取　值
Scale	种群规模	100
L	染色体长度	15
Pc	交叉概率	0.9
Pm	变异概率	0.3
G	终止代数	30

由于各个时间段获取到的速度是实时变化的,不便将采集的实时速度数据运用在此算例中,在此算例中的速度是根据大数据平台下采集到各个时段配送车辆的平均时速来进行计算的,在时段[7:00—9:00]时,$V_{ij}=12$ km/h;在时段[9:00—17:00]时,$V_{ij}=55$ km/h;在时段[17:00—18:00]时,$V_{ij}=16$ km/h。运用大数据平台下的 MapReduce 并行化遗传算法计算,以配送总时间和配送总成本综合最优的原则求解得出的结果在表 12-8 的配送中心的配送计划和图 12-11 的最优配送路线图中可以看出,配送中心安排 6 辆车参与配送任务,完成整个配送任务的配送总时间最少为 41.7 h(所有配送车辆工作的时间之和),配送总里程最少为 1 906.58 km,通过 MapReduce 编程结果计算可知整个配送过程最低成本为 16 932.56 元。

表 12-8　配送中心的配送计划

车辆	配送路径	配送重量/t	配送里程/km	配送时间/h	配送总时间/h	配送总里程/km
1	0—8—16—2—17—0	3.1	392.66	8.3	1.7	1 906.58
2	0—20—6—13—10—0	2.7	412.97	9.6		
3	0—19—12—0	0.7	296.29	5.9		
4	0—4—15—9—0	2.7	183.66	4.2		
5	0—3—5—7—0	2.9	281.23	6.1		
6	0—1—11—14—18—0	2.6	339.77	7.6		

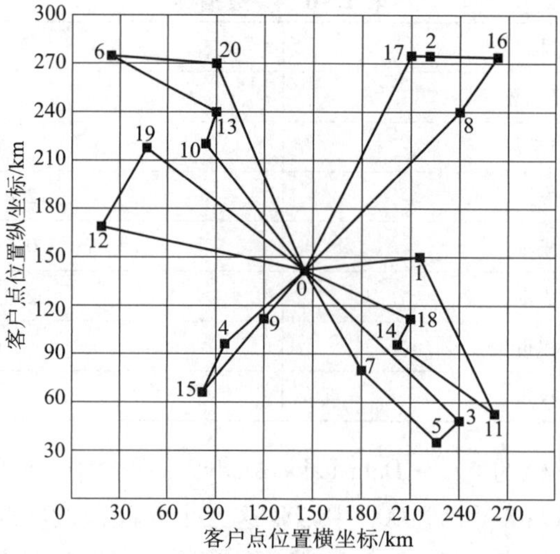

图 12-11 优化的配送方案路径图

12.5 基于物联网的车辆和任务动态调度优化

集中、单向的物流服务以及缺乏物流资源的实时信息是物流业普遍存在的问题。这造成了物流成本的增加、能源的消耗、物流资源的消耗和装箱率的下降。因此，在物流需求急剧增长的情况下，实现高效、可持续、绿色的物流服务是非常困难的。针对这一挑战，Sichao Liu 等[45]提出了面向绿色物流的智能车辆与物流任务实时信息驱动动态优化策略。

首先，开发了基于"物联网"的物流车辆实时状态感知模型。它使车辆能够获取实时信息并将其传输到动态配送中心，从而管理增值物流信息。其次，这些信息可以在物流公司之间共享。为优化物流资源，实现经济、环境和社会目标的可持续平衡，提出了智能车辆与物流任务的动态优化方法。最后，通过实例分析验证了所提优化方法的有效性。结果表明，它有助于降低物流成本和燃油消耗，提高车辆利用率，实现高效的实时物流服务。

下面将通过对该模型和求解算法的介绍，让大家更加深入了解强化学习算法在物流配送领域的运用。

12.5.1 基于物联网的车辆和任务动态优化架构

如图 12-12 所示，IOMVT 的总体架构由智能车辆终端（SVT）、企业信息系统（EIS）和动态配送中心（DDC）三个模块组成。

1. 智能车辆终端

SVT 用于检测和获取车辆的实时信息。它由三个子模块组成。首先，在车辆上选择并配置 RFID 设备和通信设备等标识设备。这些设备用于使车辆具有感知和获取物流资源实时信息的能力。然后，对车辆的位置、任务列表等实时信息进行感知和监控。信息处理是将车辆的原始信息处理成有意义的信息，形成物流资源的信息更新机制。增值物流信息可以通过通信协议与其他模块共享和传输。最后，实现了车辆实时信息的可视化，提供路径优化和导航服务。该可视化界面具有与驾驶员交互的能力，旨在提高物流服务的效率。它还可以显示车辆的实时信息。

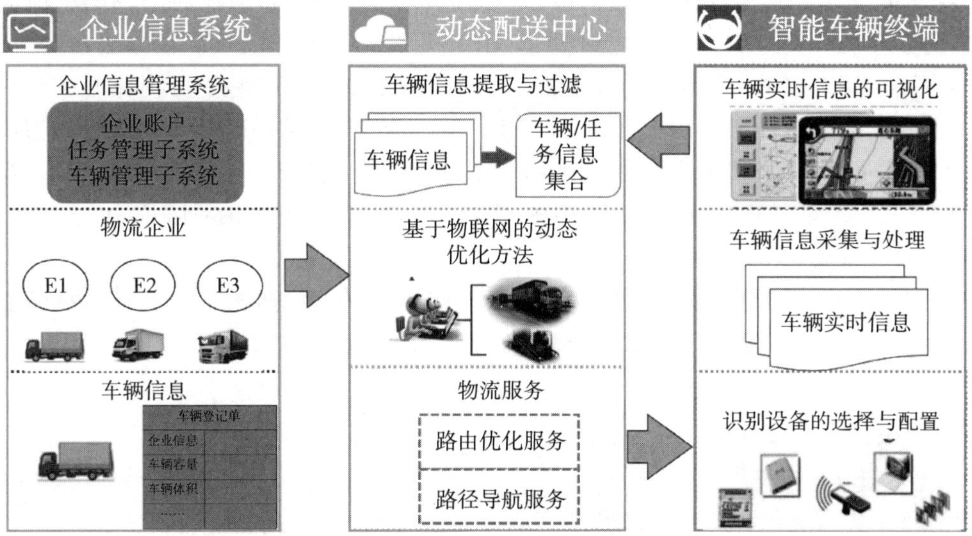

图 12-12　IOMVT 的总体架构

2. 企业信息系统

EIS 用于整合和管理物流企业和资源，包括企业的账户、任务和车辆。物流企业，特别是中小型物流企业，在 EIS 中开立账户，并对其企业信息进行登记。它包括任务和车辆的信息以及各企业的信息，如地址、财产等。任务管理模块负责实时更新任务的当前位置、目的地、交货期等信息。它还对任务进行编号，并记录任务的维度和权重。

EIS 利用车辆管理模块对车辆登记、额定体积和重量、车辆编码等车辆信息进行集成和管理。然后，在 EIS 中对任务和车辆进行集中管理，并在不同的物流企业之间进行共享。最后，在环境信息系统中对车辆和任务的实时信息进行采集和监控。并以实例介绍了 EIS 中物流资源登记平台与实时车辆集的接口。

3. 动态调配中心

DDC 负责基于物流资源的实时信息进行车辆实时信息的提取和 IOMVT 的构建。

提取车辆和任务的实时信息，并将其创建为车辆集和任务集。这些车辆和任务信息集包含了过滤后可用于优化模型的有用的增值信息，还可以创建车辆的任务列表信息。然后，将车辆和任务的增值信息传输到启用物联网的动态优化模块。基于物流资源的实时信息，提出了一种基于物联网的动态优化方法，实现了物流资源的优化配置和调度，以及新任务的实时响应和优化。最优的任务可以通过竞争的方式分配给车辆。此外，可以实现经济、环境和社会目标的可持续平衡。最后，为了提高物流效率，开发了基于最优物流结果的高效物流服务。实时路由优化和导航服务为驾驶员提供最优的分布路由，并实时感知异常事件。装货优化服务是为避免物流配送过程中的差错而设计的。

该体系结构的总体工作流程是将 EIS 中注册的物流资源信息和 SVT 中的车辆实时信息传输到 DDC 中。然后，将支持物联网的动态优化方法得到的最优结果发送给 SVT 中的车辆。最后，车辆在最优物流服务的协助下完成任务。

详细的工作流程如下：首先，物流企业在 EIS 中建立账户，对企业、任务、车辆等信息进行登记，EIS 对物流企业注册的所有物流资源进行集成和管理；其次将物流资源信息传递给 DDC，由 DDC 生成车辆集和任务集；再次，SVT 与 DDC 建立直接连接，将车辆的增值信息和车辆上的任务列表及时从 SVT 传送到 DDC，DDC 开发的车辆和任务优化方法在经济、环境和社会目标之间实现了可持续的平衡，获得了最优的结果；最后，基于可视化服务完成 SVT 中分配给车辆的最优任务。DDC、EIS 和 SVT 之间的通信协议是以 RFID（Intranet 协议）和 4G/5G（外联网协议）为基础的。在 Intranet 协议中，RFID 读写器可以感知附加 RFID 标签的物流资源，实时采集 EIS、DDC 和 SVT 中的物流资源信息。在外联网协议中，实现了 EIS、DDC 和 SVT 之间的信息传输。

基于物联网的实时感知模型是 SVT 和 IOMVT 的基础，包括图 12-13 所示的三个子模块，即识别设备选择和配置（IDSC）、实时信息感知和处理（RISP）和信息可视化（IVIS）。

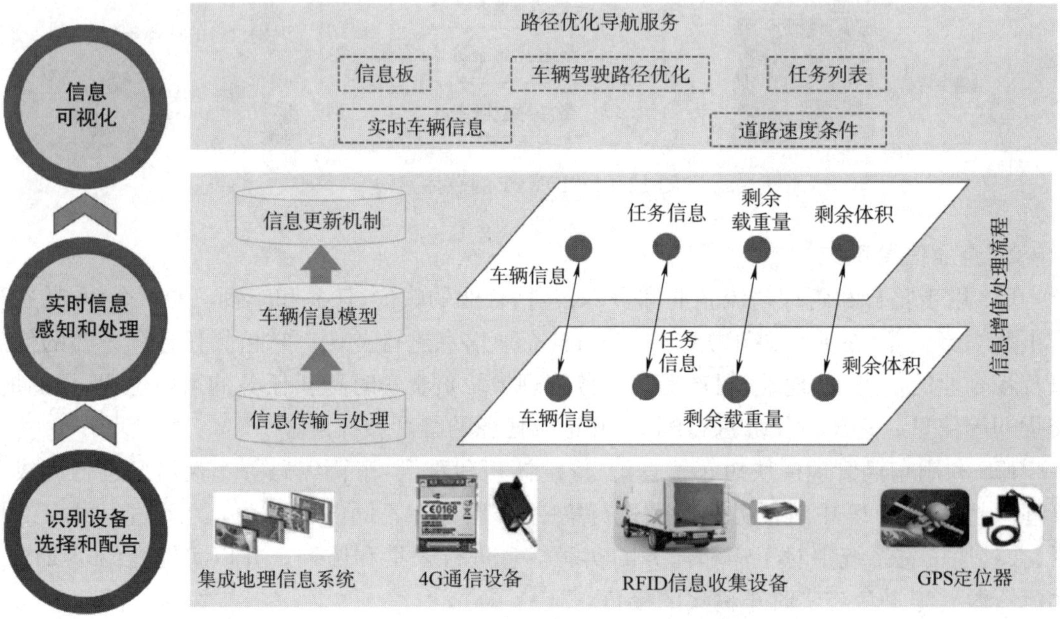

图 12-13　基于物联网的状态实时感知模型

在 IDSC（identification device selection and configuration）中选择传感设备并将其配置到 SVT 中，以实时检测和传输车辆和任务的信息。

这些设备包括卫星定位系统定位器设备、RFID 信息收集设备、4G/5G 通信设备和集成地理信息系统（GIS）。卫星定位系统用于定位车辆的位置；RFID 信息采集装置安装在车辆的后门上，用于收集和监测任务的装卸情况。当附加 RFID 标签的任务加载到车辆上或从车辆上卸载时，配置的 RFID 设备会自动收集写入标签的物流资源信息。这可以显示车辆的实时利用率，并更新车辆的当前任务列表。加载验证服务是为了确保 RFID 读取器读取的信息与需要加载或卸载的任务列表上的信息保持一致。如果错误加载任务，将触发警报，并进一步避免加载任务时出现错误。4G 负责 SVT 和 DDC 之间的双向通信。利用地理信息系统为驾驶员提供基于车辆实时任务列表的最优路径导航服务。

在 IDSC 中智能识别装置的配置中，实时信息传感与处理系统（RISP）能够感知和获取车辆的实时信息，然后将增值的实时信息处理并传输给 DDC。例如，当任务到达感知区时，该事件可以由已注册的传感器感测。然后，在增值信息的基础上，建立了车辆实时信息模型，包括车辆数量、车辆剩余重量、剩余体积、当前位置、下一目的地、每公里成本和当前任务清单。当接收到来自 DDC 的指令时，传感和处理模块将车辆的信息实时传输给 DDC。一旦 RFID 阅读器感知到任务的加载/卸载，实时状态信息的更新机制将更新 SW 和 SV（如果第一次读取同一任务的信息，则为加载信息；否则，为卸载信息）。车辆的任务列表也将更新。更新函数的格式为

$$SW_i' = SW_i + \alpha * W_j \tag{12-37}$$

$$SV_i' = SV_i + \alpha * V_j \tag{12-38}$$

式（12-37）和式（12-38）指出车辆体积和重量的更新函数。当任务从车辆上装载或卸载时，车辆的体积和重量会实时更新。车辆的当前位置、下一个目的地和当前任务列表也将更新。

实时信息传感与处理系统（information visualization，IVIS）将车辆的实时任务信息上传到 GIS。GIS 监控当前的道路状况，并利用路径优化软件在实时信息可视化界面上提供基于驾驶员请求的最优路径选择服务。可视化界面顶部有五个功能选项卡：公告、道路状况、优化路径、车辆 IF 和 TaskIF，旨在提供车辆的实时信息以及路径优化和导航服务，如图 12-14 所示。界面左侧的公告栏用于在单击这些选项卡时显示来自 DDC 的说明。例如，单击“道路条件”时，将广播基于语音的道路信息并在公告板上显示。车辆 IF 和 TaskIF 负责显示车辆和任务的信息。将实时路径优化方法应用于物流运输中，并集成到车辆上的 DDC 中。在发生意外事件（如流量堵塞和交付新任务）时，如果单击“优化路径”，则会重新优化的路由并将其推送到驱动程序。当未单击其他功能按钮时，主页上将显示路由导航。

图 12-14　功能选项卡

12.5.2　智能车辆和物流任务的物联网动态优化方法设计

为实现物流资源的优化配置和对新任务的实时响应和优化，开发了基于物联网的车辆和任务动态优化方法。它的目标是为当前的物流活动发展经济、环境和社会目标之间的可持续平衡。所提方法的整个过程如图 12-15 所示。优化分为以下七个步骤：

（1）基于实时信息初始化车辆集 V_0 和任务集 T_0。

（2）根据车辆和任务的分布信息创建车辆矢量 $\overrightarrow{\mathrm{VID}}_i$ 和任务矢量 $\overrightarrow{\mathrm{TID}}_i$。

（3）采用圆形区域划分方法，建立满足约束条件的车辆和任务的预优化子集。

（4）基于圆内接三角形理论，对任务集和车辆集进行重新优化。

（5）根据环形区域内的车辆数量及其交叉口对任务进行分类。

（6）在圆形区域中优化具有多个车辆的任务。

（7）完成任务交付。

具体完成过程如下：

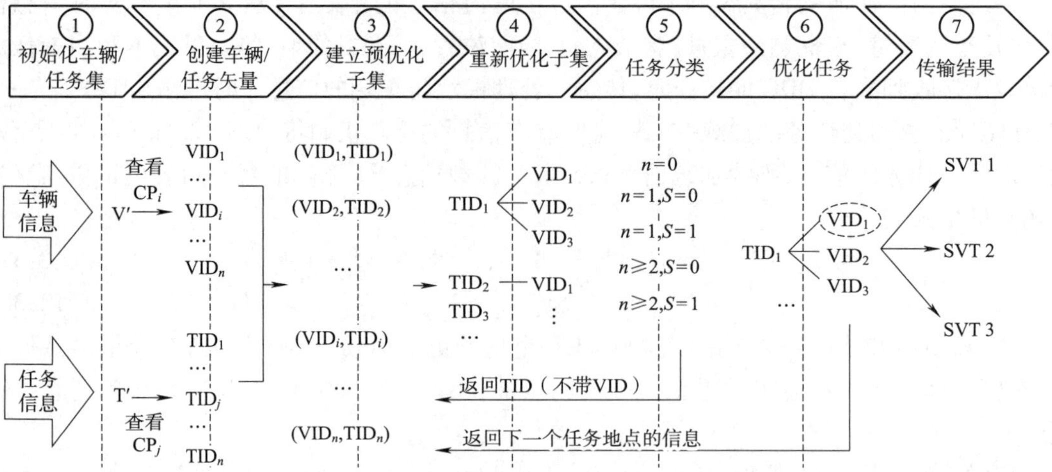

图 12-15 IOMVT 算法流程图

(1) DDC 指示 SVT 以一定的时间间隔 t 传递物流资源的实时信息。t 是与任务和车辆的规模成反比的可变参数，通常其默认值为 5 min。SVT 过滤车辆的装卸信息。基于物流资源的实时信息，创建和初始化车辆集和任务集。

①车辆集合如下：

$$V' = \{ \mathrm{VID}_i, \mathrm{SW}_i, \mathrm{SV}_i, \mathrm{CP}_i, \mathrm{ND}_i, \mathrm{TL}_i \} \tag{12-39}$$

式中，i 代表序号第 i 辆车。

②任务集合如下：

$$T' = \{ \mathrm{TID}_j, \mathrm{W}_j, \mathrm{V}_j, \mathrm{CP}_j, \mathrm{ND}_j, \mathrm{T}_j, \mathrm{dt}_j, \mathrm{w}_{ij} \} \tag{12-40}$$

$\overrightarrow{\mathrm{VID}}_i$ 表示车辆的配送路线，矢量的起点和终点为CP_i 和ND_i，同样任务向量$\overrightarrow{\mathrm{TID}}_i$ 的起点和终点为CP_j，ND_j，以CP_j 为原点，$\overrightarrow{\mathrm{VID}}_i$ 的范数为半径 R，形成一个圆形区域。

车辆的配送路线$\overrightarrow{\mathrm{VID}}_i$，任务向量$\overrightarrow{\mathrm{TID}}_i$，半径 R 三者关系如下式(12-41)、式(12-42)和式(12-43)：

$$\overrightarrow{\mathrm{VID}}_i = \overrightarrow{\mathrm{CP}}_i\,\mathrm{ND}_i = (\mathrm{CP}_i, \mathrm{ND}_i) = [(x_{vi}, y_{vi}) \rightarrow (x'_{vi}, y'_{vi})] \tag{12-41}$$

$$\overrightarrow{\mathrm{TID}}_i = \overrightarrow{\mathrm{CP}}_j\mathrm{ND}_j = (\mathrm{CP}_j, \mathrm{ND}_j) = [(x_{tj}, y_{tj}) \rightarrow (x'_{tj}, y'_{tj})] \tag{12-42}$$

$$R = \sqrt{(x'_{vi} - x_{vi})^2 + (y'_{vi} - y_{vi})^2}, O(R) = \mathrm{CP}_i = (x_{vi}, y_{vi}) \tag{12-43}$$

(2)任务的数量是巨大的，但是车辆的数量有限，因此，圆形区域中的车辆选择满足约束的任务，这被定义为能够有效地降低任务和车辆优化的复杂性的圆形区域划分方法。

当出现新的配送任务时，圆形区域中的车辆以竞争的方式主动地选择最优任务。采用圆形区域划分方法建立车辆和任务的预最优子集。任务定义为指示任务起始点的点。1 个圆形区域包括 n 个任务，假设每个圆形区域中的车辆是一个独立的个体，互相之间不影响。如果任务定位在圆形区域的交集部分 $S=1$，否则 $S=0$。

①如果 $n=0$，就释放这个圆形区域，然后按照计划执行配送任务；

②如果 $n=1, S=0$，直接将任务分派给车辆去执行；

③如果 $n=1, S=1$，任务就分派给在最小半径的圆形区域中的车辆；

④如果 $n=2, S=1$，具有最小总距离的任务被分配给具有最小半径的圆形区域内的

车辆。

这里,任务的装载的约束表述如式(12-44)～式(12-47):

$$I_1 = \begin{cases} 0, & I_t \leqslant l_v \\ 1, & 其他 \end{cases} \tag{12-44}$$

$$I_2 = \begin{cases} 0, & w_t \leqslant w_v \\ 1, & 其他 \end{cases} \tag{12-45}$$

$$I_3 = \begin{cases} 0, & h_t \leqslant h_v \\ 1, & 其他 \end{cases} \tag{12-46}$$

$$I_4 = \begin{cases} 0, & W_j \leqslant S_{Wi}' \\ 1, & 其他 \end{cases} \tag{12-47}$$

变量 I 是多目标约束函数。$I=0$ 指示任务可以加载到车辆上。否则,拒绝任务。

(3)通过约束过滤后,任务将被重新分类和重新优化。对于相交区域中的元素,选择 R 最小的区域中的元素作为最终结果。这是基于圆内接三角形的理论。此外,非相交区域中的元素不会改变。

如果 $n=2$,利用圆内接三角形理论对任务和车辆集进行再优化,选择满足以下所有条件的任务。

约束1:($\overrightarrow{\mathrm{VID}_i}$)和($\overrightarrow{\mathrm{TID}_i}$)的夹角最小;

$$f(\mathrm{VID}_i) = \min_{j=1}^{n} \arccos \frac{\mathrm{VID}_i * \mathrm{TID}_j}{|\mathrm{VID}_i| * |\mathrm{TID}_j|}, i, \quad j \in (1, n) \tag{12-48}$$

约束2:车辆矢量的中点和任务矢量的中点最小;

$$d = \min_{vi, tj \in (1,n)} \left[\left(\frac{x_{vi} + x_{vi}'}{2} - \frac{x_{tj} + x_{tj}'}{2} \right)^2 + \left(\frac{y_{vi} + y_{vi}'}{2} - \frac{y_{\mathrm{tj}} + y_{tj}'}{2} \right)^2 \right], \quad i, j \in (1, n) \tag{12-49}$$

约束3:车辆矢量$\overrightarrow{\mathrm{VID}_i}$ 完成任务矢量$\overrightarrow{\mathrm{TID}_i}$ 总的配送距离最短

$$D = \min(|\overrightarrow{\mathrm{VID}_i}| + |\overrightarrow{\mathrm{TID}_j}| + |\mathrm{CP}_i\ \overrightarrow{\mathrm{CP}_j}| + |\overrightarrow{\mathrm{ND}_i\mathrm{ND}_j}|) \tag{12-50}$$

(4)目标函数表示如式(12-51)～式(12-56),它由任务配送总成本和延迟惩罚成本组成:

①配送所有任务的总物流成本

$$C = \min\ \mathrm{cost}(C_1 + C_3) \tag{12-51}$$

②完成所有的任务所需要的配送成本

$$C_1 = \sum_i \sum_j VC_i L_{ij} = \sum_i VC_i L_i \tag{12-52}$$

③完成任务列表上的任务,车辆的总成本

$$C_2 = \sum_i VC_i L'_i \tag{12-53}$$

④因接受任务($\overrightarrow{\mathrm{TID}_j}$),延迟交货的惩罚成本

$$C_3 = \sum_i \sum_j TID_j w_{ij} T_j \tag{12-54}$$

⑤分段线性函数,其中 t_j 和dt_j 是任务列表上TID_j 的延迟时间和允许的延迟时间。

$$T_j = \begin{cases} 0, & t_j < d_{tj} \\ tj, & t_j \geqslant d_{tj} \end{cases}, \quad t_j = (L_j - L_j')/L_j' \tag{12-55}$$

⑥在集中式和单向物流服务中完成所有任务的成本

$$C_0 = \sum_i \sum_j VC_i L'_j \tag{12-56}$$

(5)任务被分配给具有最小目标函数值的车辆。得到最优分布结果,并实时传送给SVT。为了证明方法的有效性,评价函数的公式如下:

$$V' = \sum_i (\overline{V_i}\ \overline{L_i})/(V_i L_i) = \sum_j V_j L_j / V_i L_i \tag{12-57}$$

$$W' = \sum_i (\overline{W_i}\ \overline{L_i})/(W_i L_i) = \sum_j W_j L_j / W_i L_i \tag{12-58}$$

$$R' = (V', W') \tag{12-59}$$

$$TFC = \sum_i L_i FCi \tag{12-60}$$

$$\overline{FC} = TFC/\sum_i L_i \tag{12-61}$$

$$C' = (C - C_0)/C_0 \tag{12-62}$$

$$\overline{R} = (N - \overline{N})/N \tag{12-63}$$

V'和 W'表示车辆的平均有效载荷率和车辆的平均有效重量;V'表示车辆的实时装载量和车辆的实时距离的乘积除以车辆的体积和完成任务的总距离的乘积;W'表示车辆的实时重量和车辆的实时距离的乘积除以车辆总重量和完成任务的总距离的乘积;R'表示车辆的平均装载率,它从整体上反映车辆的平均有效装载率和整体重量水平;TFC 和$\overline{FC}$表示总的燃料消耗,以及每公里的平均燃料消耗;C'和 $\overline{R}$ 表示节省成本的比率和车辆的利用率。

12.5.3 案例测试

首先,物流企业注册并登录物流资源注册平台,然后选择合适的用户角色并进入该平台的界面。物流企业可以在这个平台上编辑和提交自己的企业信息和车辆信息。企业信息包括企业名称、编号和地址。车辆信息包括车辆名称、车号、长度、宽度、高度、当前重量和最大重量等。

最后,将完成不同企业的车辆和任务的集成。建立实时车辆集和任务集扫描。当单击图 12-16 左下角所示的车辆集时,可以显示车辆的实时信息。以 VID1(Vehicle1)为例,介绍了车辆的实时信息。它包括当前位置、下一个目的地、剩余重量和体积、车辆任务清单和服务质量。还可以显示车辆任务列表上的任务信息。

表 12-9 和表 12-10 显示了车辆和任务在时间 T 的信息。表 12-11 是车辆的任务列表信息。

表 12-9 T 时刻车辆信息

VID	SW/t	SV/m³	CP		ND		VC/(元/km)	OC/(L/km)	TL
			X/km	Y/km	X/km	Y/km			
VID1	12	17	6.1	40.1	56.9	20.2	1.6	0.24	TL1
VID2	13	15	33.1	-10.7	5.9	-18.8	1.6	0.24	TL2
VID3	14	23	55.4	68.4	70.1	2.1	1.6	0.24	TL3
VID4	5.4	8.1	-28.1	33.5	-14	14.5	1.6	0.24	TL4
VID5	7.5	9.3	-31.7	20.9	-5.1	1.3	1.4	0.24	TL5

续上表

VID	SW/t	SV/m^3	CP		ND		VC/(元/km)	OC/(L/km)	TL
			X/km	Y/km	X/km	Y/km			
VID6	12	16	−29. 8	−32. 4	45. 6	−12. 8	1. 4	0. 24	TL6
VID7	16. 8	19	−27. 1	−49. 4	−77. 3	−21. 3	1. 8	0. 24	TL7
VID8	9	12	−97. 9	1. 1	−8. 1	18. 7	2. 1	0. 24	TL8
VID9	17	21	−19. 5	−75. 8	−38. 6	−70. 3	2. 1	0. 32	TL9
VID10	16	13	−37. 8	−12. 9	2. 5	−37. 1	2. 1	0. 32	TL10
VID11	16	16	8. 8	−49. 1	−38. 3	−56. 9	2. 1	0. 32	TL11
VID12	27	29	31. 3	−83. 8	9. 5	−31	2. 1	0. 32	TL12
VID13	26	37	36. 9	−56. 6	80. 4	−7. 5	2. 6	0. 32	TL13
VID14	15	31	43. 9	10. 8	81. 8	21. 8	2. 6	0. 32	TL14
VID15	16	23	21. 1	−22. 8	28. 5	−35. 4	2. 6	0. 4	TL15
VID16	21	27	−25. 8	68. 7	52. 5	33. 7	2. 6	0. 4	TL16
VID17	10	21	31. 5	−26. 1	41. 2	−53. 4	2. 6	0. 4	TL17
VID18	16	32	5. 8	70. 8	60. 2	−8. 7	2. 6	0. 4	TL18
VID19	17	24	0. 8	68. 67	71. 2	−5. 2	2. 6	0. 4	TL19
VID20	21	36	6. 1	87. 13	87. 4	−21	2. 6	0. 4	TL20

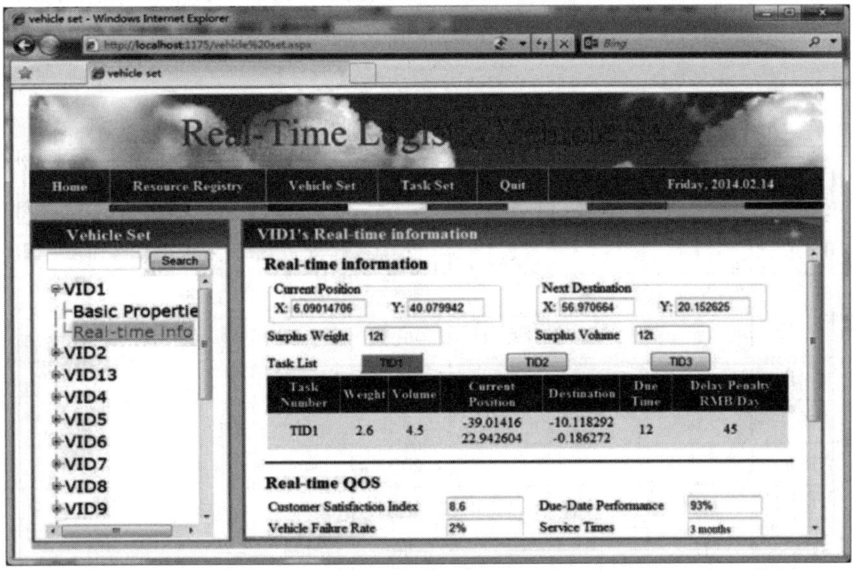

图 12-16　物流资源整合信息

表 12-10　*T* 时刻任务信息

任务	W/t	V/m^3	CP		ND	
			X/km	Y/km	X/km	Y/km
TID1	2. 6	4. 5	−39	22. 9	−10. 1	−0. 2
TID2	6. 2	14	35. 3	12. 8	69. 9	19. 4

续上表

任务	W/t	V/m³	CP		ND	
			X/km	Y/km	X/km	Y/km
TID3	6.3	7	15.8	-88	0.6	-20.1
TID4	8.2	13	21.4	-57.2	-18.9	-36.1
TID5	7.4	7.1	-80.1	1.7	-18	33.1
TID6	4.5	9	-34.4	-17.9	20.4	-34.9
TID7	10	15	33.5	-18.5	64.9	-43.7
TID8	7	13	55.2	39.4	62.4	-3.3
TID9	14	18	56.2	-51.6	81.4	-17.6
TID10	4.8	6.3	-19.2	-57.5	-72.7	-23.2
TID11	2.6	9.4	10.1	42.1	50.3	21.3
TID12	4.2	6.9	43.2	-54	-50.8	-56
TID13	1.3	1.3	-20.2	16.3	-9.6	4.9
TID14	3.2	5.5	-44.3	-5.6	-10.6	15.4
TID15	5.5	3	36.2	31.3	60.2	20.3
TID16	6.4	3.6	-20.8	-22.2	-4.5	-23.4
TID17	2.3	7.3	32.5	-50	59.3	-30.7
TID18	4.4	2.3	20.2	-17.3	-6.2	-19.9
TID19	2	3.6	57.4	13.2	68.3	4.7
TID20	3.7	4.5	20.7	32.1	48.2	19.1

表 12-11　车辆任务列表信息

TL	任务	W/t	V/m³	CP		ND		dt_j/天	w_{ij}/元
				X/km	Y/km	X/km	Y/km		
TL1	TID1	9	3.6	6.1	40.1	56.9	20.2	0.5	60
	TID2	6	4.5	6.1	40.1	60.9	23.5	1	80
TL2	TID1	7	2.3	33.1	-10.7	5.9	-18.8	0.46	45
TL3	TID1	6	6.1	55.4	68.4	70.1	2.1	0.6	65
TL4	TID1	10	1.3	-28.1	33.5	-14	14.5	0.7	56
TL5	TID1	7.5	6	-31.7	20.9	-5.1	1.3	0.8	42
TL6	TID1	10	8.3	-29.8	-32.4	45.6	-12.8	0.4	35
TL7	TID1	12	5.6	-27.1	-49.4	-77.3	-21.3	1	27
TL9	TID1	8	7.2	-19.5	-75.8	-38.6	-70.3	1.2	34
TL10	TID1	6	3.2	-37.8	-12.9	2.5	-37.1	1.1	54
TL11	TID1	8	4.5	8.8	-49.1	-38.3	-56.9	0.7	25
	TID2	6	25	8.8	-49.1	-48.9	-32.8	0.8	47
TL13	TID1	4	3.5	36.9	-56.6	80.4	-7.5	0.9	35
TL14	TID1	7	2.9	43.9	10.8	81.8	21.8	0.8	41

续上表

TL	任务	W/t	V/m^3	CP		ND		dt_j/天	w_{ij}/元
				X/km	Y/km	X/km	Y/km		
TL15	TID1	8	7.2	21.1	−22.8	28.5	−35.4	1.4	24
TL16	TID1	10	6.2	−25.8	68.7	52.5	33.7	1.3	35
TL17	TID1	13	4.6	31.5	−26.1	41.2	−53.4	0.5	29
	TID2	4	3.3	31.5	−26.1	59.6	−50	0.9	54
TL18	TID1	8	3.6	62	−34.1	60.2	−8.7	1.2	42
TL19	TID1	9	4.7	48.8	48.3	71.2	−5.2	1.1	39
TL20	TID1	6	6.1	86.2	−12.4	87.4	−21	0.8	43
	TID2	10	7.3	86.2	−12.4	87.4	3.5	1.2	48

表 12-9 显示 20 辆车在 T 时间执行任务。它还显示当前位置、下一个目的地剩余重量和体积、每公里成本、每公里燃料消耗和车辆任务列表。表 12-11 中这些车辆的任务清单显示，18 辆智能车辆正在运送 22 项任务。表 12-11 中的 TID1 和 TID2 表示任务列表中的任务。例如，TL1 有两个编号为 TID1 和 TID2 的任务。TL2 有一个编号为 TID1 的任务。VID1、VID11、VID17 和 VID20 分别有两个任务，而 VID8 和 VID12 没有任务。

此时此刻，来自不同企业的 56 项新任务被提交给 DDC。然后，DDC 在这些车辆之间实时发布这些任务。每个车辆获取这些任务的实时信息，并以竞争的方式选择最优的任务。下面介绍了车辆和任务的优化过程。

首先对这些车辆和任务进行初始化，生成车辆集和任务集，然后构造车辆和任务向量。圆形区域划分方法用于选择满足约束 3 的车辆和任务作为预优子集。对车辆信息生成的圆形区域中的任务进行了分类。

最后，得到了满足新任务优化目标的最优结果，以及 T 时刻车辆任务列表上的任务的最优结果，见表 12-12 和表 12-3。表 12-12 表示 56 项新任务的最优结果，表 12-13 表示车辆任务列表上任务的重新优化结果。

表 12-12　IOMVT 优化结果

车　辆	任　务	L_j/km	L_i/L_i'/km
VID1	TID11	69.26	76.78/264.54
	TID15	29.18	
	TID20	57.73	
VID2	TID18	27.69	42.32/136.27
	TID26	13.87	
	TID53	21.28	
VID3	TID8	43.53	93.87/280.55
	TID19	27.18	
	TID21	8.11	
	TID28	68.59	

续上表

车　辆	任　务	L_j/km	L_i/L_i'/km
VID4	TID23	15.83	98.51/136.74
	TID24	70.27	
	TID45	4.44	
VID5	TID1	42.51	78.40/275.06
	TID13	15.7	
	TID25	27.15	
	TID46	63.8	
VID6	TID16	18.95	98.47/229.10
	TID27	67.57	
	TID38	80.03	
VID7	TID10	148.47	263.94/329.34
	TID30	26.87	
	TID31	59.09	
	TID32	76.3	
VID8	TID5	114.45	141.28/249.66
	TID14	39.71	
	TID33	49.48	
VID9	TID34	75.86	143.29/144.72
VID10	TID6	57.38	143.57/210.07

表 12-13　IOMVT 优化车辆任务列表结果

车　辆	任　务	L_j/km	L_j'/km	t_j/d
TL1	TID1	67.0	54.6	0.2
	TID2	60.5	57.3	0.1
TL2	TID1	30.2	28.4	0.1
TL3	TID1	87.6	67.9	0.3
TL4	TID1	23.8	23.7	0.0
TL5	TID1	55.3	33.0	0.7
TL6	TID1	83.7	77.9	0.1
TL7	TID1	155.2	57.5	1.7
TL9	TID1	133.5	19.9	5.7
TL10	TID1	112.0	47.0	1.4
TL11	TID1	66.0	47.7	0.4
	TID2	95.3	60.0	0.5
TL13	TID1	114.6	65.6	0.7
TL14	TID1	56.4	3905.0	0.4
TL15	TID1	30.7	14.6	1.1
TL16	TID1	115.0	85.8	0.3

续上表

车　辆	任　务	L_j/km	L_j'/km	t_j/d
TL17	TID1	32.6	29.0	0.1
	TID2	51.3	36.9	0.4
TL18	TID1	28.5	25.5	0.1
TL19	TID1	58.0	58.0	0.0
TL20	TID1	8.7	8.7	0.0
	TID2	33.2	16.0	1.1

为了证明所提方法的有效性,使用 CM 对表 12-9 中的相同任务进行了优化。目前,物流企业普遍采用集中式、单向的物流服务模式。两种方法的优化结果见表 12-14。

表 12-14　IOMVT 与当前方法(CM)优化结果

方法	L/km	C/元	TFC/L	$R'=(V',W')$	$\overline{FC}$	N	$\overline{R}$	C'
IOMVT	2 573.01	5 904.90	814.83	(0.389 6,0.417 0)	0.316 7	20	0.736 8	0.359 8
CM	4 397.27	9 223.74	1 344.01	(0.173 3,0.178 7)	0.304 6	76	—	—

通过上述仿真实验,我们发现以下几点关于车辆与任务动态调度方面的规律与管理启示:

(1)降低总距离、总成本与总耗油量。IOMVT 优化方法的 L,C 和 TFC 分别是2 573.01,5 904.90, 814.83。与当前方法(CM)相比它们分别下降了 41.49%,35.98%,39.37%。显然,IOMVT 优化方法在对车辆路径优化和任务配送优化上有显著的优势,可以明显降低总的配送距离,总成本和总耗油量。

(2)提升装载效率。IOMVT 优化方法的配载率为 38.96% 和 41.70%,而当前方法(CM)只有 14.33%,17.81%。因此,IOMVT 优化方法的可以使车辆的装载效率更高。

(3)大大减少车辆数量。用于 IOMVT 的车辆数为 20 辆,而用于当前方法(CM)的车辆数为 76 辆。这是因为 CM 在物流活动中是一种集中的、单向的物流服务,而完成 56 项新任务(TID1-TID56)需要 56 倍的物流配送。因此,在物流活动中,用来完成相同任务的车辆数量显著减少。

(4)提升车辆利用率。基于 IOMVT 优化方法的利用率由 35.98% 上升到 72.68%。从而验证了 IOMVT 在降低车辆总成本、总里程、总油耗和提高车辆利用率等方面的有效性。降低总成本、燃料消耗、总配送距离可以降低物流成本和温室气体排放,实现节能减排。减少物流活动中使用的车辆数量,提高车辆利用率,有助于改善城市交通负担等社会问题。

总之,基于物联网的车辆和任务动态调度优化有利于物流配送节能减排,有利于推进城市物流配送低碳可持续发展,实现经济、环境和社会目标可持续平衡目标。

参考文献

[1] STOTT E, WILLIAMS R D, HOEY T B. Ground control point distribution for accurate kilometre-scale topographic mapping using an RTK-GNSS unmanned aerial vehicle and SFM photogrammetry [J]. Drones, 2020, 4(3): 55-58.

[2] LOU Z, XIN F, HAN X et al. Effect of unmanned aerial vehicle flight height on droplet distribution, drift and control of cotton aphids and spider mites[J]. Agronomy,2018, 8(9): 187-192.

[3] ULVI A. Effect of the distribution and numbers of ground control points on the precision of producing orthophoto maps with an unmanned aerial vehicle [J]. Journal of Asian Architecture and Building Engineering, 2021, 20(6): 806-817.

[4] ZHANG S, LIU R, ZHAO T. Mapping radiation distribution on ground based on the measurement using an unmanned aerial vehicle[J]. Journal of Environmental Radioactivity, 2018, 193-194: 44-56.

[5] 石立培. 基于改进 Q 学习的智能车辆动态路径规划算法的研究[D]. 秦皇岛:燕山大学,2018.

[6] 王小康,冀杰,刘洋,等. 基于改进 Q 学习算法的无人物流配送车路径规划[J]. 系统仿真学报,2024,36(5):1211-1221.

[7] 彭云建,梁进. 基于探索-利用权衡优化的 Q 学习路径规划[J]. 计算机技术与发展,2022,32(4):1-7.

[8] 李子怡,胡祥涛,张勇乐,等. 基于虚拟目标制导的自适应 Q 学习路径规划算法[J]. 计算机集成制造系统,2024,30(2):553-568.

[9] 田晓航,霍鑫,周典乐,等. 基于蚁群信息素辅助的 Q 学习路径规划算法[J]. 控制与决策,2023,38(12):3345-3353.

[10] 杨秀霞,高恒杰,刘伟,等. 基于阶段 Q 学习算法的机器人路径规划[J]. 兵器装备工程学报,2022,43(5):197-203.

[11] 田箫源,董秀成. 基于改进 DQN 的移动机器人避障路径规划[J]. 中国惯性技术学报,2024,32(4):406-416.

[12] 夏雨奇,黄炎焱,陈恰. 基于深度 Q 网络的无人车侦察路径规划[J/OL]. 系统工程与电子技术,1-13.[2024-07-09]. http://kns. cnki. net/kcms/detail/11. 2422. tn. 20240425. 1553. 003. ht 机器学习.

[13] 张磊,母亚双,潘泉. 基于改进深度双 Q 网络的移动机器人路径规划算法[J/OL]. 信息与控制,2024(3):365-376[2024-07-09]. https://doi. org/10. 13976/j. cnki. xk. 2024. 3090.

[14] 韩岩峰. 基于深度强化学习的无人物流车队配送路径规划研究[D]. 大连:大连理工大学,2021.

[15] 周盛世,单梁,常路,等. 基于改进 DDPG 算法的机器人路径规划算法研究[J]. 南京理工大学学报,2021,45(3):265-270.

[16] SAGIROGLU S, SINANC D. Big data: a review. 2013 International Conference on Collaboration Technologies and Systems (CTS), San Diego, CA. 42-47.

[17] ZHOING R Y, HUANG G Q, LAN S,et al. A big data approach for logistics trajectory discovery from RFID-enabled production data [J]. Int. J. Prod. Econ. ,2015, 165: 260-272.

[18] COTTRILL C D, DERRIBLE S,. Leveraging big data for the development of transport sustainability indicators [J]. J. Urban Technol. ,2015, 22 (1): 45-64.

[19] SODERO A, JIN Y H, BARRATT M. The social process of big data and predictive analytics use for logistics and supply chain management [J]. Int. J. Phys. Distrib. Logist. Manage., 2019, 49(7): 706-726.

[20] SUN X T, CHUNG S H, FELIX T S C, et al. The impact of liner shipping unreliability on the production-distribution scheduling of a decentralized manufacturing system[J]. Transp. Res. Part E. ,2018, 114: 242-269.

[21] ZHENG K, ZHANG Z, SONG B. E-commerce logistics distribution mode in big-data context:a case analysis of JD. COM [J]. Ind. Mark. Manage., 2020, 86: 154-162.

[22] GHOLIZADEH H, FAZLOLLAHTABAR H, KHALILZADEH M. A robust fuzzy stochastic programming for sustainable procurement and logistics under hybrid uncertainty using big data [J]. J. Cleaner Prod. ,2020, 258: 120640.

[23] MEHMOOD R, MERITON R, GRAHAM G, et al. Exploring the influence of big data on city transport

operations: a markovian approach[J]. Int. J. Oper. Prod. Manage. ,2017, 37 (1): 75-104.

[24] SHANG Y, DUNSON D, SONG J S. Exploiting big data in logistics risk assessment via bayesian nonparametrics [J]. Oper. Res. ,2017, 65 (6): 1574-1588.

[25] LAKSHMANAPRABU S K, SHANKAR K, RANI S S, et al. An effect of big data technology with ant colony optimization based routing in vehicular ad hoc networks: towards smart cities [J]. J. Cleaner Prod. ,2019, 217: 584-593.

[26] LIU C, FENG Y, LIN D, et al. IoT based laundry services: an application of big data analytics, intelligent logistics management, and machine learning techniques [J]. Int. J. Prod. Res. , 2020, 58 (17): 5113-5131.

[27] 陈丰照,姜代红. 基于物联网的智能物流配送系统设计与实现[J]. 微电子学与计算机,2011,28(8): 19-21.

[28] 都牧,胡祥培,周宽久,等. 基于物联网的蔬果网上直销"农-宅"配送系统[J]. 系统工程学报,2014, 29(2):215-222.

[29] 杜辉,卢琳. 物联网技术下的物流配送系统总体框架设计[J]. 物流技术,2014,33(17):410-412.

[30] ABEELE F V D, HOEBEKE J, TEKLEMARIAM G K, et al. Sensor function virtualization to support distributed intelligence in the internet of things[J]. Wireless Pers. Commun. , 2015, 81(4): 1415-1436.

[31] FERRÁNDEZ-PASTOR F, GARCÍA-CHAMIZO J, NIETO-HIDALGO M, et al. Precision agriculture design method using a distributed computing architecture on Internet of Things context [J]. Sensors, 2018, 18 (6): 1731.

[32] TANG X. Research on smart logistics model based on internet of things technology[J]. IEEE Access, 2020, 8: 151150-151159.

[33] 姚臻,张毅. 基于物联网和低碳双视角下冷链物流配送路径优化研究[J]. 生态经济,2020,36(2):61-66.

[34] XU X, YUAN H, LIPTROTT M, et al. Two phase heuristic algorithm for the multiple-travelling salesman problem [J]. Soft Comput, 2018, 22(19): 6567-6581.

[35] DOLINSKAYA I, SHI Z, SMILOWITZ K. Adaptive orienteering problem with stochastic travel times [J]. Transportation Research Part E: Logistics and Transportation Review,2018, 109: 1-19.

[36] VASWANI A. Attention is all you need [C]// Proceedings of the 31st International Conference on Neural Information Processing Systems, Red Hook, NY, USA, Dec. 2017, pp. 6000-6010.

[37] DOSOVITSKIY A, BEYER L, KOLESNIKOV A, et al. An image is worth 16 × 16 words: transformers for image recognition at scale [C]// International Conference on Learning Representations, 2020.

[38] SUN F, LIU J, WU J, et al. BERT4Rec: sequential recommendation with bidirectional encoder representations from transformer [C]// Proceedings of the 28th ACM International Conference on Information and Knowledge Management, 2019: 1441-1450.

[39] XU Y, FANG M, CHEN L, et al. Reinforcement learning with multiple relational attention for solving vehicle routing problems [J]. IEEE Trans. Cybern. ,2021: 1-14.

[40] HU Y, YAO Y, LEE W S. A reinforcement learning approach for optimizing multiple traveling salesman problems over graphs [J]. Knowledge-Based Systems, 2020, 204: 106244.

[41] LI J, MAY, GAO R, et al. Deep reinforcement learning for solving the heterogeneous capacitated vehicle routing problem [C]// IEEE Trans. Cybern. , 2021: 1-14.

[42] NAZARI M, OROOJLOOY A, SNYDER L, et al. Reinforcement learning for solving the vehicle routing problem. Advances in Neural Information Processing Systems, 2018, vol. 31.

[43] KOOL W, HOOF H V, WELLING M. Attention, learn to solve routing problems! [C]// International

Conference on Learning Representations, 2019.
[44] 徐君翔,郭静妮. 基于大数据平台下的物流配送车辆路径问题研究[J]. 交通运输系统工程与信息, 2018,18(增刊1):86-93.
[45] LIU S, ZHANG Y F, LIU YANG, et al. An "internet of things" enabled dynamic optimization method for smart vehicles and logistics tasks[J]. Journal of Cleaner Production. 2019, 215:806-820.